华文水平测试丛书

华文水平测试词汇大纲

暨南大学华文学院　编
暨南大学华文考试院

商务印书馆
The Commercial Press
创于1897

华文水平测试丛书

顾问委员会

主任委员　郭　熙

国内委员　（按音序排列）

　　　　　　刁晏斌　　郭树军　　鹿士义　　彭恒利　　齐沪扬
　　　　　　苏新春　　王　晖　　王佶旻　　张　博　　张金桥
　　　　　　张　军　　张　凯　　张一清　　郑海燕　　周小兵

海外委员　（按音序排列）

　　　　　　陈荣基（美国）　　　陈秀姐（日本）　　　陈友明（印度尼西亚）
　　　　　　侯艳妹（日本）　　　黄端铭（菲律宾）　　黄　英（西班牙）
　　　　　　黄愿字（印度尼西亚）李复新（澳大利亚）　李佩燕（荷兰）
　　　　　　李雪梅（意大利）　　梁　冰（泰国）　　　廖秀琴（英国）
　　　　　　林　立（日本）　　　刘　申（美国）　　　刘统厚（菲律宾）
　　　　　　刘　芸（西班牙）　　罗宗正（泰国）　　　倪小鹏（美国）
　　　　　　潘丽丽（西班牙）　　孙浩良（澳大利亚）　吴桂秋（巴西）
　　　　　　伍善雄（英国）　　　夏　铭（美国）　　　邢　彬（美国）
　　　　　　许　易（澳大利亚）　杨　林（日本）　　　张述洲（日本）
　　　　　　张岩松（日本）　　　郑洁珊（印度尼西亚）周开雾（德国）

编辑委员会

总 主 编　邵　宜　　王汉卫

编　　委　（按音序排列）

　　　　　　付佩宜　　华平娟　　刘　骏　　陆佳幸　　马新钦　　浦丹清
　　　　　　邵　宜　　苏　政　　王大壮　　王汉卫　　王　洁　　徐加义

本册作者　王　洁

总序

全球中文教育大体上有三种性质。一是国内的语文教育,主要对象是国内汉语民族群,通常称为母语教育,通过学习体现国家通用语言文字要求的综合课程语文课来实现;非汉语民族群和华侨子女的国家通用语言文字教育则另有路径,这里暂且不论。二是外语教育,对象是外国人,包括国内通常所说的对外汉语教学和分布在国际上的中文教学。三是祖语教育,对象是海外华人子女,是一种民族语言文化传承教育,通常称为华文教育。

中国现代语文教育有很长的历史,已经形成了自己的教材、课程和教学体系。语文教育有自己的考试传统,多采用书面考试方式,内容包括语文基础知识和作文。随着普通话的普及,有关方面展开了普通话水平提升计划,适时推出了普通话水平测试,主要是测试口头水平。

中文作为外语的教学在新中国成立不久就开始了,20世纪70年代起有了较大的发展。改革开放后,来华学习中文和其他专业的留学生越来越多。一种新型的中文教育学科,即对外汉语教学应运而生。这个名称本身,展示了跟国内语文教育的不同。经过多年努力,对外汉语教学形成了自己的教材、课程和教学理论体系;同时,中文作为第二语言的考试体系也从无到有,不断发展,广受世界关注的汉语水平考试(HSK)已经成为外国人到中国大学进行专业学习的入门证。

不过,问题很快也就来了。一批中文并非二语者的海外华人到中国读书也须拿HSK这个入门证。我的一位马来西亚朋友,常年为华文报纸撰稿的专栏作者,到中国读研究生,也参加了HSK。结果,用他的话说是看到考卷"啼笑皆非"。有这种遭遇的不是个案,但那个时候,好像也没有别的办法,因为还没有相应的措施来检测这第三种中文教育,即中文作为祖语教育的学习者的中文水平。

有必要说说这批中文使用者的来历。中文作为祖语的教育由来已久。早期的海外中文教育实际上是一种母语教育,它经历了方言教学的私塾、新式学堂到现代学校的中国国语教育等阶段。当时,配合这种中文教育的考试自然是传统的语文考试;作为侨民,他们还会回国参加相关考试。20世纪50年代开始,海外华人社会的侨民教育因为新中国不承认双重国籍而终止,转为华人的民族语言文化教育,中文本身也就成了我们所说的祖语。这样,无论是理论上还是实践上,它都跟国内的语文教育有了很大的不同;而作为外国人,他们的中文学习也不是一般意义上的外国语学习,用HSK来测试,自然很成问题。

何有此说?还得回到HSK本身。HSK设定的测试对象,包括一般外国人、海外华人和中国境内少数民族。少数民族当然不同于外国人,所以民族汉考(MHK)很早就已经发展成为独立的考试。海外华人也不同于一般的外国人。例如,据相关资料,国内中文母语者学龄前的词汇量一般在4 000左右,而祖语保持较好的海外华人社区,如新加坡、马来西亚,学龄前的常用口语词也可达2 000以上,况且有不少的海外新移民是从国内出去的,有的家庭用语就是普通话或汉语方言,用HSK来测试他们的中文水平显然没有道理。

另一方面，各种考试都有"指挥棒"的作用，HSK 也不例外。在只有 HSK 的时代，海外中文教学中常常也只能用它来作为教学质量检测的依据，但这就影响到海外华文教学，包括教材编写、练习设计等。例如，一些针对海外华裔的华文教材就被要求用 HSK 大纲规定的词表等级、汉字等级来编写，这些无疑对海外中华语言文化传承教育带来了负面影响。

就我所知，最早意识到这些问题并提出质疑的学者来自暨南大学华文学院。该学院长期以来华海外华侨华人子女为主要教学对象，也担负着大量海外华文教学、师资培训和教材编写等任务。长期的一线教学实践和研究使他们对海外华语及其传承中的一系列问题有比较深入的认识，对缺乏针对海外华裔青少年的适用考试带来的问题有更深切的感受。他们深知华文水平测试（简称"华测"）研究的重要性，不断地呼吁，并积极进行理论研究和操作探索。10 多年来，他们在有关方面的支持下，全力以赴，克服重重困难，在华文水平测试的理论探索、方案设计、试卷编写和实地测试等方面开展了一系列工作，取得了丰硕的成果，受到了海外华文教育界的广泛好评。他们以引导海外华人社会的华文能力保持为追求，采取标准加常模的设计，以华文能力标准为依据，研制了汉字、词汇、语法、文化等大纲，为不同年龄段设计了阅读、写作各六个等级，口语三个等级的考试框架，听力在华测中不作为一个独立的测试品种，而作为基础的、背景意义上的能力。窥豹一斑，华测的不同、华测的"华"字性质呼之欲出。现在摆在我们面前的"华文水平测试丛书"，就是他们辛勤探索过程的记录和重要成果。

丛书由《华文水平测试考试手册》《华文水平测试样卷》《华文水平测试汉字大纲》《华文水平测试词汇大纲》《华文水平测试语法大纲》《华文水平测试文化大纲》《华文水平测试概论》七个部分组成，展示了海外华文水平测试体系，有理论、有方法、有实践案例，基本实现了华文水平测试目前研究领域的全覆盖。这是今后相关测试和进一步展开研究的重要基础，是开展海外华语传承、建构中华民族共同体的重要参考。

丛书体现了不少新的理念，有鲜明的特色，具有很强的科学性、实用性和可操作性。在语言测试技术方面我完全是外行，按照鉴定专家的说法，华测以较大样本的试验结果表明，该测试系统难度适中，区分度强，信度效度符合标准化考试的要求。真诚地希望有更多的人和相关部门支持和关注华文水平测试，使之早日成为全世界华裔华文水平的统一标准、海外华人母语文自我评价的语言依据、监测海外华人社会母语言现状及变迁的依据，也可以作为通用华文教材的编写参考等。

作为推动华文水平测试研究的吹鼓手，我经历了其中的一些过程，对这个团队的精神由衷地佩服和赞赏，乐意支持和推荐这套丛书在商务印书馆出版。丛书主编希望我能在这套著作出版的时候写几句话，于是就有了上面的文字，也算是我对华文水平测试的进一步鼓吹。

是为序。

郭熙

2022 年 8 月 25 日于北京

目 录

《华文水平测试词汇大纲》研制报告 ……………………… 1

华文水平测试词语表 ……………………… 15

    词语表（按等级） ……………………… 17

        1 级 ……………………… 17

        2 级 ……………………… 30

        3 级 ……………………… 46

        4 级 ……………………… 85

        5 级 ……………………… 144

        6 级 ……………………… 215

附录一：拆分词语列表 ……………………… 309

附录二：特殊词语类别及举例 ……………………… 354

《华文水平测试词汇大纲》研制报告

华文水平测试（简称"华测"）是以海外华裔青少年为测试对象的华语文能力标准化考试。华测的配套大纲有：汉字大纲、词汇大纲、语法大纲、文化大纲。

大纲研制的主要环节是条目收录、条目定级。本报告集中介绍词汇大纲的研制。

本报告主体部分以"华文水平测试词汇大纲研制的理念与程序"为题发表于《华文教学与研究》2020年第2期，后有调整。

1. 汉字大纲、词汇大纲的分工

由于汉语字词的特殊关系，需要首先明确汉字大纲和词汇大纲的分工。

1.1 认读字、书写字、语素字

一方面，汉字是文字单位，词是语言单位，二者不在同一层面。词作为一级语言单位，是形式和意义的结合体。语言的形式包括听觉形式和视觉形式，前者为语音，后者为文字，没有文字的语言只有听觉形式。汉语是有文字的语言，汉字作为汉语的视觉形式的基本单位，需要关注"认读"（视觉输入）和"书写"（视觉输出）。从视觉角度来看待汉字，我们称之为"认读字"和"书写字"。

另一方面，汉字作为汉语的文字单位，与汉语的另外一级语言单位——语素，有较为清晰的对应关系，而语素和词在同一层面。这里说"较为清晰"，有两层含义：（1）汉字和语素不是一一对应的，所以只是较为清晰。汉语中语素的数量远远超过汉字的数量，从整体看，必然在很大比例上存在多个语素共享一个汉字的情况。（2）较汉语中音节和语素的对应关系而言，汉字和语素的对应关系更为清晰。汉语中语素的数量既远超汉字的数量，也远超音节的数量。比较一下音节的数量和汉字的数量：音节数量——《现代汉语词典（第7版）》（简称《现汉7》）的"音节表"列出了带调音节1 148个，忽略声调的话，音节数量为418个；汉字数量——国务院2013年公布的《通用规范汉字表》共收汉字8 105个（一级3 500个，二级3 000个，三级1 605个）。事实是，由于汉字数量远多于音节数量，通过汉字来呈现语素比通过音节来呈现要清晰。从呈现语素的角度来看待汉字，我们称之为"语素字"。

1.2 汉字大纲、词汇大纲各司其职

首先，词汇大纲中的单字条目不同于汉字大纲中的条目。

汉字大纲中收录的是汉字，所以都是单字条目。词汇大纲中收录的是词（包括一些不成词的单字语素，见2.3.1），有单字条目，也有多字条目。汉字大纲需要从认读字和书写字的角度对条目进行收录及定级，词汇大纲则需要从语素字（独立的为单字词、不独立的为单字语素）的角度对单字条目进行收录及定级。

其次，无论是单字条目还是多字条目，词汇大纲对词语的收录及定级不受词语用字难度的影响。比如"西瓜""香蕉"在词汇大纲中都是一级，不会因为"香蕉"的用字难度而将其放到较高等级。

2. 条目收录

一个具体的语言片段是否有资格进入词汇大纲，有两个判断标准：首先，是不是词；其次，是否超出考试的最高难度。前一个标准涉及汉语中"词"的界限问题，在2.3部分讨论；后一个标准主要基于大规模语料库的词频统计数据来掌控，词汇大纲的研制始于语料的收集和词频统计，由此得到一个初始的

底表，相关工作见 2.1。从底表中的词语到词汇大纲中的条目，还需经过删除、补充、修改、合并、拆分等操作，详见 2.2。

2.1 底表

我们收集了小学、初中、高中的作文语料，形成作文语料库。语料来源见表1。

表1 作文语料库

学段	语料库	规模	加工程度
小学	北京师范大学"小学生作文语料库"，简称"小学库"	约1 100万字（72 064篇）	分词版
初中	网上初中作文，简称"初中库"	约120万字（1 998篇）	生语料[①]
高中	网上高中作文，简称"高中库"	约110万字（1 409篇）	

我们对上述三个语料库分别进行了词频统计，并将得到的词语列表与《现代汉语常用词表（草案）》（简称《常用词表》）进行了关联。具体步骤如下：

（1）小学段词语的观察范围：小学库词语种数（type）47 141，保留频次大于等于10的共15 689，其中《常用词表》中没有的共3 556，经人工干预，3 556中又回收了464。经此，进入小学段观察范围的词语种数为12 597（15 689-3 556+464）。

（2）初中段词语的观察范围：初中库词语种数37 249，去掉已在小学段观察范围内的词语后剩余26 124，保留其中频次大于等于3且在《常用词表》中出现的词语共4 916。

（3）高中段词语的观察范围：高中库词语种数为36 530，去掉已在小学段、初中段观察范围内的词语后剩余21 685，保留其中频次大于等于3且在《常用词表》中出现的词语共2 356。

（4）三个语料库的低频部分回收：小学库频次小于10的词语、初中库频次小于3的词语、高中库频次小于3的词语，三者取并集，去除之前已进入观察范围[②]的词语后剩余词语种数15 779。对这15 779通过人工干预进行回收，其中单字、三字及三字以上的词语逐个干预，决定是否回收；二字词语由于数量较多（11 559），只对《常用词表》频序在30 000以内的词语（6 540）进行了干预。总共回收4 257。

经过以上四步，底表共有词语种数24 126（12 597+4 916+2 356+4 257）。

2.2 从底表词语到大纲条目

从底表中的词语到词汇大纲中的条目，主要涉及以下五类操作：删除、补充、修改、合并、拆分。

[①] 利用国家语委"语料库在线"提供的字词频率统计工具进行词频统计。
[②] 比如"含蓄"一词在小学库的频次为3，未能进入小学段的观察范围，但在初中库的频次为5，已经进入了初中段的观察范围。

2.2.1 删除

底表只是初筛，不是其中所有词语都会进入大纲，需要删除的情况主要包括：

（1）更像是词组的"词"。语料库的词频统计是基于分词软件分词的，而分词软件自带的词表往往规模比较大，会包含一些更像词组的切分单位，如"剩下""离家""多次""每逢""在外""眼里""黑瘦"等。

（2）重叠形式。分词软件对语料库中出现的 AA、AABB、ABAB 等重叠形式会动态识别，即会把"高高兴兴"等作为一个切分单位，而这类词语是受规则控制的，没有必要收入词汇大纲，因此删除。但是，有必要保留 AB 不是词的 AABB 式，如"轰轰烈烈""跌跌撞撞"等。

（3）生僻词语。包括指少见事物、现象等的词语，如"苿荬""悬梁"等。

（4）语料中出现的字串与语文词典中的词语用字相同，但实际所指不同。比如"学友"，分词软件将语料中的"学友"作为一个切分单位切分出来，是因为其自带词表中有"学友"一词，"学友"确实可算是语文词典中的一个词，《现汉7》收为条目"【学友】xuéyǒu 名 同学：同三五～郊外踏青。"而语料中出现的"学友"是人名。发现这类字串时，会将其删除。

2.2.2 补充

为了保证系统性，需要补充一些底表中没有出现的词语。比如底表中有"厘米""毫米"，没有"分米"，就需要将"分米"补充进来。再如有"阳性"，补充"阴性"；有"船长"，补充"机长"；有"动脉"，补充"静脉"。

2.2.3 修改

需要修改的情况主要包括：

（1）只出现在更大环境的词语。比如"昙花"几乎只出现在"昙花一现"中，将"昙花"改为"昙花一现"。再如"系铃人"改为"解铃还须系铃人"，"作痛"改为"隐隐作痛"。

（2）有固定唯一搭配的词语。比如"远门"只和动词"出"搭配，尽管"出远门"中间可以插入其他成分（出了一趟远门），但搭配很固定，不妨将"远门"改为"出远门"，类似的还有"懒觉"改为"睡懒觉"。

（3）简称更常用的词语。比如"高速铁路"改为"高铁"。

2.2.4 合并

同义且难度无差别的词语进行合并。如"鞋子"和"鞋"合并为一个条目"鞋/鞋子"，再如"芭蕾舞/芭蕾""冰激凌/冰淇淋""电扇/风扇/电风扇""调换/掉换""天长地久/地久天长""妈妈/妈"。同义但难度有差别的词语不合并，如"狗"和"犬"不合并。

2.2.5 拆分

一些同形词、多义词的意义、义项之间差别较大，不拆分无法分别定级，需要进行拆分。举例见表2。

表 2　拆分后条目举例

条目	拼音	词类	等级	示例
米$_1$	mǐ	名	1	米和面
米$_2$	mǐ	量	2	1米
正当$_1$	zhèngdāng	动	3	正当我走神时，老师叫我起来回答问题。
正当$_2$	zhèngdàng	形	5	正当的理由
出口$_1$	chūkǒu	名	3	大厅出口
出口$_2$	chūkǒu	动	4	话一出口就收不回来了。
出口$_3$	chūkǒu	动	5	出口商品

2.3 汉语"词"的界限问题及大纲收条

词汇大纲收录的对象理应是"词"，但汉语存在"词"的划界难题："词"和"语素"的界限问题；"词"和"词组"的界限问题。

虽然语法理论对"语素""词""词组"三个概念有明确的定义，举例时也易举出各自典型的例子，但每当进行大规模词表收词的实践时（包括词典编纂、词汇大纲制定以及面向各种应用的词表制定等），即需要对一定范围内所有的单字、字组进行是否是"词"的定性时（以便决定取舍），问题就变得棘手起来。

2.3.1 单字语素的去留

多字语素都成词，没有争议，如"蜻蜓""巧克力"等都是词，语素和词的划界问题其实是单字语素是否成词的问题。我们的做法是单字条目既收了单字词，也收了一些组合能力较强的不够独立的单字语素。原因是后者若不收，会导致"伪超纲"问题。

理论上，不够独立的单字语素不该收入词汇大纲，但是对于其中那些组合能力较强的，如果大纲不收，实践中会导致很多包含该类单字的组合超纲，这些字组被大纲拒之门外的原因既非难度超纲，亦非本身非"词"（理论上包含不成词语素的语言片段一定是词，不可能是词组），而是实属无奈：这些字组语义较为透明、数量无论多少都相对开放，大纲对这些字组无须尽收也无法尽收。这样，就会出现"伪超纲"问题。比如，若大纲收了"速度"，也收了包含"速"的一些组合"加速""减速""时速"等，没收"速"，也没收包含"速"的另外一些组合"降速""车速"等，那么当试题语料中出现未收的组合时，如出现"车速"，无论把"车速"当作一个词还是两个词，都会超纲。此类超纲并非因为词语难度，而是"伪超纲"。解决之道就是将组合能力较强的不够独立的语素也收入大纲，如此虽不能彻底解决问题（组合能力弱的其构成的组合往往也不能绝对穷尽，比如"厕"，能想到的组合有"厕所""公厕""男厕""女厕""厕纸""洁厕"，但也不能保证没有其他组合了），但可以在很大程度上缓解问题。

具体做法如下：首先，已收单字条目的用字整理。对已拆分的单字条目还原其用字，如"米$_1$""米$_2$"还原为"米"，对已合并的条目中包含单字条目的提取出单字，如"鞋/鞋子"，提取出"鞋"。其次，单字组合能力的统计。以《通用规范汉字表》中的一级3 500字为观察范围，统计该3 500字在《常用词表》中构二字词语的数量，作为单字组合能力的一个指标。再次，已收单字条目用字与3 500字作比对。

3 500 字中构二字词语数量较多且未进大纲的，补充进大纲。

2.3.2 透明组合的取舍

词汇大纲应该收"词"，不收"词组"，而汉语"词"和"词组"界限不清，问题集中在透明组合上。

关于透明组合，组合成分中至少有一方不独立的情况，在理论上一定是词，只是实践中无法尽收；组合成分皆独立的情况在理论上有双重身份（比如把"晴"看成自由语素，"天"看成自由语素，"晴天"在理论上就可以算作词；而把"晴"看成单纯词，"天"看成单纯词，"晴天"在理论上就可以看作词组），实践中同样无法尽收。由此可知，问题的症结在于，透明组合无论理论上只能是词还是理论上可以算作是词，实践中都无法尽收。那么，到底该如何取舍？我们从"同聚类字组"的多少来切入。"同聚类"指将一方组合成分相同（同用字、同意义、同位置）且组合关系相同的字组聚为一类。

按照同聚类字组的多少，透明组合分三种情况，见表3。

表3 透明组合情况举例

情况	举例	说明
a.没有同聚类字组	蓝天	天空的常态颜色是蓝色，有"蓝天"的说法，虽然也有灰色的天空，但没有"灰天""乌天"的说法，另外，"白天"的"天"与"蓝天"的"天"义项不同，所以"蓝天"没有同聚类字组。
b.同聚类字组数量有限	晴天、阴天； 穷人、富人； 春季、夏季、秋季、冬季	"人"可以按很多角度分类，因此"~人"的字组很多，这里是按比较细化的语义场聚出的小类，比如"男人、女人"是一个聚类，"好人、坏人、奸人、恶人"是一个聚类，"高人、矮人、胖人、瘦人"也是一个聚类。
c.同聚类字组众多	暗示、暗杀、暗访、暗藏、暗笑、暗算、暗恋、暗含、暗合、暗喜、暗害……	"暗+动作行为"的组合很多，是开放集合。

各种情况的处理如下：情况a，不涉及系统性，可收可不收，直接参照《现汉7》进行收录；情况b，每个聚类因成员有限而相对封闭，可以做到收录的系统性，同一聚类的组合收则皆收，弃则皆弃；情况c，每个聚类都是开放集合，开放就意味着不可能尽收，当前的做法是收录高频组合。

2.4 进一步补充

条目基本确定后，进一步与现有的汉语词汇大纲、词表进行比较，目的是拾遗补缺。

现有的大纲、词表有：（1）1992年的《汉语水平词汇与汉字等级大纲》（8 822词），（2）2010年的《汉语国际教育用音节汉字词汇等级划分》（11 092词），（3）2010年的《新汉语水平考试大纲（词汇）》（5 000词），（4）2015年的《HSK考试大纲（词汇大纲）》（5 000词），（5）2019年的《义务教育常用词表（草案）》（音序词目15 114词），（6）2021年的《国际中文教育中文水平等级标准（第二分册：

词汇)》(11 092 词),(7) 2021 年的《华语词汇等级大纲》(15 560 词)。

我们与其中的(5)(6)(7)[①]进行了比较,补充了一些条目。

3. 条目定级

条目收录后,接下来的工作就是给每个条目定一个合适的等级。根据华测的总体设计,共有六个等级:1级(学龄前)、2级(小学一二年级)、3级(小学三四年级)、4级(小学五六年级)、5级(初中)、6级(高中)。

基于作文语料库(语言输出性质)、教材语料库(语言输入性质),自动加人工,经过三次定级完成整个定级工作。

3.1 初次定级

基于作文语料库,设定公式自动定级。

小学库中的词语需要根据年级分布信息指定 2 级、3 级、4 级。初中库中的词语初次定级为 5 级,高中库中的词语初次定级为 6 级,三库中低频回收入底表的词语直接人工干预定级。因此,自动定级的主要是小学库中的词语。

我们从小学库中统计了相关数据用于初次定级,见表 4。除了每个条目[②]在小学库中的总次数,还按学段(一二年级、三四年级、五六年级)分别统计了次数,由于各学段的语料规模不一致,进而分别计算了频率(技术上换算为百万词频,即实际频率统一乘了 100 万,含义为每 100 万词的语料中会出现多少次),然后根据频率计算了每个条目在三个学段的分布比例,最后按照统一的公式进行初次定级:如果"一二年级比例"大于等于 30%,等级为 2;如果"一二年级比例"与"三四年级比例"之和大于等于 60%,等级为 3;否则等级为 4。

表 4 初次定级统计数据及条目举例

条目	总次数	一二年级次数	三四年级次数	五六年级次数	一二年级百万词频	三四年级百万词频	五六年级百万词频	一二年级比例	三四年级比例	五六年级比例	初次定级
鼓掌	130	81	43	6	17	14	16	36.2%	29.8%	34.0%	2
奇特	130	44	51	35	9	17	92	7.6%	14.4%	78.0%	4

---

① 大纲(1)(2)(6)一脉相承,直接比较最新的大纲(6)。大纲(4)是对大纲(3)的修订,列出的条目都是 5 000,规模较小,不进行比较。

② 这里的条目是底表中未经编辑操作的原始条目,因为补充、修改、拆分、合并后的条目只能人工干预定级。

3.2 二次定级

初次定级后,还需人工干预二次定级。

首先,补充、修改、拆分、合并的条目没有统计数据,只能人工干预定级。

其次,对一些自动定级结果明显不合理的条目进行人工干预,重新定级。如"娶"的自动定级结果为2,人工干预后定级为4;再如"岩浆"的自动定级结果为2,人工干预后定级为5。

再次,语料分词错误会导致统计偏差,进而影响自动定级结果,也需人工干预来发现并调整级别。如"学会"一条,语料库中出现了大量的"学会",其实是"学会做什么"的"学会",并不是语文词典中作为词的"学会"(《现汉7》:【学会】xuéhuì 名 由研究某一学科的人组成的学术团体,如物理学会、生物学会等。)。经过人工干预,我们保留了"学会",但将其等级调整为6。

3.3 三次定级

我们收集了国内语文教材4套和国外华文教材7套,形成教材语料库。

有的教材无法收集到从小学一年级一直到高中毕业的全套,有的教材本身就不覆盖全部学段,此外,由于国外的学制与国内学制并不完全一样,所以国外教材的等级只是做了大致对应。教材信息及对应等级见表5。

表5 教材语料库

	教材		对应等级
国内（语文）	人教版	小学12册,初中6册,高中5册;初审时间:2001—2004年;人民教育出版社。	2—6
	苏教版	小学12册,初中6册,高中5册;初审时间:2001—2004年;江苏教育出版社。	2—6
	北师大版	小学12册,初中6册,高中5册;初审时间:2001—2005年;北京师范大学出版社。	2—6
	语文版	小学S版12册,初中6册,初审时间:2001—2003年;语文出版社。	2—5
国外	《汉语》	修订版12册,2007年;初中版6册,2010年;暨南大学出版社。	2—5
	《中文》	修订版12册,2007年;初中版6册,2010年;暨南大学出版社。	2—5
	新加坡《小学华文》	一年级—四年级,8册;人民教育出版社/新加坡:EPB|PAN PACIFIC教育出版社,2007—2008。修订版,五年级—六年级,4册;人民教育出版社/新加坡:名创教育,2014。	2—5
	新加坡《中学华文》	6册;新加坡:名创教育,2011—2013。	

	教材		对应等级
国外	《菲律宾华语课本》	1—20册；菲律宾：菲律宾华教中心，2006—2007。	2—5
	马来西亚《华文》	三年级—六年级，4册，马来西亚：The Malaya Press Sdn. Bhd., 2012—2015。	3—6
		中一—中五，5册；马来西亚：The Malaya Press Sdn. Bhd., 2002—2004。	
	马立平《中文》	1—7册。	2—4
	《朗朗中文-华夏》	1—4册，7—8册；江西教育出版社，2012—2013。	2、3

基于教材语料库，对各条目的等级做进一步调整。

我们统计了各条目在教材语料库中的分布信息，即某条目在几套教材中出现，举例见表6。参照该信息，采用人工干预的方式进行三次定级。比如"必然"二次定级为5，参照教材分布信息，三次定级仍为5；"习性"二次定级为4，参照教材分布信息，三次定级调整为5；"袖子"二次定级为2，如果参照教材分布信息，似乎调整为4级更合适，但教材语料规模有限，考虑到"袖子"一词认知年龄很低且没有习得难度，仍保留为2级。

表6 教材库条目分布信息举例

条目	二次定级	国内二级套数	国外二级套数	二级总套数	国内三级套数	国外三级套数	二级总套数	国内四级套数	国外四级套数	四级总套数	国内五级套数	国外五级套数	五级总套数	国内六级套数	国外六级套数	六级总套数	三次定级
必然	5	0	0	0	0	0	0	3	1	4	4	3	7	3	1	4	5
习性	4	0	0	0	0	1	1	0	1	1	3	0	3	3	0	3	5
袖子	2	0	0	0	1	0	1	2	3	5	3	2	5	2	0	2	2

3.4 1级词语

由于学龄前阶段没有现成的语料库可以利用，我们采用人工干预的方式，从2级词语中挑选出最简单的词语作为1级词语，剩余部分作为2级词语。

3.5 等级分布

条目等级分布见表7。

表7 等级分布

等级	数量				
1	996	2 146	4 951	9 329	14 488	21 309
2	1 150				
3	2 805				
4	4 378				
5	5 159				
6	6 821				

4. 条目标注

大纲中每个条目，除等级外，还会标注一些相关信息，主要包括拼音、词类、语义场。其中，拼音、词类为基本信息，会在大纲中呈现；语义场信息，不会在大纲中呈现，其标注是研制过程的中间环节。

4.1 基本信息标注

首先，拼音标注。采用最基本的音节加声调的标注。

其次，词类标注。基本采用《现汉7》的标注，详见其"凡例5词类标注"。我们给出的词类有：名词、动词、形容词、副词、连词、介词、数词、量词、数量词、叹词、助词、拟声词、人称代词、疑问代词、指示代词、趋向动词、助动词、方位名词、语素、前缀、后缀。其中，代词直接标出了人称代词、疑问代词、指示代词三个小类，分别标为"代人称""代疑问""代指示"；动词中的趋向动词、助动词单独标为"动趋向""动助动"；名词中的方位词单独标为"名方位"。有三点说明：（1）《现汉7》在区分词与非词的基础上给单字条目、多字条目标注词类，单字条目在现代汉语中成词的标注词类，不成词的语素和非语素字不做标注，多字条目中词组、成语和其他熟语等不做标注，其他标注词类。我们参照《现汉7》，在词类标注上也做了词与非词的区分，非词包括：不够独立的单字语素条目给出的标记是"语素"，极少数二字条目（如"但愿""极了""没错"等）、一部分三字条目、绝大多数三字以上条目给出的标记是"～"。（2）《现汉7》的词类标注是具体到义项的，所以不存在兼类，词汇大纲收录的多义条目，如果不同词类的义项间差别不大，就不会拆分为不同条目，因此会有兼类情况。比如"陈设"标注为"动、名"，"韵"标注为"名、语素"。（3）基本参照《现汉7》而没有完全严格按照其标注结果，原因是汉语"词"的类别问题和"词"的界限问题一样存在很多争议，比如《现汉7》对"海啸"标注的是名词，而对"地震"标注的是动词，二者从内部结构看，构词成分同类、组合关系一致，从整体语义看属于同语义场，因此我们都标注为"名"。

再次，拆分的条目还会呈现示例信息。

拆分产生的条目，为了区别，会给出示例，如上文表2所示。

4.2 语义场标注

对语义系统性强的词语标注其所属语义场。既包括一些大的语义场（集合成员较多），如颜色、亲属、食物、职业等，也包括一些小的语义场（集合成员较少），如集合{蛙泳、蝶泳、仰泳、自由泳}、{时针、秒针、分针}、{和、差、积、商}、{海军、空军、陆军}、{天时、地利、人和}等。大的语义场由于成员众多，成员间难度不一，还需划分为小的语义场，比如亲属类词语根据亲疏关系分为多个小的语义场。

语义场标注的目的有二：

一是为了尽可能保证系统性，即条目收录的完整性和条目定级的一致性。条目收录的完整性是指同一语义场的词语收则皆收、弃则皆弃。条目定级的一致性是指同一语义场的词语一般情况下应为同一等级，有些情况会处于不同等级，需要根据实际情况调整，如{和、差、积、商}中，"和""差"比"积""商"等级低，因为先学加减法后学乘除法，再如{博士、硕士、学士}中"博士"比"硕士""学士"的等级低，因为"博士"经常有"小博士"的说法。

二是针对具有地域认知差异的词语。认知差异词语有两类：一类是具有年龄认知差异的词语，比如七八岁的孩子知道"车""飞机"，还不太可能知道"涵养""核电站"，这样的词语定级并不困难，根据认知年龄给出相应的等级即可；另一类是具有地域认知差异的词语，典型的是动物、植物[①]、水果、蔬菜类词语，比如"苹果"在中国国内是再普通不过的水果，但在东南亚就不常见。地域认知差异词语的特点是本身不具有认知难度和习得难度，只是对有的地区来说不具备认知条件。这一特点决定了该类词语怎么定级都不合适。目前我们对该类词语采用的定级方式跟其他词语一致（也是经过三次定级），标注了语义场信息后，可以方便出题时对该类词语的等级相对灵活处理。

5. 特殊词语

一些特殊词语，不便于作为大纲条目收录及定级，仅在附录中给出类别及举例。

特殊词语类别包括：人名、地名、机构名、商标品牌、姓氏、民族、朝代、节日、节气、行星、星座、货币、化学元素、笔画、标点、字体、中文大写数字、天干、地支、军衔、军队编制单位。

---

① 植物本应包括水果、蔬菜，在此水果、蔬菜单独列出，植物仅指排除了水果、蔬菜的其他植物。

参考文献

董秀芬.汉语的词库与词法.北京：北京大学出版社，2004.

冯志伟."理论词"和"语素"的概念在语言学上的严重缺陷.现代语文（学术综合），2011（7）.

符淮青.现代汉语词汇（增订本）.北京：北京大学出版社，2004.

高翀.语义透明度与现代汉语语文词典的收词.中国语文，2015（5）.

国家对外汉语教学领导小组办公室汉语水平考试部.汉语水平词汇与汉字等级大纲.北京：北京语言学院出版社，1992.

国家汉办/孔子学院总部.新汉语水平考试大纲.北京：商务印书馆，2010.

国家汉办、教育部社科司《汉语国际教育用音节汉字词汇等级划分》课题组.汉语国际教育用音节汉字词汇等级划分（国家标准·应用解读本）.北京：北京语言大学出版社，2010.

国家语委语用所《现代汉语通用词》课题组；厉兵（执笔）.《现代汉语通用词》选词原则.语言文字应用，1998（02）.

黄伯荣、廖序东主编.现代汉语（增订二版）.北京：高等教育出版社，1997.

姜德梧.关于《汉语水平词汇与汉字等级大纲》的思考.世界汉语教学，2004（1）.

教育部、国家语言文字工作委员会.通用规范汉字表（国发〔2013〕23号），2013.

教育部语言文字信息管理司组编，苏新春主编.义务教育常用词表（草案）.北京：商务印书馆，2019.

教育部中外语言交流合作中心编；刘英林，马箭飞，赵国成主编.国际中文教育中文水平等级标准（国家标准·应用解读本）第二分册：词汇.北京：北京语言大学出版社，2021.

孔子学院总部/国家汉办.HSK考试大纲.北京：人民教育出版社，2015.

刘华.华语教育用分类分级词语表.北京：外语教学与研究出版社，2021.

刘英林、马箭飞.研制《音节和汉字词汇等级划分》探寻汉语国际教育新思维.世界汉语教学，2010（1）.

谭景春.词的意义、结构的意义与词典释义.中国语文，2000（1）.

谭景春.名名偏正结构的语义关系及其在词典释义中的作用.中国语文，2010（4）.

王洪君.《信息处理用现代汉语分词词表》的内部构造和汉语的结构特点.语言文字应用，2001（4）.

《现代汉语常用词表》课题组.现代汉语常用词表（草案）.北京：商务印书馆，2008.

苑春法，黄昌宁.基于语素数据库的汉语语素及构词研究.语言文字应用，1998（3）.

张博.关于词汇大纲语言单位取向问题的思考——兼议《新汉语水平考试大纲》"重大轻小"的收录取向.语言教学与研究，2015（1）.

中国社会科学院语言研究所词典编辑室.现代汉语词典（第7版）.北京：商务印书馆，2016.

参考文献

华文水平测试词语表

> 词语表（按等级）

> 附录一：拆分词语列表

> 附录二：特殊词语类别及举例

词语表（按等级）

编号	词语	拼音	词类
1级			
1	阿姨	āyí	名
2	啊₁	ā/á/ǎ/à	叹
3	啊₂	a	助
4	哎呀	āiyā	叹
5	哎哟	āiyō	叹
6	唉	āi/ài	叹
7	矮	ǎi	形
8	爱	ài	动
9	按₁	àn	动
10	八	bā	数
11	拔	bá	动
12	把₁	bǎ	介
13	爸爸/爸	bàba/bà	名
14	吧	ba	助
15	白₁	bái	形
16	白色	báisè	名
17	白天	báitiān	名
18	白云	báiyún	名
19	摆	bǎi	动
20	拜拜	báibái	动
21	班₁	bān	名
22	搬	bān	动
23	办	bàn	动
24	办法	bànfǎ	名
25	半	bàn	数
26	帮₁	bāng	动
27	帮助	bāngzhù	动
28	棒₁	bàng	形
29	包₁	bāo	动、名、量
30	饱	bǎo	形
31	宝宝	bǎobao	名
32	宝贝	bǎobèi	名
33	抱	bào	动
34	杯子/杯	bēizi/bēi	名
35	背₁	bēi	动
36	背₂	bèi	名
37	背₃	bèi	动
38	被₁/被子	bèi/bèizi	名
39	本₁	běn	名、量
40	本子	běnzi	名
41	笨	bèn	形
42	笨蛋	bèndàn	名
43	嘣	bēng	拟声
44	蹦	bèng	动
45	鼻涕	bítì	名
46	鼻子/鼻	bízi/bí	名
47	比	bǐ	动、介
48	比赛	bǐsài	动、名
49	笔₁	bǐ	名、量
50	边	biān	名、副
51	变	biàn	动
52	变成	biànchéng	动
53	遍₁	biàn	量
54	辫子	biànzi	名
55	别₁	bié	副
56	别的	biéde	代指示
57	别人	biérén	名、代人称
58	冰	bīng	名、动
59	冰棍儿/雪糕/冰糕/冰棒	bīnggùnr/xuěgāo/bīnggāo/bīngbàng	名
60	冰激凌/冰淇淋	bīngjīlíng/bīngqílín	名
61	冰箱/电冰箱	bīngxiāng/diànbīngxiāng	名
62	饼干	bǐnggān	名
63	病	bìng	名、动

64	玻璃	bōli	名
65	脖子	bózi	名
66	不	bù	副
67	不用	bùyòng	副
68	布₁	bù	名
69	擦	cā	动
70	猜	cāi	动
71	才₁	cái	副
72	采₁	cǎi	动
73	彩₁	cǎi	语素
74	踩	cǎi	动
75	菜	cài	名
76	参加	cānjiā	动
77	苍蝇	cāngying	名
78	藏	cáng	动
79	草₁	cǎo	名
80	草地	cǎodì	名
81	厕所/洗手间/卫生间	cèsuǒ/xǐshǒujiān/wèishēngjiān	名
82	差点儿/差一点儿	chàdiǎnr/chà yīdiǎnr	形、副
83	馋	chán	形
84	长₁	cháng	形、名
85	尝	cháng	动
86	厂	chǎng	名
87	唱	chàng	动
88	唱歌	chànggē	动
89	超市	chāoshì	名
90	吵	chǎo	形、动
91	车/车子	chē/chēzi	名
92	沉₁	chén	形、动
93	成₁	chéng	动
94	吃	chī	动
95	冲₁	chōng	动
96	虫子/虫	chóngzi/chóng	名
97	丑	chǒu	形
98	臭	chòu	形、副
99	出₁	chū	动、动趋向
100	出汗	chūhàn	动
101	出来	chūlái	动、动趋向
102	出去	chūqù	动、动趋向
103	穿₁	chuān	动
104	船	chuán	名
105	窗/窗户/窗子	chuāng/chuānghu/chuāngzi	名
106	床₁	chuáng	名
107	吹₁	chuī	动
108	次₁	cì	量
109	聪明	cōngmíng	形
110	从₁	cóng	介、副
111	从前	cóngqián	名
112	粗	cū	形
113	错₁	cuò	形、名
114	嗒	dā	拟声
115	答应	dāying	动
116	打₁	dǎ	动
117	打开	dǎkāi	动
118	打针	dǎzhēn	动
119	大	dà	形
120	大地	dàdì	名
121	大灰狼	dàhuīláng	名
122	大家	dàjiā	代人称
123	大米	dàmǐ	名
124	大夫/医生	dàifu/yīshēng	名
125	带₁	dài	名
126	带₂	dài	动
127	袋/袋子	dài/dàizi	名
128	戴	dài	动
129	蛋	dàn	名
130	蛋糕	dàngāo	名
131	当₁	dāng	动
132	当₂/铛	dāng	拟声
133	刀/刀子	dāo/dāozi	名
134	倒₁	dǎo	动
135	到	dào	动

136	到处	dàochù	副		172	都	dōu	副
137	得到	dédào	动		173	嘟	dū	拟声
138	地₁	de	助		174	读	dú	动
139	的	de	助		175	肚子/肚皮/肚	dǔzi/dùpí/dù	名
140	得₁	de	助		176	短	duǎn	形
141	灯	dēng	名		177	断	duàn	动
142	等₁	děng	动、介		178	堆	duī	动、名、量
143	低	dī	形、动		179	队	duì	名、量
144	低头	dītóu	动		180	对₁	duì	形
145	嘀	dī	拟声		181	对₂	duì	介、动
146	嘀嗒/滴答₁	dīdā	拟声		182	对不起	duìbuqǐ	动
147	嘀嗒₂/滴答₂	dīda	动		183	蹲	dūn	动
148	地₂	dì	名		184	顿₁	dùn	量
149	地方₁	dìfang	名		185	多	duō	形、动、副、代疑问
150	弟弟/弟	dìdi/dì	名		186	多么	duōme	副
151	第	dì	前缀		187	多少₁	duōshao	代疑问
152	点₁	diǎn	名、量		188	朵	duǒ	量
153	点头	diǎntóu	动		189	躲	duǒ	动
154	电话	diànhuà	名		190	饿	è	形
155	电视	diànshì	名		191	儿歌	érgē	名
156	电视机	diànshìjī	名		192	儿子	érzi	名
157	电影	diànyǐng	名		193	耳朵/耳	ěrduo/ěr	名
158	电影院/影院	diànyǐngyuàn/yǐngyuàn	名		194	二	èr	数
159	掉₁	diào	动		195	发烧	fāshāo	动
160	叮当/丁当	dīngdāng	拟声		196	饭	fàn	名
161	叮咚	dīngdōng	拟声		197	方法	fāngfǎ	名
162	钉₁/钉子	dīng/dīngzi	名		198	房间	fángjiān	名
163	丢	diū	动		199	房子/房	fángzi/fáng	名
164	东西	dōngxi	名		200	放₁	fàng	动
165	咚	dōng	拟声		201	放屁	fàngpì	动
166	动	dòng	动		202	放学	fàngxué	动
167	动画	dònghuà	名		203	飞	fēi	动
168	动画片/动画片儿	dònghuàpiàn/dònghuàpiānr	名		204	飞机	fēijī	名
169	动物	dòngwù	名		205	非常	fēicháng	副
170	动物园	dòngwùyuán	名		206	肥皂	féizào	名
171	洞	dòng	名		207	分₁	fēn	动

208	分钟	fēnzhōng	名
209	风	fēng	名
210	缝₁	féng	动
211	缝₂	fèng	名
212	扶	fú	动
213	嘎吱	gāzhī	拟声
214	改	gǎi	动
215	盖	gài	名、动
216	盖子	gàizi	名
217	干₁	gān	形
218	干净	gānjìng	形
219	赶	gǎn	动
220	赶紧	gǎnjǐn	副
221	赶快	gǎnkuài	副
222	敢	gǎn	动助动
223	感冒	gǎnmào	名、动
224	干₂	gàn	动
225	刚₁	gāng	副
226	刚才	gāngcái	名
227	高	gāo	形、名
228	高兴	gāoxìng	形
229	告诉	gàosu	动
230	咯咯	gēgē	拟声
231	哥哥/哥	gēge/gē	名
232	胳膊/胳臂	gēbo/gēbei	名
233	歌	gē	名
234	个	gè	量
235	个子	gèzi	名
236	给₁	gěi	动、介
237	根	gēn	名、量
238	跟₁	gēn	动、名
239	更₁	gèng	副
240	公鸡	gōngjī	名
241	公园	gōngyuán	名
242	狗	gǒu	名
243	够₁	gòu	动
244	咕	gū	拟声
245	咕咚	gūdōng	拟声
246	咕嘟	gūdū	拟声
247	咕噜	gūlū	拟声
248	姑娘	gūniang	名
249	鼓掌	gǔzhǎng	动
250	故事	gùshi	名
251	呱呱	guāguā	拟声
252	刮₁	guā	动
253	挂	guà	动
254	关₁	guān	动
255	管₁/管子	guǎn/guǎnzi	名
256	光₁	guāng	名
257	咣	guāng	拟声
258	滚开₁	gǔnkāi	动
259	棍子/棍	gùnzi/gùn	名
260	锅	guō	名
261	过₁	guò	动、动趋向
262	过₂	guo	助
263	过家家	guòjiājiā	~
264	过来	guòlái	动、动趋向
265	过去₁	guòqù	动、动趋向
266	哈₁	hā	拟声、叹
267	还₁	hái	副
268	孩子	háizi	名
269	海/大海	hǎi/dàhǎi	名
270	害怕	hàipà	动
271	喊	hǎn	动
272	汉语	hànyǔ	名
273	汉字	hànzì	名
274	汗	hàn	名
275	好₁	hǎo	形、副
276	好吃	hǎochī	形
277	好多	hǎoduō	数
278	好好	hǎohǎo	形、副
279	好看	hǎokàn	形
280	好听	hǎotīng	形
281	好玩儿	hǎowánr	形

282	好像	hǎoxiàng	动、副	319	话	huà	名
283	号₁	hào	量	320	坏	huài	形、动
284	喝₁	hē	动	321	坏蛋	huàidàn	名
285	和₁	hé	介、连	322	换	huàn	动
286	河	hé	名	323	黄₁	huáng	形
287	盒子 / 盒	hézi/hé	名	324	黄色	huángsè	名
288	黑₁	hēi	形	325	回₁	huí	动、动趋向
289	黑色	hēisè	名	326	回答	huídá	动
290	嘿嘿	hēihēi	拟声	327	回来	huílái	动、动趋向
291	很	hěn	副	328	回去	huíqù	动、动趋向
292	哼₁	hng	叹	329	回头	huítóu	动
293	轰隆	hōnglōng	拟声	330	会₁	huì	动、动助动
294	红₁	hóng	形	331	活₁	huó	动
295	红色	hóngsè	名	332	火₁	huǒ	名
296	猴子 / 猴	hóuzi/hóu	名	333	火车	huǒchē	名
297	后	hòu	名方位	334	叽叽喳喳 / 唧唧喳喳	jījizhāzhā	拟声
298	后边	hòubian	名方位	335	鸡	jī	名
299	后面	hòumiàn	名方位	336	鸡蛋	jīdàn	名
300	呼₁	hū	拟声	337	唧唧	jījī	拟声
301	呼啦	hūlā	拟声	338	积木	jīmù	名
302	呼噜₁	hūlū	拟声	339	急	jí	形、动
303	忽然	hūrán	副	340	急忙	jímáng	副
304	壶	hú	名	341	几	jǐ	数、代疑问
305	湖	hú	名	342	记	jì	动
306	蝴蝶	húdié	名	343	加	jiā	动
307	互相	hùxiāng	副	344	加油	jiāyóu	动
308	花₁	huā	名	345	家₁	jiā	名、量
309	花园	huāyuán	名	346	假₁	jiǎ	形
310	哗	huā	拟声	347	捡	jiǎn	动
311	哗啦	huālā	拟声	348	剪子 / 剪刀	jiǎnzi/jiǎndāo	名
312	华文	huáwén	名	349	见	jiàn	动
313	华语	huáyǔ	名	350	件	jiàn	量
314	滑₁	huá	形、动	351	讲	jiǎng	动
315	滑梯	huátī	名	352	交₁	jiāo	动
316	画₁	huà	动、名	353	教₁	jiāo	动
317	画笔	huàbǐ	名	354	脚	jiǎo	名
318	画画	huàhuà	动				

#	词	拼音	词性
355	叫₁	jiào	动
356	觉₁	jiào	名
357	教室	jiàoshì	名
358	接	jiē	动
359	节₁	jié	名
360	姐姐/姐	jiějie/jiě	名
361	借	jiè	动
362	今天	jīntiān	名
363	金鱼	jīnyú	名
364	进₁	jìn	动、动趋向
365	进来	jìnlái	动、动趋向
366	进去	jìnqù	动、动趋向
367	近	jìn	形
368	经常	jīngcháng	副
369	警察	jǐngchá	名
370	镜子	jìngzi	名
371	九	jiǔ	数
372	救	jiù	动
373	就₁	jiù	副
374	就要	jiùyào	副
375	举手	jǔshǒu	动
376	句	jù	量
377	咔	kā	拟声
378	咔嚓/喀嚓	kāchā	拟声
379	咔嗒/咔哒/喀哒	kādā	拟声
380	卡片	kǎpiàn	名
381	卡通	kǎtōng	名
382	开₁	kāi	动、动趋向
383	开₂	kāi	动
384	开花	kāihuā	动
385	开始	kāishǐ	动、名
386	开心	kāixīn	形、动
387	看₁	kān	动
388	看₂	kàn	动
389	看病	kànbìng	动
390	看见	kànjiàn	动
391	棵	kē	量
392	颗	kē	量
393	咳嗽	késou	动
394	可₁	kě	副
395	可爱	kě'ài	形
396	可乐	kělè	名
397	可以	kěyǐ	动助动、形
398	渴	kě	形
399	课	kè	名
400	空气	kōngqì	名
401	口	kǒu	名、量
402	口袋	kǒudai	名
403	扣₁/扣子	kòu/kòuzi	名
404	哭	kū	动
405	苦	kǔ	形
406	裤子	kùzi	名
407	夸	kuā	动
408	块₁	kuài	名、量
409	快	kuài	形
410	快乐	kuàilè	形
411	快要	kuàiyào	副
412	筷子	kuàizi	名
413	宽	kuān	形、名
414	垃圾	lājī	名
415	垃圾桶	lājītǒng	名
416	垃圾箱	lājīxiāng	名
417	拉	lā	动
418	拉肚子	lādùzi	~
419	蜡笔	làbǐ	名
420	啦	la	助
421	来₁	lái	动、动趋向
422	来到	láidào	动
423	蓝	lán	形
424	蓝色	lánsè	名
425	蓝天	lántiān	名
426	懒	lǎn	形
427	狼	láng	名

428	老₁	lǎo	形
429	老虎 / 虎	lǎohǔ/hǔ	名
430	老人	lǎorén	名
431	老师	lǎoshī	名
432	老鼠 / 耗子 / 鼠	lǎoshǔ/hàozi/shǔ	名
433	了₁	le	助
434	泪	lèi	名
435	累	lèi	形、动
436	冷	lěng	形
437	礼物	lǐwù	名
438	里₁	lǐ/li	名方位
439	里边	lǐbian	名方位
440	里面	lǐmiàn	名方位
441	力气	lìqi	名
442	连₁	lián	动
443	连忙	liánmáng	副
444	脸	liǎn	名
445	凉₁	liáng	形
446	两₁	liǎng	数
447	亮₁	liàng	形、动
448	辆	liàng	量
449	领子 / 领₁	lǐngzi/lǐng	名
450	另	lìng	代指示、副
451	留₁	liú	动
452	流₁	liú	动
453	六	liù	数
454	笼子 / 笼	lóngzi/lóng	名
455	楼	lóu	名
456	楼梯	lóutī	名
457	路	lù	名
458	绿	lǜ	形
459	绿色	lǜsè	名
460	乱	luàn	形
461	落₁	luò	动
462	妈妈 / 妈	māma/mā	名
463	马	mǎ	名
464	马路	mǎlù	名
465	马上	mǎshàng	副
466	蚂蚁	mǎyǐ	名
467	骂	mà	动
468	吗	ma	助
469	嘛	ma	助
470	买	mǎi	动
471	卖	mài	动
472	满	mǎn	形、动
473	慢	màn	形
474	忙	máng	形
475	猫	māo	名
476	毛	máo	名
477	毛巾	máojīn	名
478	毛毛虫	máomaochóng	名
479	帽子 / 帽	màozi/mào	名
480	没	méi	动、副
481	没有	méiyǒu	动、副
482	每	měi	代指示、副
483	美	měi	形
484	美丽	měilì	形
485	妹妹 / 妹	mèimei/mèi	名
486	门₁	mén	名、量
487	门口	ménkǒu	名
488	们	men	后缀
489	米₁	mǐ	名
490	米饭	mǐfàn	名
491	蜜蜂	mìfēng	名
492	面₁	miàn	名
493	面包	miànbāo	名
494	面条儿	miàntiáor	名
495	喵	miāo	拟声
496	咩	miē	拟声
497	名₁	míng	名、量
498	名字	míngzi	名
499	明天	míngtiān	名
500	摸	mō	动

501	母鸡	mǔjī		名	537	女孩儿/女孩子	nǚháir/nǚháizi	名
502	木₁	mù		语素	538	噢/喔₁	ō	叹
503	木头	mùtou		名	539	哦	ó/ò	叹
504	拿	ná		动	540	啪	pā	拟声
505	哪	nǎ		代疑问	541	啪嗒	pādā	拟声
506	哪个	nǎge		代疑问	542	啪啦	pālā	拟声
507	哪里	nǎlǐ		代疑问	543	爬	pá	动
508	哪儿	nǎr		代疑问	544	怕	pà	动
509	哪些	nǎxiē		代疑问	545	拍₁	pāi	动
510	那	nà		代指示	546	拍手	pāishǒu	动
511	那个	nàge		代指示	547	排队	páiduì	动
512	那里	nàlǐ		代指示	548	盘₁	pán	名
513	那么	nàme		代指示、连	549	盘子	pánzi	名
514	那儿	nàr		代指示	550	旁	páng	名方位
515	那些	nàxiē		代指示	551	旁边	pángbiān	名方位
516	那样	nàyàng		代指示	552	胖	pàng	形
517	奶	nǎi		名	553	跑	pǎo	动
518	奶粉	nǎifěn		名	554	呸	pēi	叹
519	奶奶	nǎinai		名	555	盆/盆子	pén/pénzi	名
520	男	nán		形	556	砰	pēng	拟声
521	男孩儿/男孩子	nánháir/nánháizi		名	557	嘭	pēng	拟声
522	难₁	nán		形	558	朋友	péngyou	名
523	呢	ne		助	559	碰	pèng	动
524	能₁	néng		动助动	560	噼啪/劈啪	pīpā	拟声
525	嗯	ńg/ňg/ǹg		叹	561	皮	pí	名
526	你	nǐ		代人称	562	屁	pì	名
527	你们	nǐmen		代人称	563	屁股	pìgu	名
528	年	nián		名、量	564	片₁	piàn	量、名
529	鸟	niǎo		名	565	骗	piàn	动
530	尿	niào		动、名	566	飘	piāo	动
531	您	nín		代人称	567	漂亮	piàoliang	形
532	牛₁	niú		名	568	苹果	píngguǒ	名
533	牛奶	niúnǎi		名	569	瓶子/瓶	píngzi/píng	名
534	弄	nòng		动	570	破₁	pò	动、形
535	女	nǚ		形	571	扑哧/噗嗤	pūchī	拟声
536	女儿	nǚ'ér		名	572	扑通/噗通	pūtōng	拟声

#	词	拼音	词性
573	噗	pū	拟声
574	葡萄	pútao	名
575	七	qī	数
576	嘁嘁喳喳 / 嘁嘁嚓嚓	qīqīchāchā	拟声
577	奇怪	qíguài	形
578	骑	qí	动
579	起₁	qǐ	动、动趋向
580	起床	qǐchuáng	动
581	起来	qǐlái	动、动趋向
582	气₁	qì	名
583	气球	qìqiú	名
584	汽车	qìchē	名
585	汽水	qìshuǐ	名
586	铅笔	qiānbǐ	名
587	前	qián	名方位
588	前边	qiánbian	名方位
589	前面	qiánmiàn	名方位
590	钱	qián	名
591	浅	qiǎn	形
592	枪	qiāng	名
593	墙	qiáng	名
594	抢	qiǎng	动
595	悄悄	qiāoqiāo	副
596	敲	qiāo	动
597	桥	qiáo	名
598	瞧	qiáo	动
599	巧克力	qiǎokèlì	名
600	亲₁	qīn	动
601	琴	qín	名
602	青蛙	qīngwā	名
603	轻	qīng	形
604	清₁	qīng	形
605	蜻蜓	qīngtíng	名
606	请	qǐng	动
607	秋千	qiūqiān	名
608	球	qiú	名
609	去₁	qù	动、动趋向
610	圈₁	quān	名、动
611	全	quán	形、副
612	裙子	qúnzi	名
613	群	qún	量、名
614	热₁	rè	形、动
615	人	rén	名
616	人们	rénmen	名
617	认识	rènshi	动
618	扔	rēng	动
619	肉	ròu	名
620	软	ruǎn	形
621	撒谎	sāhuǎng	动
622	撒尿	sāniào	动
623	三	sān	数
624	伞	sǎn	名
625	扫	sǎo	动
626	扫地	sǎodì	动
627	色	sè	名
628	森林	sēnlín	名
629	杀	shā	动
630	沙	shā	名
631	沙子	shāzi	名
632	晒	shài	动
633	山	shān	名
634	商店	shāngdiàn	名
635	上₁	shàng	名方位
636	上₂	shàng	动、动趋向
637	上₃	shang	名方位
638	上边	shàngbian	名方位
639	上课	shàngkè	动
640	上来	shànglái	动、动趋向
641	上面	shàngmiàn	名方位
642	上去	shàngqù	动、动趋向
643	上午	shàngwǔ	名
644	上学	shàngxué	动
645	勺子 / 勺	sháozi/sháo	名

序号	词	拼音	词性
646	少₁	shǎo	形、动
647	舌头 / 舌	shétou/shé	名
648	蛇	shé	名
649	谁	shéi/shuí	代疑问
650	身边	shēnbiān	名
651	身上	shēnshang	名
652	身体	shēntǐ	名
653	深₁	shēn	形、名
654	什么	shénme	代疑问
655	生₁	shēng	动
656	生病	shēngbìng	动
657	生气₁	shēngqì	动
658	生日	shēngrì	名
659	声	shēng	名、量
660	声音	shēngyīn	名
661	绳 / 绳子	shéng/shéngzi	名
662	剩	shèng	动
663	狮子 / 狮	shīzi/shī	名
664	湿	shī	形
665	十	shí	数
666	十分	shífēn	副
667	石头 / 石	shítou/shí	名
668	时候	shíhou	名
669	时间	shíjiān	名
670	拾	shí	动
671	使劲	shǐjìn	动
672	屎	shǐ	名
673	事	shì	名
674	事情	shìqing	名
675	是	shì	动
676	收	shōu	动
677	手₁	shǒu	名
678	手机	shǒujī	名
679	手巾	shǒujīn	名
680	手绢 / 手帕	shǒujuàn/shǒupà	名
681	手指 / 手指头	shǒuzhǐ/shǒuzhǐtou	名
682	瘦	shòu	形
683	书₁	shū	名
684	书包	shūbāo	名
685	叔叔 / 叔	shūshu/shū	名
686	梳	shū	动
687	梳头	shūtóu	动
688	梳子	shūzi	名
689	舒服	shūfu	形
690	输₁	shū	动
691	数₁	shǔ	动
692	树₁	shù	名
693	树林	shùlín	名
694	树叶	shùyè	名
695	数₂	shù	名
696	刷₁	shuā	动、语素
697	刷子	shuāzi	名
698	唰 / 刷₂	shuā	拟声
699	摔	shuāi	动
700	双	shuāng	形、量
701	水	shuǐ	名
702	水果	shuǐguǒ	名
703	睡	shuì	动
704	睡觉	shuìjiào	动
705	说	shuō	动
706	说话	shuōhuà	动
707	说谎	shuōhuǎng	动
708	撕	sī	动
709	死₁	sǐ	动
710	四	sì	数
711	送	sòng	动
712	嗖 / 飕	sōu	拟声
713	岁	suì	量
714	碎	suì	动、形
715	所以	suǒyǐ	连
716	所有	suǒyǒu	形
717	他	tā	代人称
718	她	tā	代人称

719	它	tā	代人称
720	他们	tāmen	代人称
721	她们	tāmen	代人称
722	它们	tāmen	代人称
723	台	tái	名、量
724	抬	tái	动
725	抬头	táitóu	动
726	太	tài	副
727	太阳	tàiyáng	名
728	糖	táng	名
729	躺	tǎng	动
730	疼	téng	形、动
731	踢	tī	动
732	提	tí	动
733	题₁	tí	名
734	天	tiān	名、量
735	天空	tiānkōng	名
736	天气	tiānqì	名
737	天上	tiānshàng	名
738	甜	tián	形
739	条	tiáo	量、名
740	跳	tiào	动
741	跳舞	tiàowǔ	动
742	铁₁	tiě	名
743	听	tīng	动
744	听话	tīnghuà	形
745	听见	tīngjiàn	动
746	停	tíng	动
747	挺₁	tǐng	副
748	同学	tóngxué	名
749	桶	tǒng	名
750	偷	tōu	动、副
751	头₁	tóu	名、量
752	头发	tóufa	名
753	突然	tūrán	形
754	图片	túpiàn	名
755	土₁	tǔ	名
756	吐₁	tù	动
757	兔子/兔	tùzi/tù	名
758	推	tuī	动
759	腿	tuǐ	名
760	托儿所	tuō'érsuǒ	名
761	拖	tuō	动
762	脱₁	tuō	动
763	挖	wā	动
764	哇	wā	拟声
765	娃娃	wáwa	名
766	袜子	wàzi	名
767	外	wài	名方位
768	外边	wàibian	名方位
769	外面	wàimiàn	名方位
770	弯	wān	形、动
771	完	wán	动
772	玩	wán	动
773	玩具	wánjù	名
774	玩耍	wánshuǎ	动
775	晚	wǎn	名、形
776	晚上	wǎnshang	名
777	碗	wǎn	名
778	汪₁	wāng	拟声
779	往	wǎng	动、介
780	忘	wàng	动
781	望₁	wàng	动
782	尾巴	wěiba	名
783	卫生	wèishēng	形、名
784	为什么	wèishénme	～
785	位₁	wèi	量
786	味	wèi	名
787	喂	wèi	动
788	闻₁	wén	动
789	蚊子	wénzi	名
790	问	wèn	动
791	问题	wèntí	名
792	嗡	wēng	拟声

793	喔₂	wō		拟声	829	小	xiǎo	形
794	我	wǒ		代人称	830	小孩儿	xiǎoháir	名
795	我们	wǒmen		代人称	831	小朋友	xiǎopéngyǒu	名
796	呜	wū		拟声	832	小时	xiǎoshí	名
797	屋子/屋	wūzi/wū		名	833	小心	xiǎoxīn	动、形
798	五	wǔ		数	834	小学	xiǎoxué	名
799	舞₁	wǔ		名	835	笑	xiào	动
800	西瓜	xīguā		名	836	些	xiē	量
801	嘻	xī		拟声	837	鞋/鞋子	xié/xiézi	名
802	洗	xǐ		动	838	写	xiě	动
803	洗澡	xǐzǎo		动	839	谢谢	xièxie	动
804	喜欢	xǐhuan		动	840	心	xīn	名
805	细	xì		形	841	心里	xīnlǐ	名
806	下₁	xià		名方位	842	新	xīn	形
807	下₂	xià		动、动趋向	843	信₁	xìn	动
808	下₃	xià		量	844	星	xīng	名
809	下边	xiàbian		名方位	845	星期	xīngqī	名
810	下课	xiàkè		动	846	星星	xīngxing	名
811	下来	xiàlái		动、动趋向	847	醒	xǐng	动
812	下面	xiàmiàn		名方位	848	姓	xìng	动、名
813	下去	xiàqù		动、动趋向	849	熊	xióng	名
814	下午	xiàwǔ		名	850	休息	xiūxi	动
815	吓	xià		动	851	袖子/袖	xiùzi/xiù	名
816	先	xiān		副	852	许多	xǔduō	数
817	现在	xiànzài		名	853	选	xuǎn	动
818	线₁	xiàn		名	854	学₁	xué	动
819	香₁	xiāng		形	855	学生	xuéshēng	名
820	香蕉	xiāngjiāo		名	856	学习	xuéxí	动
821	香皂	xiāngzào		名	857	学校	xuéxiào	名
822	箱子/箱	xiāngzi/xiāng		名	858	雪	xuě	名
823	响	xiǎng		动、形	859	压岁钱	yāsuìqián	名
824	想	xiǎng		动	860	呀	yā	叹
825	向	xiàng		介、动	861	牙/牙齿	yá/yáchǐ	名
826	象/大象	xiàng/dàxiàng		名	862	牙膏	yágāo	名
827	像₁	xiàng		动、副	863	牙刷	yáshuā	名
828	橡皮/橡皮擦	xiàngpí/xiàngpícā		名	864	颜色	yánsè	名
					865	眼	yǎn	名

866	眼睛	yǎnjing		名	903	赢	yíng	动
867	眼镜	yǎnjìng		名	904	硬	yìng	形
868	眼泪	yǎnlèi		名	905	勇敢	yǒnggǎn	形
869	羊	yáng		名	906	用	yòng	动、介
870	阳光	yángguāng		名	907	游₁	yóu	动
871	洋娃娃	yángwáwa		名	908	游戏	yóuxì	名、动
872	养	yǎng		动	909	游泳	yóuyǒng	动
873	痒痒/痒	yǎngyang/yǎng		形	910	有	yǒu	动
874	样	yàng		名、量	911	有的	yǒude	代指示
875	样子	yàngzi		名	912	有点儿	yǒudiǎnr	副
876	摇	yáo		动	913	又	yòu	副
877	摇头	yáotóu		动	914	右	yòu	名方位
878	咬	yǎo		动	915	右边	yòubian	名方位
879	药₁	yào		名	916	幼儿园	yòu'éryuán	名
880	要₁	yào		动、动助动	917	鱼	yú	名
881	钥匙	yàoshi		名	918	雨	yǔ	名
882	爷爷	yéye		名	919	雨伞	yǔsǎn	名
883	也	yě		副	920	原来	yuánlái	名、形、副
884	叶子/叶	yèzi/yè		名	921	圆	yuán	名、形
885	页	yè		量	922	远	yuǎn	形
886	一	yī		数	923	月₁	yuè	名
887	一半	yībàn		数	924	月亮/月₂	yuèliang/yuè	名
888	一边	yībiān		名方位、副	925	云	yún	名
889	一点儿	yīdiǎnr		数量	926	再	zài	副
890	一会儿	yīhuìr		数量、副	927	再见	zàijiàn	动
891	一块儿	yīkuàir		名、副	928	在	zài	介、动、副
892	一起	yīqǐ		名、副	929	脏	zāng	形
893	一下	yīxià		数量、副	930	早	zǎo	名、形、副
894	一些	yīxiē		数量	931	早晨	zǎochen	名
895	一样	yīyàng		形	932	早上	zǎoshang	名
896	一直	yīzhí		副	933	怎么	zěnme	代疑问
897	衣服	yīfu		名	934	怎么样	zěnmeyàng	代疑问
898	医院	yīyuàn		名	935	喳	zhā	拟声
899	咦	yí		叹	936	摘	zhāi	动
900	已经	yǐjīng		副	937	站₁	zhàn	动
901	椅子	yǐzi		名	938	张₁	zhāng	动
902	因为	yīnwèi		介、连	939	张₂	zhāng	量

940	长₂	zhǎng	动		975	捉	zhuō	动
941	着急	zháojí	形		976	捉迷藏	zhuōmícáng	~
942	找₁	zhǎo	动		977	桌子	zhuōzi	名
943	照₁	zhào	动		978	子₁	zi	后缀
944	照片/照片儿/相片/相片儿	zhàopiàn/zhàopiānr/xiàngpiàn/xiàngpiānr	名		979	自己	zìjǐ	代人称
					980	字	zì	名
945	这	zhè	代指示		981	走	zǒu	动
946	这个	zhège	代指示		982	走路	zǒulù	动
947	这里	zhèlǐ	代指示		983	组	zǔ	动、名、量
948	这么	zhème	代指示		984	钻₁	zuān	动
949	这儿	zhèr	代指示		985	嘴	zuǐ	名
950	这些	zhèxiē	代指示		986	嘴巴	zuǐba	名
951	这样	zhèyàng	代指示		987	最	zuì	副
952	着₁	zhe	助		988	最后	zuìhòu	名
953	针	zhēn	名		989	昨天	zuótiān	名
954	真	zhēn	形、副		990	左	zuǒ	名方位
955	睁	zhēng	动		991	左边	zuǒbian	名方位
956	支₁	zhī	量		992	作业₁	zuòyè	名
957	只₁	zhī	量		993	坐	zuò	动
958	吱	zhī/zī	拟声		994	座	zuò	名、量
959	知道	zhīdào	动		995	座位/坐位	zuòwèi	名
960	直	zhí	形、副、动		996	做	zuò	动
961	纸	zhǐ	名		**2级**			
962	指	zhǐ	名、动		997	爱护	àihù	动
963	指头	zhǐtou	名		998	安静	ānjìng	形
964	中₁	zhōng	名方位、语素		999	安全	ānquán	形
					1000	岸	àn	名
965	中间	zhōngjiān	名方位		1001	按时	ànshí	副
966	中文	zhōngwén	名		1002	暗	àn	形
967	中午	zhōngwǔ	名		1003	嗷嗷	áo'áo	拟声
968	种₁	zhǒng	量		1004	拔河	báhé	动
969	种子	zhǒngzi	名		1005	白菜/大白菜	báicài/dàbáicài	名
970	重₁	zhòng	形、名					
971	猪	zhū	名		1006	白开水	báikāishuǐ	名
972	住	zhù	动		1007	百	bǎi	数
973	抓	zhuā	动		1008	败₁	bài	动
974	追	zhuī	动		1009	拜年	bàinián	动

1010	班级	bānjí	名		1047	表扬	biǎoyáng	动
1011	班长	bānzhǎng	名		1048	饼	bǐng	名
1012	班主任	bānzhǔrèn	名		1049	病人	bìngrén	名
1013	搬家	bānjiā	动		1050	菠菜	bōcài	名
1014	板₁	bǎn	名		1051	簸箕	bòji	名
1015	板凳	bǎndèng	名		1052	不好意思	bùhǎoyìsi	~
1016	办公室	bàngōngshì	名		1053	不久	bùjiǔ	形
1017	扮演	bànyǎn	动		1054	不客气	bù kèqi	~
1018	帮忙	bāngmáng	动		1055	不一定	bùyīdìng	~
1019	绑	bǎng	动		1056	步子	bùzi	名
1020	棒₂/棒子	bàng/bàngzi	名		1057	猜谜	cāimí	动
1021	棒棒糖	bàngbangtáng	名		1058	彩虹	cǎihóng	名
1022	傍晚	bàngwǎn	名		1059	彩色	cǎisè	名
1023	包围	bāowéi	动		1060	菜刀	càidāo	名
1024	包子	bāozi	名		1061	参观	cānguān	动
1025	薄	báo	形		1062	餐馆	cānguǎn	名
1026	保护	bǎohù	动		1063	餐厅	cāntīng	名
1027	报₁	bào	名		1064	操₁	cāo	名
1028	报名	bàomíng	动		1065	操场	cāochǎng	名
1029	报纸	bàozhǐ	名		1066	草莓	cǎoméi	名
1030	爆米花	bàomǐhuā	名		1067	册	cè	量、语素
1031	背包	bēibāo	名		1068	层	céng	量、语素
1032	北	běi	名方位		1069	叉₁	chā	名、动
1033	北边	běibian	名方位		1070	叉子	chāzi	名
1034	北方	běifāng	名方位		1071	差₁	chā	名
1035	北面	běimiàn	名方位		1072	插	chā	动
1036	贝壳	bèiké	名		1073	茶	chá	名
1037	背面	bèimiàn	名		1074	茶叶	cháyè	名
1038	被₂	bèi	介		1075	差₂	chà	形、动
1039	被窝儿	bèiwōr	名		1076	拆	chāi	动
1040	本领	běnlǐng	名		1077	长方形	chángfāngxíng	名
1041	笔画/笔划	bǐhuà	名		1078	长颈鹿	chángjǐnglù	名
1042	闭	bì	动		1079	肠₁	cháng	名
1043	变化	biànhuà	动、名		1080	常常	chángcháng	副
1044	标题	biāotí	名		1081	场₁	chǎng	量、语素
1045	表₁	biǎo	名		1082	抄₁	chāo	动
1046	表演	biǎoyǎn	动		1083	朝₁	cháo	动、介

编号	词	拼音	词性
1084	吵架	chǎojià	动
1085	炒	chǎo	动
1086	车轮	chēlún	名
1087	车站	chēzhàn	名
1088	称₁	chēng	动
1089	成绩	chéngjì	名
1090	城堡	chéngbǎo	名
1091	城市	chéngshì	名
1092	盛₁	chéng	动
1093	橙色	chéngsè	名
1094	橙子	chéngzi	名
1095	池	chí	名
1096	池塘	chítáng	名
1097	迟到	chídào	动
1098	尺₁/尺子	chǐ/chǐzi	名
1099	翅膀/翅	chìbǎng/chì	名
1100	重₂	chóng	动、副
1101	宠物	chǒngwù	名
1102	冲₂	chòng	动、介
1103	抽₁	chōu	动
1104	出差	chūchāi	动
1105	出发	chūfā	动
1106	出国	chūguó	动
1107	出门	chūmén	动
1108	出院	chūyuàn	动
1109	厨房	chúfáng	名
1110	橱	chú	名
1111	传染	chuánrǎn	动
1112	传说	chuánshuō	动、名
1113	串₁	chuàn	名、量
1114	窗口	chuāngkǒu	名
1115	窗帘	chuānglián	名
1116	窗台	chuāngtái	名
1117	床单	chuángdān	名
1118	春	chūn	名
1119	春天	chūntiān	名
1120	词	cí	名
1121	词语	cíyǔ	名
1122	刺₁	cì	动、名
1123	葱/大葱	cōng/dàcōng	名
1124	从来	cónglái	副
1125	粗心	cūxīn	形
1126	醋	cù	名
1127	错误	cuòwù	形、名
1128	答	dá	动
1129	答案	dá'àn	名
1130	打扮	dǎban	动、名
1131	打架	dǎjià	动
1132	打雷	dǎléi	动
1133	打扫	dǎsǎo	动
1134	打仗	dǎzhàng	动
1135	打招呼	dǎzhāohu	~
1136	打字	dǎzì	动
1137	大便	dàbiàn	名、动
1138	大会	dàhuì	名
1139	大门	dàmén	名
1140	大名	dàmíng	名
1141	大人₁	dàren	名
1142	大熊猫/熊猫	dàxióngmāo/xióngmāo	名
1143	大自然	dàzìrán	名
1144	带路	dàilù	动
1145	当₃	dāng	介
1146	当然	dāngrán	副、形
1147	当心	dāngxīn	动
1148	挡	dǎng	动
1149	当作/当做/当成	dàngzuò/dàngzuò/dàngchéng	动
1150	岛	dǎo	名
1151	倒₂	dào	动
1152	道₁	dào	名、量
1153	得救	déjiù	动
1154	的话	dehuà	助
1155	灯光	dēngguāng	名
1156	灯笼	dēnglong	名

1157	等号	děnghào	名		1192	东面	dōngmiàn	名方位
1158	等于	děngyú	动		1193	冬	dōng	名
1159	的士 / 出租车	dīshì/chūzūchē	名		1194	冬瓜	dōngguā	名
					1195	冬天	dōngtiān	名
1160	滴	dī	动、量、语素		1196	懂	dǒng	动
					1197	动手	dòngshǒu	动
1161	笛子 / 笛	dízi/dí	名		1198	动听	dòngtīng	形
1162	底	dǐ	名		1199	动作	dòngzuò	名
1163	底下	dǐxia	名方位		1200	斗	dòu	动
1164	地面	dìmiàn	名		1201	豆 / 豆子	dòu/dòuzi	名
1165	地球	dìqiú	名		1202	豆腐	dòufu	名
1166	地铁	dìtiě	名		1203	豆芽儿	dòuyár	名
1167	地址	dìzhǐ	名		1204	毒药	dúyào	名
1168	点₂	diǎn	量、名		1205	读书	dúshū	动
1169	点₃	diǎn	动		1206	端₁	duān	动
1170	点心	diǎnxin	名		1207	短裤	duǎnkù	名
1171	点子₁	diǎnzi	名		1208	对话	duìhuà	动
1172	电	diàn	名、动		1209	哆嗦	duōsuo	动
1173	电车	diànchē	名		1210	鹅	é	名
1174	电灯	diàndēng	名		1211	儿童	értóng	名
1175	电脑	diànnǎo	名		1212	发抖	fādǒu	动
1176	电扇 / 风扇 / 电风扇	diànshàn/fēngshàn/ diànfēngshàn	名		1213	发现	fāxiàn	动
					1214	发芽	fāyá	动
1177	电视剧	diànshìjù	名		1215	发言	fāyán	动、名
1178	电视台	diànshìtái	名		1216	罚	fá	动
1179	电梯	diàntī	名		1217	帆船	fānchuán	名
1180	电线	diànxiàn	名		1218	翻₁	fān	动
1181	电子琴	diànzǐqín	名		1219	反₁	fǎn	形
1182	店	diàn	名		1220	饭菜	fàncài	名
1183	钓	diào	动		1221	饭店	fàndiàn	名
1184	钓鱼	diàoyú	动		1222	饭馆	fànguǎn	名
1185	跌	diē	动		1223	饭盒	fànhé	名
1186	叠	dié	动		1224	饭桌	fànzhuō	名
1187	碟子 / 碟	diézi/dié	名		1225	范围	fànwéi	名
1188	顶₁	dǐng	名、动		1226	方₁	fāng	形
1189	东	dōng	名方位		1227	方便面	fāngbiànmiàn	名
1190	东边	dōngbian	名方位		1228	方向	fāngxiàng	名
1191	东方	dōngfāng	名方位					

1229	方形	fāngxíng	名		1265	姑姑/姑/姑妈	gūgu/gū/gūmā	名
1230	房顶	fángdǐng	名		1266	骨头/骨	gǔtou/gǔ	名
1231	放假	fàngjià	动		1267	鼓₁	gǔ	名
1232	飞快	fēikuài	形		1268	顾客	gùkè	名
1233	分₂	fēn	量		1269	瓜	guā	名
1234	分数₁	fēnshù	名		1270	瓜子	guāzǐ	名
1235	粉₁	fěn	名、形		1271	刮₂	guā	动
1236	粉笔	fěnbǐ	名		1272	乖	guāi	形
1237	粉红	fěnhóng	形		1273	关闭	guānbì	动
1238	粉色	fěnsè	名		1274	关心	guānxīn	动
1239	丰富	fēngfù	形、动		1275	光₂	guāng	形、动
1240	风景	fēngjǐng	名		1276	广场	guǎngchǎng	名
1241	风筝	fēngzheng	名		1277	龟/乌龟	guī/wūguī	名
1242	封₁	fēng	量		1278	贵₁	guì	形
1243	蜂蜜	fēngmì	名		1279	滚	gǔn	动
1244	复习	fùxí	动		1280	国	guó	名
1245	富	fù	形		1281	国旗	guóqí	名
1246	该₁	gāi	动、动助动		1282	国王	guówáng	名
1247	改正	gǎizhèng	动		1283	果冻	guǒdòng	名
1248	竿/竿子	gān/gānzi	名		1284	果皮	guǒpí	名
1249	赶忙	gǎnmáng	副		1285	果树	guǒshù	名
1250	钢琴	gāngqín	名		1286	果园	guǒyuán	名
1251	缸/缸子	gāng/gāngzi	名		1287	果汁	guǒzhī	名
1252	鸽子/鸽	gēzi/gē	名		1288	果子	guǒzi	名
1253	割	gē	动		1289	过分	guòfèn	形
1254	个别	gèbié	形、副		1290	过节	guòjié	动
1255	各种各样	gèzhǒng-gèyàng	~		1291	过年	guònián	动
1256	跟₂	gēn	介、连		1292	还是	háishi	副、连
1257	跟头/跟斗	gēntou/gēndou	名		1293	海带	hǎidài	名
1258	工厂	gōngchǎng	名		1294	海龟	hǎiguī	名
1259	工人	gōngrén	名		1295	海滩	hǎitān	名
1260	工作	gōngzuò	动、名		1296	海豚	hǎitún	名
1261	公共汽车/公交车/巴士	gōnggòng qìchē/gōngjiāochē/bāshì	名		1297	寒假	hánjià	名
1262	公主	gōngzhǔ	名		1298	汉₁	hàn	语素
1263	功课	gōngkè	名		1299	汉堡包	hànbǎobāo	名
1264	狗熊	gǒuxióng	名		1300	汗珠	hànzhū	名

1301	行₁	háng	名、量		1338	花盆	huāpén	名
1302	好久	hǎojiǔ	形		1339	花瓶	huāpíng	名
1303	好笑	hǎoxiào	形		1340	花生	huāshēng	名
1304	号码	hàomǎ	名		1341	花生米	huāshēngmǐ	名
1305	好奇	hàoqí	形		1342	花纹	huāwén	名
1306	禾苗	hémiáo	名		1343	划₁	huá	动
1307	合₁	hé	动		1344	划船	huáchuán	动
1308	和₂	hé	名		1345	华	huá	名
1309	荷花	héhuā	名		1346	画₂/划₂	huà	量
1310	荷叶	héyè	名		1347	画册	huàcè	名
1311	核₁	hé	名		1348	怀₁	huái	名
1312	盒饭	héfàn	名		1349	欢迎	huānyíng	动
1313	贺卡	hèkǎ	名		1350	黄瓜	huángguā	名
1314	黑板	hēibǎn	名		1351	灰	huī	名、形
1315	黑板擦	hēibǎncā	名		1352	灰色	huīsè	名
1316	黑夜	hēiyè	名		1353	回₂	huí	动
1317	哼₂	hēng	动		1354	会₂	huì	名
1318	横₁	héng	形、动		1355	会儿	huìr	量
1319	红包	hóngbāo	名		1356	会议	huìyì	名
1320	红烧	hóngshāo	动		1357	活₂	huó	名
1321	后方	hòufāng	名方位		1358	活该	huógāi	动
1322	后来	hòulái	名		1359	活泼	huópō	形
1323	后天	hòutiān	名		1360	火车站	huǒchēzhàn	名
1324	后头	hòutou	名方位		1361	火腿肠	huǒtuǐcháng	名
1325	厚	hòu	形、名		1362	伙伴	huǒbàn	名
1326	呼哧	hūchī	拟声		1363	货车	huòchē	名
1327	呼噜₂	hūlu	名		1364	鸡翅	jīchì	名
1328	狐狸/狐	húli/hú	名		1365	及格	jígé	动
1329	胡萝卜	húluóbo	名		1366	极了	jíle	~
1330	胡子	húzi	名		1367	集₁	jí	量
1331	核儿	húr	名		1368	挤	jǐ	动、形
1332	蝴蝶结	húdiéjié	名		1369	计算	jìsuàn	动
1333	糊涂	hútu	形		1370	记号	jìhao	名
1334	护士	hùshi	名		1371	纪律	jìlǜ	名
1335	花₂	huā	动		1372	系₁	jì	动
1336	花草	huācǎo	名		1373	季节	jìjié	名
1337	花朵	huāduǒ	名		1374	既₁	jì	副

1375	继续	jìxù	动		1412	角₁	jiǎo	量
1376	加法	jiāfǎ	名		1413	狡猾	jiǎohuá	形
1377	夹	jiā	动		1414	饺子	jiǎozi	名
1378	夹子	jiāzi	名		1415	脚印	jiǎoyìn	名
1379	家长	jiāzhǎng	名		1416	叫₂	jiào	动
1380	家长会	jiāzhǎnghuì	名		1417	教学楼	jiàoxuélóu	名
1381	假如	jiǎrú	连		1418	结₁	jiē	动
1382	假装	jiǎzhuāng	动		1419	街	jiē	名
1383	价钱	jiàqián	名		1420	节₂	jié	量
1384	架₁	jià	名、动、量		1421	节目	jiémù	名
1385	架₂	jià	语素		1422	节日	jiérì	名
1386	架子₁	jiàzi	名		1423	洁白	jiébái	形
1387	假₂	jià	名		1424	解渴	jiěkě	动
1388	假期	jiàqī	名		1425	戒指	jièzhi	名
1389	尖	jiān	形、名		1426	斤	jīn	量
1390	间₁	jiān	语素、量		1427	今年	jīnnián	名
1391	煎	jiān	动		1428	紧	jǐn	形、动
1392	检查	jiǎnchá	动、名		1429	紧张	jǐnzhāng	形
1393	减	jiǎn	动		1430	劲	jìn	名
1394	减法	jiǎnfǎ	名		1431	经过	jīngguò	动、名
1395	剪	jiǎn	动		1432	经理	jīnglǐ	名
1396	简单	jiǎndān	形		1433	井	jǐng	名
1397	建	jiàn	动		1434	静	jìng	形、动
1398	健康	jiànkāng	形		1435	静悄悄	jìngqiāoqiāo	形
1399	江	jiāng	名		1436	镜	jìng	语素
1400	将来	jiānglái	名		1437	韭菜	jiǔcài	名
1401	讲课	jiǎngkè	动		1438	酒	jiǔ	名
1402	奖	jiǎng	动、名		1439	酒店	jiǔdiàn	名
1403	奖杯	jiǎngbēi	名		1440	旧	jiù	形
1404	奖励	jiǎnglì	动		1441	救命	jiùmìng	动
1405	奖品	jiǎngpǐn	名		1442	救生圈	jiùshēngquān	名
1406	奖状	jiǎngzhuàng	名		1443	舅舅/舅	jiùjiu/jiù	名
1407	降₁	jiàng	动		1444	菊/菊花	jú/júhuā	名
1408	交换	jiāohuàn	动		1445	橘子/桔子	júzi	名
1409	浇	jiāo	动		1446	举	jǔ	动
1410	骄傲	jiāo'ào	形、名		1447	巨人	jùrén	名
1411	胶水	jiāoshuǐ	名		1448	句子	jùzi	名

1449	卷$_1$	juǎn	动、名、量
1450	卷子/考卷/试卷/卷$_2$	juànzi/kǎojuàn/shìjuàn/juàn	名
1451	噘	juē	动
1452	觉得	juéde	动
1453	咖啡	kāfēi	名
1454	卡$_1$	kǎ	名
1455	卡车	kǎchē	名
1456	开关	kāiguān	名
1457	开会	kāihuì	动
1458	开水	kāishuǐ	名
1459	开学	kāixué	动
1460	看家$_1$	kānjiā	动
1461	考	kǎo	动
1462	考场	kǎochǎng	名
1463	考试	kǎoshì	动
1464	蝌蚪	kēdǒu	名
1465	可口	kěkǒu	形
1466	可怜	kělián	形、动
1467	可怕	kěpà	形
1468	可笑	kěxiào	形
1469	刻苦	kèkǔ	形
1470	客气	kèqi	形、动
1471	客人	kèrén	名
1472	课本	kèběn	名
1473	课间	kèjiān	名
1474	课堂	kètáng	名
1475	课文	kèwén	名
1476	课桌	kèzhuō	名
1477	啃	kěn	动
1478	坑$_1$	kēng	名
1479	空$_1$	kōng	形、语素
1480	空调	kōngtiáo	名
1481	孔	kǒng	名
1482	孔雀	kǒngquè	名
1483	口号	kǒuhào	名
1484	口红	kǒuhóng	名
1485	口琴	kǒuqín	名
1486	口水	kǒushuǐ	名
1487	口香糖	kǒuxiāngtáng	名
1488	口罩	kǒuzhào	名
1489	裤	kù	语素
1490	夸奖	kuājiǎng	动
1491	块$_2$	kuài	量
1492	快活	kuàihuo	形
1493	筐/筐子	kuāng/kuāngzi	名
1494	矿泉水	kuàngquánshuǐ	名
1495	困$_1$	kùn	形
1496	拉面	lāmiàn	名
1497	喇叭	lǎba	名
1498	蜡烛	làzhú	名
1499	辣	là	形
1500	辣椒	làjiāo	名
1501	拦	lán	动
1502	篮球	lánqiú	名
1503	篮子/篮	lánzi/lán	名
1504	烂	làn	形
1505	朗读	lǎngdú	动
1506	浪	làng	名
1507	浪花	lànghuā	名
1508	劳动	láodòng	动、名
1509	老$_2$	lǎo	前缀
1510	老头儿	lǎotóur	名
1511	姥姥/外婆	lǎolao/wàipó	名
1512	姥爷/外公	lǎoye/wàigōng	名
1513	乐	lè	形、动
1514	乐园	lèyuán	名
1515	雷$_1$	léi	名
1516	雷电	léidiàn	名
1517	离开	líkāi	动
1518	梨	lí	名
1519	礼拜$_1$	lǐbài	名
1520	礼貌	lǐmào	名、形
1521	里头	lǐtou	名方位

1522	理发	lǐfà	动		1559	轮子	lúnzi	名
1523	力	lì	名		1560	萝卜	luóbo	名
1524	力量	lìliàng	名		1561	抹₁	mā	动
1525	厉害/利害₁	lìhai	形		1562	麻烦	máfan	形、动、名
1526	立₁	lì	动		1563	麻雀	máquè	名
1527	粒	lì	名、量		1564	马桶	mǎtǒng	名
1528	练	liàn	动		1565	埋	mái	动
1529	练习	liànxí	动、名		1566	馒头	mántou	名
1530	凉快	liángkuai	形、动		1567	满分	mǎnfēn	名
1531	凉鞋	liángxié	名		1568	毛₂	máo	量
1532	量₁	liáng	动		1569	毛笔	máobǐ	名
1533	粮食	liángshi	名		1570	毛毛雨	máomaoyǔ	名
1534	凉₂	liàng	动		1571	毛线	máoxiàn	名
1535	晾	liàng	动		1572	毛衣	máoyī	名
1536	了₂	liǎo	动		1573	没关系	méiguānxi	～
1537	了不起	liǎobuqǐ	形		1574	没意思	méiyìsi	～
1538	邻居	línjū	名		1575	玫瑰	méigui	名
1539	林	lín	语素		1576	眉毛/眉	méimao/méi	名
1540	淋	lín	动		1577	美梦	měimèng	名
1541	铃	líng	名		1578	美术	měishù	名
1542	铃铛	língdang	名		1579	门铃	ménlíng	名
1543	铃声	língshēng	名		1580	门牙	ményá	名
1544	零	líng	数、形		1581	梦	mèng	名、动
1545	零食	língshí	名		1582	梦见	mèngjiàn	动
1546	领₂	lǐng	动		1583	迷宫	mígōng	名
1547	领先	lǐngxiān	动		1584	迷路	mílù	动
1548	龙	lóng	名		1585	谜语	míyǔ	名
1549	龙虾	lóngxiā	名		1586	米₂	mǐ	量
1550	楼房	lóufáng	名		1587	秘密	mìmì	形、名
1551	搂	lǒu	动		1588	绵羊	miányáng	名
1552	漏	lòu	动		1589	棉被	miánbèi	名
1553	录₁	lù	动		1590	棉花	miánhuā	名
1554	鹿	lù	名		1591	明白	míngbai	形、动
1555	路灯	lùdēng	名		1592	明亮	míngliàng	形
1556	露₁	lù/lòu	动		1593	明明	míngmíng	副
1557	旅游	lǚyóu	动		1594	明年	míngnián	名
1558	轮船	lúnchuán	名		1595	明星	míngxīng	名

1596	命₁	mìng	名
1597	命令	mìnglìng	动、名
1598	蘑菇	mógu	名
1599	魔术/戏法	móshù/xìfǎ	名
1600	抹₂	mǒ	动
1601	墨水	mòshuǐ	名
1602	木马	mùmǎ	名
1603	目光	mùguāng	名
1604	奶油	nǎiyóu	名
1605	男人	nánrén	名
1606	南	nán	名方位
1607	南边	nánbian	名方位
1608	南方	nánfāng	名方位
1609	南瓜	nánguā	名
1610	南面	nánmiàn	名方位
1611	难过	nánguò	形
1612	难看	nánkàn	形
1613	脑袋	nǎodai	名
1614	脑子/脑	nǎozi/nǎo	名
1615	闹钟	nàozhōng	名
1616	内	nèi	名方位
1617	泥	ní	名
1618	泥土	nítǔ	名
1619	年级	niánjí	名
1620	念₁	niàn	动
1621	捏	niē	动
1622	扭	niǔ	动
1623	纽扣	niǔkòu	名
1624	农民	nóngmín	名
1625	女人	nǚrén	名
1626	暖	nuǎn	形、动
1627	暖和	nuǎnhuo	形、动
1628	呕吐	ǒutù	动
1629	趴	pā	动
1630	拍照	pāizhào	动
1631	排₁	pái	动、名、量
1632	排球	páiqiú	名
1633	牌子	páizi	名
1634	螃蟹/蟹	pángxiè/xiè	名
1635	胖子	pàngzi	名
1636	跑步	pǎobù	动
1637	跑道	pǎodào	名
1638	泡₁	pào	名
1639	泡₂	pào	动
1640	泡泡糖	pàopaotáng	名
1641	陪	péi	动
1642	喷	pēn	动
1643	喷泉	pēnquán	名
1644	喷嚏	pēntì	名
1645	捧	pěng	动
1646	碰见	pèngjiàn	动
1647	批₁	pī	动
1648	批评	pīpíng	动
1649	披	pī	动
1650	皮包	píbāo	名
1651	皮带	pídài	名
1652	皮肤	pífū	名
1653	皮球	píqiú	名
1654	皮鞋	píxié	名
1655	啤酒	píjiǔ	名
1656	匹₁	pǐ	量
1657	篇	piān	量
1658	便宜	piányi	形、名、动
1659	骗子	piànzi	名
1660	漂	piāo	动
1661	票	piào	名
1662	拼₁	pīn	动
1663	拼写	pīnxiě	动
1664	拼音	pīnyīn	名
1665	频道	píndào	名
1666	乒乓球	pīngpāngqiú	名
1667	平₁	píng	形
1668	平地	píngdì	名
1669	扑	pū	动

#	词	拼音	词性
1670	扑克/扑克牌	pūkè/pūkèpái	名
1671	铺₁	pū	动
1672	期末	qīmò	名
1673	期中	qīzhōng	名
1674	欺负	qīfu	动
1675	齐	qí	形、副
1676	其他	qítā	代指示
1677	其它	qítā	代指示
1678	棋	qí	名
1679	旗/旗子	qí/qízi	名
1680	起飞	qǐfēi	动
1681	气₂	qì	动
1682	汽车站	qìchēzhàn	名
1683	千	qiān	数
1684	牵	qiān	动
1685	铅笔盒/文具盒	qiānbǐhé/wénjùhé	名
1686	签名	qiānmíng	动、名
1687	前方	qiánfāng	名方位
1688	前年	qiánnián	名
1689	前天	qiántiān	名
1690	前头	qiántou	名方位
1691	钱包	qiánbāo	名
1692	跷跷板	qiāoqiāobǎn	名
1693	瞧见	qiáojiàn	动
1694	切₁	qiē	动
1695	茄子	qiézi	名
1696	亲₂	qīn	形
1697	芹菜	qíncài	名
1698	勤快	qínkuai	形
1699	青菜	qīngcài	名
1700	青草	qīngcǎo	名
1701	青椒	qīngjiāo	名
1702	晴	qíng	形
1703	晴天	qíngtiān	名
1704	请假	qǐngjià	动
1705	请问	qǐngwèn	动
1706	庆祝	qìngzhù	动
1707	穷₁	qióng	形
1708	秋	qiū	名
1709	秋天	qiūtiān	名
1710	求	qiú	动
1711	球鞋	qiúxié	名
1712	去年	qùnián	名
1713	拳	quán	名
1714	缺	quē	动
1715	裙	qún	语素
1716	然后	ránhòu	连
1717	让₁	ràng	动
1718	让座	ràngzuò	动
1719	热闹	rènao	形、动、名
1720	认	rèn	动
1721	认错	rèncuò	动
1722	认真	rènzhēn	形
1723	日	rì	名、量
1724	日出	rìchū	名
1725	日期	rìqī	名
1726	容易	róngyì	形
1727	如果	rúguǒ	连
1728	洒	sǎ	动
1729	撒₁	sǎ	动
1730	塞	sāi	动、名
1731	赛	sài	动
1732	赛跑	sàipǎo	动
1733	三角	sānjiǎo	名
1734	三角形	sānjiǎoxíng	名
1735	散步	sànbù	动
1736	嗓子	sǎngzi	名
1737	扫帚/扫把	sàozhou/sàobǎ	名
1738	沙发	shāfā	名
1739	沙漠	shāmò	名
1740	沙滩	shātān	名
1741	傻	shǎ	形
1742	傻瓜	shǎguā	名

1743	山峰	shānfēng	名		1780	市场	shìchǎng	名
1744	山谷	shāngǔ	名		1781	室	shì	名
1745	山坡	shānpō	名		1782	收拾	shōushi	动
1746	山羊	shānyáng	名		1783	手表	shǒubiǎo	名
1747	扇₁	shān	动		1784	手枪	shǒuqiāng	名
1748	闪电	shǎndiàn	名		1785	手套	shǒutào	名
1749	扇₂	shàn	量、语素		1786	首₁	shǒu	量
1750	扇子	shànzi	名		1787	首都	shǒudū	名
1751	善良	shànliáng	形		1788	受伤	shòushāng	动
1752	伤口	shāngkǒu	名		1789	书本	shūběn	名
1753	伤心	shāngxīn	形		1790	书店	shūdiàn	名
1754	商场	shāngchǎng	名		1791	书桌	shūzhuō	名
1755	上班	shàngbān	动		1792	蔬菜	shūcài	名
1756	上当	shàngdàng	动		1793	熟	shú/shóu	形
1757	上头	shàngtou	名方位		1794	暑假	shǔjià	名
1758	上网	shàngwǎng	动		1795	树干	shùgàn	名
1759	烧	shāo	动、名		1796	树木	shùmù	名
1760	射门	shèmén	动		1797	树枝	shùzhī	名
1761	伸	shēn	动		1798	竖	shù	形、动
1762	身₁	shēn	名		1799	数学	shùxué	名
1763	升₁	shēng	动		1800	数字	shùzì	名
1764	生₂	shēng	形		1801	摔跤	shuāijiāo	动
1765	生词	shēngcí	名		1802	甩	shuǎi	动
1766	生活	shēnghuó	名、动		1803	帅₁	shuài	形
1767	生命	shēngmìng	名		1804	水彩	shuǐcǎi	名
1768	生字	shēngzì	名		1805	水滴	shuǐdī	名
1769	声调	shēngdiào	名		1806	水龙头/龙头₁	shuǐlóngtóu/lóngtóu	名
1770	圣诞老人	Shèngdàn Lǎorén	名		1807	水面	shuǐmiàn	名
1771	胜	shèng	动		1808	水珠	shuǐzhū	名
1772	诗	shī	名		1809	睡懒觉	shuìlǎnjiào	~
1773	石子儿	shízǐr	名		1810	司机	sījī	名
1774	识字	shízì	动		1811	死₂	sǐ	形
1775	食品	shípǐn	名		1812	松₁	sōng	形、动
1776	食堂	shítáng	名		1813	松鼠	sōngshǔ	名
1777	食物	shíwù	名		1814	松树/松₂	sōngshù/sōng	名
1778	世界	shìjiè	名		1815	塑料	sùliào	名
1779	市	shì	名					

#	词	拼音	词性	#	词	拼音	词性
1816	塑料袋	sùliàodài	名	1853	痛快	tòngkuài	形
1817	酸	suān	形	1854	偷懒	tōulǎn	动
1818	蒜/大蒜	suàn/dàsuàn	名	1855	偷偷	tōutōu	副
1819	算	suàn	动	1856	头顶	tóudǐng	名
1820	锁	suǒ	名、动	1857	透明	tòumíng	形
1821	台灯	táidēng	名	1858	图₁	tú	名
1822	台子	táizi	名	1859	图画	túhuà	名
1823	弹₁	tán	动	1860	图书馆	túshūguǎn	名
1824	汤	tāng	名	1861	涂	tú	动
1825	糖果	tángguǒ	名	1862	吞	tūn	动
1826	掏	tāo	动	1863	拖鞋	tuōxié	名
1827	逃跑	táopǎo	动	1864	娃	wá	名
1828	逃走	táozǒu	动	1865	袜	wà	语素
1829	淘气	táoqì	形	1866	歪	wāi	形
1830	讨厌	tǎoyàn	形、动	1867	外头	wàitou	名方位
1831	特别	tèbié	形、副	1868	弯曲	wānqū	形
1832	梯子	tīzi	名	1869	丸子	wánzi	名
1833	题目	tímù	名	1870	晚饭/晚餐	wǎnfàn/wǎncān	名
1834	体育	tǐyù	名	1871	晚会	wǎnhuì	名
1835	天鹅	tiān'é	名	1872	万	wàn	数
1836	天亮	tiānliàng	动	1873	王子	wángzǐ	名
1837	田	tián	名	1874	网	wǎng	名、动
1838	填	tián	动	1875	危险	wēixiǎn	形、名
1839	填空	tiánkòng	动	1876	微笑	wēixiào	动、名
1840	挑₁	tiāo	动	1877	微信	wēixìn	名
1841	调皮	tiáopí	形	1878	围巾	wéijīn	名
1842	跳绳	tiàoshéng	动、名	1879	卫生纸/手纸/卷纸	wèishēngzhǐ/shǒuzhǐ/juǎnzhǐ	名
1843	厅₁	tīng	名	1880	为₁	wèi	介
1844	听讲	tīngjiǎng	动	1881	未来	wèilái	名、形
1845	听课	tīngkè	动	1882	位子	wèizi	名
1846	听说	tīngshuō	动	1883	味道	wèidào	名
1847	听写	tīngxiě	动	1884	温	wēn	形、动、语素
1848	停车场	tíngchēchǎng	名	1885	文具	wénjù	名
1849	停电	tíngdiàn	动	1886	窝	wō	名
1850	通知	tōngzhī	动、名	1887	握	wò	动
1851	同桌	tóngzhuō	名、动	1888	握手	wòshǒu	动
1852	童话	tónghuà	名				

1889	乌鸦	wūyā	名		1925	项链	xiàngliàn	名
1890	屋顶	wūdǐng	名		1926	削	xiāo	动
1891	五颜六色	wǔyán-liùsè	~		1927	消灭	xiāomiè	动
1892	午饭/午餐	wǔfàn/wǔcān	名		1928	小便	xiǎobiàn	动、名
1893	午觉	wǔjiào	名		1929	小吃	xiǎochī	名
1894	舞蹈	wǔdǎo	名、动		1930	小丑	xiǎochǒu	名
1895	舞台	wǔtái	名		1931	小名	xiǎomíng	名
1896	雾	wù	名		1932	小区	xiǎoqū	名
1897	西	xī	名方位		1933	小时候	xiǎoshíhou	名
1898	西边	xībian	名方位		1934	小提琴	xiǎotíqín	名
1899	西方	xīfāng	名方位		1935	小偷儿	xiǎotōur	名
1900	西红柿/番茄	xīhóngshì/fānqié			1936	小学生	xiǎoxuéshēng	名
1901	西面	xīmiàn	名方位		1937	小组	xiǎozǔ	名
1902	吸	xī	动		1938	校服	xiàofú	名
1903	吸管	xīguǎn	名		1939	校园	xiàoyuán	名
1904	希望	xīwàng	动、名		1940	校长	xiàozhǎng	名
1905	习惯	xíguàn	动、名		1941	笑脸	xiàoliǎn	名
1906	洗衣粉	xǐyīfěn	名		1942	笑容	xiàoróng	名
1907	洗衣机	xǐyījī	名		1943	歇	xiē	动
1908	喜鹊	xǐquè	名		1944	斜	xié	形
1909	虾	xiā	名		1945	鞋带	xiédài	名
1910	下班	xiàbān	动		1946	谢₁	xiè	动
1911	下棋	xiàqí	动		1947	辛苦	xīnkǔ	形、动
1912	下头	xiàtou	名方位		1948	新年	xīnnián	名
1913	吓唬	xiàhu	动		1949	信₂	xìn	名
1914	吓人	xiàrén	形		1950	信封	xìnfēng	名
1915	夏	xià	名		1951	信箱	xìnxiāng	名
1916	夏天	xiàtiān	名		1952	信纸	xìnzhǐ	名
1917	鲜花	xiānhuā	名		1953	猩猩	xīngxing	名
1918	鲜艳	xiānyàn	形		1954	行₂	xíng	动、形
1919	咸	xián	形		1955	形	xíng	语素
1920	相比	xiāngbǐ	动		1956	形状	xíngzhuàng	名
1921	香肠	xiāngcháng	名		1957	姓名	xìngmíng	名
1922	香水	xiāngshuǐ	名		1958	修₁	xiū	动
1923	香油	xiāngyóu	名		1959	学期	xuéqī	名
1924	响声	xiǎngshēng	名		1960	雪白	xuěbái	形
					1961	雪花	xuěhuā	名

1962	雪人	xuěrén	名		1999	音乐	yīnyuè	名
1963	血	xuè/xiě	名		2000	银行	yínháng	名
1964	压	yā	动		2001	饮料	yǐnliào	名
1965	鸭子/鸭	yāzi/yā	名		2002	应该	yīnggāi	动助动
1966	牙签	yáqiān	名		2003	英文	yīngwén	名
1967	芽	yá	名		2004	英语	yīngyǔ	名
1968	烟	yān	名		2005	鹦鹉	yīngwǔ	名
1969	烟头	yāntóu	名		2006	营养	yíngyǎng	名
1970	盐	yán	名		2007	影	yǐng	名
1971	眼珠	yǎnzhū	名		2008	影子	yǐngzi	名
1972	演	yǎn	动		2009	拥抱	yōngbào	动
1973	演出	yǎnchū	动		2010	泳衣/游泳衣	yǒngyī/yóuyǒngyī	名
1974	演员	yǎnyuán	名		2011	用处	yòngchù	名
1975	咽₁	yàn	动		2012	用劲	yòngjìn	动
1976	燕子/燕	yànzi/yàn	名		2013	用力	yònglì	动
1977	阳台	yángtái	名		2014	优	yōu	形
1978	洋葱	yángcōng	名		2015	邮票	yóupiào	名
1979	吆喝	yāohe	动		2016	油	yóu	名、动
1980	腰	yāo	名		2017	油菜	yóucài	名
1981	腰带	yāodài	名		2018	游泳池/泳池	yóuyǒngchí/yǒngchí	名
1982	摇晃	yáohuàng	动		2019	有劲	yǒujìn	动、形
1983	摇篮	yáolán	名		2020	有名	yǒumíng	形
1984	要是	yàoshi	连		2021	有钱	yǒuqián	动、形
1985	野兽	yěshòu	名		2022	有趣	yǒuqù	形
1986	夜	yè	名、量		2023	有意思	yǒuyìsi	~
1987	夜里	yèlǐ	名		2024	右面	yòumiàn	名方位
1988	夜晚	yèwǎn	名		2025	鱼刺	yúcì	名
1989	一定	yīdìng	形、副		2026	鱼缸	yúgāng	名
1990	一共	yīgòng	副		2027	愉快	yúkuài	形
1991	衣	yī	语素		2028	羽毛	yǔmáo	名
1992	衣裳	yīshang	名		2029	羽毛球	yǔmáoqiú	名
1993	姨	yí	名		2030	雨点	yǔdiǎn	名
1994	姨妈	yímā	名		2031	雨水	yǔshuǐ	名
1995	以后	yǐhòu	名方位		2032	雨鞋	yǔxié	名
1996	以前	yǐqián	名方位		2033	雨衣	yǔyī	名
1997	阴	yīn	形		2034	语	yǔ	语素
1998	阴天	yīntiān	名					

2035	语文	yǔwén	名		2072	蟑螂	zhāngláng	名
2036	语言	yǔyán	名		2073	着₂	zháo	动
2037	玉米	yùmǐ	名		2074	着火	zháohuǒ	动
2038	预习	yùxí	动		2075	找₂	zhǎo	动
2039	遇到	yùdào	动		2076	照顾	zhàogù	动
2040	遇见	yùjiàn	动		2077	照相	zhàoxiàng	动
2041	元	yuán	量		2078	照相机/相机₁	zhàoxiàngjī/xiàngjī	名
2042	园/园子	yuán/yuánzi	名		2079	折₁	zhé	动
2043	圆圈	yuánquān	名		2080	折₂	zhé	动
2044	圆形	yuánxíng	名		2081	折纸	zhézhǐ	动
2045	院	yuàn	名		2082	枕头	zhěntou	名
2046	院子	yuànzi	名		2083	阵₁	zhèn	量
2047	月光	yuèguāng	名		2084	争	zhēng	动
2048	阅读	yuèdú	动		2085	蒸	zhēng	动
2049	云彩	yúncai	名		2086	整齐	zhěngqí	形
2050	云朵	yúnduǒ	名		2087	正₁	zhèng	副
2051	运动	yùndòng	动、名		2088	正方形	zhèngfāngxíng	名
2052	运动场	yùndòngchǎng	名		2089	正好	zhènghǎo	形、副
2053	运动服	yùndòngfú	名		2090	正在	zhèngzài	副
2054	运动会	yùndònghuì	名		2091	汁	zhī	名
2055	运动鞋	yùndòngxié	名		2092	芝麻	zhīma	名
2056	运动员	yùndòngyuán	名		2093	枝	zhī	名、量
2057	扎₁	zā	动		2094	蜘蛛	zhīzhū	名
2058	砸₁	zá	动		2095	直线	zhíxiàn	名
2059	咱们	zánmen	代人称		2096	值日	zhírì	动
2060	早操	zǎocāo	名		2097	植物	zhíwù	名
2061	早饭/早餐	zǎofàn/zǎocān	名		2098	只₂	zhǐ	副
2062	造	zào	动		2099	只好	zhǐhǎo	副
2063	造句	zàojù	动		2100	纸巾	zhǐjīn	名
2064	扎₂	zhā	动		2101	纸条	zhǐtiáo	名
2065	炸₁	zhá	动		2102	指甲	zhǐjia	名
2066	眨	zhǎ	动		2103	治₁	zhì	动
2067	眨眼	zhǎyǎn	动		2104	终于	zhōngyú	副
2068	窄	zhǎi	形		2105	钟	zhōng	名
2069	粘₁	zhān	动		2106	种₂	zhòng	动
2070	站₂	zhàn	名		2107	周₁	zhōu	名
2071	站队	zhànduì	动					

2108	周末	zhōumò	名		2144	做客	zuòkè	动
2109	周围	zhōuwéi	名		2145	做梦	zuòmèng	动
2110	珠	zhū	语素		2146	做事	zuòshì	动
2111	竹子/竹	zhúzi/zhú	名		**3级**			
2112	主人	zhǔrén	名		2147	阿	ā	前缀
2113	主意	zhǔyi	名		2148	哎	āi	叹
2114	煮	zhǔ	动		2149	挨₁	ái	动
2115	注意	zhùyì	动		2150	矮小	ǎixiǎo	形
2116	祝	zhù	动		2151	爱好	àihào	动、名
2117	祝福	zhùfú	动		2152	爱惜	àixī	动
2118	祝贺	zhùhè	动		2153	爱心	àixīn	名
2119	爪子	zhuǎzi	名		2154	安₁	ān	动
2120	专心	zhuānxīn	形		2155	安排	ānpái	动
2121	转₁	zhuǎn	动		2156	安全带	ānquándài	名
2122	转₂	zhuàn	动		2157	按摩	ànmó	动
2123	转圈	zhuànquān	动		2158	按钮	ànniǔ	名
2124	装₁	zhuāng	动		2159	按照	ànzhào	介
2125	装₂	zhuāng	动		2160	袄	ǎo	名
2126	准₁	zhǔn	动		2161	傲	ào	形
2127	准备	zhǔnbèi	动		2162	傲慢	àomàn	形
2128	准时	zhǔnshí	形		2163	八哥	bāge	名
2129	桌	zhuō	名、量		2164	扒	bā	动
2130	姿势	zīshì	名		2165	叭	bā	拟声
2131	仔细	zǐxì	形		2166	芭蕾舞/芭蕾	bālěiwǔ/bālěi	名
2132	紫	zǐ	形		2167	拔腿/拔脚	bátuǐ/bájiǎo	动
2133	紫色	zǐsè	名		2168	把₂	bǎ	量
2134	自行车/单车/脚踏车	zìxíngchē/dānchē/jiǎotàchē	名		2169	白茫茫	báimángmáng	形
2135	自由	zìyóu	形、名		2170	白人	báirén	名
2136	字典	zìdiǎn	名		2171	白薯	báishǔ	名
2137	字母	zìmǔ	名		2172	白水	báishuǐ	名
2138	总是	zǒngshì	副		2173	白糖	báitáng	名
2139	揍	zòu	动		2174	白银	báiyín	名
2140	足球	zúqiú	名		2175	百合	bǎihé	名
2141	组成	zǔchéng	动		2176	百货	bǎihuò	名
2142	最好	zuìhǎo	副		2177	败₂	bài	动
2143	左面	zuǒmiàn	名方位		2178	班车	bānchē	名

#	词	拼音	词性	#	词	拼音	词性
2179	班会	bānhuì	名	2216	背诵	bèisòng	动
2180	斑	bān	名	2217	背心	bèixīn	名
2181	斑点	bāndiǎn	名	2218	被单	bèidān	名
2182	斑马线	bānmǎxiàn	名	2219	呗	bei	助
2183	板子	bǎnzi	名	2220	奔₁	bēn	动
2184	半空	bànkōng	名	2221	奔跑	bēnpǎo	动
2185	半路	bànlù	名	2222	本来	běnlái	形、副
2186	半死	bànsǐ	动	2223	本事	běnshi	名
2187	半天	bàntiān	数量	2224	奔₂	bèn	动
2188	半夜	bànyè	名、数量	2225	逼	bī	动
2189	半圆	bànyuán	名	2226	鼻孔	bíkǒng	名
2190	扮	bàn	动	2227	比分	bǐfēn	名
2191	伴奏	bànzòu	动	2228	比较	bǐjiào	副、动、介
2192	拌	bàn	动	2229	比如	bǐrú	动
2193	绊	bàn	动	2230	笔记本	bǐjìběn	名
2194	帮手	bāngshou	名	2231	笔筒	bǐtǒng	名
2195	包袱	bāofu	名	2232	必须	bìxū	副
2196	包装	bāozhuāng	动、名	2233	碧蓝	bìlán	形
2197	剥	bāo	动	2234	碧绿	bìlǜ	形
2198	宝	bǎo	名	2235	避	bì	动
2199	宝贵	bǎoguì	形	2236	编	biān	动
2200	宝剑	bǎojiàn	名	2237	蝙蝠	biānfú	名
2201	宝库	bǎokù	名	2238	鞭₁/鞭子	biān/biānzi	名
2202	宝石	bǎoshí	名	2239	鞭炮/鞭₂/爆竹/炮仗/爆仗	biānpào/biān/bàozhú/pàozhang/bàozhang	名
2203	宝藏	bǎozàng	名
2204	保姆	bǎomǔ	名	2240	扁	biǎn	形
2205	保暖	bǎonuǎn	动	2241	变幻	biànhuàn	动
2206	保温	bǎowēn	动	2242	便₁	biàn	副
2207	保温杯	bǎowēnbēi	名	2243	便条	biàntiáo	名
2208	保证	bǎozhèng	动、名	2244	遍₂	biàn	动
2209	报告	bàogào	动、名	2245	标本	biāoběn	名
2210	报警	bàojǐng	动	2246	标点	biāodiǎn	名
2211	暴风	bàofēng	名	2247	标记	biāojì	动、名
2212	暴雨	bàoyǔ	名	2248	标签	biāoqiān	名
2213	爆炸	bàozhà	动	2249	标志	biāozhì	名、动
2214	北部	běibù	名方位	2250	表₂	biǎo	名
2215	背后	bèihòu	名	2251	表达	biǎodá	动

2252	表弟	biǎodì	名
2253	表哥	biǎogē	名
2254	表格	biǎogé	名
2255	表姐	biǎojiě	名
2256	表妹	biǎomèi	名
2257	表面	biǎomiàn	名
2258	表情	biǎoqíng	名
2259	表示	biǎoshì	动
2260	表现	biǎoxiàn	动
2261	表兄	biǎoxiōng	名
2262	憋	biē	动
2263	憋气	biēqì	动
2264	别墅	biéshù	名
2265	别提	biétí	动
2266	别针	biézhēn	名
2267	宾馆	bīnguǎn	名
2268	冰冻	bīngdòng	动
2269	冰凉	bīngliáng	形
2270	冰糖	bīngtáng	名
2271	兵	bīng	名
2272	病床	bìngchuáng	名
2273	病房	bìngfáng	名
2274	病菌	bìngjūn	名
2275	拨₁	bō	动
2276	拨打	bōdǎ	动
2277	波浪	bōlàng	名
2278	波斯猫	bōsīmāo	名
2279	波涛	bōtāo	名
2280	波纹	bōwén	名
2281	菠萝	bōluó	名
2282	播	bō	动
2283	播放	bōfàng	动
2284	伯伯/伯父/伯	bóbo/bófù/bó	名
2285	伯母	bómǔ	名
2286	博物馆	bówùguǎn	名
2287	补	bǔ	动
2288	补充	bǔchōng	动
2289	补课	bǔkè	动
2290	补习	bǔxí	动
2291	捕	bǔ	动
2292	捕食	bǔshí	动
2293	捕捉	bǔzhuō	动
2294	不安	bù'ān	形
2295	不错	bùcuò	形
2296	不但	bùdàn	连
2297	不得了	bùdéliǎo	形
2298	不等	bùděng	形
2299	不断	bùduàn	动、副
2300	不服₁	bùfú	动
2301	不顾	bùgù	动
2302	不光	bùguāng	副、连
2303	不过	bùguò	副、连
2304	不慌不忙	bùhuāng-bùmáng	～
2305	不见	bùjiàn	动
2306	不仅	bùjǐn	副、连
2307	不可	bùkě	动助动、助
2308	不料	bùliào	连
2309	不妙	bùmiào	形
2310	不然	bùrán	连
2311	不如	bùrú	动
2312	不幸	bùxìng	形、名
2313	不许	bùxǔ	动
2314	不由得	bùyóude	动、副
2315	不知不觉	bùzhī-bùjué	～
2316	不止	bùzhǐ	动、副
2317	不只	bùzhǐ	连
2318	布丁	bùdīng	名
2319	布置	bùzhì	动
2320	步	bù	名
2321	步骤	bùzhòu	名
2322	部₁	bù	量
2323	部分	bùfen	名
2324	部件	bùjiàn	名

№	词	拼音	词性
2325	部首	bùshǒu	名
2326	才₂	cái	副
2327	才₃	cái	副
2328	裁₁	cái	动
2329	裁判	cáipàn	名、动
2330	裁判员	cáipànyuán	名
2331	采用	cǎiyòng	动
2332	彩电	cǎidiàn	名
2333	彩票	cǎipiào	名
2334	彩霞	cǎixiá	名
2335	彩云	cǎiyún	名
2336	菜单	càidān	名
2337	菜地	càidì	名
2338	菜市/菜市场	càishì/càishìchǎng	名
2339	参赛	cānsài	动
2340	餐	cān	语素、量
2341	餐巾纸	cānjīnzhǐ	名
2342	餐具	cānjù	名
2343	餐桌	cānzhuō	名
2344	残疾	cánjí	名
2345	残疾人	cánjírén	名
2346	惭愧	cánkuì	形
2347	灿烂	cànlàn	形
2348	仓库	cāngkù	名
2349	草丛	cǎocóng	名
2350	草绿	cǎolǜ	形
2351	草坪	cǎopíng	名
2352	草原	cǎoyuán	名
2353	侧	cè	名、动
2354	测	cè	动
2355	测试	cèshì	动
2356	测验	cèyàn	动
2357	差错	chācuò	名
2358	插入	chārù	动
2359	插座	chāzuò	名
2360	茶花	cháhuā	名
2361	茶水	cháshuǐ	名
2362	查	chá	动
2363	察看	chákàn	动
2364	叉₂	chà	名
2365	差不多	chàbuduō	形、副
2366	缠	chán	动
2367	产生	chǎnshēng	动
2368	铲	chǎn	名、动
2369	铲子	chǎnzi	名
2370	长处	chángchù	名
2371	长度	chángdù	名
2372	肠₂/肠子	cháng/chángzi	名
2373	常	cháng	副
2374	常见	chángjiàn	形
2375	厂长	chǎngzhǎng	名
2376	场地	chǎngdì	名
2377	抄写	chāoxiě	动
2378	超过	chāoguò	动
2379	超人	chāorén	名
2380	巢	cháo	名
2381	朝阳₁	cháoyáng	动
2382	嘲笑	cháoxiào	动
2383	潮	cháo	名、形
2384	潮湿	cháoshī	形
2385	潮水	cháoshuǐ	名
2386	吵闹	chǎonào	动、形
2387	炒饭	chǎofàn	名
2388	车祸	chēhuò	名
2389	车辆	chēliàng	名
2390	车厢	chēxiāng	名
2391	扯₁	chě	动
2392	尘土	chéntǔ	名
2393	衬衣/衬衫	chènyī/chènshān	名
2394	趁	chèn	介
2395	称呼	chēnghu	动、名
2396	称赞	chēngzàn	动
2397	撑	chēng	动

2398	成功	chénggōng	动、形		2435	丑八怪	chǒubāguài	名
2399	成立	chénglì	动		2436	瞅	chǒu	动
2400	成为	chéngwéi	动		2437	臭烘烘	chòuhōnghōng	形
2401	成语	chéngyǔ	名		2438	出口₁	chūkǒu	名
2402	成长	chéngzhǎng	动		2439	出名	chūmíng	形
2403	诚实	chéngshí	形		2440	出生	chūshēng	动
2404	承认	chéngrèn	动		2441	出声	chūshēng	动
2405	城	chéng	名		2442	出事	chūshì	动
2406	城墙	chéngqiáng	名		2443	出头	chūtóu	动
2407	乘₁	chéng	动		2444	出现	chūxiàn	动
2408	乘₂	chéng	动		2445	初	chū	名、副、语素
2409	乘法	chéngfǎ	名		2446	初级	chūjí	形
2410	乘客	chéngkè	名		2447	初中	chūzhōng	名
2411	乘坐	chéngzuò	动		2448	除₁	chú	动
2412	惩罚	chéngfá	动		2449	除法	chúfǎ	名
2413	橙汁	chéngzhī	名		2450	除了/除₂	chúle/chú	介
2414	秤	chèng	名		2451	厨师	chúshī	名
2415	吃惊	chījīng	动		2452	处₁	chù	名
2416	吃苦	chīkǔ	动		2453	触摸	chùmō	动
2417	池子	chízi	名		2454	踹	chuài	动
2418	迟	chí	形		2455	传₁	chuán	动
2419	尺₂	chǐ	量		2456	传统	chuántǒng	名、形
2420	齿	chǐ	名		2457	喘	chuǎn	动
2421	赤₁	chì	动		2458	喘气	chuǎnqì	动
2422	冲₃	chōng	动		2459	串门	chuànmén	动
2423	冲刺	chōngcì	动		2460	窗花	chuānghuā	名
2424	冲浪	chōnglàng	动		2461	床₂	chuáng	量
2425	冲凉	chōngliáng	动		2462	床铺	chuángpù	名
2426	充	chōng	动		2463	创造	chuàngzào	动
2427	充电	chōngdiàn	动		2464	吹₂	chuī	动
2428	充满	chōngmǎn	动		2465	吹牛/吹牛皮	chuīniú/chuīniúpí	动
2429	充气	chōngqì	动		2466	捶	chuí	动
2430	重叠	chóngdié	动		2467	锤	chuí	动、名
2431	重复	chóngfù	动		2468	锤子	chuízi	名
2432	重新	chóngxīn	副		2469	春季	chūnjì	名
2433	抽屉	chōuti	名					
2434	愁	chóu	动、名					

#	词	拼音	词性
2470	春游	chūnyóu	动
2471	纯净水	chúnjìngshuǐ	名
2472	刺₂	cī	拟声
2473	词典	cídiǎn	名
2474	瓷砖	cízhuān	名
2475	磁带	cídài	名
2476	次数	cìshù	名
2477	次序	cìxù	名
2478	刺猬	cìwei	名
2479	匆匆	cōngcōng	形
2480	从此	cóngcǐ	副
2481	从今以后/从此以后	cóng jīn yǐhòu/cóngcǐ yǐhòu	～
2482	从天而降	cóngtiān'érjiàng	～
2483	从头	cóngtóu	副
2484	从小	cóngxiǎo	副
2485	丛	cóng	量、语素
2486	粗糙	cūcāo	形
2487	粗大	cūdà	形
2488	粗细	cūxì	名
2489	粗心大意	cūxīn-dàyì	～
2490	粗壮	cūzhuàng	形
2491	蹿	cuān	动
2492	催	cuī	动
2493	脆	cuì	形
2494	翠绿	cuìlǜ	形
2495	村/村子/村庄	cūn/cūnzi/cūnzhuāng	名
2496	村民	cūnmín	名
2497	存	cún	动
2498	存在	cúnzài	动、名
2499	搓	cuō	动
2500	错别字	cuòbiézì	名
2501	耷拉	dāla	动
2502	搭₁	dā	动
2503	达到	dádào	动
2504	打₂	dǎ	动
2505	打的	dǎdī	动
2506	打斗	dǎdòu	动
2507	打赌	dǎdǔ	动
2508	打火机	dǎhuǒjī	名
2509	打猎	dǎliè	动
2510	打闹	dǎnào	动
2511	打扰	dǎrǎo	动
2512	打算	dǎsuàn	动、名
2513	打听	dǎting	动
2514	打印	dǎyìn	动
2515	大巴	dàbā	名
2516	大半	dàbàn	数、副
2517	大餐	dàcān	名
2518	大臣	dàchén	名
2519	大吃一惊	dàchī-yījīng	～
2520	大胆	dàdǎn	形
2521	大豆	dàdòu	名
2522	大多数	dàduōshù	名
2523	大方	dàfang	形
2524	大概	dàgài	名、形、副
2525	大红	dàhóng	形
2526	大伙儿/大家伙儿	dàhuǒr/dàjiāhuǒr	代人称
2527	大街	dàjiē	名
2528	大开眼界	dàkāi-yǎnjiè	～
2529	大脑	dànǎo	名
2530	大赛	dàsài	名
2531	大扫除	dàsǎochú	动
2532	大厦	dàshà	名
2533	大厅	dàtīng	名
2534	大腿	dàtuǐ	名
2535	大王	dàwáng	名
2536	大衣	dàyī	名
2537	大约	dàyuē	副、形
2538	呆₁	dāi	形
2539	待₁/呆₂	dāi	动
2540	逮	dǎi	动
2541	代替	dàitì	动

2542	带领	dàilǐng	动		2577	倒立	dàolì	动
2543	带头	dàitóu	动		2578	倒流	dàoliú	动
2544	带子	dàizi	名		2579	倒退	dàotuì	动
2545	袋鼠	dàishǔ	名		2580	倒影	dàoyǐng	名
2546	担心	dānxīn	动		2581	倒映	dàoyìng	动
2547	单₁	dān	形		2582	道具	dàojù	名
2548	单₂	dān	名		2583	道理	dàolǐ	名
2549	单独	dāndú	副		2584	道路	dàolù	名
2550	单鞋	dānxié	名		2585	道歉	dàoqiàn	动
2551	单元	dānyuán	名		2586	得₂	dé	动
2552	单子	dānzi	名		2587	得分	défēn	动、名
2553	耽误	dānwu	动		2588	得意	déyì	形
2554	胆₁/胆子	dǎn/dǎnzi	名		2589	得意忘形	déyì-wàngxíng	~
2555	胆小	dǎnxiǎo	形		2590	灯泡/电灯泡	dēngpào/diàndēngpào	名
2556	胆小鬼	dǎnxiǎoguǐ	名		2591	登	dēng	动
2557	但₁	dàn	连		2592	登山	dēngshān	动
2558	但是	dànshì	连		2593	噔	dēng	拟声
2559	淡	dàn	形		2594	蹬	dēng	动
2560	弹弓	dàngōng	名		2595	等₂	děng	助
2561	蛋炒饭	dànchǎofàn	名		2596	凳子/凳	dèngzi/dèng	名
2562	蛋黄/鸡蛋黄	dànhuáng/jīdànhuáng	名		2597	瞪	dèng	动
2563	蛋清/鸡蛋清	dànqīng/jīdànqīng	名		2598	低级	dījí	形
2564	当地	dāngdì	名		2599	的确	díquè	副
2565	当时₁	dāngshí	名		2600	敌人	dírén	名
2566	当中	dāngzhōng	名方位		2601	地板	dìbǎn	名
2567	荡	dàng	动		2602	地点	dìdiǎn	名
2568	刀片	dāopiàn	名		2603	地雷	dìléi	名
2569	导游	dǎoyóu	名		2604	地区	dìqū	名
2570	岛屿	dǎoyǔ	名		2605	地毯	dìtǎn	名
2571	捣乱	dǎoluàn	动		2606	地图	dìtú	名
2572	倒₃	dǎo	动		2607	地震	dìzhèn	名
2573	倒霉	dǎoméi	形		2608	递	dì	动
2574	到达	dàodá	动		2609	点火	diǎnhuǒ	动
2575	到底	dàodǐ	副、动		2610	点名	diǎnmíng	动
2576	到来	dàolái	动		2611	点燃	diǎnrán	动
					2612	点子₂	diǎnzi	名

2613	电池	diànchí	名		2649	栋	dòng	量
2614	电动	diàndòng	形		2650	兜	dōu	名、动
2615	电动车	diàndòngchē	名		2651	抖	dǒu	动
2616	电饭锅/电饭煲	diànfànguō/diànfànbāo	名		2652	抖动	dǒudòng	动
					2653	陡	dǒu	形
2617	电器	diànqì	名		2654	陡峭	dǒuqiào	形
2618	电视塔	diànshìtǎ	名		2655	陡直	dǒuzhí	形
2619	电线杆	diànxiàngān	名		2656	斗牛	dòuniú	动
2620	垫₁	diàn	动、名		2657	豆腐干	dòufugān	名
2621	垫子	diànzi	名		2658	豆浆	dòujiāng	名
2622	叼	diāo	动		2659	豆角	dòujiǎo	名
2623	雕₁	diāo	动、语素		2660	豆沙	dòushā	名
2624	雕刻	diāokè	动、名		2661	逗	dòu	动、形
2625	吊	diào	动		2662	毒₁	dú	名、动、形
2626	叮	dīng	动		2663	毒蛇	dúshé	名
2627	盯	dīng	动		2664	独	dú	副、语素
2628	订书机	dìngshūjī	名		2665	独木桥	dúmùqiáo	名
2629	钉₂	dìng	动		2666	独自	dúzì	副
2630	定	dìng	动		2667	堵	dǔ	动、形、量
2631	丢掉	diūdiào	动		2668	堵车/塞车	dǔchē/sāichē	动
2632	丢脸	diūliǎn	动		2669	度₁	dù	量
2633	丢弃	diūqì	动		2670	度假	dùjià	动
2634	丢人	diūrén	动		2671	短处	duǎnchù	名
2635	丢失	diūshī	动		2672	段	duàn	量
2636	东北	dōngběi	名方位		2673	锻炼	duànliàn	动
2637	东部	dōngbù	名方位		2674	队列	duìliè	名
2638	东南	dōngnán	名方位		2675	队伍	duìwu	名
2639	东张西望	dōngzhāng-xīwàng	~		2676	队员	duìyuán	名
2640	冬季	dōngjì	名		2677	队长	duìzhǎng	名
2641	冬令营	dōnglìngyíng	名		2678	对₃	duì	量
2642	懂得	dǒngde	动		2679	对付	duìfu	动
2643	懂事	dǒngshì	形		2680	对了	duìle	动
2644	动笔	dòngbǐ	动		2681	对面	duìmiàn	名
2645	动静	dòngjing	名		2682	吨	dūn	量
2646	动人	dòngrén	形		2683	炖	dùn	动
2647	动弹	dòngtan	动		2684	多彩	duōcǎi	形
2648	冻	dòng	动		2685	多亏	duōkuī	动

2686	多数	duōshù	名		2723	发₂	fà	语素
2687	多余	duōyú	形		2724	发卡	fàqiǎ	名
2688	多云	duōyún	名		2725	翻滚	fāngǔn	动
2689	夺	duó	动		2726	翻来覆去	fānlái-fùqù	～
2690	躲避	duǒbì	动		2727	翻身	fānshēn	动
2691	躲藏	duǒcáng	动		2728	烦	fán	形、动
2692	剁	duò	动		2729	烦人	fánrén	形
2693	跺	duò	动		2730	繁华	fánhuá	形
2694	跺脚	duòjiǎo	动		2731	反对	fǎnduì	动
2695	鹅卵石	éluǎnshí	名		2732	反复	fǎnfù	副、动
2696	蛾子/蛾	ézi/é	名		2733	反抗	fǎnkàng	动
2697	恶心	ěxin	形、动		2734	反面	fǎnmiàn	名、形
2698	恶毒	èdú	形		2735	反射	fǎnshè	动
2699	鳄鱼/鳄	èyú/è	名		2736	犯₁	fàn	动
2700	儿	ér	名、语素		2737	犯规	fànguī	动
2701	而	ér	连		2738	饭粒	fànlì	名
2702	而且	érqiě	连		2739	饭碗	fànwǎn	名
2703	而是	érshì	～		2740	方₂	fāng	名
2704	耳环	ěrhuán	名		2741	方便	fāngbiàn	形、动
2705	耳机	ěrjī	名		2742	方块	fāngkuài	名
2706	发₁	fā	动		2743	方面	fāngmiàn	名
2707	发愁	fāchóu	动		2744	方式	fāngshì	名
2708	发出	fāchū	动		2745	方向盘	fāngxiàngpán	名
2709	发呆	fādāi	动		2746	防	fáng	动
2710	发疯	fāfēng	动		2747	房屋	fángwū	名
2711	发光	fāguāng	动		2748	仿佛	fǎngfú	副
2712	发火	fāhuǒ	动		2749	放₂	fàng	动
2713	发觉	fājué	动		2750	放大	fàngdà	动
2714	发明	fāmíng	动、名		2751	放大镜	fàngdàjìng	名
2715	发明家	fāmíngjiā	名		2752	放飞	fàngfēi	动
2716	发怒	fānù	动		2753	放火	fànghuǒ	动
2717	发射	fāshè	动		2754	放弃	fàngqì	动
2718	发生	fāshēng	动		2755	放松	fàngsōng	动
2719	发炎	fāyán	动		2756	放心	fàngxīn	动
2720	发音	fāyīn	动、名		2757	飞船	fēichuán	名
2721	法₁	fǎ	名		2758	飞速	fēisù	副
2722	法子	fǎzi	名		2759	飞舞	fēiwǔ	动

2760	飞翔	fēixiáng	动		2797	浮	fú	动
2761	飞行	fēixíng	动		2798	符号	fúhào	名
2762	非₁	fēi	副		2799	幅	fú	量
2763	肥₁	féi	形		2800	福	fú	名
2764	肥大	féidà	形		2801	斧子/斧头	fǔzi/fǔtou	名
2765	肥皂泡	féizàopào	名		2802	辅导	fǔdǎo	动
2766	废话	fèihuà	名、动		2803	腐烂	fǔlàn	动、形
2767	费₁	fèi	名		2804	父	fù	语素
2768	费₂	fèi	动		2805	父母	fùmǔ	名
2769	费力	fèilì	动		2806	父亲	fùqīn	名
2770	分别₁	fēnbié	动、名		2807	付	fù	动
2771	分别₂	fēnbié	副		2808	负责	fùzé	动、形
2772	分类	fēnlèi	动		2809	附近	fùjìn	形、名
2773	分米	fēnmǐ	量		2810	复印	fùyìn	动
2774	芬芳	fēnfāng	形、名		2811	复制	fùzhì	动
2775	吩咐	fēnfù	动		2812	副₁	fù	形
2776	纷纷	fēnfēn	形、副		2813	副₂	fù	量
2777	粉末	fěnmò	名		2814	富人	fùrén	名
2778	粉丝₁	fěnsī	名		2815	富翁	fùwēng	名
2779	份	fèn	量		2816	富有	fùyǒu	形、动
2780	奋力	fènlì	副		2817	改变	gǎibiàn	动
2781	粪	fèn	名		2818	干₃	gān	名
2782	丰富多彩	fēngfù-duōcǎi	～		2819	干燥	gānzào	形
2783	风车	fēngchē	名		2820	甘薯/番薯/地瓜	gānshǔ/fānshǔ/dìguā	名
2784	风光₁	fēngguāng	名					
2785	风铃	fēnglíng	名		2821	甘心	gānxīn	动
2786	风雨	fēngyǔ	名		2822	杆₁/杆子₁	gān/gānzi	名
2787	封面	fēngmiàn	名		2823	杆₂	gǎn	名、量
2788	蜂	fēng	名		2824	杆子₂	gǎnzi	名
2789	缝隙	fèngxì	名		2825	赶路	gǎnlù	动
2790	佛	fó	名		2826	赶上	gǎnshàng	动
2791	扶手	fúshǒu	名		2827	感到	gǎndào	动
2792	服₁	fú	语素		2828	感动	gǎndòng	形、动
2793	服气	fúqì	动		2829	感激	gǎnjī	动
2794	服输	fúshū	动		2830	感觉	gǎnjué	名、动
2795	服务员	fúwùyuán	名		2831	感人	gǎnrén	形
2796	服装	fúzhuāng	名		2832	感谢	gǎnxiè	动

2833	干吗	gànmá	代疑问		2870	跟踪	gēnzōng	动
2834	刚刚	gānggāng	副		2871	更加	gèngjiā	副
2835	刚好	gānghǎo	形、副		2872	工	gōng	名、语素
2836	钢	gāng	名		2873	工夫	gōngfu	名
2837	钢笔	gāngbǐ	名		2874	工具	gōngjù	名
2838	钢丝	gāngsī	名		2875	工整	gōngzhěng	形
2839	港	gǎng	名		2876	弓	gōng	名、动
2840	高大	gāodà	形		2877	弓箭	gōngjiàn	名
2841	高度	gāodù	名		2878	公安局	gōng'ānjú	名
2842	高跟鞋	gāogēnxié	名		2879	公交	gōngjiāo	名
2843	高级	gāojí	形		2880	公斤	gōngjīn	量
2844	高空	gāokōng	名		2881	公路	gōnglù	名
2845	高中	gāozhōng	名		2882	公司	gōngsī	名
2846	糕	gāo	名		2883	功	gōng	名
2847	糕点	gāodiǎn	名		2884	功夫	gōngfu	名
2848	告₁	gào	动		2885	攻	gōng	动
2849	告别	gàobié	动		2886	攻打	gōngdǎ	动
2850	告状	gàozhuàng	动		2887	宫殿	gōngdiàn	名
2851	疙瘩	gēda	名		2888	恭喜	gōngxǐ	动
2852	歌唱	gēchàng	动		2889	共	gòng	副、语素
2853	歌词	gēcí	名		2890	共同	gòngtóng	形、副
2854	歌曲	gēqǔ	名		2891	勾	gōu	动
2855	歌手	gēshǒu	名		2892	沟	gōu	名
2856	歌星	gēxīng	名		2893	钩	gōu	名、动
2857	格／格子	gé/gézi	名		2894	钩子	gōuzi	名
2858	隔	gé	动		2895	购物	gòuwù	动
2859	个儿	gèr	名		2896	孤儿	gū'ér	名
2860	个数	gèshù	名		2897	姑父／姑夫	gūfu	名
2861	个头儿	gètóur	名		2898	骨碌	gūlu	动
2862	各	gè	代指示、副		2899	古	gǔ	形、语素
2863	各个	gègè	代指示、副		2900	古老	gǔlǎo	形
2864	各式各样	gèshì-gèyàng	~		2901	古诗	gǔshī	名
2865	各自	gèzì	代人称		2902	骨折	gǔzhé	动
2866	给₂	gěi	介、助		2903	鼓₂	gǔ	动、形
2867	根本	gēnběn	名、形、副		2904	鼓励	gǔlì	动
2868	跟前	gēnqián	名		2905	故乡	gùxiāng	名
2869	跟随	gēnsuí	动		2906	故意	gùyì	副

#	词	拼音	词性
2907	顾₁	gù	动
2908	拐₁	guǎi	动、名
2909	拐弯	guǎiwān	动、名
2910	拐杖/拐棍	guǎizhàng/guǎigùn	名
2911	怪₁	guài	形、名
2912	怪物	guàiwu	名
2913	观察	guānchá	动
2914	观看	guānkàn	动
2915	观赏	guānshǎng	动
2916	观众	guānzhòng	名
2917	馆	guǎn	语素
2918	管₂	guǎn	动
2919	管用	guǎnyòng	形
2920	冠₁	guàn	语素
2921	冠军	guànjūn	名
2922	惯₁	guàn	动
2923	惯₂	guàn	动
2924	灌	guàn	动
2925	罐/罐子	guàn/guànzi	名
2926	罐头	guàntou	名
2927	光彩	guāngcǎi	名、形
2928	光滑	guānghuá	形
2929	光辉	guānghuī	名、形
2930	光明	guāngmíng	名、形
2931	光盘/光碟	guāngpán/guāngdié	名
2932	光头	guāngtóu	名、动
2933	光线	guāngxiàn	名
2934	广	guǎng	形
2935	广播操/广播体操	guǎngbōcāo/guǎngbō tǐcāo	名
2936	广告	guǎnggào	名
2937	逛	guàng	动
2938	规定	guīdìng	动、名
2939	规律	guīlǜ	名、形
2940	规则	guīzé	名、形
2941	闺女	guīnü	名
2942	鬼	guǐ	名、形、语素
2943	鬼脸	guǐliǎn	名
2944	柜台	guìtái	名
2945	柜子/柜	guìzi/guì	名
2946	跪	guì	动
2947	滚动	gǔndòng	动
2948	滚滚	gǔngǔn	形
2949	蝈蝈儿	guōguor	名
2950	国歌	guógē	名
2951	国际	guójì	形、名
2952	国家	guójiā	名
2953	国庆	guóqìng	名
2954	果	guǒ	名
2955	果酱	guǒjiàng	名
2956	果然	guǒrán	副
2957	果肉	guǒròu	名
2958	果实	guǒshí	名
2959	果真	guǒzhēn	副、连
2960	过关	guòguān	动
2961	过后	guòhòu	名
2962	过去₂	guòqù	名
2963	过夜	guòyè	动
2964	哈₂	hā	动
2965	哈欠	hāqian	名
2966	哈巴狗	hǎbagǒu	名
2967	海浪	hǎilàng	名
2968	海绵	hǎimián	名
2969	海面	hǎimiàn	名
2970	海鸥	hǎi'ōu	名
2971	海鲜	hǎixiān	名
2972	海星	hǎixīng	名
2973	海洋	hǎiyáng	名
2974	害	hài	名、动
2975	害虫	hàichóng	名
2976	害处	hàichù	名
2977	害羞	hàixiū	形
2978	含	hán	动
2979	寒	hán	语素

2980	寒冷	hánlěng	形		3016	哄₁	hōng	拟声
2981	喊叫	hǎnjiào	动		3017	红豆	hóngdòu	名
2982	汗水	hànshuǐ	名		3018	红绿灯	hóng-lǜdēng	名
2983	旱灾	hànzāi	名		3019	红烧肉	hóngshāoròu	名
2984	航行	hángxíng	动		3020	红薯	hóngshǔ	名
2985	毫米	háomǐ	量		3021	红糖	hóngtáng	名
2986	好₂	hǎo	动		3022	红通通	hóngtōngtōng	形
2987	好不容易/好容易	hǎobùróngyì/hǎoróngyì	~		3023	洪亮	hóngliàng	形
					3024	洪水	hóngshuǐ	名
2988	好处	hǎochù	名		3025	哄₂	hǒng	动
2989	好几	hǎojǐ	数		3026	哄骗	hǒngpiàn	动
2990	好心	hǎoxīn	名		3027	喉咙	hóulóng	名
2991	好意	hǎoyì	名		3028	吼	hǒu	动
2992	好意思	hǎoyìsi	动		3029	后跟	hòugēn	名
2993	好运	hǎoyùn	名		3030	后悔	hòuhuǐ	动
2994	号₂	hào	语素、名		3031	后妈	hòumā	名
2995	号子	hàozi	名		3032	后退	hòutuì	动
2996	好客	hàokè	形		3033	厚度	hòudù	名
2997	呵₁	hē	动		3034	候鸟	hòuniǎo	名
2998	呵₂/嗬	hē	叹		3035	呼₂	hū	动
2999	合唱	héchàng	动		3036	呼喊	hūhǎn	动
3000	合唱团	héchàngtuán	名		3037	呼叫	hūjiào	动
3001	合格	hégé	形		3038	呼吸	hūxī	动
3002	合适	héshì	形		3039	胡	hú	副
3003	合作	hézuò	动		3040	胡说	húshuō	动
3004	和好	héhǎo	动		3041	胡须	húxū	名
3005	和平	hépíng	名、形		3042	葫芦	húlu	名
3006	和尚	héshang	名		3043	糊₁/煳	hú	动
3007	荷包蛋	hébāodàn	名		3044	花瓣	huābàn	名
3008	黑暗	hēi'àn	形		3045	花边	huābiān	名
3009	黑板报/板报	hēibǎnbào/bǎnbào	名		3046	花丛	huācóng	名
3010	黑沉沉	hēichénchén	形		3047	花粉	huāfěn	名
3011	黑豆	hēidòu	名		3048	花骨朵儿	huāgūduor	名
3012	黑人	hēirén	名		3049	花花绿绿	huāhuālǜlǜ	形
3013	嘿	hēi	叹		3050	花篮	huālán	名
3014	狠心	hěnxīn	形、名、动		3051	花炮	huāpào	名
3015	轰	hōng	拟声、动		3052	花蕊	huāruǐ	名

3053	花生油	huāshēngyóu	名		3090	黄豆	huángdòu	名
3054	花坛	huātán	名		3091	黄金	huángjīn	名、形
3055	华人	huárén	名		3092	黄牛	huángniú	名
3056	华氏度	Huáshìdù	量		3093	黄油	huángyóu	名
3057	华校	huáxiào	名		3094	谎	huǎng	名
3058	滑板	huábǎn	名		3095	谎话	huǎnghuà	名
3059	滑冰/溜冰	huábīng/liūbīng	动		3096	谎言	huǎngyán	名
3060	滑稽	huájī	形		3097	晃₁	huàng	动
3061	滑雪	huáxuě	动		3098	灰尘	huīchén	名
3062	化₁	huà	动		3099	灰蒙蒙	huīméngméng	形
3063	化妆	huàzhuāng	动		3100	恢复	huīfù	动
3064	化妆品	huàzhuāngpǐn	名		3101	回₃	huí	量
3065	化装	huàzhuāng	动		3102	回信	huíxìn	名、动
3066	画家	huàjiā	名		3103	回忆	huíyì	动
3067	画面	huàmiàn	名		3104	会话	huìhuà	动
3068	画图	huàtú	动		3105	昏	hūn	动、语素
3069	画像	huàxiàng	名、动		3106	馄饨	húntun	名
3070	话筒	huàtǒng	名		3107	混	hùn	动
3071	怀抱	huáibào	动、名		3108	混合	hùnhé	动
3072	槐花	huáihuā	名		3109	活蹦乱跳	huóbèng-luàntiào	~
3073	槐树	huáishù	名		3110	活动	huódòng	动、名
3074	坏处	huàichù	名		3111	火₂	huǒ	名、动
3075	欢	huān	形、语素		3112	火把	huǒbǎ	名
3076	欢呼	huānhū	动		3113	火柴	huǒchái	名
3077	欢快	huānkuài	形		3114	火光	huǒguāng	名
3078	欢乐	huānlè	形		3115	火锅	huǒguō	名
3079	欢喜	huānxǐ	形		3116	火红	huǒhóng	形
3080	欢笑	huānxiào	动		3117	火花	huǒhuā	名
3081	还₂	huán	动		3118	火警	huǒjǐng	名
3082	环	huán	名、动		3119	火炉	huǒlú	名
3083	环境	huánjìng	名		3120	火热	huǒrè	形
3084	焕然一新	huànrán-yīxīn	~		3121	火腿	huǒtuǐ	名
3085	慌₁	huāng	形		3122	火焰	huǒyàn	名
3086	慌张	huāngzhāng	形		3123	火灾	huǒzāi	名
3087	皇帝	huángdì	名		3124	伙	huǒ	量
3088	皇后	huánghòu	名		3125	或	huò	连
3089	黄₂	huáng	名		3126	或者	huòzhě	连

3127	货	huò	名		3163	夹心	jiāxīn	形
3128	获得	huòdé	动		3164	家伙	jiāhuo	名
3129	祸	huò	名		3165	家教	jiājiào	名
3130	几乎	jīhū	副		3166	家具	jiājù	名
3131	饥饿	jī'è	形		3167	家门	jiāmén	名
3132	机₁	jī	语素		3168	家人	jiārén	名
3133	机场/飞机场	jīchǎng/fēijīchǎng	名		3169	家庭	jiātíng	名
					3170	家务	jiāwù	名
3134	机会	jīhuì	名		3171	家务活	jiāwùhuó	名
3135	机灵	jīling	形		3172	家乡	jiāxiāng	名
3136	机票	jīpiào	名		3173	价格	jiàgé	名
3137	机器	jīqì	名		3174	驾	jià	动、量
3138	机器人	jīqìrén	名		3175	驾驶	jiàshǐ	动
3139	积极	jījí	形		3176	假日	jiàrì	名
3140	基本	jīběn	形、副、名		3177	嫁	jià	动
3141	基础	jīchǔ	名		3178	尖叫	jiānjiào	动
3142	激动	jīdòng	形、动		3179	尖利	jiānlì	形
3143	激烈	jīliè	形		3180	坚持	jiānchí	动
3144	及时	jíshí	形、副		3181	坚固	jiāngù	形
3145	吉	jí	语素		3182	坚果	jiānguǒ	名
3146	级	jí	名、量		3183	肩膀/肩	jiānbǎng/jiān	名
3147	即将	jíjiāng	副		3184	拣	jiǎn	动
3148	集合	jíhé	动		3185	减肥	jiǎnféi	动
3149	集市	jíshì	名		3186	减少	jiǎnshǎo	动
3150	集体	jítǐ	名		3187	剪纸	jiǎnzhǐ	动、名
3151	集中	jízhōng	动、形		3188	简直	jiǎnzhí	副
3152	计₁	jì	语素		3189	见面	jiànmiàn	动
3153	计算机	jìsuànjī	名		3190	建议	jiànyì	动、名
3154	记得	jìde	动		3191	建造	jiànzào	动
3155	记录	jìlù	动、名		3192	建筑	jiànzhù	动、名
3156	纪念	jìniàn	动、名		3193	剑	jiàn	名
3157	季	jì	名		3194	渐渐	jiànjiàn	副
3158	既然	jìrán	连		3195	毽子	jiànzi	名
3159	寄₁	jì	动		3196	键盘	jiànpán	名
3160	加班	jiābān	动		3197	箭	jiàn	名
3161	加入	jiārù	动		3198	箭头	jiàntóu	名
3162	加速	jiāsù	动		3199	将军	jiāngjūn	名

3200	姜	jiāng	名		3236	教练	jiàoliàn	名
3201	讲话	jiǎnghuà	动、名		3237	教师	jiàoshī	名
3202	讲解	jiǎngjiě	动		3238	教堂	jiàotáng	名
3203	讲理	jiǎnglǐ	动、形		3239	教训	jiàoxùn	动、名
3204	讲台	jiǎngtái	名		3240	结实	jiēshi	形
3205	降低	jiàngdī	动		3241	接近	jiējìn	动
3206	降临	jiànglín	动		3242	接受	jiēshòu	动
3207	降落	jiàngluò	动		3243	接着	jiēzhe	动、副
3208	降落伞	jiàngluòsǎn	名		3244	街道	jiēdào	名
3209	酱油	jiàngyóu	名		3245	节约	jiéyuē	动
3210	交警	jiāojǐng	名		3246	结₂	jié	动、名
3211	交通	jiāotōng	名		3247	结果	jiéguǒ	名、连
3212	郊外	jiāowài	名		3248	结婚	jiéhūn	动
3213	郊游	jiāoyóu	动		3249	结束	jiéshù	动
3214	娇嫩	jiāonèn	形		3250	结尾	jiéwěi	动、名
3215	胶	jiāo	名		3251	睫毛 / 眼睫毛	jiémáo/yǎnjiémáo	名
3216	胶布	jiāobù	名		3252	姐妹	jiěmèi	名
3217	胶带	jiāodài	名		3253	解散	jiěsàn	动
3218	胶卷	jiāojuǎn	名		3254	解释	jiěshì	动
3219	嚼	jiáo	动		3255	介绍	jièshào	动
3220	角₂	jiǎo	名		3256	今后	jīnhòu	名
3221	角落	jiǎoluò	名		3257	金₁	jīn	名、语素
3222	脚步	jiǎobù	名		3258	金黄	jīnhuáng	形
3223	脚底	jiǎodǐ	名		3259	金色	jīnsè	名
3224	脚跟 / 脚后跟	jiǎogēn/jiǎohòugēn	名		3260	金星	jīnxīng	名
3225	脚尖	jiǎojiān	名		3261	金子	jīnzi	名
3226	脚掌	jiǎozhǎng	名		3262	紧急	jǐnjí	形
3227	搅	jiǎo	动		3263	尽情	jìnqíng	副
3228	搅拌	jiǎobàn	动		3264	进步	jìnbù	动、形
3229	叫₃	jiào	介		3265	进攻	jìngōng	动
3230	叫喊	jiàohǎn	动		3266	进入	jìnrù	动
3231	叫唤	jiàohuan	动		3267	进行	jìnxíng	动
3232	叫作 / 叫做	jiàozuò	动		3268	近视	jìnshì	形
3233	轿车	jiàochē	名		3269	禁止	jìnzhǐ	动
3234	较	jiào	副、介		3270	茎	jīng	名
3235	教材	jiàocái	名		3271	京	jīng	名

#	词	拼音	词性
3272	惊	jīng	动
3273	惊动	jīngdòng	动
3274	惊奇	jīngqí	形
3275	惊喜	jīngxǐ	形
3276	惊吓	jīngxià	动
3277	惊讶	jīngyà	形
3278	精₁	jīng	形、名
3279	精彩	jīngcǎi	形
3280	精灵	jīnglíng	名
3281	精美	jīngměi	形
3282	精神₁	jīngshen	名、形
3283	精致	jīngzhì	形
3284	鲸鱼/鲸	jīngyú/jīng	名
3285	景	jǐng	名
3286	景色	jǐngsè	名
3287	景物	jǐngwù	名
3288	警车	jǐngchē	名
3289	警犬	jǐngquǎn	名
3290	净₁	jìng	形
3291	竞赛	jìngsài	动、名
3292	竟	jìng	副
3293	敬爱	jìng'ài	动
3294	敬礼	jìnglǐ	动
3295	究竟	jiūjìng	副、名
3296	揪	jiū	动
3297	久	jiǔ	形
3298	酒吧	jiǔbā	名
3299	酒楼	jiǔlóu	名
3300	酒窝	jiǔwō	名
3301	救护车	jiùhùchē	名
3302	救火	jiùhuǒ	动
3303	就₂	jiù	副
3304	就₃	jiù	副
3305	就₄	jiù	动
3306	舅母/舅妈	jiùmǔ/jiùmā	名
3307	居民	jūmín	名
3308	居住	jūzhù	动
3309	鞠躬	jūgōng	动
3310	局₁	jú	名
3311	举行	jǔxíng	动
3312	巨	jù	语素
3313	巨大	jùdà	形
3314	具体	jùtǐ	形、动
3315	剧₁	jù	名
3316	据说	jùshuō	动
3317	聚	jù	动
3318	卷心菜	juǎnxīncài	名
3319	撅	juē	动
3320	决定	juédìng	动、名
3321	决心	juéxīn	名、动
3322	觉₂	jué	动
3323	军	jūn	名
3324	军队	jūnduì	名
3325	军人	jūnrén	名
3326	咖啡馆	kāfēiguǎn	名
3327	咖啡色	kāfēisè	名
3328	卡拉OK	kǎlā OK	~
3329	开除	kāichú	动
3330	开动	kāidòng	动
3331	开饭	kāifàn	动
3332	开放₁	kāifàng	动
3333	开头	kāitóu	动、名
3334	开玩笑	kāiwánxiào	~
3335	砍	kǎn	动
3336	看法	kànfǎ	名
3337	看来	kànlái	动
3338	看起来	kànqǐlái	~
3339	看上	kànshàng	动
3340	看上去	kànshàngqù	~
3341	看望	kànwàng	动
3342	扛	káng	动
3343	考虑	kǎolǜ	动
3344	烤	kǎo	动
3345	烤鸭	kǎoyā	名

#	词	拼音	词性
3346	靠	kào	动
3347	靠近	kàojìn	动
3348	科学	kēxué	名、形
3349	科学家	kēxuéjiā	名
3350	磕	kē	动
3351	壳	ké	名
3352	咳	ké	动
3353	可₂	kě	连
3354	可怜巴巴	kěliánbābā	形
3355	可能	kěnéng	形、名、动助动
3356	可是	kěshì	连、副
3357	可惜	kěxī	形
3358	克	kè	量
3359	刻₁	kè	量、语素
3360	客	kè	名
3361	客车	kèchē	名
3362	客厅	kètīng	名
3363	课表/课程表	kèbiǎo/kèchéngbiǎo	名
3364	课外	kèwài	名
3365	肯	kěn	动助动
3366	肯定	kěndìng	动、形、副
3367	吭	kēng	动
3368	吭哧	kēngchi	拟声、动
3369	空手	kōngshǒu	动
3370	空心	kōngxīn	形、动
3371	恐龙	kǒnglóng	名
3372	空₂	kòng	动、形、名
3373	空白	kòngbái	名
3374	空地	kòngdì	名
3375	控制	kòngzhì	动
3376	抠₁	kōu	动
3377	口令	kǒulìng	名
3378	口气	kǒuqì	名
3379	口语	kǒuyǔ	名
3380	扣₂	kòu	动
3381	枯	kū	形
3382	枯黄	kūhuáng	形
3383	哭鼻子	kūbízi	～
3384	窟窿	kūlong	名
3385	酷₁	kù	形
3386	挎	kuà	动
3387	跨	kuà	动
3388	快速	kuàisù	形
3389	宽敞	kuānchang	形
3390	宽大	kuāndà	形
3391	宽度	kuāndù	名
3392	宽广	kuānguǎng	形
3393	宽阔	kuānkuò	形
3394	狂	kuáng	形
3395	狂风	kuángfēng	名
3396	框	kuàng	名、动
3397	昆虫	kūnchóng	名
3398	捆	kǔn	动、量
3399	困难	kùnnan	形、名
3400	扩大	kuòdà	动
3401	拉链/拉锁	lāliàn/lāsuǒ	名
3402	啦啦队/拉拉队	lālāduì	名
3403	落₂	là	动
3404	腊月	làyuè	名
3405	蜡	là	名
3406	来₂	lái	动
3407	来不及	láibují	动
3408	来得及	láidejí	动
3409	来回	láihuí	动、名、副
3410	来历	láilì	名
3411	来信	láixìn	动、名
3412	来着	láizhe	助
3413	来自	láizì	动
3414	栏	lán	名
3415	栏杆	lángān	名
3416	懒虫	lǎnchóng	名
3417	懒惰	lǎnduò	形

编号	词	拼音	词性
3418	懒洋洋	lǎnyángyáng	形
3419	狼吞虎咽	lángtūn-hǔyàn	~
3420	浪费	làngfèi	动
3421	捞	lāo	动
3422	牢₁	láo	名
3423	牢₂	láo	形
3424	牢记	láojì	动
3425	老₃	lǎo	形、副
3426	老公	lǎogōng	名
3427	老婆	lǎopo	名
3428	老实	lǎoshi	形
3429	老是	lǎoshì	副
3430	老太婆	lǎotàipó	名
3431	老太太	lǎotàitai	名
3432	乐呵呵	lèhēhē	形
3433	乐趣	lèqù	名
3434	乐意	lèyì	动、形
3435	雷雨	léiyǔ	名
3436	泪花	lèihuā	名
3437	泪水	lèishuǐ	名
3438	泪珠	lèizhū	名
3439	类	lèi	名、量
3440	冷气	lěngqì	名
3441	冷饮	lěngyǐn	名
3442	厘米	límǐ	量
3443	离	lí	动
3444	篱笆	líba	名
3445	礼堂	lǐtáng	名
3446	理₁	lǐ	动
3447	理发店	lǐfàdiàn	名
3448	理发师	lǐfàshī	名
3449	理解	lǐjiě	动
3450	理由	lǐyóu	名
3451	鲤鱼	lǐyú	名
3452	历史	lìshǐ	名
3453	立定	lìdìng	动
3454	立即	lìjí	副
3455	立交桥	lìjiāoqiáo	名
3456	立刻	lìkè	副
3457	立体	lìtǐ	形、名
3458	立正	lìzhèng	动
3459	利用	lìyòng	动
3460	例如	lìrú	动
3461	例外	lìwài	动、名
3462	例子	lìzi	名
3463	俩	liǎ	数量
3464	连₂	lián	副、介
3465	连连	liánlián	副
3466	连声	liánshēng	副
3467	连续	liánxù	动
3468	连衣裙	liányīqún	名
3469	帘子/帘	liánzi/lián	名
3470	莲/莲花	lián/liánhuā	名
3471	联欢会	liánhuānhuì	名
3472	脸蛋儿	liǎndànr	名
3473	脸红	liǎnhóng	动
3474	恋恋不舍	liànliàn-bùshě	~
3475	链子	liànzi	名
3476	良	liáng	形
3477	良好	liánghǎo	形
3478	凉爽	liángshuǎng	形
3479	凉水	liángshuǐ	名
3480	凉亭	liángtíng	名
3481	凉席	liángxí	名
3482	粮	liáng	名
3483	亮₂	liàng	形
3484	亮光	liàngguāng	名
3485	亮晶晶	liàngjīngjīng	形
3486	亮闪闪	liàngshǎnshǎn	形
3487	聊	liáo	动
3488	聊天儿	liáotiānr	动
3489	了解	liǎojiě	动
3490	料₁	liào	名
3491	咧	liě	动

序号	词	拼音	词性
3492	列	liè	动、量、名
3493	列车	lièchē	名
3494	猎狗/猎犬	liègǒu/lièquǎn	名
3495	猎枪	lièqiāng	名
3496	猎人	lièrén	名
3497	裂	liè	动
3498	裂缝	lièfèng	动、名
3499	拎	līn	动
3500	林子	línzi	名
3501	鳞	lín	名
3502	灵₁	líng	形
3503	灵活	línghuó	形
3504	灵机一动	língjī-yīdòng	～
3505	灵巧	língqiǎo	形
3506	零蛋	língdàn	名
3507	零花钱/零用钱	línghuāqián/língyòngqián	名
3508	零钱	língqián	名
3509	岭	lǐng	名
3510	另外	lìngwài	代指示、副、连
3511	溜达	liūda	动
3512	留心	liúxīn	动
3513	流动	liúdòng	动
3514	流水	liúshuǐ	名
3515	流星	liúxīng	名
3516	流行	liúxíng	动
3517	榴梿/榴莲	liúlián	名
3518	柳/柳树	liǔ/liǔshù	名
3519	柳条	liǔtiáo	名
3520	聋	lóng	形
3521	聋子	lóngzi	名
3522	隆隆	lónglóng	拟声
3523	楼层	lóucéng	名
3524	楼道	lóudào	名
3525	篓/篓子	lǒu/lǒuzi	名
3526	炉子/炉	lúzi/lú	名
3527	陆地	lùdì	名
3528	录像/录相	lùxiàng	动、名
3529	录音	lùyīn	动、名
3530	录音机	lùyīnjī	名
3531	路过	lùguò	动
3532	路口	lùkǒu	名
3533	路牌	lùpái	名
3534	露水	lùshui	名
3535	露珠	lùzhū	名
3536	驴	lǘ	名
3537	旅客	lǚkè	名
3538	旅行	lǚxíng	动
3539	旅游团/旅行团	lǚyóutuán/lǚxíngtuán	名
3540	绿地	lǜdì	名
3541	绿豆	lǜdòu	名
3542	绿化	lǜhuà	动
3543	绿油油	lǜyóuyóu	形
3544	卵	luǎn	名
3545	乱七八糟	luànqībāzāo	～
3546	轮	lún	名、动、量
3547	轮流	lúnliú	动
3548	轮胎	lúntāi	名
3549	轮椅	lúnyǐ	名
3550	啰唆/啰嗦	luōsuo	形、动
3551	箩筐	luókuāng	名
3552	螺丝/螺丝钉	luósī/luósīdīng	名
3553	骆驼	luòtuo	名
3554	落地	luòdì	动
3555	落水	luòshuǐ	动
3556	抹布	mābù	名
3557	麻袋	mádài	名
3558	麻花	máhuā	名
3559	马车	mǎchē	名
3560	马虎	mǎhu	形
3561	马戏	mǎxì	名

编号	词	拼音	词性
3562	马戏团	mǎxìtuán	名
3563	麦/麦子	mài/màizi	名
3564	麦克风	màikèfēng	名
3565	瞒	mán	动
3566	满意	mǎnyì	动
3567	满足	mǎnzú	动
3568	漫画	mànhuà	名
3569	慢腾腾/慢慢腾腾	mànténgténg/mànmantēngtēng	形
3570	慢吞吞/慢慢吞吞	màntūntūn/mànmantūntūn	形
3571	慢悠悠/慢慢悠悠	mànyōuyōu/mànmanyōuyōu	形
3572	芒果	mángguǒ	名
3573	盲人	mángrén	名
3574	猫头鹰	māotóuyīng	名
3575	毛病	máobìng	名
3576	毛驴	máolǘ	名
3577	毛茸茸	máoróngróng	形
3578	毛毯	máotǎn	名
3579	茂密	màomì	形
3580	茂盛	màoshèng	形
3581	冒	mào	动
3582	没劲	méijìn	动、形
3583	没脸	méiliǎn	动
3584	没事	méishì	动
3585	没用	méiyòng	形
3586	眉头	méitóu	名
3587	梅花	méihuā	名
3588	梅花鹿	méihuālù	名
3589	煤	méi	名
3590	煤气	méiqì	名
3591	美观	měiguān	形
3592	美好	měihǎo	形
3593	美妙	měimiào	形
3594	美女	měinǚ	名
3595	美容	měiróng	动
3596	美味	měiwèi	名
3597	妹子	mèizi	名
3598	闷₁	mēn	形、动
3599	门票	ménpiào	名
3600	闷₂	mèn	形
3601	蒙₁	méng	动
3602	猛	měng	形、副
3603	猛烈	měngliè	形
3604	梦乡	mèngxiāng	名
3605	梦游	mèngyóu	动
3606	眯	mī	动
3607	迷	mí	动、语素
3608	迷糊	míhu	形
3609	谜	mí	名
3610	谜底	mídǐ	名
3611	米粒	mǐlì	名
3612	密₁	mì	形
3613	密码	mìmǎ	名
3614	密密麻麻	mìmimámá	形
3615	蜜	mì	名
3616	棉鞋	miánxié	名
3617	棉衣	miányī	名
3618	免费	miǎnfèi	动
3619	面₂	miàn	名、后缀、量、语素
3620	面包车	miànbāochē	名
3621	面粉	miànfěn	名
3622	面积	miànjī	名
3623	面前	miànqián	名方位
3624	苗	miáo	名
3625	描	miáo	动
3626	秒	miǎo	量
3627	妙	miào	形
3628	妙计	miàojì	名
3629	庙	miào	名
3630	灭	miè	动
3631	民族	mínzú	名
3632	名次	míngcì	名

3633	名单	míngdān	名		3670	男生	nánshēng	名
3634	名牌	míngpái	名		3671	南部	nánbù	名方位
3635	明	míng	形、副		3672	难道	nándào	副
3636	明显	míngxiǎn	形		3673	难受	nánshòu	形
3637	鸣	míng	动		3674	难听	nántīng	形
3638	鸣叫	míngjiào	动		3675	难忘	nánwàng	动
3639	模范	mófàn	名、形		3676	挠	náo	动
3640	模仿	mófǎng	动		3677	恼怒	nǎonù	动
3641	模糊	móhu	形、动		3678	脑筋	nǎojīn	名
3642	模特儿	mótèr	名		3679	闹着玩儿	nàozhewánr	～
3643	摩托	mótuō	名		3680	内部	nèibù	名
3644	摩托车	mótuōchē	名		3681	内容	nèiróng	名
3645	磨₁	mó	动		3682	嫩	nèn	形
3646	磨蹭	móceng	动		3683	嫩黄	nènhuáng	形
3647	魔法	mófǎ	名		3684	嫩绿	nènlǜ	形
3648	魔方	mófāng	名		3685	能够	nénggòu	动助动
3649	魔鬼	móguǐ	名		3686	能手	néngshǒu	名
3650	魔术师	móshùshī	名		3687	泥坑	níkēng	名
3651	末	mò	名、语素		3688	你追我赶	nǐzhuī-wǒgǎn	～
3652	陌生	mòshēng	形		3689	年龄	niánlíng	名
3653	陌生人	mòshēngrén	名		3690	黏糊/黏糊糊	niánhu/niánhūhū	形
3654	墨镜	mòjìng	名		3691	念书	niànshū	动
3655	默默	mòmò	副		3692	念头	niàntou	名
3656	默写	mòxiě	动		3693	鸟巢	niǎocháo	名
3657	模样	múyàng	名		3694	鸟语花香	niǎoyǔ-huāxiāng	～
3658	母₁	mǔ	语素		3695	柠檬	níngméng	名
3659	母亲	mǔqīn	名		3696	拧	nǐng	动
3660	木板	mùbǎn	名		3697	牛皮	niúpí	名
3661	木材	mùcái	名		3698	扭动	niǔdòng	动
3662	木偶	mù'ǒu	名		3699	农村	nóngcūn	名
3663	目标	mùbiāo	名		3700	农夫	nóngfū	名
3664	目的	mùdì	名		3701	农药	nóngyào	名
3665	拿手	náshǒu	形		3702	浓	nóng	形
3666	哪样	nǎyàng	代疑问		3703	努力	nǔlì	形、动
3667	奶酪	nǎilào	名		3704	怒	nù	动
3668	奶牛	nǎiniú	名		3705	女神	nǚshén	名
3669	耐心	nàixīn	形、名					

3706	女生	nǚshēng	名		3743	漂荡	piāodàng	动
3707	暖洋洋	nuǎnyángyáng	形		3744	漂流/飘流	piāoliú	动
3708	呕	ǒu	动		3745	飘荡	piāodàng	动
3709	爬山虎	páshānhǔ	名		3746	飘动	piāodòng	动
3710	爬行	páxíng	动		3747	飘扬	piāoyáng	动
3711	拍₂	pāi	名		3748	撇₁	piě	动、量
3712	拍子	pāizi	名		3749	拼命	pīnmìng	动、副
3713	排骨	páigǔ	名		3750	拼图	pīntú	动、名
3714	排列	páiliè	动		3751	贫困	pínkùn	形
3715	排名	páimíng	动		3752	贫穷	pínqióng	形
3716	牌	pái	名		3753	品尝	pǐncháng	动
3717	派₁	pài	动		3754	品种	pǐnzhǒng	名
3718	派₂	pài	名		3755	乒乓	pīngpāng	拟声
3719	派出所	pàichūsuǒ	名		3756	平安	píng'ān	形
3720	盘₂	pán	量		3757	平常	píngcháng	形、名
3721	判断	pànduàn	动		3758	平静	píngjìng	形
3722	盼	pàn	动		3759	平时	píngshí	名
3723	盼望	pànwàng	动		3760	平台	píngtái	名
3724	乓	pāng	拟声		3761	评	píng	动
3725	胖乎乎	pànghūhū	形		3762	评分	píngfēn	动、名
3726	抛	pāo	动		3763	评选	píngxuǎn	动
3727	跑车	pǎochē	名		3764	评语	píngyǔ	名
3728	泡沫	pàomò	名		3765	屏幕	píngmù	名
3729	炮	pào	名		3766	坡	pō	名
3730	炮火	pàohuǒ	名		3767	泼	pō	动
3731	赔	péi	动		3768	破坏	pòhuài	动
3732	佩服	pèifú	动		3769	破旧	pòjiù	形
3733	碰撞	pèngzhuàng	动		3770	破碎	pòsuì	动
3734	批₂	pī	量		3771	葡萄干	pútaogān	名
3735	批改	pīgǎi	动		3772	葡萄酒	pútaojiǔ	名
3736	皮毛	pímáo	名		3773	蒲公英	púgōngyīng	名
3737	疲倦	píjuàn	形		3774	普通	pǔtōng	形
3738	疲劳	píláo	形		3775	普通话	pǔtōnghuà	名
3739	脾气	píqi	名		3776	瀑布	pùbù	名
3740	偏旁	piānpáng	名		3777	七嘴八舌	qīzuǐ-bāshé	~
3741	偏偏	piānpiān	副		3778	妻子	qīzi	名
3742	片₂	piàn/piān	名		3779	期	qī	量、语素

3780	欺骗	qīpiàn	动		3816	前进	qiánjìn	动
3781	齐声	qíshēng	副		3817	钱币	qiánbì	名
3782	其余	qíyú	代指示		3818	钳子	qiánzi	名
3783	其中	qízhōng	名方位		3819	欠	qiàn	动
3784	奇迹	qíjì	名		3820	呛₁	qiāng	动
3785	奇妙	qímiào	形		3821	强	qiáng	形
3786	奇形怪状	qíxíng-guàizhuàng	~		3822	强大	qiángdà	形
3787	奇遇	qíyù	名		3823	强壮	qiángzhuàng	形
3788	棋子	qízǐ	名		3824	墙壁	qiángbì	名
3789	旗杆	qígān	名		3825	墙角	qiángjiǎo	名
3790	企鹅	qǐ'é	名		3826	呛₂	qiàng	动
3791	启动	qǐdòng	动		3827	悄悄话	qiāoqiāohuà	名
3792	启发	qǐfā	动		3828	敲打	qiāodǎ	动
3793	起₂	qǐ	动		3829	桥洞	qiáodòng	名
3794	起点	qǐdiǎn	名		3830	巧	qiǎo	形
3795	起伏	qǐfú	动		3831	窍门	qiàomén	名
3796	起火	qǐhuǒ	动		3832	翘	qiào	动
3797	起立	qǐlì	动		3833	亲爱	qīn'ài	形
3798	气候	qìhòu	名		3834	亲密	qīnmì	形
3799	气泡	qìpào	名		3835	亲切	qīnqiè	形
3800	气体	qìtǐ	名		3836	亲人	qīnrén	名
3801	气味	qìwèi	名		3837	亲手	qīnshǒu	副
3802	气温	qìwēn	名		3838	亲眼	qīnyǎn	副
3803	汽	qì	名		3839	亲自	qīnzì	副
3804	汽油	qìyóu	名		3840	勤₁	qín	形
3805	掐	qiā	动		3841	勤奋	qínfèn	形
3806	卡₂	qiǎ	动		3842	勤劳	qínláo	形
3807	恰恰	qiàqià	副		3843	青	qīng	形
3808	千克	qiānkè	量		3844	青年	qīngnián	名
3809	千万	qiānwàn	副		3845	青色	qīngsè	名
3810	牵牛花/喇叭花	qiānniúhuā/lǎbahuā	名		3846	轻松	qīngsōng	形
					3847	倾盆大雨	qīngpén-dàyǔ	~
3811	谦让	qiānràng	动		3848	清₂	qīng	形
3812	谦虚	qiānxū	形、动		3849	清澈	qīngchè	形
3813	签₁	qiān	动		3850	清晨	qīngchén	名
3814	签字	qiānzì	动、名		3851	清除	qīngchú	动
3815	前后	qiánhòu	名方位		3852	清楚	qīngchu	形、动

3853	清脆	qīngcuì	形		3890	全体	quántǐ	名
3854	清洁	qīngjié	形		3891	泉	quán	名
3855	清凉	qīngliáng	形		3892	泉水	quánshuǐ	名
3856	清扫	qīngsǎo	动		3893	拳头	quántou	名
3857	清香	qīngxiāng	名		3894	犬	quǎn	名
3858	清新	qīngxīn	形		3895	劝	quàn	动
3859	清早	qīngzǎo	名		3896	缺点	quēdiǎn	名
3860	情况	qíngkuàng	名		3897	缺少	quēshǎo	动
3861	晴朗	qínglǎng	形		3898	瘸	qué	动
3862	请教	qǐngjiào	动		3899	瘸子	quézi	名
3863	请客	qǐngkè	动		3900	却	què	副
3864	请求	qǐngqiú	动、名		3901	确定	quèdìng	形、动
3865	庆	qìng	动、语素		3902	确实	quèshí	形、副
3866	穷人	qióngrén	名		3903	冉冉	rǎnrǎn	副
3867	秋季	qiūjì	名		3904	染	rǎn	动
3868	秋游	qiūyóu	动		3905	嚷嚷	rāngrang	动
3869	求饶	qiúráo	动		3906	嚷	rǎng	动
3870	球场	qiúchǎng	名		3907	让₂	ràng	介
3871	球门	qiúmén	名		3908	让₃	ràng	动
3872	球拍	qiúpāi	名		3909	饶	ráo	动
3873	区	qū	名		3910	绕	rào	动
3874	区别	qūbié	动、名		3911	热爱	rè'ài	动
3875	曲₁	qǔ	名		3912	热烘烘	rèhōnghōng	形
3876	曲子	qǔzi	名		3913	热乎乎	rèhūhū	形
3877	取	qǔ	动		3914	热烈	rèliè	形
3878	取长补短	qǔcháng-bǔduǎn	~		3915	热情	rèqíng	名、形
3879	取得	qǔdé	动		3916	热水器	rèshuǐqì	名
3880	取暖	qǔnuǎn	动		3917	热心	rèxīn	形
3881	取消	qǔxiāo	动		3918	人家₁	rénjia	代人称
3882	取笑	qǔxiào	动		3919	人类	rénlèi	名
3883	去₂	qù	动		3920	人民	rénmín	名
3884	去世	qùshì	动		3921	人群	rénqún	名
3885	趣	qù	语素		3922	人山人海	rénshān-rénhǎi	~
3886	圈子	quānzi	名		3923	人物	rénwù	名
3887	全部	quánbù	名		3924	人像	rénxiàng	名
3888	全家福	quánjiāfú	名		3925	人行道	rénxíngdào	名
3889	全身	quánshēn	名		3926	人行横道	rénxíng héngdào	~

3927	忍	rěn	动		3964	沙包	shābāo	名
3928	忍心	rěnxīn	动		3965	沙坑	shākēng	名
3929	认得	rènde	动		3966	沙沙	shāshā	拟声
3930	认输	rènshū	动		3967	沙土	shātǔ	名
3931	认为	rènwéi	动		3968	纱	shā	名
3932	任何	rènhé	代指示		3969	刹车	shāchē	动、名
3933	仍然	réngrán	副		3970	啥	shá	代疑问
3934	日光	rìguāng	名		3971	傻笑	shǎxiào	动
3935	日落	rìluò	名		3972	傻眼	shǎyǎn	动
3936	日子	rìzi	名		3973	傻子	shǎzi	名
3937	融化	rónghuà	动		3974	山川	shānchuān	名
3938	柔和	róuhé	形		3975	山顶	shāndǐng	名
3939	柔弱	róuruò	形		3976	山洞	shāndòng	名
3940	揉	róu	动		3977	山沟	shāngōu	名
3941	入	rù	动		3978	山脚	shānjiǎo	名
3942	入口₁	rùkǒu	名		3979	山林	shānlín	名
3943	入神	rùshén	动、形		3980	山路	shānlù	名
3944	软和	ruǎnhuo	形		3981	山水	shānshuǐ	名
3945	软绵绵	ruǎnmiánmián	形		3982	山头	shāntóu	名
3946	锐利	ruìlì	形		3983	山腰	shānyāo	名
3947	弱小	ruòxiǎo	形		3984	闪	shǎn	动
3948	撒₂	sā	动		3985	闪光	shǎnguāng	动、名
3949	撒娇	sājiāo	动		3986	闪亮	shǎnliàng	动
3950	撒手	sāshǒu	动		3987	闪闪	shǎnshǎn	形
3951	撒腿	sātuǐ	动		3988	闪烁	shǎnshuò	动
3952	腮	sāi	名		3989	伤	shāng	名、动
3953	三明治	sānmíngzhì	名		3990	伤疤	shāngbā	名
3954	三心二意	sānxīn-èryì	~		3991	伤害	shānghài	动
3955	散₁	sǎn	动		3992	商量	shāngliang	动
3956	散₂	sàn	动		3993	商品	shāngpǐn	名
3957	散发	sànfā	动		3994	商人	shāngrén	名
3958	嗓门儿	sǎngménr	名		3995	赏₁	shǎng	动
3959	扫除	sǎochú	动		3996	上₄	shàng	动
3960	扫兴	sǎoxìng	形		3997	上场	shàngchǎng	动
3961	色彩	sècǎi	名		3998	上钩	shànggōu	动
3962	僧	sēng	语素		3999	上空	shàngkōng	名
3963	杀害	shāhài	动		4000	上升	shàngshēng	动

4001	上衣	shàngyī		名	4037	省₂	shěng	名
4002	上瘾	shàngyǐn		动	4038	圣诞树	shèngdànshù	名
4003	烧火	shāohuǒ		动	4039	胜利	shènglì	动
4004	烧烤	shāokǎo		名	4040	盛开	shèngkāi	动
4005	稍微	shāowēi		副	4041	失败	shībài	动、形
4006	少数	shǎoshù		名	4042	失望	shīwàng	动、形
4007	少儿	shào'ér		名	4043	师	shī	语素
4008	少年	shàonián		名	4044	诗歌	shīgē	名
4009	哨₁/哨子	shào/shàozi		名	4045	诗人	shīrén	名
4010	稍息	shàoxī		动	4046	虱子	shīzi	名
4011	折₃	shé		动	4047	湿乎乎	shīhūhū	形
4012	舍	shě		动	4048	湿漉漉	shīlùlù	形
4013	舍不得	shěbude		动	4049	十字路口	shízì lùkǒu	~
4014	舍得	shěde		动	4050	石油	shíyóu	名
4015	设计	shèjì		动、名	4051	时₁	shí	名
4016	射	shè		动	4052	时代	shídài	名
4017	摄氏度	shèshìdù		量	4053	时光	shíguāng	名
4018	伸懒腰	shēnlǎnyāo		~	4054	时刻	shíkè	名、副
4019	伸展	shēnzhǎn		动	4055	时时	shíshí	副
4020	身材	shēncái		名	4056	时钟	shízhōng	名
4021	身高	shēngāo		名	4057	识	shí	动
4022	身旁	shēnpáng		名	4058	实话	shíhuà	名
4023	身子	shēnzi		名	4059	实际	shíjì	名、形
4024	深度	shēndù		名	4060	实现	shíxiàn	动
4025	神	shén		名、形	4061	实验	shíyàn	动、名
4026	神话	shénhuà		名	4062	实在	shízài	形、副
4027	神奇	shénqí		形	4063	食	shí	名、动
4028	神气	shénqì		名、形	4064	使₁	shǐ	动
4029	神仙	shénxiān		名	4065	使用	shǐyòng	动
4030	婶婶/婶子/婶	shěnshen/shěnzi/shěn		名	4066	士兵	shìbīng	名
					4067	示范	shìfàn	动
4031	生动	shēngdòng		形	4068	似的	shìde	助
4032	生火	shēnghuǒ		动	4069	试	shì	动、语素
4033	生物	shēngwù		名	4070	试题	shìtí	名
4034	生肖	shēngxiào		名	4071	试验	shìyàn	动
4035	生长	shēngzhǎng		动	4072	视力	shìlì	名
4036	省₁	shěng		动	4073	适合	shìhé	动

编号	词	拼音	词性
4074	收集	shōují	动
4075	收看	shōukàn	动
4076	收留	shōuliú	动
4077	收听	shōutīng	动
4078	收音机	shōuyīnjī	名
4079	手背	shǒubèi	名
4080	手臂	shǒubì	名
4081	手册	shǒucè	名
4082	手电筒 / 手电	shǒudiàntǒng/ shǒudiàn	名
4083	手风琴	shǒufēngqín	名
4084	手工	shǒugōng	名
4085	手势	shǒushì	名
4086	手术	shǒushù	名、动
4087	手腕	shǒuwàn	名
4088	手心	shǒuxīn	名
4089	手印	shǒuyìn	名
4090	手掌	shǒuzhǎng	名
4091	守	shǒu	动
4092	守门	shǒumén	动
4093	守门员	shǒuményuán	名
4094	守株待兔	shǒuzhū-dàitù	~
4095	首饰	shǒushì	名
4096	首先	shǒuxiān	副、代指示
4097	受	shòu	动
4098	受到	shòudào	动
4099	受骗	shòupiàn	动
4100	售货员	shòuhuòyuán	名
4101	售票员	shòupiàoyuán	名
4102	瘦小	shòuxiǎo	形
4103	瘦子	shòuzi	名
4104	书法	shūfǎ	名
4105	书柜	shūguì	名
4106	书架	shūjià	名
4107	书签	shūqiān	名
4108	书写	shūxiě	动
4109	熟练	shúliàn	形
4110	熟悉	shúxi	动
4111	属₁	shǔ	动
4112	鼠标	shǔbiāo	名
4113	薯片	shǔpiàn	名
4114	薯条	shǔtiáo	名
4115	束₁	shù	量
4116	树丛	shùcóng	名
4117	树苗	shùmiáo	名
4118	树梢	shùshāo	名
4119	数量	shùliàng	名
4120	漱	shù	动
4121	漱口	shùkǒu	动
4122	耍赖	shuǎlài	动
4123	帅哥	shuàigē	名
4124	拴	shuān	动
4125	双手	shuāngshǒu	名
4126	霜	shuāng	名
4127	水波	shuǐbō	名
4128	水草	shuǐcǎo	名
4129	水池	shuǐchí	名
4130	水痘	shuǐdòu	名
4131	水分	shuǐfèn	名
4132	水花	shuǐhuā	名
4133	水库	shuǐkù	名
4134	水淋淋 / 湿淋淋	shuǐlínlín/shīlínlín	形
4135	水流	shuǐliú	名
4136	水手	shuǐshǒu	名
4137	水灾	shuǐzāi	名
4138	睡衣	shuìyī	名
4139	顺	shùn	动、介、形
4140	顺便	shùnbiàn	副
4141	顺风	shùnfēng	动、名
4142	顺利	shùnlì	形
4143	顺序	shùnxù	名
4144	说不定	shuōbudìng	动、副
4145	说法	shuōfǎ	名

4146	说服	shuōfú	动	4183	态度	tàidù	名
4147	说明	shuōmíng	动、名	4184	摊₁	tān	名、量
4148	说笑	shuōxiào	动	4185	谈	tán	动
4149	丝	sī	名	4186	弹簧	tánhuáng	名
4150	思考	sīkǎo	动	4187	弹力	tánlì	名
4151	死亡	sǐwáng	动	4188	痰	tán	名
4152	四周	sìzhōu	名	4189	坦克	tǎnkè	名
4153	寺	sì	名	4190	毯子	tǎnzi	名
4154	寺庙	sìmiào	名	4191	叹	tàn	动
4155	松手	sōngshǒu	动	4192	叹气	tànqì	动
4156	艘	sōu	量	4193	叹息	tànxī	动
4157	速度	sùdù	名	4194	唐诗	tángshī	名
4158	宿舍	sùshè	名	4195	堂₁	táng	量、语素
4159	酸奶	suānnǎi	名	4196	堂₂	táng	语素
4160	算术	suànshù	名	4197	堂弟	tángdì	名
4161	算数	suànshù	动	4198	堂哥	tánggē	名
4162	虽然	suīrán	连	4199	堂姐	tángjiě	名
4163	随	suí	动	4200	堂妹	tángmèi	名
4164	随便	suíbiàn	形、动	4201	堂兄	tángxiōng	名
4165	随地	suídì	副	4202	糖葫芦/冰糖葫芦	tánghúlu/bīngtánghúlu	名
4166	随时	suíshí	副	4203	淌	tǎng	动
4167	随手	suíshǒu	副	4204	烫	tàng	动、形
4168	随着	suízhe	介	4205	趟	tàng	量
4169	岁数	suìshu	名	4206	逃	táo	动
4170	孙女	sūnnǚ	名	4207	逃命	táomìng	动
4171	孙子/孙	sūnzi/sūn	名	4208	桃/桃子	táo/táozi	名
4172	缩短	suōduǎn	动	4209	淘气包	táoqìbāo	名
4173	缩小	suōxiǎo	动	4210	淘气鬼	táoqìguǐ	名
4174	所₁	suǒ	量、名	4211	讨	tǎo	动
4175	索道	suǒdào	名	4212	讨论	tǎolùn	动
4176	塔	tǎ	名	4213	套	tào	名、动、量
4177	踏	tà	动	4214	套餐	tàocān	名
4178	踏步	tàbù	动	4215	特长	tècháng	名
4179	台风	táifēng	名	4216	特点	tèdiǎn	名
4180	台阶	táijiē	名	4217	特意	tèyì	副
4181	太空	tàikōng	名	4218	疼爱	téng'ài	动
4182	太太	tàitai	名				

4219	提包 / 手提包	tíbāo/shǒutíbāo	名		4255	条纹	tiáowén	名
4220	提高	tígāo	动		4256	调料	tiáoliào	名
4221	提琴	tíqín	名		4257	跳动	tiàodòng	动
4222	提问	tíwèn	动		4258	跳高	tiàogāo	动
4223	提醒	tíxǐng	动		4259	跳棋	tiàoqí	名
4224	体操	tǐcāo	名		4260	跳远	tiàoyuǎn	动
4225	体力	tǐlì	名		4261	跳蚤	tiàozao	名
4226	体温	tǐwēn	名		4262	贴	tiē	动
4227	体育场	tǐyùchǎng	名		4263	铁丝	tiěsī	名
4228	体育馆	tǐyùguǎn	名		4264	听力	tīnglì	名
4229	体重	tǐzhòng	名		4265	亭子 / 亭	tíngzi/tíng	名
4230	剃	tì	动		4266	停止	tíngzhǐ	动
4231	替	tì	动、介		4267	挺₂	tǐng	动
4232	天边	tiānbiān	名		4268	通₁	tōng	动
4233	天地	tiāndì	名		4269	通道	tōngdào	名
4234	天蓝	tiānlán	形		4270	通过	tōngguò	介、动
4235	天气预报	tiānqì yùbào	~		4271	通红	tōnghóng	形
4236	天桥	tiānqiáo	名		4272	同班	tóngbān	动、名
4237	天然	tiānrán	形		4273	同伴	tóngbàn	名
4238	天色	tiānsè	名		4274	同时	tóngshí	名、连
4239	天使	tiānshǐ	名		4275	同样	tóngyàng	形
4240	天堂	tiāntáng	名		4276	同意	tóngyì	动
4241	天下	tiānxià	名		4277	铜	tóng	名
4242	天线	tiānxiàn	名		4278	童	tóng	语素
4243	添	tiān	动		4279	童年	tóngnián	名
4244	田地₁	tiándì	名		4280	童谣	tóngyáo	名
4245	田径	tiánjìng	名		4281	统一	tǒngyī	动、形
4246	田野	tiányě	名		4282	捅	tǒng	动
4247	甜美	tiánměi	形		4283	筒	tǒng	名
4248	甜蜜	tiánmì	形		4284	痛	tòng	形、副
4249	填写	tiánxiě	动		4285	痛苦	tòngkǔ	形
4250	舔	tiǎn	动		4286	偷偷摸摸	tōutōumōmō	形
4251	挑₂	tiāo	动		4287	头₂	tou	后缀
4252	挑食	tiāoshí	动		4288	头巾	tóujīn	名
4253	挑选	tiāoxuǎn	动		4289	头痛 / 头疼	tóutòng/tóuténg	形
4254	条件	tiáojiàn	名		4290	头像	tóuxiàng	名
					4291	头晕	tóuyūn	动

4292	投	tóu	动
4293	投篮	tóulán	动
4294	投降	tóuxiáng	动
4295	透明胶	tòumíngjiāo	名
4296	透气	tòuqì	动
4297	图案	tú'àn	名
4298	图书	túshū	名
4299	图像	túxiàng	名
4300	图形	túxíng	名
4301	涂改	túgǎi	动
4302	涂抹	túmǒ	动
4303	土地	tǔdì	名
4304	土豆/马铃薯	tǔdòu/mǎlíngshǔ	名
4305	吐₂	tǔ	动
4306	团₁	tuán	名、量
4307	团结	tuánjié	动、形
4308	退	tuì	动
4309	退步	tuìbù	动
4310	退烧	tuìshāo	动
4311	吞吞吐吐	tūntūntǔtǔ	形
4312	托₁	tuō	动
4313	拖把/墩布	tuōbǎ/dūnbù	名
4314	驼背	tuóbèi	动、名
4315	椭圆	tuǒyuán	名
4316	椭圆形	tuǒyuánxíng	名
4317	唾沫	tuòmo	名
4318	瓦₁	wǎ	名
4319	瓦蓝	wǎlán	形
4320	外部	wàibù	名
4321	外出	wàichū	动
4322	外地	wàidì	名
4323	外国	wàiguó	名
4324	外国人	wàiguórén	名
4325	外号	wàihào	名
4326	外貌	wàimào	名
4327	外孙/外孙子	wàisūn/wàisūnzi	名
4328	外孙女	wàisūnnǚ	名
4329	外形	wàixíng	名
4330	外衣	wàiyī	名
4331	湾	wān	名
4332	豌豆	wāndòu	名
4333	丸	wán	名
4334	完成	wánchéng	动
4335	完全	wánquán	形、副
4336	完整	wánzhěng	形
4337	玩笑	wánxiào	名
4338	玩意儿	wányìr	名
4339	顽皮	wánpí	形
4340	晚安	wǎn'ān	动
4341	万事如意	wànshì-rúyì	～
4342	万一	wànyī	名、连
4343	腕	wàn	名
4344	汪汪	wāngwāng	形
4345	王	wáng	名
4346	王国	wángguó	名
4347	王后	wánghòu	名
4348	网吧	wǎngba	名
4349	网络	wǎngluò	名
4350	网页	wǎngyè	名
4351	网站	wǎngzhàn	名
4352	往后	wǎnghòu	名
4353	往往	wǎngwǎng	副
4354	忘掉	wàngdiào	动
4355	忘记	wàngjì	动
4356	望远镜	wàngyuǎnjìng	名
4357	威风	wēifēng	名、形
4358	威胁	wēixié	动
4359	微波炉	wēibōlú	名
4360	微风	wēifēng	名
4361	微微	wēiwēi	副、形
4362	微小	wēixiǎo	形
4363	围	wéi	动
4364	围棋	wéiqí	名

4365	围墙	wéiqiáng	名
4366	伟大	wěidà	形
4367	尾	wěi	语素、量
4368	委屈	wěiqu	形、动
4369	为了	wèile	介
4370	位于	wèiyú	动
4371	位置	wèizhì	名
4372	味精	wèijīng	名
4373	胃口	wèikǒu	名
4374	喂养	wèiyǎng	动
4375	温度	wēndù	名
4376	温和	wēnhé	形
4377	温暖	wēnnuǎn	形、动
4378	温泉	wēnquán	名
4379	温习	wēnxí	动
4380	文₁	wén	语素
4381	文化	wénhuà	名
4382	文件	wénjiàn	名
4383	文件夹	wénjiànjiā	名
4384	文明	wénmíng	名、形
4385	文字	wénzì	名
4386	纹	wén	名
4387	蚊香	wénxiāng	名
4388	蚊帐	wénzhàng	名
4389	稳	wěn	形、动
4390	蜗牛	wōniú	名
4391	卧室	wòshì	名
4392	乌云	wūyún	名
4393	无比	wúbǐ	动
4394	无边	wúbiān	动
4395	无敌	wúdí	动
4396	无法	wúfǎ	动
4397	无穷	wúqióng	动
4398	无数	wúshù	形
4399	五彩	wǔcǎi	名
4400	五彩缤纷	wǔcǎi-bīnfēn	~
4401	五星/五角星	wǔxīng/wǔjiǎoxīng	名
4402	午后	wǔhòu	名
4403	午睡	wǔshuì	名、动
4404	武	wǔ	语素
4405	武器	wǔqì	名
4406	武术	wǔshù	名
4407	捂	wǔ	动
4408	物	wù	语素
4409	物体	wùtǐ	名
4410	西北	xīběi	名方位
4411	西部	xībù	名方位
4412	西餐	xīcān	名
4413	西服/西装	xīfú/xīzhuāng	名
4414	西南	xīnán	名方位
4415	吸引	xīyǐn	动
4416	稀	xī	形
4417	稀饭	xīfàn	名
4418	溪/小溪	xī/xiǎoxī	名
4419	嘻嘻哈哈	xīxīhāhā	形
4420	膝/膝盖	xī/xīgài	名
4421	蟋蟀/蛐蛐儿	xīshuài/qūqur	名
4422	席₁/席子	xí/xízi	名
4423	喜	xǐ	形、动、语素
4424	喜爱	xǐ'ài	动
4425	喜洋洋	xǐyángyáng	形
4426	喜悦	xǐyuè	形
4427	戏	xì	名
4428	细菌	xìjūn	名
4429	细小	xìxiǎo	形
4430	瞎	xiā	动、副
4431	瞎子	xiāzi	名
4432	狭窄	xiázhǎi	形
4433	霞	xiá	名
4434	下巴	xiàba	名
4435	下蛋	xiàdàn	动
4436	下海₁	xiàhǎi	动
4437	下降	xiàjiàng	动

- 77 -

4438	下令	xiàlìng	动
4439	下水道	xiàshuǐdào	名
4440	夏季	xiàjì	名
4441	夏令营	xiàlìngyíng	名
4442	仙	xiān	名
4443	先生	xiānsheng	名
4444	掀	xiān	动
4445	鲜	xiān	形
4446	鲜红	xiānhóng	形
4447	鲜嫩	xiānnèn	形
4448	鲜血	xiānxuè	名
4449	闲	xián	形
4450	闲逛	xiánguàng	动
4451	咸菜	xiáncài	名
4452	显	xiǎn	动
4453	显得	xiǎnde	动
4454	显示	xiǎnshì	动
4455	线条	xiàntiáo	名
4456	陷阱	xiànjǐng	名
4457	馅	xiàn	名
4458	羡慕	xiànmù	动
4459	乡下	xiāngxia	名
4460	相等	xiāngděng	动
4461	相互	xiānghù	副、形
4462	相连	xiānglián	动
4463	相似	xiāngsì	形
4464	相同	xiāngtóng	形
4465	相信	xiāngxìn	动
4466	香喷喷	xiāngpēnpēn	形
4467	香烟	xiāngyān	名
4468	想法	xiǎngfǎ	名
4469	想象/想像	xiǎngxiàng	动
4470	项	xiàng	量
4471	相册	xiàngcè	名
4472	象棋	xiàngqí	名
4473	像₂	xiàng	名
4474	像₃	xiàng	动
4475	橡皮筋/皮筋儿	xiàngpíjīn/píjīnr	名
4476	消	xiāo	动
4477	消化	xiāohuà	动
4478	消失	xiāoshī	动
4479	消息	xiāoxi	名
4480	小葱	xiǎocōng	名
4481	小姐	xiǎojiě	名
4482	小看	xiǎokàn	动
4483	小米	xiǎomǐ	名
4484	小跑	xiǎopǎo	动
4485	小气	xiǎoqi	形
4486	小腿	xiǎotuǐ	名
4487	校	xiào	名
4488	校车	xiàochē	名
4489	笑哈哈	xiàohāhā	形
4490	笑呵呵	xiàohēhē	形
4491	笑话	xiàohua	名、动
4492	笑眯眯	xiàomīmī	形
4493	笑嘻嘻	xiàoxīxī	形
4494	斜坡	xiépō	名
4495	写作	xiězuò	动
4496	谢₂	xiè	动
4497	心满意足	xīnmǎn-yìzú	～
4498	心情	xīnqíng	名
4499	心跳	xīntiào	动
4500	心愿	xīnyuàn	名
4501	欣赏	xīnshǎng	动
4502	新郎	xīnláng	名
4503	新娘/新娘子	xīnniáng/xīnniángzi	名
4504	新生₁	xīnshēng	名
4505	新闻	xīnwén	名
4506	新鲜	xīnxiān	形
4507	信号	xìnhào	名
4508	信任	xìnrèn	动
4509	信心	xìnxīn	名
4510	兴奋	xīngfèn	形、名

4511	星光	xīngguāng	名		4548	寻	xún	动
4512	星空	xīngkōng	名		4549	寻找	xúnzhǎo	动
4513	星座	xīngzuò	名		4550	迅速	xùnsù	形
4514	行动	xíngdòng	动、名		4551	哑	yǎ	形
4515	行李	xíngli	名		4552	哑巴	yǎba	名
4516	行人	xíngrén	名		4553	烟花/焰火/烟火₁	yānhuā/yànhuǒ/yānhuo	名
4517	行驶	xíngshǐ	动		4554	烟筒/烟囱	yāntong/yāncōng	名
4518	行走	xíngzǒu	动		4555	淹	yān	动
4519	形成	xíngchéng	动		4556	淹没	yānmò	动
4520	兴冲冲	xìngchōngchōng	形		4557	严	yán	形
4521	兴趣	xìngqù	名		4558	严格	yángé	形
4522	杏	xìng	名		4559	严厉	yánlì	形
4523	幸福	xìngfú	名、形		4560	岩石	yánshí	名
4524	幸好	xìnghǎo	副		4561	炎热	yánrè	形
4525	幸亏	xìngkuī	副		4562	沿	yán	介
4526	凶₁	xiōng	形		4563	颜料	yánliào	名
4527	凶恶	xiōng'è	形		4564	眼花	yǎnhuā	形
4528	凶狠	xiōnghěn	形		4565	眼看	yǎnkàn	副、动
4529	凶猛	xiōngměng	形		4566	眼眶	yǎnkuàng	名
4530	兄	xiōng	语素		4567	眼皮	yǎnpí	名
4531	兄弟	xiōngdì	名		4568	眼前	yǎnqián	名
4532	胸	xiōng	名		4569	眼圈	yǎnquān	名
4533	雄伟	xióngwěi	形		4570	眼神	yǎnshén	名
4534	休	xiū	动		4571	演唱	yǎnchàng	动
4535	修改	xiūgǎi	动		4572	演奏	yǎnzòu	动
4536	修理	xiūlǐ	动		4573	羊羔	yánggāo	名
4537	羞	xiū	动		4574	杨树	yángshù	名
4538	锈	xiù	动、名		4575	仰	yǎng	动
4539	虚心	xūxīn	形		4576	妖	yāo	名、形
4540	需要	xūyào	动、名		4577	妖怪	yāoguài	名
4541	嘘	xū	叹		4578	要求	yāoqiú	动、名
4542	许愿	xǔyuàn	动		4579	摇摆	yáobǎi	动
4543	宣布	xuānbù	动		4580	摇动	yáodòng	动
4544	旋转	xuánzhuǎn	动		4581	遥控	yáokòng	动、名
4545	选择	xuǎnzé	动		4582	遥控器	yáokòngqì	名
4546	学费	xuéfèi	名		4583	遥远	yáoyuǎn	形
4547	雪山	xuěshān	名					

编号	词	拼音	词性
4584	药₂	yào	动
4585	药店	yàodiàn	名
4586	药方	yàofāng	名
4587	药膏	yàogāo	名
4588	药片	yàopiàn	名
4589	药水	yàoshuǐ	名
4590	药丸	yàowán	名
4591	药物	yàowù	名
4592	要₂	yào	连
4593	要不	yàobù	连
4594	要不然	yàobùrán	连
4595	要不是	yàobùshì	连
4596	椰子	yēzi	名
4597	也许	yěxǔ	副
4598	野菜	yěcài	名
4599	野餐	yěcān	动、名
4600	野生	yěshēng	形
4601	野外	yěwài	名
4602	页码	yèmǎ	名
4603	夜间	yèjiān	名
4604	夜空	yèkōng	名
4605	夜幕	yèmù	名
4606	一般	yībān	形
4607	一动不动	yīdòngbùdòng	~
4608	一干二净	yīgān-èrjìng	~
4609	一口气	yīkǒuqì	副
4610	一路	yīlù	名、副
4611	一面	yīmiàn	名、副
4612	一模一样	yīmú-yīyàng	~
4613	一切	yīqiè	代指示
4614	一同	yītóng	副
4615	一心一意	yīxīn-yīyì	~
4616	一言为定	yīyánwéidìng	~
4617	一早	yīzǎo	名
4618	一致	yīzhì	形、副
4619	衣兜/衣袋	yīdōu/yīdài	名
4620	衣架	yījià	名
4621	医	yī	名、动
4622	姨父/姨夫	yífu	名
4623	移	yí	动
4624	移动	yídòng	动
4625	疑	yí	语素
4626	以内	yǐnèi	名方位
4627	以外	yǐwài	名方位
4628	以为	yǐwéi	动
4629	义₁	yì	语素
4630	议论	yìlùn	动、名
4631	易拉罐	yìlāguàn	名
4632	意见	yìjiàn	名
4633	意思	yìsi	名
4634	意外	yìwài	形、名
4635	意义	yìyì	名
4636	阴沉沉	yīnchénchén	形
4637	阴凉	yīnliáng	形、名
4638	音	yīn	名
4639	音符	yīnfú	名
4640	音乐家	yīnyuèjiā	名
4641	银	yín	名、语素
4642	银白	yínbái	形
4643	银色	yínsè	名
4644	银子	yínzi	名
4645	饮	yǐn	语素
4646	隐身	yǐnshēn	动
4647	应当	yīngdāng	动助动
4648	英雄	yīngxióng	名
4649	婴儿	yīng'ér	名
4650	樱桃	yīngtao	名
4651	迎	yíng	动
4652	迎接	yíngjiē	动
4653	迎面	yíngmiàn	副
4654	萤火虫	yínghuǒchóng	名
4655	影响	yǐngxiǎng	动、名
4656	映	yìng	动
4657	硬币	yìngbì	名

4658	哟₁	yō	叹		4694	幼儿	yòu'ér	名
4659	哟₂	yo	助		4695	柚子	yòuzi	名
4660	永	yǒng	副		4696	于是	yúshì	连
4661	永远	yǒngyuǎn	副、名		4697	鱼鳞	yúlín	名
4662	勇气	yǒngqì	名		4698	渔船	yúchuán	名
4663	踊跃	yǒngyuè	形		4699	渔夫	yúfū	名
4664	用法	yòngfǎ	名		4700	渔民	yúmín	名
4665	用功	yònggōng	动、形		4701	渔网/鱼网	yúwǎng	名
4666	用来	yònglái	动		4702	渔翁	yúwēng	名
4667	优点	yōudiǎn	名		4703	羽绒服	yǔróngfú	名
4668	优秀	yōuxiù	形		4704	玉	yù	名
4669	呦	yōu	叹		4705	浴缸	yùgāng	名
4670	尤其	yóuqí	副		4706	浴室	yùshì	名
4671	由于	yóuyú	介、连		4707	预报	yùbào	动、名
4672	邮编	yóubiān	名		4708	预备	yùbèi	动
4673	邮递员	yóudìyuán	名		4709	预防	yùfáng	动
4674	邮局/邮政局/邮电局	yóujú/yóuzhèngjú/yóudiànjú	名		4710	预防针	yùfángzhēn	名
4675	犹豫	yóuyù	形		4711	遇	yù	动
4676	油条	yóutiáo	名		4712	元宝	yuánbǎo	名
4677	鱿鱼	yóuyú	名		4713	园地	yuándì	名
4678	游₂	yóu	动		4714	员	yuán	量、语素
4679	游动	yóudòng	动		4715	原谅	yuánliàng	动
4680	游客	yóukè	名		4716	原因	yuányīn	名
4681	游乐场	yóulèchǎng	名		4717	圆鼓鼓	yuángǔgǔ	形
4682	游乐园	yóulèyuán	名		4718	圆溜溜	yuánliūliū	形
4683	游人	yóurén	名		4719	圆珠笔	yuánzhūbǐ	名
4684	游玩	yóuwán	动		4720	远方	yuǎnfāng	名
4685	游戏机	yóuxìjī	名		4721	愿望	yuànwàng	名
4686	友爱	yǒu'ài	形		4722	愿意	yuànyì	动
4687	有毒	yǒudú	动		4723	约₁	yuē	副
4688	有救	yǒujiù	动		4724	约₂	yuē	动
4689	有力	yǒulì	形		4725	约定	yuēdìng	动
4690	有时	yǒushí	副		4726	月饼	yuèbing	名
4691	有说有笑	yǒushuō-yǒuxiào	~		4727	月牙儿/月芽儿	yuèyár	名
4692	有些	yǒuxiē	代指示、副		4728	乐队	yuèduì	名
4693	有用	yǒuyòng	形		4729	乐器	yuèqì	名

4730	乐曲	yuèqǔ	名		4767	沾	zhān	动
4731	悦耳	yuè'ěr	形		4768	粘贴	zhāntiē	动
4732	跃	yuè	动		4769	盏	zhǎn	量
4733	越₁	yuè	副		4770	展出	zhǎnchū	动
4734	晕₁	yūn	形、动		4771	展开	zhǎnkāi	动
4735	云雾	yúnwù	名		4772	展览	zhǎnlǎn	动
4736	运₁	yùn	动		4773	崭新	zhǎnxīn	形
4737	运气	yùnqi	名		4774	占	zhàn	动
4738	晕₂	yùn	动		4775	占领	zhànlǐng	动
4739	晕车	yùnchē	动		4776	战	zhàn	语素
4740	杂	zá	形、动		4777	战斗	zhàndòu	动、名
4741	灾	zāi	名		4778	战胜	zhànshèng	动
4742	栽	zāi	动		4779	战士	zhànshì	名
4743	再说	zàishuō	动、连		4780	战争	zhànzhēng	名
4744	在乎	zàihu	动		4781	站立	zhànlì	动
4745	咱	zán	代人称		4782	站牌	zhànpái	名
4746	攒	zǎn	动		4783	蘸	zhàn	动
4747	暂停	zàntíng	动		4784	长₃	zhǎng	语素
4748	脏话	zānghuà	名		4785	掌₁	zhǎng	名
4749	遭	zāo	动		4786	掌声	zhǎngshēng	名
4750	糟	zāo	形		4787	掌握	zhǎngwò	动
4751	糟糕	zāogāo	形		4788	丈夫	zhàngfu	名
4752	早已	zǎoyǐ	副		4789	仗₁	zhàng	名
4753	枣	zǎo	名		4790	帐篷	zhàngpeng	名
4754	造成	zàochéng	动		4791	招₁	zhāo	动
4755	责备	zébèi	动		4792	招待	zhāodài	动
4756	贼	zéi	名、形		4793	招呼	zhāohu	动
4757	怎	zěn	代疑问		4794	招手	zhāoshǒu	动
4758	怎样	zěnyàng	代疑问		4795	着凉	zháoliáng	动
4759	增大	zēngdà	动		4796	着迷	zháomí	动
4760	增多	zēngduō	动		4797	照样	zhàoyàng	动、副
4761	增高	zēnggāo	动		4798	遮	zhē	动
4762	增加	zēngjiā	动		4799	折₄	zhé	名
4763	增长	zēngzhǎng	动		4800	折叠	zhédié	动
4764	炸₂	zhà	动		4801	折磨	zhémó	动
4765	炸弹	zhàdàn	名		4802	珍贵	zhēnguì	形
4766	榨菜	zhàcài	名		4803	珍珠	zhēnzhū	名

4804	真诚	zhēnchéng	形		4841	知识	zhīshi	名
4805	真情	zhēnqíng	名		4842	织	zhī	动
4806	真实	zhēnshí	形		4843	蜘蛛网	zhīzhūwǎng	名
4807	真是	zhēnshi	动		4844	直到	zhídào	动
4808	真心	zhēnxīn	名		4845	直立	zhílì	动
4809	真正	zhēnzhèng	形		4846	值班	zhíbān	动
4810	阵风	zhènfēng	名		4847	值得	zhídé	动
4811	阵雨	zhènyǔ	名		4848	值日生	zhírìshēng	名
4812	震动	zhèndòng	动		4849	植树	zhíshù	动
4813	正月	zhēngyuè	名		4850	只见	zhǐjiàn	动
4814	争吵	zhēngchǎo	动		4851	只是	zhǐshì	副、连
4815	争夺	zhēngduó	动		4852	只要	zhǐyào	连
4816	争光	zhēngguāng	动		4853	只有	zhǐyǒu	连
4817	争先恐后	zhēngxiān-kǒnghòu	~		4854	纸牌	zhǐpái	名
4818	整₁	zhěng	形		4855	指挥	zhǐhuī	动、名
4819	整个	zhěnggè	形		4856	质量	zhìliàng	名
4820	整理	zhěnglǐ	动		4857	智	zhì	语素
4821	整体	zhěngtǐ	名		4858	中部	zhōngbù	名方位
4822	整天	zhěngtiān	名、副		4859	中餐₁	zhōngcān	名
4823	整整	zhěngzhěng	副		4860	中餐₂	zhōngcān	名
4824	正₂	zhèng	形、动		4861	中华	zhōnghuá	名
4825	正常	zhèngcháng	形		4862	中级	zhōngjí	形
4826	正当₁	zhèngdāng	动		4863	中心	zhōngxīn	名
4827	正方	zhèngfāng	形		4864	中学	zhōngxué	名
4828	正面	zhèngmiàn	名、形		4865	中学生	zhōngxuéshēng	名
4829	正巧	zhèngqiǎo	副、形		4866	中央	zhōngyāng	名方位
4830	正确	zhèngquè	形		4867	中药	zhōngyào	名
4831	证明	zhèngmíng	动、名		4868	终点	zhōngdiǎn	名
4832	挣₁	zhèng	动		4869	钟表	zhōngbiǎo	名
4833	挣₂	zhèng	动		4870	种类	zhǒnglèi	名
4834	之后	zhīhòu	名方位		4871	种地	zhòngdì	动
4835	之间	zhījiān	名方位		4872	种田	zhòngtián	动
4836	之前	zhīqián	名方位		4873	种植	zhòngzhí	动
4837	支持	zhīchí	动		4874	重量	zhòngliàng	名
4838	枝干	zhīgàn	名		4875	重要	zhòngyào	形
4839	枝条	zhītiáo	名		4876	舟	zhōu	名
4840	知	zhī	动		4877	州	zhōu	名

4878	周岁	zhōusuì	名
4879	洲	zhōu	名
4880	粥	zhōu	名
4881	皱	zhòu	动、名
4882	珠子	zhūzi	名
4883	竹竿	zhúgān	名
4884	逐渐	zhújiàn	副
4885	烛光	zhúguāng	名
4886	主持	zhǔchí	动、名
4887	主持人	zhǔchírén	名
4888	主动	zhǔdòng	形
4889	主要	zhǔyào	形
4890	拄	zhǔ	动
4891	住址	zhùzhǐ	名
4892	柱子/柱	zhùzi/zhù	名
4893	著名	zhùmíng	形
4894	抓紧	zhuājǐn	动
4895	拽	zhuài	动
4896	专门	zhuānmén	副、形
4897	砖/砖头	zhuān/zhuāntóu	名
4898	转身	zhuǎnshēn	动
4899	转弯	zhuǎnwān	动
4900	转学	zhuǎnxué	动
4901	转动	zhuàndòng	动
4902	转悠	zhuànyou	动
4903	庄稼	zhuāngjia	名
4904	装₃	zhuāng	语素
4905	装饰	zhuāngshì	动、名
4906	壮	zhuàng	形、动
4907	壮观	zhuàngguān	形
4908	撞	zhuàng	动
4909	追赶	zhuīgǎn	动
4910	准₂	zhǔn	形、副
4911	准确	zhǔnquè	形
4912	桌面	zhuōmiàn	名
4913	茁壮	zhuózhuàng	形
4914	啄	zhuó	动
4915	啄木鸟	zhuómùniǎo	名
4916	滋味	zīwèi	名
4917	子₂	zǐ	语素、名
4918	子弹	zǐdàn	名
4919	紫薯	zǐshǔ	名
4920	自动	zìdòng	副、形
4921	自来水	zìláishuǐ	名
4922	自然	zìrán	名、形、副
4923	自私	zìsī	形
4924	自习	zìxí	动
4925	自言自语	zìyán-zìyǔ	～
4926	自由自在	zìyóu-zìzài	～
4927	自愿	zìyuàn	动
4928	总算	zǒngsuàn	副
4929	粽子	zòngzi	名
4930	走道	zǒudào	名
4931	走廊	zǒuláng	名
4932	走神儿	zǒushénr	动
4933	奏	zòu	动
4934	租	zū	动、语素
4935	足₁	zú	语素
4936	足₂	zú	形、副
4937	组长	zǔzhǎng	名
4938	组织	zǔzhī	名、动
4939	祖国	zǔguó	名
4940	钻石	zuànshí	名
4941	攥	zuàn	动
4942	嘴唇/唇	zuǐchún/chún	名
4943	最近	zuìjìn	名
4944	醉	zuì	动
4945	尊敬	zūnjìng	动、形
4946	遵守	zūnshǒu	动
4947	左右₁	zuǒyòu	名方位
4948	作弊	zuòbì	动
4949	作文	zuòwén	名
4950	作用	zuòyòng	名、动
4951	做法	zuòfǎ	名

4级

4952	哀求	āiqiú	动
4953	挨₂	āi	动、介
4954	唉声叹气	āishēng-tànqì	~
4955	皑皑	ái'ái	形
4956	爱不释手	àibùshìshǒu	~
4957	爱戴	àidài	动
4958	爱国	àiguó	动
4959	碍手碍脚	àishǒu-àijiǎo	~
4960	安₂	ān	形
4961	安家	ānjiā	动
4962	安眠药	ānmiányào	名
4963	安宁	ānníng	形
4964	安然无恙	ānrán-wúyàng	~
4965	安慰	ānwèi	动、形
4966	安装	ānzhuāng	动
4967	按₂	àn	介
4968	案	àn	语素
4969	案子₁	ànzi	名
4970	暗号	ànhào	名
4971	昂贵	ángguì	形
4972	昂首	ángshǒu	动
4973	昂首挺胸	ángshǒu-tǐngxiōng	~
4974	熬₁	āo	动
4975	遨游	áoyóu	动
4976	熬₂	áo	动
4977	熬夜	áoyè	动
4978	翱翔	áoxiáng	动
4979	傲气	àoqì	名、形
4980	奥秘	àomì	名
4981	奥妙	àomiào	形
4982	奥运会	àoyùnhuì	名
4983	八宝粥	bābǎozhōu	名
4984	八角	bājiǎo	名
4985	巴掌	bāzhang	名
4986	疤	bā	名
4987	疤痕	bāhén	名
4988	把手	bǎshou	名
4989	把守	bǎshǒu	动
4990	把握	bǎwò	动、名
4991	把₃	bà	名
4992	罢	bà	动
4993	霸道	bàdào	形
4994	霸王	bàwáng	名
4995	霸占	bàzhàn	动
4996	掰	bāi	动
4997	白₂	bái	副
4998	白白	báibái	副
4999	白板	báibǎn	名
5000	白痴	báichī	名
5001	白费	báifèi	动
5002	白酒	báijiǔ	名
5003	白日梦	báirìmèng	名
5004	白血病	báixuèbìng	名
5005	百宝箱	bǎibǎoxiāng	名
5006	百倍	bǎibèi	数量
5007	百发百中	bǎifā-bǎizhòng	~
5008	百花齐放	bǎihuā-qífàng	~
5009	百灵	bǎilíng	名
5010	百姓/老百姓	bǎixìng/lǎobǎixìng	名
5011	柏/柏树	bǎi/bǎishù	名
5012	柏油	bǎiyóu	名
5013	摆动	bǎidòng	动
5014	摆放	bǎifàng	动
5015	摆弄	bǎinòng	动
5016	摆脱	bǎituō	动
5017	拜	bài	动
5018	拜访	bàifǎng	动
5019	拜师	bàishī	动
5020	拜托	bàituō	动
5021	班₂	bān	量
5022	般	bān	量、助
5023	颁发	bānfā	动

编号	词	拼音	词性
5024	颁奖	bānjiǎng	动
5025	斑马	bānmǎ	名
5026	斑纹	bānwén	名
5027	搬运	bānyùn	动
5028	办公	bàngōng	动
5029	办事	bànshì	动
5030	半边	bànbiān	名
5031	半截儿	bànjiér	数量
5032	半斤八两	bànjīn-bāliǎng	~
5033	半径	bànjìng	名
5034	半决赛	bànjuésài	名
5035	半山腰	bànshānyāo	名
5036	半途而废	bàntú'érfèi	~
5037	半信半疑	bànxìn-bànyí	~
5038	半夜三更/三更半夜/深更半夜	bànyè-sāngēng/sāngēng-bànyè/shēngēng-bànyè	~
5039	伴	bàn	动、名
5040	伴唱	bànchàng	动
5041	伴随	bànsuí	动
5042	伴舞	bànwǔ	动
5043	帮倒忙	bāngdàománg	~
5044	榜样	bǎngyàng	名
5045	包裹	bāoguǒ	动、名
5046	包含	bāohán	动
5047	包括	bāokuò	动
5048	包扎	bāozā	动
5049	宝塔	bǎotǎ	名
5050	宝座	bǎozuò	名
5051	保₁	bǎo	动
5052	保安	bǎo'ān	名
5053	保持	bǎochí	动
5054	保存	bǎocún	动
5055	保管	bǎoguǎn	动
5056	保留	bǎoliú	动
5057	保密	bǎomì	动
5058	保卫	bǎowèi	动
5059	保佑	bǎoyòu	动
5060	保准	bǎozhǔn	动、副
5061	报₂	bào	动
5062	报仇	bàochóu	动
5063	报到	bàodào	动
5064	报恩	bào'ēn	动
5065	报废	bàofèi	动
5066	报复	bàofù	动
5067	报幕	bàomù	动
5068	报信	bàoxìn	动
5069	报应	bàoyìng	动
5070	抱歉	bàoqiàn	形
5071	抱怨	bàoyuàn	动
5072	豹子/豹	bàozi/bào	名
5073	暴₁	bào	形
5074	暴发	bàofā	动
5075	暴风雪	bàofēngxuě	名
5076	暴风雨	bàofēngyǔ	名
5077	暴露	bàolù	动
5078	暴躁	bàozào	形
5079	爆	bào	动
5080	爆发	bàofā	动
5081	爆裂	bàoliè	动
5082	悲	bēi	语素
5083	悲哀	bēi'āi	形
5084	悲惨	bēicǎn	形
5085	悲伤	bēishāng	形
5086	悲痛	bēitòng	形
5087	北斗星	běidǒuxīng	名
5088	北极	běijí	名
5089	北极星	běijíxīng	名
5090	北极熊	běijíxióng	名
5091	备	bèi	动、副
5092	备用	bèiyòng	动
5093	背景	bèijǐng	名
5094	背影	bèiyǐng	名
5095	倍	bèi	量
5096	被动	bèidòng	形

5097	被迫	bèipò	动		5134	避免	bìmiǎn	动
5098	被褥	bèirù	名		5135	避暑	bìshǔ	动
5099	奔驰	bēnchí	动		5136	臂	bì	名
5100	奔流	bēnliú	动		5137	边疆	biānjiāng	名
5101	本身	běnshēn	代指示		5138	边沿	biānyán	名
5102	笨手笨脚	bènshǒu-bènjiǎo	～		5139	边缘	biānyuán	名、形
5103	笨重	bènzhòng	形		5140	编号	biānhào	动、名
5104	笨拙	bènzhuō	形		5141	编写	biānxiě	动
5105	绷₁	bēng	动		5142	编造	biānzào	动
5106	绷带	bēngdài	名		5143	编织	biānzhī	动
5107	甭	béng	副		5144	变动	biàndòng	动
5108	绷₂	běng	动		5145	变换	biànhuàn	动
5109	逼近	bījìn	动		5146	变脸	biànliǎn	动
5110	逼真	bīzhēn	形		5147	变色	biànsè	动
5111	鼻梁	bíliáng	名		5148	变形	biànxíng	动
5112	匕首	bǐshǒu	名		5149	变样	biànyàng	动
5113	比方	bǐfang	动、名		5150	遍地	biàndì	动、副
5114	比画/比划	bǐhua	动		5151	遍体鳞伤	biàntǐ-línshāng	～
5115	比美	bǐměi	动		5152	辨别	biànbié	动
5116	比试	bǐshi	动		5153	辨认	biànrèn	动
5117	比喻	bǐyù	动、名		5154	标牌	biāopái	名
5118	彼此	bǐcǐ	代人称		5155	标准	biāozhǔn	名、形
5119	笔记	bǐjì	名		5156	表₃	biǎo	名
5120	笔试	bǐshì	动、名		5157	表明	biǎomíng	动
5121	笔直	bǐzhí	形		5158	别₂	bié	语素
5122	币	bì	名		5159	别₃	bié	动
5123	必	bì	副		5160	别₄	bié	动
5124	必定	bìdìng	副		5161	别开生面	biékāi-shēngmiàn	～
5125	毕竟	bìjìng	副		5162	别名	biémíng	名
5126	毕业	bìyè	动		5163	别致	biézhì	形
5127	闭幕	bìmù	动		5164	别扭	bièniu	形
5128	闭幕式	bìmùshì	名		5165	彬彬有礼	bīnbīn-yǒulǐ	～
5129	陛下	bìxià	名		5166	缤纷	bīnfēn	形
5130	碧波	bìbō	名		5167	冰雹/雹子	bīngbáo/báozi	名
5131	碧玉	bìyù	名		5168	冰川	bīngchuān	名
5132	壁	bì	语素		5169	冰花	bīnghuā	名
5133	壁虎	bìhǔ	名		5170	冰冷	bīnglěng	形

5171	冰山	bīngshān	名		5208	不对劲	bùduìjìn	~
5172	冰天雪地	bīngtiān-xuědì	~		5209	不甘	bùgān	动
5173	冰鞋	bīngxié	名		5210	不甘示弱	bùgān-shìruò	~
5174	兵器	bīngqì	名		5211	不管	bùguǎn	连
5175	兵营/军营	bīngyíng/jūnyíng	名		5212	不管三七二十一	bùguǎn sān qī èrshíyī	~
5176	并₁	bìng	副		5213	不和	bùhé	形
5177	并列	bìngliè	动		5214	不及	bùjí	动
5178	并且	bìngqiě	连		5215	不禁	bùjīn	副
5179	并用	bìngyòng	动		5216	不堪设想	bùkān-shèxiǎng	~
5180	病毒	bìngdú	名		5217	不可开交	bùkě-kāijiāo	~
5181	病号	bìnghào	名		5218	不可思议	bùkě-sīyì	~
5182	病历	bìnglì	名		5219	不愧	bùkuì	副
5183	病魔	bìngmó	名		5220	不论	bùlùn	连
5184	病情	bìngqíng	名		5221	不满	bùmǎn	形
5185	拨动	bōdòng	动		5222	不耐烦	bù nàifán	~
5186	波	bō	名		5223	不时	bùshí	副
5187	波光粼粼	bōguāng línlín	~		5224	不相上下	bùxiāng-shàngxià	~
5188	波澜壮阔	bōlán-zhuàngkuò	~		5225	不像话	bùxiànghuà	形
5189	播撒	bōsǎ	动		5226	不休	bùxiū	动
5190	播音	bōyīn	动		5227	不要紧	bùyàojǐn	形
5191	播音员	bōyīnyuán	名		5228	不一	bùyī	形
5192	播种₁	bōzhǒng	动		5229	不已	bùyǐ	动
5193	播种₂	bōzhòng	动		5230	不由自主	bùyóu-zìzhǔ	~
5194	勃勃	bóbó	形		5231	不约而同	bùyuē'értóng	~
5195	博士	bóshì	名		5232	不知好歹	bùzhī-hǎodǎi	~
5196	薄荷	bòhe	名		5233	不足	bùzú	形、动、名
5197	补偿	bǔcháng	动		5234	布₂	bù	动
5198	补考	bǔkǎo	动		5235	布满	bùmǎn	动
5199	补习班	bǔxíbān	名		5236	布匹	bùpǐ	名
5200	捕捞	bǔlāo	动		5237	布鞋	bùxié	名
5201	捕猎	bǔliè	动		5238	步伐	bùfá	名
5202	捕杀	bǔshā	动		5239	步行	bùxíng	动
5203	不必	bùbì	副		5240	部₂	bù	语素
5204	不成	bùchéng	动、形、助		5241	部队	bùduì	名
5205	不倒翁	bùdǎowēng	名		5242	部位	bùwèi	名
5206	不得	bùdé	动助动		5243	擦肩而过	cājiān'érguò	~
5207	不得不	bùdébù	~					

5244	擦洗	cāxǐ	动		5281	蹭	cèng	动
5245	嚓	cā/chā	拟声		5282	差别	chābié	名
5246	猜测	cāicè	动		5283	差距	chājù	名
5247	猜拳/划拳	cāiquán/huáquán	动		5284	插画	chāhuà	名
5248	猜想	cāixiǎng	动		5285	插话	chāhuà	动
5249	才能	cáinéng	名		5286	插头	chātóu	名
5250	材料	cáiliào	名		5287	插图	chātú	名
5251	财迷	cáimí	名		5288	插嘴	chāzuǐ	动
5252	财主	cáizhu	名		5289	茶几	chájī	名
5253	裁缝	cáifeng	名		5290	查看	chákàn	动
5254	采访	cǎifǎng	动		5291	查找	cházhǎo	动
5255	采摘	cǎizhāi	动		5292	察觉/觉察	chájué/juéchá	动
5256	彩₂	cǎi	名		5293	杈	chà	名
5257	彩排	cǎipái	动		5294	差劲	chàjìn	形
5258	踩水	cǎishuǐ	动		5295	姹紫嫣红	chàzǐ-yānhóng	～
5259	菜花	càihuā	名		5296	柴	chái	名
5260	菜谱	càipǔ	名		5297	掺	chān	动
5261	参天	cāntiān	动		5298	搀	chān	动
5262	残	cán	动		5299	缠绕	chánrào	动
5263	残废	cánfèi	动、名		5300	蝉	chán	名
5264	残忍	cánrěn	形		5301	产	chǎn	动、语素
5265	蚕	cán	名		5302	产品	chǎnpǐn	名
5266	蚕豆	cándòu	名		5303	颤动	chàndòng	动
5267	蚕丝	cánsī	名		5304	颤抖	chàndǒu	动
5268	惨	cǎn	形		5305	长命百岁	chángmìng-bǎisuì	～
5269	苍白	cāngbái	形		5306	长跑	chángpǎo	名
5270	苍翠	cāngcuì	形		5307	长生不老	chángshēng-bùlǎo	～
5271	苍天	cāngtiān	名		5308	长寿	chángshòu	形
5272	操控	cāokòng	动		5309	长途	chángtú	形
5273	操劳	cāoláo	动		5310	长征	chángzhēng	动、名
5274	操纵	cāozòng	动		5311	场₂	cháng	量
5275	操作	cāozuò	动		5312	尝试	chángshì	动
5276	草稿	cǎogǎo	名		5313	常年	chángnián	副
5277	草药	cǎoyào	名		5314	常识	chángshí	名
5278	侧面	cèmiàn	名		5315	常用	chángyòng	形
5279	曾	céng	副		5316	场景	chǎngjǐng	名
5280	曾经	céngjīng	副		5317	场所	chǎngsuǒ	名

5318	敞	chǎng	动		5355	成群	chéngqún	动
5319	敞开	chǎngkāi	动		5356	成群结队	chéngqún-jiéduì	~
5320	钞票	chāopiào	名		5357	成熟	chéngshú	动、形
5321	超出	chāochū	动		5358	成天	chéngtiān	副
5322	超级	chāojí	形		5359	成心	chéngxīn	副
5323	超越	chāoyuè	动		5360	成员	chéngyuán	名
5324	朝向	cháoxiàng	名		5361	呈	chéng	动
5325	吵嘴	chǎozuǐ	动		5362	诚	chéng	形
5326	车道	chēdào	名		5363	诚恳	chéngkěn	形
5327	车夫	chēfū	名		5364	诚心	chéngxīn	名、形
5328	车间	chējiān	名		5365	诚心诚意	chéngxīn-chéngyì	~
5329	车牌	chēpái	名		5366	城楼	chénglóu	名
5330	车身	chēshēn	名		5367	乘凉	chéngliáng	动
5331	扯₂	chě	动		5368	程度	chéngdù	名
5332	彻底	chèdǐ	形		5369	橙红	chénghóng	形
5333	臣	chén	语素		5370	橙黄	chénghuáng	形
5334	尘	chén	语素		5371	吃亏	chīkuī	动
5335	沉₂	chén	动、形		5372	吃力	chīlì	形
5336	沉甸甸	chéndiàndiàn	形		5373	吃香	chīxiāng	形
5337	沉迷	chénmí	动		5374	驰	chí	语素
5338	沉没	chénmò	动		5375	迟迟	chíchí	副
5339	沉默	chénmò	形、动		5376	迟钝	chídùn	形
5340	沉睡	chénshuì	动		5377	迟早	chízǎo	副
5341	沉思	chénsī	动		5378	尺寸	chǐcùn	名
5342	沉重	chénzhòng	形		5379	尺码	chǐmǎ	名
5343	沉着	chénzhuó	形		5380	齿轮	chǐlún	名
5344	陈列	chénliè	动		5381	斥责	chìzé	动
5345	晨练	chénliàn	动		5382	赤₂	chì	语素
5346	衬	chèn	动		5383	冲锋	chōngfēng	动
5347	趁机/乘机	chènjī/chéngjī	副		5384	冲击	chōngjī	动
5348	称₂	chēng	动		5385	冲剂	chōngjì	名
5349	称号	chēnghào	名		5386	冲刷	chōngshuā	动
5350	成₂	chéng	动		5387	冲天	chōngtiān	动
5351	成₃	chéng	动		5388	冲洗	chōngxǐ	动
5352	成分/成份	chéngfèn	名		5389	充当	chōngdāng	动
5353	成就	chéngjiù	名、动		5390	充电器	chōngdiànqì	名
5354	成千上万	chéngqiān-shàngwàn	~		5391	充分	chōngfèn	形

5392	充饥	chōngjī	动
5393	充实	chōngshí	形、动
5394	充足	chōngzú	形
5395	重合	chónghé	动
5396	崇高	chónggāo	形
5397	宠	chǒng	动
5398	宠爱	chǒng'ài	动
5399	抽₂	chōu	动
5400	抽打	chōudǎ	动
5401	抽筋	chōujīn	动
5402	抽签	chōuqiān	动
5403	仇	chóu	名
5404	绸子/绸	chóuzi/chóu	名
5405	愁眉苦脸	chóuméi-kǔliǎn	~
5406	丑陋	chǒulòu	形
5407	瞅见	chǒujiàn	动
5408	臭虫	chòuchóng	名
5409	臭豆腐	chòudòufu	名
5410	臭美	chòuměi	动
5411	出₂	chū	动
5412	出版	chūbǎn	动
5413	出场	chūchǎng	动
5414	出动	chūdòng	动
5415	出海	chūhǎi	动
5416	出乎意料	chūhū-yìliào	~
5417	出口₂	chūkǒu	动
5418	出没	chūmò	动
5419	出奇	chūqí	形
5420	出色	chūsè	形
5421	出神	chūshén	动
5422	出世	chūshì	动
5423	出土	chūtǔ	动
5424	出息	chūxi	名
5425	出远门	chūyuǎnmén	~
5426	出走	chūzǒu	动
5427	出租	chūzū	动
5428	除₃	chú	动
5429	除非	chúfēi	连
5430	除去	chúqù	动、介
5431	厨子	chúzi	名
5432	锄	chú	动、名
5433	锄头	chútou	名
5434	橱窗	chúchuāng	名
5435	橱柜	chúguì	名
5436	处罚	chǔfá	动
5437	处理	chǔlǐ	动
5438	储存/存储	chǔcún/cúnchǔ	动
5439	触	chù	动
5440	触角	chùjiǎo	名
5441	触手	chùshǒu	名
5442	矗立	chùlì	动
5443	川流不息	chuānliú-bùxī	~
5444	穿₂	chuān	动
5445	穿戴	chuāndài	动、名
5446	穿越	chuānyuè	动
5447	传播	chuánbō	动
5448	传达	chuándá	动
5449	传达室	chuándáshì	名
5450	传单	chuándān	名
5451	传递	chuándì	动
5452	传奇	chuánqí	名
5453	传染病	chuánrǎnbìng	名
5454	传授	chuánshòu	动
5455	传送	chuánsòng	动
5456	船夫	chuánfū	名
5457	船长	chuánzhǎng	名
5458	船只	chuánzhī	名
5459	串₂	chuàn	动
5460	闯	chuǎng	动
5461	创作	chuàngzuò	动、名
5462	吹嘘	chuīxū	动
5463	垂	chuí	动
5464	垂头丧气	chuítóu-sàngqì	~
5465	垂直	chuízhí	动、形

5466	春光	chūnguāng	名	5502	催眠曲	cuīmiánqǔ	名
5467	春光明媚	chūnguāng míngmèi	~	5503	摧毁	cuīhuǐ	动
5468	春联	chūnlián	名	5504	璀璨	cuǐcàn	形
5469	春暖花开	chūnnuǎn-huākāi	~	5505	翠鸟	cuìniǎo	名
5470	春色	chūnsè	名	5506	村长	cūnzhǎng	名
5471	纯净	chúnjìng	形、动	5507	存放	cúnfàng	动
5472	蠢	chǔn	形	5508	寸	cùn	量
5473	戳	chuō	动、名	5509	错₂	cuò	动
5474	绰号	chuòhào	名	5510	错怪	cuòguài	动
5475	瓷	cí	名	5511	搭理	dāli	动
5476	瓷器	cíqì	名	5512	搭配	dāpèi	动、形
5477	辞典	cídiǎn	名	5513	达	dá	语素
5478	慈爱	cí'ài	形	5514	打₃	dǎ	动
5479	慈祥	cíxiáng	形	5515	打包	dǎbāo	动
5480	磁铁/磁石/吸铁石	cítiě/císhí/xītiěshí	名	5516	打草惊蛇	dǎcǎo-jīngshé	~
5481	此	cǐ	代指示	5517	打动	dǎdòng	动
5482	此时	cǐshí	名	5518	打盹儿	dǎdǔnr	动
5483	此外	cǐwài	连	5519	打发	dǎfa	动
5484	次₂	cì	语素	5520	打工	dǎgōng	动
5485	伺候	cìhou	动	5521	打搅	dǎjiǎo	动
5486	刺₃	cì	动	5522	打量	dǎliang	动
5487	刺鼻	cìbí	形	5523	打破	dǎpò	动
5488	刺耳	cì'ěr	形	5524	打气	dǎqì	动
5489	刺骨	cìgǔ	动	5525	打消	dǎxiāo	动
5490	刺激	cìjī	动、形	5526	打雪仗	dǎxuězhàng	~
5491	刺眼	cìyǎn	形	5527	打印机	dǎyìnjī	名
5492	匆忙	cōngmáng	形	5528	打折	dǎzhé	动
5493	从而	cóng'ér	连	5529	大不了	dàbuliǎo	形、副
5494	从中	cóngzhōng	副	5530	大潮	dàcháo	名
5495	丛书	cóngshū	名	5531	大吵大闹	dàchǎo-dànào	~
5496	凑	còu	动	5532	大吃大喝	dàchī-dàhē	~
5497	凑热闹	còurènao	~	5533	大错特错	dàcuò-tècuò	~
5498	粗鲁	cūlǔ	形	5534	大殿	dàdiàn	名
5499	窜	cuàn	动	5535	大多	dàduō	副
5500	催促	cuīcù	动	5536	大纲	dàgāng	名
5501	催眠	cuīmián	动	5537	大功告成	dàgōng-gàochéng	~
				5538	大汉	dàhàn	名

5539	大后天	dàhòutiān	名		5575	代表	dàibiǎo	动、名
5540	大话	dàhuà	名		5576	带₃	dài	名
5541	大街小巷	dàjiē-xiǎoxiàng	~		5577	带₄	dài	动
5542	大惊失色	dàjīng-shīsè	~		5578	待₂	dài	动
5543	大惊小怪	dàjīng-xiǎoguài	~		5579	逮捕	dàibǔ	动
5544	大理石	dàlǐshí	名		5580	担任	dānrèn	动
5545	大力	dàlì	名、副		5581	担忧	dānyōu	动
5546	大力士	dàlìshì	名		5582	单词	dāncí	名
5547	大量	dàliàng	形		5583	单调	dāndiào	形
5548	大陆	dàlù	名		5584	单位₁	dānwèi	名
5549	大妈	dàmā	名		5585	单位₂	dānwèi	名
5550	大名鼎鼎	dàmíng-dǐngdǐng	~		5586	单眼皮	dānyǎnpí	名
5551	大模大样	dàmú-dàyàng	~		5587	胆大包天	dǎndà-bāotiān	~
5552	大拇指/拇指	dàmǔzhǐ/mǔzhǐ	名		5588	胆量	dǎnliàng	名
5553	大娘	dàniáng	名		5589	胆小如鼠	dǎnxiǎo-rúshǔ	~
5554	大气₁	dàqì	名		5590	胆战心惊/心惊胆战	dǎnzhàn-xīnjīng/xīnjīng-dǎnzhàn	~
5555	大前天	dàqiántiān	名		5591	但愿	dànyuàn	~
5556	大师	dàshī	名		5592	诞生	dànshēng	动
5557	大头针	dàtóuzhēn	名		5593	淡水	dànshuǐ	名
5558	大显身手	dàxiǎn-shēnshǒu	~		5594	弹₂	dàn	名
5559	大学	dàxué	名		5595	当场	dāngchǎng	副
5560	大学生	dàxuéshēng	名		5596	当初	dāngchū	名
5561	大雪纷飞	dàxuě fēnfēi	~		5597	当家	dāngjiā	动
5562	大雁/雁	dàyàn/yàn	名		5598	当今	dāngjīn	名
5563	大摇大摆	dàyáo-dàbǎi	~		5599	当面	dāngmiàn	副
5564	大爷	dàye	名		5600	当选	dāngxuǎn	动
5565	大意₁	dàyì	名		5601	当₄	dàng	动
5566	大意₂	dàyi	形		5602	当真	dàngzhēn	动、副
5567	大战	dàzhàn	名、动		5603	荡漾	dàngyàng	动
5568	大丈夫	dàzhàngfu	名		5604	叨叨	dāodao	动
5569	大作₁	dàzuò	动		5605	导	dǎo	语素
5570	呆若木鸡	dāiruòmùjī	~		5606	导航	dǎoháng	动
5571	呆头呆脑	dāitóu-dāinǎo	~		5607	导演	dǎoyǎn	动、名
5572	呆子	dāizi	名		5608	捣蛋	dǎodàn	动
5573	歹徒	dǎitú	名		5609	倒塌	dǎotā	动
5574	代₁	dài	名		5610	到手	dàoshǒu	动

5611	到头	dàotóu	动	5644	等₃	děng	名、量
5612	倒₄	dào	副	5645	等不及	děngbují	动
5613	倒是	dàoshì	副	5646	等待	děngdài	动
5614	盗	dào	动、语素	5647	等候	děnghòu	动
5615	盗窃	dàoqiè	动	5648	等级	děngjí	名
5616	道₂	dào	动	5649	低下	dīxià	形
5617	道别	dàobié	动	5650	迪斯科	dísīkē	名
5618	道德	dàodé	名、形	5651	敌	dí	语素
5619	道士	dàoshi	名	5652	嘀咕	dígu	动
5620	道谢	dàoxiè	动	5653	地带	dìdài	名
5621	稻/稻子	dào/dàozi	名	5654	地道₁	dìdào	名
5622	稻草	dàocǎo	名	5655	地洞	dìdòng	名
5623	稻草人	dàocǎorén	名	5656	地盘	dìpán	名
5624	稻谷	dàogǔ	名	5657	地球仪	dìqiúyí	名
5625	稻田	dàotián	名	5658	地位	dìwèi	名
5626	得逞	déchěng	动	5659	地下室	dìxiàshì	名
5627	得了₁	déle	动、助	5660	地形	dìxíng	名
5628	得了₂	déliǎo	形	5661	地主	dìzhǔ	名
5629	得以	déyǐ	动	5662	地砖	dìzhuān	名
5630	得意扬扬/ 得意洋洋/ 洋洋得意/ 扬扬得意/ 洋洋自得/ 扬扬自得	déyì-yángyáng/ déyì-yángyáng/ yángyáng-déyì/ yángyáng-déyì/ yángyáng-zìdé/ yángyáng-zìdé	~	5663	弟兄	dìxiong	名
				5664	帝国	dìguó	名
				5665	颠三倒四	diānsān-dǎosì	~
				5666	典礼	diǎnlǐ	名
				5667	点播	diǎnbō	动
5631	得知	dézhī	动	5668	点滴₁	diǎndī	形、名
5632	得罪	dézuì	动	5669	点滴₂/吊瓶	diǎndī/diàopíng	名
5633	德	dé	名	5670	点击	diǎnjī	动
5634	得₃	děi	动助动	5671	点赞	diǎnzàn	动
5635	灯会	dēnghuì	名	5672	点缀	diǎnzhuì	动
5636	灯火	dēnghuǒ	名	5673	踮	diǎn	动
5637	灯火辉煌	dēnghuǒ huīhuáng	~	5674	电报	diànbào	名
5638	灯谜	dēngmí	名	5675	电工	diàngōng	名
5639	灯塔	dēngtǎ	名	5676	电台	diàntái	名
5640	登场	dēngchǎng	动	5677	电源	diànyuán	名
5641	登记	dēngjì	动	5678	电子	diànzǐ	名
5642	登录	dēnglù	动	5679	电子邮件	diànzǐ yóujiàn	~
5643	登台	dēngtái	动	5680	店铺	diànpù	名

5681	刁蛮	diāomán	形		5717	冬眠	dōngmián	动
5682	刁钻	diāozuān	形		5718	动不动	dòngbudòng	副
5683	凋零	diāolíng	动		5719	动车	dòngchē	名
5684	凋落	diāoluò	动		5720	动力	dònglì	名
5685	凋谢	diāoxiè	动		5721	动漫	dòngmàn	名
5686	雕饰	diāoshì	动、名		5722	动手动脚	dòngshǒu-dòngjiǎo	~
5687	雕塑	diāosù	动、名		5723	动摇	dòngyáo	动
5688	雕像	diāoxiàng	名		5724	动员	dòngyuán	动
5689	吊车	diàochē	名		5725	栋梁	dòngliáng	名
5690	吊兰	diàolán	名		5726	洞穴	dòngxué	名
5691	钓竿	diàogān	名		5727	兜风	dōufēng	动
5692	调₁	diào	名		5728	斗篷	dǒupeng	名
5693	调₂	diào	动		5729	斗争	dòuzhēng	动
5694	调虎离山	diàohǔ-líshān	~		5730	痘	dòu	名
5695	调换/掉换	diàohuàn	动		5731	都城	dūchéng	名
5696	调子	diàozi	名		5732	都市	dūshì	名
5697	掉₂	diào	动		5733	独立	dúlì	动
5698	掉队	diàoduì	动		5734	独特	dútè	形
5699	掉头	diàotóu	动		5735	独一无二	dúyī-wú'èr	~
5700	爹	diē	名		5736	读书人	dúshūrén	名
5701	蝶泳	diéyǒng	名		5737	读音	dúyīn	名
5702	丁香	dīngxiāng	名		5738	读者	dúzhě	名
5703	叮咛	dīngníng	动		5739	赌	dǔ	动
5704	叮嘱	dīngzhǔ	动		5740	赌博	dǔbó	动
5705	顶₂	dǐng	量		5741	度₂	dù	语素
5706	顶点	dǐngdiǎn	名		5742	端₂	duān	语素
5707	顶风	dǐngfēng	动、名		5743	端正	duānzhèng	形、动
5708	顶天立地	dǐngtiān-lìdì	~		5744	短跑	duǎnpǎo	名
5709	顶嘴	dǐngzuǐ	动		5745	短信	duǎnxìn	名
5710	订	dìng	动		5746	短暂	duǎnzàn	形
5711	定睛	dìngjīng	动		5747	段落	duànluò	名
5712	定时	dìngshí	动、名		5748	断断续续	duànduànxùxù	形
5713	定时炸弹	dìngshí zhàdàn	~		5749	对₄	duì	动
5714	丢三落四	diūsān-làsì	~		5750	对比	duìbǐ	动、名
5715	东奔西跑/东奔西走	dōngbēn-xīpǎo/dōngbēn-xīzǒu	~		5751	对答如流	duìdá-rúliú	~
					5752	对待	duìdài	动
5716	东倒西歪	dōngdǎo-xīwāi	~		5753	对方	duìfāng	名

5754	对联/对子	duìlián/duìzi	名		5790	发挥	fāhuī	动
5755	对牛弹琴	duìniú-tánqín	~		5791	发脾气	fāpíqi	~
5756	对手	duìshǒu	名		5792	发起	fāqǐ	动
5757	对于	duìyú	介		5793	发誓	fāshì	动
5758	墩	dūn	名		5794	发送	fāsòng	动
5759	盾	dùn	名		5795	发笑	fāxiào	动
5760	盾牌	dùnpái	名		5796	发扬	fāyáng	动
5761	顿时	dùnshí	副		5797	发育	fāyù	动
5762	多半	duōbàn	数、副		5798	发展	fāzhǎn	动
5763	多才多艺	duōcái-duōyì	~		5799	罚款	fákuǎn	动、名
5764	多样	duōyàng	形		5800	法₂	fǎ	名
5765	多种多样	duōzhǒng-duōyàng	~		5801	法宝	fǎbǎo	名
5766	多嘴	duōzuǐ	动		5802	法官	fǎguān	名
5767	夺取	duóqǔ	动		5803	法规	fǎguī	名
5768	躲闪/闪躲	duǒshǎn/shǎnduǒ	动		5804	法律	fǎlǜ	名
5769	额₁/额头	é/étóu	名		5805	法庭	fǎtíng	名
5770	恶	è	形		5806	法院	fǎyuàn	名
5771	恶狠狠	èhěnhěn	形		5807	法则	fǎzé	名
5772	恶魔	èmó	名		5808	发型	fàxíng	名
5773	恶作剧	èzuòjù	名、动		5809	帆	fān	名
5774	噩梦	èmèng	名		5810	番	fān	量
5775	恩	ēn	名		5811	翻车	fānchē	动
5776	摁	èn	动		5812	翻脸	fānliǎn	动
5777	儿女	érnǚ	名		5813	翻山越岭	fānshān-yuèlǐng	~
5778	耳边风/耳旁风	ěrbiānfēng/ěrpángfēng	名		5814	翻天	fāntiān	动
5779	耳光	ěrguāng	名		5815	翻译	fānyì	动、名
5780	饵	ěr	语素		5816	翻越	fānyuè	动
5781	二话不说	èrhuà-bùshuō	~		5817	凡是	fánshì	副
5782	二郎腿	èrlángtuǐ	名		5818	烦恼	fánnǎo	形、名
5783	二维码	èrwéimǎ	名		5819	烦躁	fánzào	形
5784	发₃	fā	动		5820	繁多	fánduō	形
5785	发₄	fā	量		5821	繁忙	fánmáng	形
5786	发财	fācái	动		5822	繁茂	fánmào	形
5787	发电	fādiàn	动		5823	繁星	fánxīng	名
5788	发动	fādòng	动		5824	反败为胜	fǎnbàiwéishèng	~
5789	发话	fāhuà	动		5825	反而	fǎn'ér	副
					5826	反悔	fǎnhuǐ	动

5827	反击	fǎnjī	动		5864	飞越	fēiyuè	动
5828	反应	fǎnyìng	动、名		5865	非得	fēiděi	副
5829	反映	fǎnyìng	动		5866	非凡	fēifán	形
5830	反正	fǎnzhèng	副		5867	肥沃	féiwò	形
5831	返回	fǎnhuí	动		5868	肺	fèi	名
5832	犯₂	fàn	动、语素		5869	肺炎	fèiyán	名
5833	犯法	fànfǎ	动		5870	废	fèi	动、形
5834	犯人	fànrén	名		5871	废品	fèipǐn	名
5835	方案	fāng'àn	名		5872	废弃	fèiqì	动
5836	方队	fāngduì	名		5873	废物	fèiwù	名
5837	方阵	fāngzhèn	名		5874	沸腾	fèiténg	动
5838	芳香	fāngxiāng	名、形		5875	费劲	fèijìn	动
5839	防备	fángbèi	动		5876	费事	fèishì	动
5840	防盗	fángdào	动		5877	分₃	fēn	语素
5841	防盗门	fángdàomén	名		5878	分辨	fēnbiàn	动
5842	防护	fánghù	动		5879	分别₃	fēnbié	动
5843	防身	fángshēn	动		5880	分布	fēnbù	动
5844	防守	fángshǒu	动		5881	分发	fēnfā	动
5845	妨碍	fáng'ài	动		5882	分工	fēngōng	动
5846	房檐/屋檐	fángyán/wūyán	名		5883	分解	fēnjiě	动
5847	仿造	fǎngzào	动		5884	分离	fēnlí	动
5848	仿照	fǎngzhào	动		5885	分明	fēnmíng	形、副
5849	访问	fǎngwèn	动		5886	分母	fēnmǔ	名
5850	纺织	fǎngzhī	动		5887	分配	fēnpèi	动
5851	放₃	fàng	动		5888	分散	fēnsàn	形、动
5852	放电	fàngdiàn	动		5889	分数₂	fēnshù	名
5853	放哨	fàngshào	动		5890	分头	fēntóu	副
5854	放生	fàngshēng	动		5891	分析	fēnxī	动
5855	放声	fàngshēng	副		5892	分享	fēnxiǎng	动
5856	放手	fàngshǒu	动		5893	分针	fēnzhēn	名
5857	飞奔	fēibēn	动		5894	分子₁	fēnzǐ	名
5858	飞驰	fēichí	动		5895	纷飞	fēnfēi	动
5859	飞碟	fēidié	名		5896	纷纷扬扬	fēnfēnyángyáng	形
5860	飞人	fēirén	名		5897	粉₂	fěn	名
5861	飞行员	fēixíngyuán	名		5898	粉身碎骨	fěnshēn-suìgǔ	~
5862	飞扬	fēiyáng	动		5899	粉刷	fěnshuā	动
5863	飞跃	fēiyuè	动		5900	粉丝₂	fěnsī	名

5901	粉碎	fěnsuì	形、动		5937	夫妻	fūqī	名
5902	奋不顾身	fènbùgùshēn	~		5938	夫人	fūrén	名
5903	奋斗	fèndòu	动		5939	孵	fū	动
5904	奋发	fènfā	动		5940	服₂	fú	动
5905	奋起	fènqǐ	动		5941	服₃	fú	动
5906	奋勇	fènyǒng	动		5942	服从	fúcóng	动
5907	粪便	fènbiàn	名		5943	服饰	fúshì	名
5908	愤怒	fènnù	形		5944	服务	fúwù	动
5909	丰盛	fēngshèng	形		5945	俘虏	fúlǔ	动、名
5910	丰收	fēngshōu	动		5946	浮力	fúlì	名
5911	风暴	fēngbào	名		5947	浮现	fúxiàn	动
5912	风采	fēngcǎi	名		5948	符₁	fú	语素
5913	风吹雨打 / 风吹雨淋	fēngchuī-yǔdǎ / fēngchuī-yǔlín	~		5949	符合	fúhé	动
					5950	辐射	fúshè	动
5914	风格	fēnggé	名		5951	抚摩 / 抚摸	fǔmó/fǔmō	动
5915	风和日丽	fēnghé-rìlì	~		5952	俯卧撑	fǔwòchēng	名
5916	风浪	fēnglàng	名		5953	辅导班	fǔdǎobān	名
5917	风力	fēnglì	名		5954	腐蚀	fǔshí	动
5918	风凉	fēngliáng	形		5955	付出	fùchū	动
5919	风平浪静	fēngpíng-làngjìng	~		5956	负₁	fù	动
5920	风沙	fēngshā	名		5957	负担	fùdān	动、名
5921	风向	fēngxiàng	名		5958	妇女	fùnǚ	名
5922	风雨交加	fēngyǔ-jiāojiā	~		5959	复₁	fù	语素
5923	枫树	fēngshù	名		5960	复活	fùhuó	动
5924	封₂	fēng	动		5961	复苏	fùsū	动
5925	封闭	fēngbì	动		5962	复印机	fùyìnjī	名
5926	疯	fēng	动、形		5963	复杂	fùzá	形
5927	疯狂	fēngkuáng	形		5964	富强	fùqiáng	形
5928	疯子	fēngzi	名		5965	富裕	fùyù	形
5929	峰	fēng	语素		5966	覆盖	fùgài	动
5930	锋利	fēnglì	形		5967	咖喱	gālí	名
5931	蜂窝 / 蜂巢	fēngwō/fēngcháo	名		5968	嘎	gā	拟声
5932	逢	féng	动		5969	该死	gāisǐ	动
5933	凤凰 / 凤	fènghuáng/fèng	名		5970	改动	gǎidòng	动
5934	奉献	fèngxiàn	动		5971	改革	gǎigé	动
5935	佛像	fóxiàng	名		5972	改进	gǎijìn	动
5936	夫妇	fūfù	名		5973	改造	gǎizào	动

5974	改装	gǎizhuāng	动
5975	概括	gàikuò	动、形
5976	干巴巴	gānbābā	形
5977	干杯	gānbēi	动
5978	干脆	gāncuì	形、副
5979	干爹	gāndiē	名
5980	干旱	gānhàn	形
5981	干涸	gānhé	形
5982	干枯	gānkū	形
5983	干粮	gānliang	名
5984	干裂	gānliè	动
5985	干妈	gānmā	名
5986	干扰	gānrǎo	动
5987	甘₁	gān	语素
5988	甘甜	gāntián	形
5989	甘蔗	gānzhe	名
5990	肝	gān	名
5991	肝炎	gānyán	名
5992	尴尬	gāngà	形
5993	赶集	gǎnjí	动
5994	敢于	gǎnyú	动
5995	感	gǎn	动、语素
5996	感恩	gǎn'ēn	动
5997	感情	gǎnqíng	名
5998	感染	gǎnrǎn	动
5999	感受	gǎnshòu	动、名
6000	感叹	gǎntàn	动
6001	感想	gǎnxiǎng	名
6002	橄榄	gǎnlǎn	名
6003	干部	gànbù	名
6004	刚₂	gāng	形
6005	钢材	gāngcái	名
6006	钢琴家	gāngqínjiā	名
6007	钢铁	gāngtiě	名、形
6008	杠	gàng	名
6009	高傲	gāo'ào	形
6010	高峰	gāofēng	名
6011	高尚	gāoshàng	形
6012	高手	gāoshǒu	名
6013	高速	gāosù	形
6014	高速公路	gāosù gōnglù	~
6015	高铁	gāotiě	名
6016	高下	gāoxià	名
6017	高原	gāoyuán	名
6018	搞	gǎo	动
6019	稿纸	gǎozhǐ	名
6020	稿子	gǎozi	名
6021	歌唱家	gēchàngjiā	名
6022	歌喉	gēhóu	名
6023	歌迷	gēmí	名
6024	歌谣	gēyáo	名
6025	格式	géshì	名
6026	格外	géwài	副
6027	格言	géyán	名
6028	隔壁	gébì	名
6029	个性	gèxìng	名
6030	各就各位	gèjiù-gèwèi	~
6031	硌	gè	动
6032	根据	gēnjù	名、动、介
6033	耕	gēng	动
6034	工程师	gōngchéngshī	名
6035	工地	gōngdì	名
6036	工匠	gōngjiàng	名
6037	工钱	gōngqián	名
6038	工艺	gōngyì	名
6039	工艺品	gōngyìpǐn	名
6040	工资	gōngzī	名
6041	公₁	gōng	形
6042	公安	gōng'ān	名
6043	公布	gōngbù	动
6044	公厕	gōngcè	名
6045	公公	gōnggong	名
6046	公共	gōnggòng	形
6047	公开	gōngkāi	形、动

编号	词	拼音	词性
6048	公里	gōnglǐ	量
6049	公平	gōngpíng	形
6050	公物	gōngwù	名
6051	功夫不负有心人	gōngfu bù fù yǒuxīnrén	~
6052	功劳	gōngláo	名
6053	功能	gōngnéng	名
6054	攻击	gōngjī	动
6055	宫	gōng	名
6056	拱₁	gǒng	动
6057	拱₂	gǒng	动
6058	贡献	gòngxiàn	动、名
6059	勾画	gōuhuà	动
6060	构成	gòuchéng	动、名
6061	购买	gòumǎi	动
6062	够₂	gòu	副
6063	估计	gūjì	动
6064	孤	gū	语素
6065	孤单	gūdān	形
6066	孤零零	gūlínglíng	形
6067	轱辘	gūlu	名、动
6068	辜负	gūfù	动
6069	古代	gǔdài	名
6070	古董	gǔdǒng	名
6071	古怪	gǔguài	形
6072	古迹	gǔjì	名
6073	古人	gǔrén	名
6074	谷子	gǔzi	名
6075	股₁	gǔ	量
6076	鼓鼓囊囊	gǔgunāngnāng	形
6077	鼓舞	gǔwǔ	动、形
6078	固定	gùdìng	动
6079	固体	gùtǐ	名
6080	故障	gùzhàng	名
6081	瓜子脸	guāzǐliǎn	名
6082	刮目相看	guāmù-xiāngkàn	~
6083	挂号	guàhào	动
6084	挂历	guàlì	名
6085	褂子	guàzi	名
6086	乖巧	guāiqiǎo	形
6087	怪₂	guài	动、副
6088	怪不得	guàibude	副
6089	关₂	guān	名
6090	关₃	guān	动
6091	关怀	guānhuái	动
6092	关怀备至	guānhuái bèizhì	~
6093	关机	guānjī	动
6094	关键	guānjiàn	名、形
6095	关系	guānxì	名、动
6096	关于	guānyú	介
6097	关注	guānzhù	动
6098	观₁	guān	语素
6099	观点	guāndiǎn	名
6100	观光	guānguāng	动
6101	官	guān	名
6102	官员	guānyuán	名
6103	冠₂	guān	语素
6104	管道	guǎndào	名
6105	管家	guǎnjiā	名
6106	管教	guǎnjiào	动
6107	管理	guǎnlǐ	动
6108	光₃	guāng	副
6109	光彩夺目	guāngcǎi-duómù	~
6110	光灿灿	guāngcàncàn	形
6111	光顾	guānggù	动
6112	光环	guānghuán	名
6113	光亮	guāngliàng	形、名
6114	光临	guānglín	动
6115	光溜溜	guāngliūliū	形
6116	光芒	guāngmáng	名
6117	光荣	guāngróng	形、名
6118	光秃秃	guāngtūtū	形
6119	光阴似箭	guāngyīn-sìjiàn	~
6120	光泽	guāngzé	名

6121	广播	guǎngbō	动、名
6122	广大	guǎngdà	形
6123	广泛	guǎngfàn	形
6124	广阔	guǎngkuò	形
6125	归	guī	动、介
6126	归来	guīlái	动
6127	规模	guīmó	名
6128	轨道	guǐdào	名
6129	鬼鬼祟祟	guǐguǐsuìsuì	形
6130	鬼话	guǐhuà	名
6131	贵宾	guìbīn	名
6132	贵重	guìzhòng	形
6133	贵族	guìzú	名
6134	桂花	guìhuā	名
6135	滚蛋	gǔndàn	动
6136	滚开₂	gǔnkāi	形
6137	滚烫	gǔntàng	形
6138	滚雪球	gǔnxuěqiú	～
6139	棍棒	gùnbàng	名
6140	国宝	guóbǎo	名
6141	国籍	guójí	名
6142	裹	guǒ	动
6143	过₃	guò	动、副
6144	过程	guòchéng	名
6145	过度	guòdù	形
6146	过奖	guòjiǎng	动
6147	过路	guòlù	动
6148	过滤	guòlǜ	动
6149	过期	guòqī	动
6150	过瘾	guòyǐn	形
6151	哈密瓜	hāmìguā	名
6152	还₃	hái	副
6153	海报	hǎibào	名
6154	海豹	hǎibào	名
6155	海滨	hǎibīn	名
6156	海盗	hǎidào	名
6157	海军	hǎijūn	名
6158	海螺	hǎiluó	名
6159	海棠	hǎitáng	名
6160	海外	hǎiwài	名
6161	海湾	hǎiwān	名
6162	海啸	hǎixiào	名
6163	海藻	hǎizǎo	名
6164	海蜇	hǎizhé	名
6165	害臊	hàisào	形
6166	含羞草	hánxiūcǎo	名
6167	寒冬	hándōng	名
6168	寒流	hánliú	名
6169	罕见	hǎnjiàn	形
6170	汉₂	hàn	语素
6171	汗流浃背	hànliú-jiābèi	～
6172	汗毛/寒毛	hànmáo/hánmáo	名
6173	旱	hàn	形
6174	旱冰	hànbīng	名
6175	航	háng	语素
6176	航班	hángbān	名
6177	航海	hánghǎi	动
6178	航空	hángkōng	动
6179	航天	hángtiān	动
6180	航天员/宇航员	hángtiānyuán/yǔhángyuán	名
6181	号叫/嚎叫	háojiào	动
6182	毫	háo	副
6183	毫毛	háomáo	名
6184	豪华	háohuá	形
6185	好比	hǎobǐ	动
6186	好汉	hǎohàn	名
6187	好景不长	hǎojǐng-bùcháng	～
6188	好受	hǎoshòu	形
6189	好戏	hǎoxì	名
6190	好些	hǎoxiē	数
6191	好心好意	hǎoxīn-hǎoyì	～
6192	好在	hǎozài	副
6193	号₃	hào	名

6194	号角	hàojiǎo	名	6231	哄堂大笑	hōngtáng-dàxiào	~
6195	号召	hàozhào	动	6232	烘	hōng	动
6196	好₃	hào	动	6233	红₂	hóng	形
6197	好吃懒做	hàochī-lǎnzuò	~	6234	红酒	hóngjiǔ	名
6198	好奇心	hàoqíxīn	名	6235	红彤彤	hóngtóngtóng	形
6199	好胜	hàoshèng	形	6236	喉/喉头	hóu/hóutóu	名
6200	好学	hàoxué	形	6237	吼叫	hǒujiào	动
6201	合理	hélǐ	形	6238	后代	hòudài	名
6202	合影/合照	héyǐng/hézhào	动、名	6239	后果	hòuguǒ	名
6203	何	hé	代疑问	6240	后悔药	hòuhuǐyào	名
6204	和蔼	hé'ǎi	形	6241	后门	hòumén	名
6205	和蔼可亲	hé'ǎi kěqīn	~	6242	呼唤	hūhuàn	动
6206	和风细雨	héfēng-xìyǔ	~	6243	呼救	hūjiù	动
6207	和睦	hémù	形	6244	呼啸	hūxiào	动
6208	和平鸽	hépínggē	名	6245	忽	hū	副
6209	和气	héqi	形、名	6246	忽略	hūlüè	动
6210	和谐	héxié	形	6247	狐假虎威	hújiǎ-hǔwēi	~
6211	和颜悦色	héyán-yuèsè	~	6248	胡椒	hújiāo	名
6212	河流	héliú	名	6249	胡乱	húluàn	副
6213	河马	hémǎ	名	6250	胡闹	húnào	动
6214	荷塘	hétáng	名	6251	胡说八道	húshuō-bādào	~
6215	核桃	hétao	名	6252	胡思乱想	húsī-luànxiǎng	~
6216	喝₂	hè	动	6253	胡同	hútòng	名
6217	喝彩	hècǎi	动	6254	胡言乱语	húyán-luànyǔ	~
6218	褐色	hèsè	名	6255	湖泊	húpō	名
6219	黑不溜秋	hēibuliūqiū	形	6256	糊₂	hú	动
6220	黑乎乎	hēihūhū	形	6257	糊₃	hú	名
6221	黑漆漆	hēiqīqī	形	6258	糊涂虫	hútuchóng	名
6222	痕	hén	语素	6259	虎头虎脑	hǔtóu-hǔnǎo	~
6223	痕迹	hénjì	名	6260	互	hù	副
6224	狠	hěn	形、动、副	6261	互助	hùzhù	动
6225	狠毒	hěndú	形	6262	户	hù	量、语素
6226	恨	hèn	动	6263	户口	hùkǒu	名
6227	恨不得	hènbude	动	6264	护	hù	动
6228	轰动	hōngdòng	动	6265	护栏	hùlán	名
6229	轰炸	hōngzhà	动	6266	护理	hùlǐ	动
6230	轰炸机	hōngzhàjī	名	6267	糊弄	hùnong	动

编号	词	拼音	词性
6268	花₃	huā	形
6269	花白	huābái	形
6270	花苞	huābāo	名
6271	花灯	huādēng	名
6272	花费	huāfèi/huāfei	动/名
6273	花环	huāhuán	名
6274	花卉	huāhuì	名
6275	花椒	huājiāo	名
6276	花卷	huājuǎn	名
6277	花蕾	huālěi	名
6278	花露水	huālùshuǐ	名
6279	花言巧语	huāyán-qiǎoyǔ	～
6280	花样	huāyàng	名
6281	划₃	huá	动
6282	华丽	huálì	形
6283	华侨	huáqiáo	名
6284	华裔	huáyì	名
6285	滑₂	huá	形
6286	滑动	huádòng	动
6287	滑溜	huáliu	形
6288	滑轮	huálún	名
6289	滑行	huáxíng	动
6290	化₂	huà	后缀
6291	化身	huàshēn	名
6292	化石	huàshí	名
6293	划₄	huà	动
6294	划分	huàfēn	动
6295	画报	huàbào	名
6296	画卷	huàjuàn	名
6297	画眉	huàméi	名
6298	画蛇添足	huàshé-tiānzú	～
6299	话题	huàtí	名
6300	话音	huàyīn	名
6301	话语	huàyǔ	名
6302	怀₂	huái	动
6303	怀念	huáiniàn	动
6304	怀疑	huáiyí	动
6305	欢歌	huāngē	动、名
6306	欢庆	huānqìng	动
6307	欢声笑语	huānshēng-xiàoyǔ	～
6308	欢送	huānsòng	动
6309	欢腾	huānténg	动
6310	欢天喜地	huāntiān-xǐdì	～
6311	还原	huányuán	动
6312	环抱	huánbào	动
6313	环节	huánjié	名
6314	环绕	huánrào	动
6315	环形	huánxíng	名
6316	环游	huányóu	动
6317	缓慢	huǎnmàn	形
6318	幻觉	huànjué	名
6319	幻想	huànxiǎng	动、名
6320	换取	huànqǔ	动
6321	唤	huàn	动
6322	唤起	huànqǐ	动
6323	唤醒	huànxǐng	动
6324	患	huàn	动、语素
6325	荒地	huāngdì	名
6326	荒凉	huāngliáng	形
6327	荒山野岭	huāngshān-yělǐng	～
6328	荒无人烟	huāngwú-rényān	～
6329	慌₂	huang	形
6330	慌乱	huāngluàn	形
6331	慌忙	huāngmáng	形
6332	皇	huáng	语素
6333	皇宫	huánggōng	名
6334	皇冠	huángguān	名
6335	皇上	huángshang	名
6336	皇位	huángwèi	名
6337	黄灿灿	huángcàncàn	形
6338	黄澄澄	huángdēngdēng	形
6339	黄昏	huánghūn	名
6340	黄雀	huángquè	名
6341	黄鼠狼	huángshǔláng	名

6342	黄莺/黄鹂	huángyīng/huánglí	名
6343	蝗虫/蚂蚱	huángchóng/màzha	名
6344	恍然大悟	huǎngrán-dàwù	～
6345	晃眼	huǎngyǎn	形
6346	晃荡	huàngdang	动
6347	晃动	huàngdòng	动
6348	灰暗	huī'àn	形
6349	灰白	huībái	形
6350	灰烬	huījìn	名
6351	灰溜溜	huīliūliū	形
6352	灰心	huīxīn	形
6353	灰心丧气	huīxīn-sàngqì	～
6354	挥	huī	动
6355	挥动	huīdòng	动
6356	挥手	huīshǒu	动
6357	挥舞	huīwǔ	动
6358	辉煌	huīhuáng	形
6359	回报	huíbào	动
6360	回复	huífù	动
6361	回归	huíguī	动
6362	回合	huíhé	名
6363	回声	huíshēng	名
6364	回收	huíshōu	动
6365	回想	huíxiǎng	动
6366	回心转意	huíxīn-zhuǎnyì	～
6367	悔改	huǐgǎi	动
6368	悔恨	huǐhèn	动
6369	毁	huǐ	动
6370	毁坏	huǐhuài	动
6371	毁灭	huǐmiè	动
6372	汇报	huìbào	动
6373	会场	huìchǎng	名
6374	会合	huìhé	动
6375	会心	huìxīn	动
6376	会长	huìzhǎng	名
6377	绘画	huìhuà	动
6378	昏暗	hūn'àn	形
6379	昏迷	hūnmí	动
6380	婚礼	hūnlǐ	名
6381	婚纱	hūnshā	名
6382	浑身	húnshēn	名
6383	混蛋/浑蛋	húndàn	名
6384	魂飞魄散	húnfēi-pòsàn	～
6385	混乱	hùnluàn	形
6386	和$_3$	huó	动
6387	活$_3$	huó	形
6388	活力	huólì	名
6389	活生生	huóshēngshēng	形、副
6390	活像	huóxiàng	动
6391	活跃	huóyuè	形、动
6392	火海	huǒhǎi	名
6393	火箭	huǒjiàn	名
6394	火炬	huǒjù	名
6395	火辣辣	huǒlàlà	形
6396	火龙	huǒlóng	名
6397	火冒三丈	huǒmàosānzhàng	～
6398	火苗	huǒmiáo	名
6399	火山	huǒshān	名
6400	火烧	huǒshao	名
6401	火速	huǒsù	副
6402	火药	huǒyào	名
6403	伙计	huǒji	名
6404	或许	huòxǔ	副
6405	和$_4$	huò	动
6406	货物	huòwù	名
6407	获救	huòjiù	动
6408	获取	huòqǔ	动
6409	击	jī	动
6410	击败	jībài	动
6411	叽里咕噜	jīligūlū	拟声
6412	饥寒交迫	jīhán-jiāopò	～
6413	机$_2$	jī	语素
6414	机长	jīzhǎng	名
6415	机智	jīzhì	形

6416	肌肉	jīròu	名
6417	鸡冠	jīguān	名
6418	鸡毛蒜皮	jīmáo-suànpí	~
6419	鸡皮疙瘩	jīpí gēda	~
6420	奇数	jīshù	名
6421	积₁	jī	动
6422	积₂/乘积	jī/chéngjī	名
6423	积累	jīlěi	动
6424	积水	jīshuǐ	名、动
6425	积雪	jīxuě	名、动
6426	积攒	jīzǎn	动
6427	基本上	jīběnshàng	副
6428	激发	jīfā	动
6429	激流	jīliú	名
6430	及	jí	连、动、语素
6431	吉利	jílì	形
6432	吉普/吉普车	jípǔ/jípǔchē	名
6433	吉祥	jíxiáng	形
6434	吉祥物	jíxiángwù	名
6435	级别	jíbié	名
6436	极	jí	副、语素
6437	极其	jíqí	副
6438	极为	jíwéi	副
6439	即使	jíshǐ	连
6440	急匆匆	jícōngcōng	形
6441	急救	jíjiù	动
6442	急流	jíliú	名
6443	急速	jísù	形
6444	急性子	jíxìngzi	名、形
6445	急躁	jízào	形
6446	急诊	jízhěn	动、名
6447	急中生智	jízhōng-shēngzhì	~
6448	疾病	jíbìng	名
6449	集₂	jí	名
6450	集邮	jíyóu	动
6451	嫉妒/忌妒/妒忌	jídù/jìdu/dùjì	动
6452	给予/给与	jǐyǔ	动
6453	计₂	jì	名
6454	计₃	jì	动
6455	计划	jìhuà	名、动
6456	计较	jìjiào	动
6457	计时	jìshí	动
6458	计数	jìshù	动
6459	记恨	jìhèn	动
6460	记性	jìxing	名
6461	记忆	jìyì	动、名
6462	记忆力	jìyìlì	名
6463	记忆犹新	jìyì-yóuxīn	~
6464	记者	jìzhě	名
6465	纪录	jìlù	名
6466	纪念碑	jìniànbēi	名
6467	纪念品	jìniànpǐn	名
6468	技巧	jìqiǎo	名
6469	技术	jìshù	名
6470	季军	jìjūn	名
6471	剂	jì	量、语素
6472	继父	jìfù	名
6473	继母	jìmǔ	名
6474	寄存	jìcún	动
6475	寄生虫	jìshēngchóng	名
6476	寂静	jìjìng	形
6477	寂寞	jìmò	形
6478	加倍	jiābèi	动、副
6479	加快	jiākuài	动
6480	加强	jiāqiáng	动
6481	加热	jiārè	动
6482	加深	jiāshēn	动
6483	加以	jiāyǐ	动
6484	加油站	jiāyóuzhàn	名
6485	加重	jiāzhòng	动
6486	夹克	jiākè	名

序号	词	拼音	词性
6487	佳肴	jiāyáo	名
6488	家₂	jiā	语素
6489	家常菜	jiāchángcài	名
6490	家电	jiādiàn	名
6491	家访	jiāfǎng	动
6492	家家户户	jiājiāhùhù	名
6493	家园	jiāyuán	名
6494	甲虫	jiǎchóng	名
6495	假扮	jiǎbàn	动
6496	假山	jiǎshān	名
6497	价	jià	名
6498	价值	jiàzhí	名
6499	驾驶员	jiàshǐyuán	名
6500	坚持不懈	jiānchí-bùxiè	~
6501	坚定	jiāndìng	形、动
6502	坚决	jiānjué	形
6503	坚强	jiānqiáng	形
6504	坚强不屈	jiānqiáng-bùqū	~
6505	坚信	jiānxìn	动
6506	坚硬	jiānyìng	形
6507	间₂	jiān	名方位
6508	艰苦	jiānkǔ	形
6509	艰苦奋斗	jiānkǔ-fèndòu	~
6510	艰难	jiānnán	形
6511	艰辛	jiānxīn	形
6512	监考	jiānkǎo	动、名
6513	监狱/监牢	jiānyù/jiānláo	名
6514	煎饼	jiānbing	名
6515	俭朴	jiǎnpǔ	形
6516	检索	jiǎnsuǒ	动
6517	检阅	jiǎnyuè	动
6518	减轻	jiǎnqīng	动
6519	减弱	jiǎnruò	动
6520	减速	jiǎnsù	动
6521	简陋	jiǎnlòu	形
6522	见义勇为	jiànyì-yǒngwéi	~
6523	见状	jiànzhuàng	动
6524	建立	jiànlì	动
6525	建设	jiànshè	动
6526	建筑物	jiànzhùwù	名
6527	健儿	jiàn'ér	名
6528	健将	jiànjiàng	名
6529	健身	jiànshēn	动
6530	健壮	jiànzhuàng	形
6531	渐	jiàn	副
6532	溅	jiàn	动
6533	键	jiàn	名
6534	将₁	jiāng	副
6535	将要	jiāngyào	副
6536	僵尸	jiāngshī	名
6537	僵硬	jiāngyìng	形
6538	僵直	jiāngzhí	形
6539	缰绳	jiāngshéng	名
6540	讲究	jiǎngjiu	动、形、名
6541	讲述	jiǎngshù	动
6542	奖金	jiǎngjīn	名
6543	奖牌	jiǎngpái	名
6544	奖券	jiǎngquàn	名
6545	奖赏	jiǎngshǎng	动、名
6546	奖章	jiǎngzhāng	名
6547	匠	jiàng	语素
6548	降价	jiàngjià	动
6549	酱	jiàng	名、动
6550	交₂	jiāo	动
6551	交叉	jiāochā	动
6552	交错	jiāocuò	动
6553	交代	jiāodài	动
6554	交待	jiāodài	动
6555	交流	jiāoliú	动
6556	交谈	jiāotán	动
6557	郊区	jiāoqū	名
6558	浇灌	jiāoguàn	动
6559	娇	jiāo	形、动、语素

6560	娇气	jiāoqì	名、形	6597	节省	jiéshěng	动
6561	胶囊	jiāonáng	名	6598	节奏	jiézòu	名
6562	教书	jiāoshū	动	6599	杰出	jiéchū	形
6563	焦急	jiāojí	形	6600	洁净	jiéjìng	形
6564	礁石	jiāoshí	名	6601	结构	jiégòu	名
6565	角度	jiǎodù	名	6602	结合	jiéhé	动
6566	狡辩	jiǎobiàn	动	6603	结局	jiéjú	名
6567	矫健	jiǎojiàn	形	6604	结识	jiéshí	动
6568	脚趾	jiǎozhǐ	名	6605	截	jié	动、量
6569	搅和	jiǎohuo	动	6606	截肢	jiézhī	动
6570	叫₄	jiào	动	6607	解	jiě	动、名、语素
6571	叫好	jiàohǎo	动	6608	解馋	jiěchán	动
6572	叫苦	jiàokǔ	动	6609	解除	jiěchú	动
6573	叫苦连天	jiàokǔ-liántiān	～	6610	解答	jiědá	动
6574	叫卖	jiàomài	动	6611	解冻	jiědòng	动
6575	叫嚷	jiàorǎng	动	6612	解放	jiěfàng	动
6576	较量	jiàoliàng	动	6613	解救	jiějiù	动
6577	教₂	jiào	名	6614	解决	jiějué	动
6578	教₃	jiào	动	6615	解闷	jiěmèn	动
6579	教导	jiàodǎo	动	6616	戒	jiè	动、语素
6580	教官	jiàoguān	名	6617	届	jiè	量
6581	教科书	jiàokēshū	名	6618	界	jiè	名、语素
6582	教学	jiàoxué	动	6619	借口	jièkǒu	名、动
6583	教育	jiàoyù	名、动	6620	借用	jièyòng	动
6584	阶梯	jiētī	名	6621	借助	jièzhù	动
6585	结巴	jiēba	动、名	6622	今	jīn	语素
6586	接触	jiēchù	动	6623	金币	jīnbì	名
6587	接待	jiēdài	动	6624	金灿灿	jīncàncàn	形
6588	接二连三	jiē'èr-liánsān	～	6625	金箍棒	jīngūbàng	名
6589	接力	jiēlì	动	6626	金牌	jīnpái	名
6590	接力棒	jiēlìbàng	名	6627	金钱	jīnqián	名
6591	接下来	jiēxiàlái	～	6628	金秋	jīnqiū	名
6592	接种	jiēzhòng	动	6629	金属	jīnshǔ	名
6593	揭	jiē	动	6630	金字塔	jīnzìtǎ	名
6594	街市	jiēshì	名	6631	津津有味	jīnjīn-yǒuwèi	～
6595	街头	jiētóu	名	6632	筋斗	jīndǒu	名
6596	节拍	jiépāi	名				

6633	仅	jǐn		副	6669	景点	jǐngdiǎn	名
6634	仅仅	jǐnjǐn		副	6670	景观	jǐngguān	名
6635	尽管	jǐnguǎn		副、连	6671	景区／风景区	jǐngqū/fēngjǐngqū	名
6636	尽快	jǐnkuài		副	6672	景象	jǐngxiàng	名
6637	尽₁	jìn		动、副	6673	警	jǐng	语素
6638	尽力	jìnlì		动	6674	警报	jǐngbào	名
6639	尽头	jìntóu		名	6675	警察局	jǐngchájú	名
6640	尽心	jìnxīn		动	6676	警服	jǐngfú	名
6641	进₂	jìn		动	6677	警告	jǐnggào	动、名
6642	进取	jìnqǔ		动	6678	警官	jǐngguān	名
6643	进一步	jìnyībù		副	6679	竞相	jìngxiāng	副
6644	近来	jìnlái		名	6680	竞争	jìngzhēng	动
6645	浸	jìn		动	6681	竞走	jìngzǒu	名
6646	禁₁	jīn		动	6682	竟然	jìngrán	副
6647	京城／京都	jīngchéng/jīngdū		名	6683	敬	jìng	动、语素
6648	京剧／京戏	jīngjù/jīngxì		名	6684	敬佩	jìngpèi	动
6649	经₁	jīng		动	6685	静止	jìngzhǐ	动
6650	经济	jīngjì		名、形	6686	镜片	jìngpiàn	名
6651	经历	jīnglì		动、名	6687	镜头	jìngtóu	名
6652	经验	jīngyàn		名	6688	炯炯有神	jiǒngjiǒng-yǒushén	～
6653	惊弓之鸟	jīnggōngzhīniǎo		～	6689	纠正	jiūzhèng	动
6654	惊慌	jīnghuāng		形	6690	啾啾	jiūjiū	拟声
6655	惊慌失措	jīnghuāng-shīcuò		～	6691	久久	jiǔjiǔ	副
6656	惊恐	jīngkǒng		形	6692	酒鬼	jiǔguǐ	名
6657	惊人	jīngrén		形	6693	酒精	jiǔjīng	名
6658	惊叹	jīngtàn		动	6694	救护	jiùhù	动
6659	惊天动地	jīngtiān-dòngdì		～	6695	救火车	jiùhuǒchē	名
6660	惊险	jīngxiǎn		形	6696	救生	jiùshēng	动
6661	晶莹	jīngyíng		形	6697	救生衣／救生服	jiùshēngyī/jiùshēngfú	名
6662	精₂	jīng		形、语素	6698	救星	jiùxīng	名
6663	精光	jīngguāng		形	6699	救援	jiùyuán	动
6664	精力	jīnglì		名	6700	就是	jiùshì	连、副、助
6665	精疲力竭／精疲力尽／筋疲力尽	jīngpí-lìjié/jīngpí-lìjìn/jīnpí-lìjìn		～	6701	就算	jiùsuàn	连
6666	精巧	jīngqiǎo		形	6702	居然	jūrán	副
6667	精神₂	jīngshén		名	6703	居委会	jūwěihuì	名
6668	精心	jīngxīn		形	6704	局₂	jú	语素、量

6705	局长	júzhǎng	名
6706	橘红	júhóng	形
6707	橘黄	júhuáng	形
6708	矩形	jǔxíng	名
6709	举办	jǔbàn	动
6710	举世闻名	jǔshì-wénmíng	~
6711	举重	jǔzhòng	动
6712	拒绝	jùjué	动
6713	具₁	jù	语素、量
6714	具有	jùyǒu	动
6715	俱乐部	jùlèbù	名
6716	剧场	jùchǎng	名
6717	剧烈	jùliè	形
6718	剧院	jùyuàn	名
6719	据为己有	jùwéijǐyǒu	~
6720	距离	jùlí	动、名
6721	惧怕	jùpà	动
6722	锯	jù	动、名
6723	锯齿	jùchǐ	名
6724	聚会	jùhuì	动、名
6725	聚集	jùjí	动
6726	聚精会神	jùjīng-huìshén	~
6727	捐	juān	动
6728	捐款	juānkuǎn	动、名
6729	决₁	jué	副
6730	决₂	jué	动
6731	决斗	juédòu	动
6732	决赛	juésài	动、名
6733	角色	juésè	名
6734	绝	jué	形、副、动
6735	绝对	juéduì	形、副
6736	绝技	juéjì	名
6737	绝望	juéwàng	动
6738	崛起	juéqǐ	动
6739	军官	jūnguān	名
6740	军舰	jūnjiàn	名
6741	均匀	jūnyún	形
6742	君子兰	jūnzǐlán	名
6743	骏马	jùnmǎ	名
6744	开₃	kāi	动
6745	开刀	kāidāo	动
6746	开发	kāifā	动
6747	开怀大笑	kāihuái-dàxiào	~
6748	开机	kāijī	动
6749	开阔	kāikuò	形、动
6750	开朗	kāilǎng	形
6751	开幕	kāimù	动
6752	开幕式	kāimùshì	名
6753	开小差	kāixiǎochāi	~
6754	开心果	kāixīnguǒ	名
6755	开业	kāiyè	动
6756	开展	kāizhǎn	动
6757	凯旋	kǎixuán	动
6758	铠甲	kǎijiǎ	名
6759	刊物	kānwù	名
6760	看管	kānguǎn	动
6761	看守	kānshǒu	动
6762	看₃	kàn	动
6763	看不起/瞧不起	kànbuqǐ/qiáobuqǐ	动
6764	看穿	kànchuān	动
6765	看待	kàndài	动
6766	看得起/瞧得起	kàndeqǐ/qiáodeqǐ	动
6767	看好	kànhǎo	动
6768	看齐	kànqí	动
6769	看似	kànsì	动
6770	看台	kàntái	名
6771	看样子	kàn yàngzi	~
6772	看中	kànzhòng	动
6773	看作/看做	kànzuò	动
6774	康复	kāngfù	动
6775	康乃馨	kāngnǎixīn	名
6776	炕	kàng	名

6777	考生	kǎoshēng	名		6814	恐惧	kǒngjù	形
6778	考验	kǎoyàn	动		6815	恐怕	kǒngpà	动、副
6779	烤肉	kǎoròu	名		6816	空当	kòngdāng	名
6780	科	kē			6817	空隙	kòngxì	名
6781	科幻	kēhuàn	名		6818	口吃	kǒuchī	动
6782	科技	kējì	名		6819	口福	kǒufú	名
6783	科目	kēmù	名		6820	口诀	kǒujué	名
6784	颗粒	kēlì	名		6821	口哨	kǒushào	名
6785	磕头	kētóu	动		6822	口试	kǒushì	动、名
6786	瞌睡	kēshuì	动		6823	口味	kǒuwèi	名
6787	可₃	kě	动助动		6824	口音	kǒuyīn	名
6788	可耻	kěchǐ	形		6825	口子	kǒuzi	名
6789	可贵	kěguì	形		6826	枯井	kūjǐng	名
6790	可恨	kěhèn	形		6827	枯萎	kūwěi	形
6791	可见	kějiàn	连		6828	枯燥	kūzào	形
6792	可敬	kějìng	形		6829	哭哭啼啼	kūkutítí	形
6793	可靠	kěkào	形		6830	哭泣	kūqì	动
6794	可怜虫	kěliánchóng	名		6831	哭笑不得	kūxiào-bùdé	～
6795	可亲	kěqīn	形		6832	苦瓜	kǔguā	名
6796	可恶	kěwù	形		6833	苦难	kǔnàn	名
6797	可想而知	kěxiǎng'érzhī	～		6834	苦恼	kǔnǎo	形
6798	渴望	kěwàng	动		6835	苦头	kǔtóu	名
6799	克服	kèfú	动		6836	库	kù	名
6800	刻₂	kè	动		6837	裤脚	kùjiǎo	名
6801	客机	kèjī	名		6838	裤腿	kùtuǐ	名
6802	课程	kèchéng	名		6839	酷爱	kù'ài	动
6803	课时	kèshí	名		6840	酷热	kùrè	形
6804	课余	kèyú	名		6841	酷暑	kùshǔ	名
6805	恳求	kěnqiú	动		6842	夸口	kuākǒu	动
6806	坑坑洼洼	kēngkēngwāwā	形		6843	夸赞	kuāzàn	动
6807	吭声/吭气	kēngshēng/kēngqì	动		6844	夸张	kuāzhāng	形、名
6808	空荡荡	kōngdàngdàng	形		6845	跨栏	kuàlán	动
6809	空间	kōngjiān	名		6846	跨越	kuàyuè	动
6810	空军	kōngjūn	名		6847	块儿	kuàir	名
6811	空阔	kōngkuò	形		6848	快餐	kuàicān	名
6812	空无一人	kōngwúyīrén	～		6849	快递	kuàidì	名
6813	恐怖	kǒngbù	形		6850	宽带	kuāndài	名

6851	宽松	kuānsōng	形		6888	狼狗	lánggǒu	名
6852	款₁	kuǎn	名		6889	狼心狗肺	lángxīn-gǒufèi	～
6853	款式	kuǎnshì	名		6890	朗朗	lǎnglǎng	形
6854	狂奔	kuángbēn	动		6891	朗诵	lǎngsòng	动
6855	狂风暴雨	kuángfēng-bàoyǔ	～		6892	劳累	láolèi	形
6856	矿工	kuànggōng	名		6893	牢房	láofáng	名
6857	矿山	kuàngshān	名		6894	牢固	láogù	形
6858	矿石	kuàngshí	名		6895	唠叨	láodao	动
6859	亏₁	kuī	动		6896	老板	lǎobǎn	名
6860	亏₂	kuī	动		6897	老板娘	lǎobǎnniáng	名
6861	盔甲	kuījiǎ	名		6898	老伴儿	lǎobànr	名
6862	愧疚	kuìjiù	形		6899	老大娘	lǎodàniáng	名
6863	扩充	kuòchōng	动		6900	老大爷	lǎodàye	名
6864	扩展	kuòzhǎn	动		6901	老掉牙	lǎodiàoyá	形
6865	括	kuò	动		6902	老汉	lǎohàn	名
6866	括号	kuòhào	名		6903	老花镜/花镜	lǎohuājìng/huājìng	名
6867	拉倒	lādǎo	动		6904	老家	lǎojiā	名
6868	拉力	lālì	名		6905	老人家	lǎorenjia	名
6869	腊肠	làcháng	名		6906	老外	lǎowài	名
6870	来₃	lái	助、名方位		6907	老翁	lǎowēng	名
6871	来临	láilín	动		6908	老乡	lǎoxiāng	名
6872	来龙去脉	láilóng-qùmài	～		6909	老鹰	lǎoyīng	名
6873	来往	láiwǎng	动		6910	乐滋滋	lèzīzī	形
6874	来源	láiyuán	名、动		6911	勒	lēi	动
6875	来之不易	láizhībùyì	～		6912	雷₂	léi	名
6876	赖₁	lài	形、动		6913	雷阵雨	léizhènyǔ	名
6877	赖₂	lài	形		6914	泪流满面	lèi liú mǎn miàn	～
6878	兰花	lánhuā	名		6915	泪汪汪	lèiwāngwāng	形
6879	拦路	lánlù	动		6916	类别	lèibié	名
6880	栏目	lánmù	名		6917	类似	lèisì	动
6881	阑尾炎	lánwěiyán	名		6918	类型	lèixíng	名
6882	缆车	lǎnchē	名		6919	嘞	lei	助
6883	懒得	lǎnde	动		6920	冷冰冰	lěngbīngbīng	形
6884	懒汉	lǎnhàn	名		6921	冷藏	lěngcáng	动
6885	烂泥	lànní	名		6922	冷淡	lěngdàn	形
6886	滥竽充数	lànyú-chōngshù	～		6923	冷冻	lěngdòng	动
6887	狼狈	lángbèi	形					

6924	冷汗	lěnghàn	名		6961	练功	liàngōng	动
6925	冷静	lěngjìng	形		6962	练武	liànwǔ	动
6926	冷笑	lěngxiào	动		6963	链	liàn	名
6927	愣	lèng	动		6964	良心	liángxīn	名
6928	黎明	límíng	名		6965	凉拌	liángbàn	动
6929	礼₁	lǐ	名		6966	凉丝丝	liángsīsī	形
6930	礼服	lǐfú	名		6967	两₂	liǎng	量
6931	礼花	lǐhuā	名		6968	两全其美	liǎngquán-qíměi	～
6932	礼炮	lǐpào	名		6969	量₂	liàng	名
6933	礼品	lǐpǐn	名		6970	辽阔	liáokuò	形
6934	李子	lǐzi	名		6971	潦草	liáocǎo	形
6935	里₂	lǐ	量		6972	料₂	liào	动
6936	理₂	lǐ	名		6973	列车员	lièchēyuán	名
6937	理睬	lǐcǎi	动		6974	列队	lièduì	动
6938	理所当然	lǐsuǒdāngrán	～		6975	烈火	lièhuǒ	名
6939	理想	lǐxiǎng	名、形		6976	烈日	lièrì	名
6940	力所能及	lìsuǒnéngjí	～		6977	烈士	lièshì	名
6941	立方	lìfāng	名、量		6978	猎	liè	语素
6942	立志	lìzhì	动		6979	猎物	lièwù	名
6943	例	lì	名		6980	邻	lín	语素
6944	荔枝	lìzhī	名		6981	林海	línhǎi	名
6945	栗子/板栗	lìzi/bǎnlì	名		6982	临	lín	动、介
6946	连环	liánhuán	名、形		6983	临时	línshí	副、形
6947	连环画	liánhuánhuà	名		6984	琳琅满目	línláng-mǎnmù	～
6948	连接	liánjiē	动		6985	灵感	línggǎn	名
6949	连累	liánlei	动		6986	灵魂	línghún	名
6950	连绵/联绵	liánmián	动		6987	灵敏	língmǐn	形
6951	连天	liántiān	动		6988	凌晨	língchén	名
6952	连续剧	liánxùjù	名		6989	羚羊	língyáng	名
6953	莲藕/藕	lián'ǒu/ǒu	名		6990	零件	língjiàn	名
6954	莲子	liánzǐ	名		6991	领带	lǐngdài	名
6955	联欢	liánhuān	动		6992	领导	lǐngdǎo	动、名
6956	联想	liánxiǎng	动		6993	领结	lǐngjié	名
6957	脸庞	liǎnpáng	名		6994	领头	lǐngtóu	动
6958	脸皮	liǎnpí	名		6995	领养	lǐngyǎng	动
6959	脸谱	liǎnpǔ	名		6996	令	lìng	动、名
6960	脸色	liǎnsè	名		6997	溜	liū	动

6998	刘海儿	liúhǎir	名
6999	浏览	liúlǎn	动
7000	留恋	liúliàn	动
7001	留念	liúniàn	动
7002	留情	liúqíng	动
7003	留神	liúshén	动
7004	留言	liúyán	动、名
7005	流₂	liú	语素
7006	流畅	liúchàng	形
7007	流传	liúchuán	动
7008	流感	liúgǎn	名
7009	流浪	liúlàng	动
7010	流利	liúlì	形
7011	流连忘返	liúlián-wàngfǎn	~
7012	流露	liúlù	动
7013	流淌	liútǎng	动
7014	流星雨	liúxīngyǔ	名
7015	柳絮	liǔxù	名
7016	六神无主	liùshén-wúzhǔ	~
7017	龙船/龙舟	lóngchuán/lóngzhōu	名
7018	龙宫	lónggōng	名
7019	龙卷风	lóngjuǎnfēng	名
7020	龙眼	lóngyǎn	名
7021	聋哑人	lóngyǎrén	名
7022	隆重	lóngzhòng	形
7023	笼罩	lǒngzhào	动
7024	搂抱	lǒubào	动
7025	漏洞	lòudòng	名
7026	喽	lou	助
7027	芦荟	lúhuì	名
7028	芦苇	lúwěi	名
7029	陆军	lùjūn	名
7030	陆续	lùxù	副
7031	录₂	lù	语素
7032	路面	lùmiàn	名
7033	路线	lùxiàn	名
7034	露₂	lù	名
7035	露天	lùtiān	名、形
7036	旅	lǚ	语素
7037	旅程	lǚchéng	名
7038	旅店/旅馆	lǚdiàn/lǚguǎn	名
7039	旅途	lǚtú	名
7040	旅行社	lǚxíngshè	名
7041	缕	lǚ	量
7042	缕缕	lǚlǚ	形
7043	律师	lǜshī	名
7044	绿荫/绿阴	lǜyīn	名
7045	乱哄哄	luànhōnghōng	形
7046	乱糟糟	luànzāozāo	形
7047	略	lüè	形、动、副
7048	轮廓	lúnkuò	名
7049	罗列	luóliè	动
7050	锣鼓	luógǔ	名
7051	螺	luó	名
7052	落后	luòhòu	动、形
7053	落花流水	luòhuā-liúshuǐ	~
7054	落日	luòrì	名
7055	落山	luòshān	动
7056	落汤鸡	luòtāngjī	名
7057	麻₁	má	名
7058	麻₂	má	形
7059	麻将	májiàng	名
7060	麻辣	málà	形
7061	麻绳	máshéng	名
7062	马达	mǎdá	名
7063	马蜂/蚂蜂	mǎfēng	名
7064	马蜂窝	mǎfēngwō	名
7065	马驹	mǎjū	名
7066	玛瑙	mǎnǎo	名
7067	码₁	mǎ	名
7068	码头	mǎtóu	名
7069	埋藏	máicáng	动
7070	埋伏	máifú	动
7071	埋头	máitóu	动

7072	埋葬	máizàng	动		7108	魅力	mèilì	名
7073	买卖	mǎimai	名		7109	闷热	mēnrè	形
7074	迈	mài	动		7110	门框	ménkuàng	名
7075	迈步	màibù	动		7111	闷闷不乐	mènmèn-bùlè	~
7076	埋怨	mányuàn	动		7112	焖	mèn	动
7077	满怀	mǎnhuái	动、名		7113	蒙₂	mēng	动
7078	满山遍野 / 漫山遍野	mǎnshān-biànyě / mànshān-biànyě	~		7114	蒙₃	mēng	动
					7115	萌	méng	形
7079	漫	màn	动		7116	蒙蒙	méngméng	形
7080	漫步	mànbù	动		7117	猛然	měngrán	副
7081	漫天	màntiān	动、形		7118	猛兽	měngshòu	名
7082	忙活	mánghuo	动		7119	蒙古包	měnggǔbāo	名
7083	忙碌	mánglù	形		7120	梦话	mènghuà	名
7084	忙乱	mángluàn	形		7121	梦幻	mènghuàn	名
7085	茫茫	mángmáng	形		7122	梦境	mèngjìng	名
7086	毛孔	máokǒng	名		7123	梦寐以求	mèngmèiyǐqiú	~
7087	矛	máo	名		7124	梦想	mèngxiǎng	动、名
7088	茅屋	máowū	名		7125	眯缝	mīfeng	动
7089	冒失	màoshi	形		7126	迷惑	míhuò	形、动
7090	冒险	màoxiǎn	动		7127	迷你	mínǐ	形
7091	没错	méicuò	~		7128	迷人	mírén	形
7092	没精打采 / 无精打采	méijīng-dǎcǎi / wújīng-dǎcǎi	~		7129	迷失	míshī	动
					7130	猕猴桃	míhóutáo	名
7093	没什么	méishénme	~		7131	米粉	mǐfěn	名
7094	没完没了	méiwán-méiliǎo	~		7132	米线	mǐxiàn	名
7095	枚	méi	量		7133	秘	mì	语素
7096	梅	méi	名		7134	秘方	mìfāng	名
7097	煤炭	méitàn	名		7135	秘诀	mìjué	名
7098	美德	měidé	名		7136	密₂	mì	语素
7099	美发	měifà	动		7137	密封	mìfēng	动
7100	美景	měijǐng	名		7138	密集	mìjí	形
7101	美满	měimǎn	形		7139	密切	mìqiè	形、动
7102	美貌	měimào	名		7140	绵绵	miánmián	形
7103	美人蕉	měirénjiāo	名		7141	勉强	miǎnqiǎng	形、动
7104	美容师	měiróngshī	名		7142	面₃	miàn	形
7105	美食	měishí	名		7143	面对	miànduì	动
7106	美中不足	měizhōng-bùzú	~		7144	面对面	miànduìmiàn	~
7107	美滋滋	měizīzī	形					

7145	面具	miànjù	名		7181	名著	míngzhù	名
7146	面孔	miànkǒng	名		7182	明快	míngkuài	形
7147	面料	miànliào	名		7183	明媚	míngmèi	形
7148	面临	miànlín	动		7184	明日	míngrì	名
7149	面貌	miànmào	名		7185	明知故犯	míngzhī-gùfàn	~
7150	面容	miànróng	名		7186	明知故问	míngzhī-gùwèn	~
7151	面纱	miànshā	名		7187	命₂	mìng	动
7152	面向	miànxiàng	动		7188	命名	mìngmíng	动
7153	面子	miànzi	名		7189	命运	mìngyùn	名
7154	苗条	miáotiao	形		7190	模型	móxíng	名
7155	描绘	miáohuì	动		7191	膜	mó	名
7156	描述	miáoshù	动		7192	摩擦/磨擦	mócā	动、名
7157	描写	miáoxiě	动		7193	摩天轮	mótiānlún	名
7158	瞄准	miáozhǔn	动		7194	磨炼/磨练	móliàn	动
7159	秒针	miǎozhēn	名		7195	磨难	mónàn	名
7160	妙不可言	miàobùkěyán	~		7196	魔	mó	语素
7161	庙会	miàohuì	名		7197	魔王/魔头	mówáng/mótóu	名
7162	庙宇	miàoyǔ	名		7198	抹黑	mǒhēi	动
7163	灭火器	mièhuǒqì	名		7199	末日	mòrì	名
7164	民	mín	语素		7200	没收	mòshōu	动
7165	民歌	míngē	名		7201	茉莉	mòlì	名
7166	民工	míngōng	名		7202	沫	mò	名
7167	民间	mínjiān	名		7203	莫名其妙	mòmíngqímiào	~
7168	民警	mínjǐng	名		7204	墨	mò	名
7169	民俗	mínsú	名		7205	墨绿	mòlǜ	形
7170	敏捷	mǐnjié	形		7206	墨汁	mòzhī	名
7171	名₂	míng	语素		7207	默默无闻	mòmò-wúwén	~
7172	名不虚传	míngbùxūchuán	~		7208	磨₂	mò	名、动
7173	名称	míngchēng	名		7209	母₂	mǔ	形
7174	名额	míng'é	名		7210	母爱	mǔ'ài	名
7175	名副其实/名符其实	míngfùqíshí/míngfúqíshí	~		7211	母校	mǔxiào	名
					7212	牡丹	mǔdan	名
7176	名贵	míngguì	形		7213	亩	mǔ	量
7177	名列前茅	míngliè-qiánmáo	~		7214	木₂	mù	形
7178	名人	míngrén	名		7215	木耳	mù'ěr	名
7179	名堂	míngtang	名		7216	木工	mùgōng	名
7180	名言	míngyán	名		7217	木瓜	mùguā	名

7218	木匠	mùjiàng	名		7255	能说会道	néngshuō-huìdào	~
7219	木乃伊	mùnǎiyī	名		7256	尼姑	nígū	名
7220	目	mù	语素		7257	泥巴	níba	名
7221	目不转睛	mùbùzhuǎnjīng	~		7258	泥鳅	níqiu	名
7222	目瞪口呆	mùdèng-kǒudāi	~		7259	你死我活	nǐsǐ-wǒhuó	~
7223	目录	mùlù	名		7260	逆风	nìfēng	动、名
7224	目前	mùqián	名		7261	腻	nì	形、动
7225	沐浴	mùyù	动		7262	溺爱	nì'ài	动
7226	牧民	mùmín	名		7263	溺水	nìshuǐ	动
7227	牧童	mùtóng	名		7264	年代	niándài	名
7228	墓碑	mùbēi	名		7265	年糕	niángāo	名
7229	幕	mù	名、量		7266	年纪	niánjì	名
7230	哪怕	nǎpà	连		7267	年轮	niánlún	名
7231	奶茶	nǎichá	名		7268	年轻	niánqīng	形
7232	耐力	nàilì	名		7269	年轻人	niánqīngrén	名
7233	男士	nánshì	名		7270	黏/粘₂	nián	形
7234	男子	nánzǐ	名		7271	捻	niǎn	动
7235	男子汉	nánzǐhàn	名		7272	念₂	niàn	动
7236	南极	nánjí	名		7273	念念不忘	niànniàn-bùwàng	~
7237	难得	nándé	形		7274	娘	niáng	名
7238	难度	nándù	名		7275	娘娘	niángniang	名
7239	难怪	nánguài	动、副		7276	蹑手蹑脚	nièshǒu-nièjiǎo	~
7240	难关	nánguān	名		7277	宁静	níngjìng	形
7241	难题	nántí	名		7278	宁可	nìngkě	副
7242	难为情	nánwéiqíng	形		7279	宁肯	nìngkěn	副
7243	难以	nányǐ	动		7280	宁愿	nìngyuàn	副
7244	恼火	nǎohuǒ	形		7281	牛₂	niú	形
7245	脑海	nǎohǎi	名		7282	牛排	niúpái	名
7246	闹	nào	形、动		7283	牛脾气	niúpíqi	名
7247	闹别扭	nàobièniu	~		7284	牛仔裤	niúzǎikù	名
7248	闹哄哄	nàohōnghōng	形		7285	扭头	niǔtóu	动
7249	闹笑话	nàoxiàohua	~		7286	农	nóng	语素
7250	内疚	nèijiù	形		7287	农场	nóngchǎng	名
7251	内心	nèixīn	名		7288	农妇	nóngfù	名
7252	能₂	néng	形、语素		7289	农田	nóngtián	名
7253	能干	nénggàn	形		7290	农庄	nóngzhuāng	名
7254	能力	nénglì	名		7291	浓厚	nónghòu	形

#	词	拼音	词性
7292	浓密	nóngmì	形
7293	脓	nóng	名
7294	怒放	nùfàng	动
7295	怒火	nùhuǒ	名
7296	女士	nǚshì	名
7297	女王	nǚwáng	名
7298	女巫	nǚwū	名
7299	女子	nǚzǐ	名
7300	暖流	nuǎnliú	名
7301	暖气	nuǎnqì	名
7302	懦弱	nuòruò	形
7303	殴打	ōudǎ	动
7304	偶尔	ǒu'ěr	副、形
7305	偶然	ǒurán	形、副
7306	偶数	ǒushù	名
7307	拍打	pāidǎ	动
7308	拍马屁	pāimǎpì	~
7309	拍摄	pāishè	动
7310	排₂	pái	动
7311	排练	páiliàn	动
7312	排序	páixù	动
7313	攀登	pāndēng	动
7314	盘₃	pán	动
7315	盘旋	pánxuán	动
7316	判	pàn	动
7317	庞大	pángdà	形
7318	胖嘟嘟	pàngdūdū	形
7319	胖墩儿	pàngdūnr	名
7320	泡₃	pāo	语素
7321	炮弹	pàodàn	名
7322	陪伴	péibàn	动
7323	培训班	péixùnbān	名
7324	培养	péiyǎng	动
7325	培育	péiyù	动
7326	赔钱	péiqián	动
7327	配	pèi	动、形
7328	配合	pèihé	动
7329	配角	pèijué	名
7330	配料	pèiliào	动、名
7331	喷发	pēnfā	动
7332	喷射	pēnshè	动
7333	棚/棚子	péng/péngzi	名
7334	碰巧	pèngqiǎo	副
7335	批₃	pī	动
7336	批准	pīzhǔn	动
7337	劈₁	pī	动
7338	噼里啪啦/劈里啪啦	pīlipālā	拟声
7339	皮蛋/松花蛋	pídàn/sōnghuādàn	名
7340	枇杷	pípa	名
7341	疲惫	píbèi	形
7342	匹₂	pǐ	量
7343	劈₂	pǐ	动
7344	屁滚尿流	pìgǔn-niàoliú	~
7345	片子	piānzi/piànzi	名
7346	偏	piān	形、副、动
7347	偏僻	piānpì	形
7348	偏心	piānxīn	形
7349	翩翩起舞	piānpiān-qǐwǔ	~
7350	片₃	piàn	量、名
7351	片段/片断	piànduàn	名
7352	片刻	piànkè	名
7353	漂浮	piāofú	动
7354	飘浮	piāofú	动
7355	飘落	piāoluò	动
7356	飘散	piāosàn	动
7357	飘舞	piāowǔ	动
7358	瓢虫	piáochóng	名
7359	瓢泼大雨	piáopō dàyǔ	~
7360	拼₂	pīn	动
7361	拼搏	pīnbó	动
7362	贫苦	pínkǔ	形
7363	品₁	pǐn	语素
7364	品德	pǐndé	名

7365	品格	pǐngé	名
7366	平₂	píng	形
7367	平等	píngděng	形
7368	平方	píngfāng	名、量
7369	平房	píngfáng	名
7370	平分	píngfēn	动
7371	平和	pínghé	形
7372	平衡	pínghéng	形
7373	平均	píngjūn	动、形
7374	平面	píngmiàn	名
7375	平日	píngrì	名
7376	平手	píngshǒu	名
7377	平坦	píngtǎn	形
7378	平原	píngyuán	名
7379	平整	píngzhěng	形、动
7380	评比	píngbǐ	动
7381	评价	píngjià	动、名
7382	评理	pínglǐ	动
7383	评委	píngwěi	名
7384	凭	píng	动、介
7385	凭借	píngjiè	动
7386	屏₁	píng	语素
7387	泼洒	pōsǎ	动
7388	婆婆	pópo	名
7389	迫不得已	pòbùdéyǐ	～
7390	迫不及待	pòbùjídài	～
7391	破₂	pò	动
7392	破解	pòjiě	动
7393	破烂	pòlàn	形
7394	破烂儿	pòlànr	名
7395	破裂	pòliè	动
7396	扑鼻	pūbí	动
7397	扑腾	pūteng	动
7398	朴实	pǔshí	形
7399	朴素	pǔsù	形
7400	谱	pǔ	名、动
7401	铺₂	pù	语素
7402	铺₃	pù	名
7403	七彩	qīcǎi	名
7404	七上八下	qīshàng-bāxià	～
7405	栖息	qīxī	动
7406	凄惨	qīcǎn	形
7407	凄凉	qīliáng	形
7408	期待	qīdài	动
7409	期间	qījiān	名
7410	期盼	qīpàn	动
7411	期望	qīwàng	动
7412	漆黑	qīhēi	形
7413	齐步走	qíbùzǒu	～
7414	齐心协力 / 齐心合力 / 同心协力 / 同心合力	qíxīn-xiélì / qíxīn-hélì / tóngxīn-xiélì / tóngxīn-hélì	～
7415	其	qí	代人称、代指示
7416	其次	qícì	代指示
7417	其实	qíshí	副
7418	奇	qí	语素
7419	奇观	qíguān	名
7420	奇特	qítè	形
7421	奇异	qíyì	形
7422	崎岖	qíqū	形
7423	棋盘	qípán	名
7424	棋艺	qíyì	名
7425	旗帜	qízhì	名
7426	鳍	qí	名
7427	乞丐	qǐgài	名
7428	乞讨	qǐtǎo	动
7429	岂	qǐ	副
7430	企图	qǐtú	动、名
7431	启迪	qǐdí	动
7432	启示	qǐshì	动、名
7433	起初	qǐchū	名
7434	起劲	qǐjìn	形
7435	起跑	qǐpǎo	动

7436	起跑线	qǐpǎoxiàn	名		7473	嵌	qiàn	动
7437	气冲冲	qìchōngchōng	形		7474	歉意	qiànyì	名
7438	气喘吁吁	qìchuǎn xūxū	~		7475	枪口	qiāngkǒu	名
7439	气氛	qìfēn	名		7476	腔	qiāng	名
7440	气愤	qìfèn	形		7477	强盗	qiángdào	名
7441	气功	qìgōng	名		7478	强烈	qiángliè	形
7442	气鼓鼓	qìgǔgǔ	形		7479	强项	qiángxiàng	名
7443	气呼呼	qìhūhū	形		7480	蔷薇	qiángwēi	名
7444	气馁	qìněi	形		7481	抢夺	qiǎngduó	动
7445	气派	qìpài	名、形		7482	抢劫	qiǎngjié	动
7446	气势	qìshì	名		7483	抢救	qiǎngjiù	动
7447	气息	qìxī	名		7484	抢先	qiǎngxiān	动
7448	弃	qì	语素		7485	跷	qiāo	动
7449	器	qì	语素		7486	侨	qiáo	语素
7450	器材	qìcái	名		7487	桥梁	qiáoliáng	名
7451	器械	qìxiè	名		7488	巧妙	qiǎomiào	形
7452	恰当	qiàdàng	形		7489	俏皮	qiàopí	形
7453	恰好	qiàhǎo	副		7490	峭壁	qiàobì	名
7454	千变万化	qiānbiàn-wànhuà	~		7491	侵略	qīnlüè	动
7455	千家万户	qiānjiā-wànhù	~		7492	侵入	qīnrù	动
7456	千金	qiānjīn	名		7493	亲₃	qīn	语素
7457	千里迢迢	qiānlǐ-tiáotiáo	~		7494	亲朋好友	qīnpéng-hǎoyǒu	~
7458	千奇百怪	qiānqí-bǎiguài	~		7495	亲戚	qīnqi	名
7459	千辛万苦	qiānxīn-wànkǔ	~		7496	亲情	qīnqíng	名
7460	千真万确	qiānzhēn-wànquè	~		7497	亲热	qīnrè	形、动
7461	千姿百态	qiānzī-bǎitài	~		7498	亲生	qīnshēng	形
7462	迁	qiān	动		7499	禽流感	qínliúgǎn	名
7463	签₂	qiān	名		7500	勤恳	qínkěn	形
7464	签到	qiāndào	动		7501	勤学苦练	qínxué-kǔliàn	~
7465	签字笔	qiānzìbǐ	名		7502	青春	qīngchūn	名
7466	前功尽弃	qiángōng-jìnqì	~		7503	青少年	qīngshàonián	名
7467	前往	qiánwǎng	动		7504	青苔	qīngtái	名
7468	前线	qiánxiàn	名		7505	轻而易举	qīng'éryìjǔ	~
7469	钱财	qiáncái	名		7506	轻快	qīngkuài	形
7470	钳	qián	动、语素		7507	轻蔑	qīngmiè	动
7471	潜入	qiánrù	动		7508	轻飘飘	qīngpiāopiāo	形
7472	潜水	qiánshuǐ	动		7509	轻巧	qīngqiǎo	形

编号	词	拼音	词性
7510	轻柔	qīngróu	形
7511	轻易	qīngyì	形、副
7512	轻盈	qīngyíng	形
7513	倾听	qīngtīng	动
7514	倾斜	qīngxié	动
7515	清风	qīngfēng	名
7516	清洁工	qīngjiégōng	名
7517	清理	qīnglǐ	动
7518	清凉油	qīngliángyóu	名
7519	清爽	qīngshuǎng	形
7520	清晰	qīngxī	形
7521	清洗	qīngxǐ	动
7522	清醒	qīngxǐng	形、动
7523	清秀	qīngxiù	形
7524	情	qíng	语素
7525	情不自禁	qíngbùzìjīn	～
7526	情节	qíngjié	名
7527	情景	qíngjǐng	名
7528	情形	qíngxing	名
7529	晴空万里	qíngkōng-wànlǐ	～
7530	庆贺	qìnghè	动
7531	穷光蛋	qióngguāngdàn	名
7532	穷苦	qióngkǔ	形
7533	丘	qiū	语素
7534	秋高气爽	qiūgāo-qìshuǎng	～
7535	秋色	qiūsè	名
7536	蚯蚓	qiūyǐn	名
7537	囚犯/囚徒	qiúfàn/qiútú	名
7538	求情	qiúqíng	动
7539	求生	qiúshēng	动
7540	求助	qiúzhù	动
7541	球迷	qiúmí	名
7542	球星	qiúxīng	名
7543	球员	qiúyuán	名
7544	区分	qūfēn	动
7545	区域	qūyù	名
7546	曲₂	qū	语素
7547	曲线	qūxiàn	名
7548	驱赶	qūgǎn	动
7549	取经	qǔjīng	动
7550	取乐	qǔlè	动
7551	娶	qǔ	动
7552	去处	qùchù	名
7553	趣事	qùshì	名
7554	趣味	qùwèi	名
7555	圈套	quāntào	名
7556	全力	quánlì	名、副
7557	全面	quánmiàn	名、形
7558	全神贯注	quánshén-guànzhù	～
7559	劝告	quàngào	动、名
7560	劝说	quànshuō	动
7561	劝阻	quànzǔ	动
7562	缺德	quēdé	形
7563	雀	què	名
7564	雀斑	quèbān	名
7565	确认	quèrèn	动
7566	群岛	qúndǎo	名
7567	然而	rán'ér	连
7568	燃放	ránfàng	动
7569	燃烧	ránshāo	动
7570	让路	rànglù	动
7571	让位	ràngwèi	动
7572	绕道	ràodào	动
7573	惹	rě	动
7574	热带鱼	rèdàiyú	名
7575	热狗	règǒu	名
7576	热泪盈眶	rèlèi-yíngkuàng	～
7577	热腾腾	rèténgténg	形
7578	人才	réncái	名
7579	人家₂	rénjiā	名
7580	人间	rénjiān	名
7581	人来人往	rénlái-rénwǎng	～
7582	人参	rénshēn	名
7583	人生	rénshēng	名

7584	人体	réntǐ	名		7621	柔顺	róushùn	形
7585	人心	rénxīn	名		7622	肉食	ròushí	名、形
7586	人员	rényuán	名		7623	如₁	rú	动
7587	人造	rénzào	形		7624	如此	rúcǐ	代指示
7588	仁₁	rén	名		7625	如何	rúhé	代疑问
7589	仁爱	rén'ài	形		7626	如今	rújīn	名
7590	仁慈	réncí	形		7627	如同	rútóng	动
7591	忍耐	rěnnài	动		7628	如意	rúyì	动
7592	忍受	rěnshòu	动		7629	乳白	rǔbái	形
7593	忍无可忍	rěnwúkěrěn	～		7630	入场	rùchǎng	动
7594	任₁	rèn	动		7631	入口₂	rùkǒu	动
7595	任务	rènwu	名		7632	入迷	rùmí	动
7596	任性	rènxìng	形		7633	入魔	rùmó	动
7597	任意	rènyì	副、形		7634	入侵	rùqīn	动
7598	仍	réng	副		7635	入睡	rùshuì	动
7599	仍旧	réngjiù	副		7636	入学	rùxué	动
7600	日报	rìbào	名		7637	软乎乎	ruǎnhūhū	形
7601	日常	rìcháng	形		7638	软件	ruǎnjiàn	名
7602	日复一日	rìfùyīrì	～		7639	软弱	ruǎnruò	形
7603	日积月累	rìjī-yuèlěi	～		7640	润	rùn	动、形
7604	日记	rìjì	名		7641	润滑	rùnhuá	形、动
7605	日历	rìlì	名		7642	若隐若现	ruòyǐn-ruòxiàn	～
7606	日夜	rìyè	名		7643	弱	ruò	形
7607	日用品	rìyòngpǐn	名		7644	弱点	ruòdiǎn	名
7608	荣誉	róngyù	名		7645	弱智	ruòzhì	形
7609	绒	róng	名		7646	洒落	sǎluò	动
7610	绒毛	róngmáo	名		7647	赛场	sàichǎng	名
7611	容₁	róng	语素		7648	赛车	sàichē	动、名
7612	容量	róngliàng	名		7649	赛道	sàidào	名
7613	容貌	róngmào	名		7650	赛马	sàimǎ	动、名
7614	溶化	rónghuà	动		7651	三轮车	sānlúnchē	名
7615	溶液	róngyè	名		7652	三三两两	sānsānliǎngliǎng	～
7616	榕树	róngshù	名		7653	散光	sǎnguāng	形
7617	柔	róu	形		7654	散架	sǎnjià	动
7618	柔美	róuměi	形		7655	散播	sànbō	动
7619	柔嫩	róunèn	形		7656	散布	sànbù	动
7620	柔软	róuruǎn	形		7657	散会	sànhuì	动

7658	散落	sànluò	动		7695	扇动	shāndòng	动
7659	散心	sànxīn	动		7696	闪动	shǎndòng	动
7660	桑树	sāngshù	名		7697	闪耀	shǎnyào	动
7661	嗓音	sǎngyīn	名		7698	善	shàn	形
7662	丧气	sàngqì	动		7699	善心	shànxīn	名
7663	臊₁	sāo	形		7700	善于	shànyú	动
7664	扫码	sǎomǎ	动		7701	擅长	shàncháng	动
7665	扫描	sǎomiáo	动		7702	伤痕	shānghén	名
7666	扫描仪	sǎomiáoyí	名		7703	伤员	shāngyuán	名
7667	杀菌	shājūn	动		7704	商₁	shāng	名
7668	沙尘	shāchén	名		7705	商标	shāngbiāo	名
7669	沙尘暴	shāchénbào	名		7706	商城	shāngchéng	名
7670	沙哑	shāyǎ	形		7707	商厦	shāngshà	名
7671	纱布	shābù	名		7708	赏₂	shǎng	动、名
7672	纱窗	shāchuāng	名		7709	上₅	shàng	动
7673	刹	shā	动		7710	上帝	shàngdì	名
7674	砂	shā	名		7711	上吊	shàngdiào	动
7675	鲨鱼	shāyú	名		7712	上好	shànghǎo	形
7676	傻乎乎	shǎhūhū	形		7713	上火	shànghuǒ	动
7677	山村	shāncūn	名		7714	上交	shàngjiāo	动
7678	山地	shāndì	名		7715	上路	shànglù	动
7679	山冈/山岗	shāngāng/shāngǎng	名		7716	上天	shàngtiān	名
7680	山河/河山	shānhé/héshān	名		7717	上下	shàngxià	名方位
7681	山岭	shānlǐng	名		7718	上游	shàngyóu	名
7682	山峦	shānluán	名		7719	捎	shāo	动
7683	山清水秀	shānqīng-shuǐxiù	~		7720	烧饼	shāobing	名
7684	山区	shānqū	名		7721	烧香	shāoxiāng	动
7685	山泉	shānquán	名		7722	梢	shāo	名
7686	山崖	shānyá	名		7723	稍	shāo	副
7687	山野	shānyě	名		7724	少不了	shǎobuliǎo	动
7688	山楂	shānzhā	名		7725	少见	shǎojiàn	形
7689	山珍海味	shānzhēn-hǎiwèi	~		7726	少见多怪	shǎojiàn-duōguài	~
7690	山庄	shānzhuāng	名		7727	少量	shǎoliàng	形
7691	删	shān	动		7728	少₂	shào	语素
7692	删除	shānchú	动		7729	少女	shàonǚ	名
7693	衫	shān	语素		7730	少爷	shàoye	名
7694	珊瑚	shānhú	名		7731	设备	shèbèi	名

7732	设计师	shèjìshī	名		7769	审问	shěnwèn	动
7733	设施	shèshī	名		7770	甚至	shènzhì	连
7734	设置	shèzhì	动		7771	升空	shēngkōng	动
7735	社会	shèhuì	名		7772	生₃	shēng	语素
7736	射击	shèjī	动		7773	生₄	shēng	语素
7737	射箭	shèjiàn	动		7774	生产	shēngchǎn	动
7738	摄像	shèxiàng	动		7775	生成	shēngchéng	动
7739	摄像机	shèxiàngjī	名		7776	生存	shēngcún	动
7740	摄像头	shèxiàngtóu	名		7777	生机	shēngjī	名
7741	摄影	shèyǐng	动		7778	生来	shēnglái	副
7742	申办	shēnbàn	动		7779	生灵	shēnglíng	名
7743	申请	shēnqǐng	动		7780	生龙活虎	shēnglóng-huóhǔ	~
7744	身₂	shēn	量、语素		7781	生命力	shēngmìnglì	名
7745	身长	shēncháng	名		7782	生怕	shēngpà	动
7746	身份	shēnfèn	名		7783	生锈	shēngxiù	动
7747	身强力壮	shēnqiáng-lìzhuàng	~		7784	生意	shēngyi	名
7748	身影	shēnyǐng	名		7785	声响	shēngxiǎng	名
7749	深₂	shēn	副		7786	省会	shěnghuì	名
7750	深奥	shēn'ào	形		7787	省略	shěnglüè	动
7751	深呼吸	shēnhūxī	动		7788	省事	shěngshì	动、形
7752	深刻	shēnkè	形		7789	省长	shěngzhǎng	名
7753	深浅	shēnqiǎn	名		7790	圣	shèng	语素
7754	深情	shēnqíng	名、形		7791	圣火	shènghuǒ	名
7755	深秋	shēnqiū	名		7792	圣女果	shèngnǚguǒ	名
7756	深山	shēnshān	名		7793	胜负	shèngfù	名
7757	深夜	shēnyè	名		7794	盛大	shèngdà	形
7758	神经病	shénjīngbìng	名		7795	盛夏	shèngxià	名
7759	神秘	shénmì	形		7796	尸体	shītǐ	名
7760	神枪手	shénqiāngshǒu	名		7797	失	shī	动
7761	神情	shénqíng	名		7798	失火	shīhuǒ	动
7762	神色	shénsè	名		7799	失眠	shīmián	动
7763	神态	shéntài	名		7800	失明	shīmíng	动
7764	神通广大	shéntōng-guǎngdà	~		7801	失去	shīqù	动
7765	神童	shéntóng	名		7802	失误	shīwù	动、名
7766	神威	shénwēi	名		7803	失主	shīzhǔ	名
7767	神医	shényī	名		7804	失踪	shīzōng	动
7768	神州	shénzhōu	名		7805	师父	shīfu	名

编号	词	拼音	词性
7806	师傅	shīfu	名
7807	师生	shīshēng	名
7808	诗词	shīcí	名
7809	诗句	shījù	名
7810	诗情画意	shīqíng-huàyì	~
7811	施	shī	动
7812	施肥	shīféi	动
7813	湿润	shīrùn	形
7814	十全十美	shíquán-shíměi	~
7815	十足	shízú	形
7816	石榴	shíliu	名
7817	时常	shícháng	副
7818	时空	shíkōng	名
7819	时髦	shímáo	形
7820	时期	shíqī	名
7821	时尚	shíshàng	名、形
7822	时针	shízhēn	名
7823	时装	shízhuāng	名
7824	识破	shípò	动
7825	实	shí	形、副
7826	实际上	shíjìshang	副
7827	实践	shíjiàn	动
7828	实事求是	shíshì-qiúshì	~
7829	实心	shíxīn	形
7830	实验室	shíyànshì	名
7831	实用	shíyòng	形、动
7832	拾金不昧	shíjīn-bùmèi	~
7833	食量/饭量	shíliàng/fànliàng	名
7834	食盐	shíyán	名
7835	食指	shízhǐ	名
7836	史	shǐ	语素
7837	使得	shǐde	动
7838	使唤	shǐhuan	动
7839	使者	shǐzhě	名
7840	始终	shǐzhōng	副、名
7841	驶	shǐ	动
7842	士	shì	语素
7843	世纪	shìjì	名
7844	世人	shìrén	名
7845	市民	shìmín	名
7846	市区	shìqū	名
7847	市容	shìróng	名
7848	市长	shìzhǎng	名
7849	式	shì	语素
7850	事故	shìgù	名
7851	事例	shìlì	名
7852	事实	shìshí	名
7853	事物	shìwù	名
7854	事项	shìxiàng	名
7855	视频	shìpín	名
7856	视线	shìxiàn	名
7857	柿子	shìzi	名
7858	是否	shìfǒu	副
7859	适当	shìdàng	形
7860	适应	shìyìng	动
7861	释放	shìfàng	动
7862	收藏	shōucáng	动
7863	收割	shōugē	动
7864	收获	shōuhuò	动、名
7865	收养	shōuyǎng	动
7866	手₂	shǒu	语素
7867	手脚	shǒujiǎo	名
7868	手榴弹	shǒuliúdàn	名
7869	手忙脚乱	shǒumáng-jiǎoluàn	~
7870	手舞足蹈	shǒuwǔ-zúdǎo	~
7871	手艺	shǒuyì	名
7872	手语	shǒuyǔ	名
7873	手镯	shǒuzhuó	名
7874	守法	shǒufǎ	动
7875	守护	shǒuhù	动
7876	守卫	shǒuwèi	动
7877	守信	shǒuxìn	动
7878	首领	shǒulǐng	名
7879	寿命	shòumìng	名

7880	受苦	shòukǔ	动		7917	涮	shuàn	动
7881	兽	shòu	语素		7918	双胞胎	shuāngbāotāi	名
7882	兽医	shòuyī	名		7919	双休日	shuāngxiūrì	名
7883	瘦弱	shòuruò	形		7920	双眼皮	shuāngyǎnpí	名
7884	书₂	shū	语素		7921	爽	shuǎng	形
7885	书房	shūfáng	名		7922	水兵	shuǐbīng	名
7886	书画	shūhuà	名		7923	水到渠成	shuǐdào-qúchéng	~
7887	书籍	shūjí	名		7924	水稻	shuǐdào	名
7888	书面语	shūmiànyǔ	名		7925	水滴石穿/滴水穿石	shuǐdī-shíchuān/dīshuǐ-chuānshí	~
7889	梳理	shūlǐ	动		7926	水晶	shuǐjīng	名
7890	梳洗	shūxǐ	动		7927	水灵	shuǐling	形
7891	舒畅	shūchàng	形		7928	水母	shuǐmǔ	名
7892	舒适	shūshì	形		7929	水泥	shuǐní	名
7893	舒展	shūzhǎn	动、形		7930	水牛	shuǐniú	名
7894	输₂	shū	动		7931	水平	shuǐpíng	形、名
7895	输出	shūchū	动		7932	水汪汪	shuǐwāngwāng	形
7896	输入	shūrù	动		7933	水仙	shuǐxiān	名
7897	熟能生巧	shúnéngshēngqiǎo	~		7934	水源	shuǐyuán	名
7898	属₂	shǔ	动		7935	水藻	shuǐzǎo	名
7899	属于	shǔyú	动		7936	水蒸气	shuǐzhēngqì	名
7900	数₃	shǔ	动		7937	睡梦	shuìmèng	名
7901	数不胜数	shǔbùshèngshǔ	~		7938	睡眠	shuìmián	名
7902	数一数二	shǔyī-shǔ'èr	~		7939	顺畅	shùnchàng	形
7903	树₂	shù	动		7940	顺从	shùncóng	动
7904	树墩	shùdūn	名		7941	顺耳	shùn'ěr	形
7905	树冠	shùguān	名		7942	顺口	shùnkǒu	形、副
7906	树立	shùlì	动		7943	顺口溜	shùnkǒuliū	名
7907	树荫/树阴	shùyīn	名		7944	顺手	shùnshǒu	形、副
7908	树桩	shùzhuāng	名		7945	瞬间	shùnjiān	名
7909	竖立	shùlì	动		7946	说明书	shuōmíngshū	名
7910	数₄	shù	数		7947	说一不二	shuōyī-bù'èr	~
7911	数码	shùmǎ	名		7948	丝绸	sīchóu	名
7912	数目	shùmù	名		7949	丝带	sīdài	名
7913	耍	shuǎ	动		7950	丝瓜	sīguā	名
7914	帅₂	shuài	语素		7951	丝毫	sīháo	形
7915	帅气	shuàiqi	名、形		7952	丝线	sīxiàn	名
7916	率领	shuàilǐng	动					

7953	思	sī	语素		7989	酸溜溜	suānliūliū	形
7954	思念	sīniàn	动		7990	酸甜苦辣	suān-tián-kǔ-là	~
7955	思索	sīsuǒ	动		7991	蒜苗	suànmiáo	名
7956	思想	sīxiǎng	名		7992	算了	suànle	动、助
7957	死₃	sǐ	形、副		7993	算盘	suànpán	名
7958	死活	sǐhuó	名、副		7994	算是	suànshì	副、动
7959	死记硬背	sǐjì-yìngbèi	~		7995	算账	suànzhàng	动
7960	死角	sǐjiǎo	名		7996	虽	suī	连
7961	四方₁	sìfāng	名		7997	虽说	suīshuō	连
7962	四方₂	sìfāng	形		7998	随后	suíhòu	副
7963	四海为家	sìhǎi-wéijiā	~		7999	随口	suíkǒu	副
7964	四合院	sìhéyuàn	名		8000	随心所欲	suíxīnsuǒyù	~
7965	四季	sìjì	名		8001	随意	suíyì	形
7966	四脚朝天	sìjiǎo-cháotiān	~		8002	岁月	suìyuè	名
7967	四面八方	sìmiàn-bāfāng	~		8003	隧道	suìdào	名
7968	寺院	sìyuàn	名		8004	损害	sǔnhài	动
7969	似	sì	动		8005	损坏	sǔnhuài	动
7970	似乎	sìhū	副		8006	损人利己	sǔnrén-lìjǐ	~
7971	饲料	sìliào	名		8007	笋/竹笋	sǔn/zhúsǔn	名
7972	饲养	sìyǎng	动		8008	缩	suō	动
7973	饲养员	sìyǎngyuán	名		8009	缩写	suōxiě	名、动
7974	松柏	sōngbǎi	名		8010	所₂	suǒ	助
7975	松软	sōngruǎn	形		8011	所谓	suǒwèi	形
7976	松子	sōngzǐ	名		8012	索性	suǒxìng	副
7977	耸	sǒng	动		8013	他人	tārén	代人称
7978	耸立	sǒnglì	动		8014	塌	tā	动
7979	送别	sòngbié	动		8015	踏实	tāshi	形
7980	送礼	sònglǐ	动		8016	踏板	tàbǎn	名
7981	搜	sōu	动		8017	胎₁	tāi	语素、量
7982	搜索	sōusuǒ	动		8018	胎₂	tāi	名
7983	馊主意	sōuzhǔyi	名		8019	台词	táicí	名
7984	苏醒	sūxǐng	动		8020	台历	táilì	名
7985	素	sù	形、名、语素		8021	苔藓	táixiǎn	名
7986	素描	sùmiáo	名		8022	跆拳道	táiquándào	名
7987	速	sù	语素		8023	太极	tàijí	名
7988	塑胶	sùjiāo	名		8024	太极拳	tàijíquán	名
					8025	太平	tàipíng	形

8026	太阳能	tàiyángnéng	名		8063	特殊	tèshū	形
8027	态	tài	语素		8064	特有	tèyǒu	形
8028	贪	tān	动、形		8065	疼痛	téngtòng	形
8029	贪婪	tānlán	形		8066	腾	téng	动、语素
8030	贪玩儿	tānwánr	动		8067	腾飞	téngfēi	动
8031	贪心	tānxīn	名、形		8068	腾腾	téngténg	形
8032	滩	tān	语素		8069	腾云驾雾	téngyún-jiàwù	~
8033	坛₁/坛子	tán/tánzi	名		8070	藤	téng	名
8034	谈话	tánhuà	动、名		8071	剔	tī	动
8035	弹跳	tántiào	动		8072	梯田	tītián	名
8036	弹性	tánxìng	名		8073	提供	tígōng	动
8037	弹奏	tánzòu	动		8074	提前	tíqián	动
8038	潭	tán	名		8075	提示	tíshì	动
8039	探	tàn	动		8076	提心吊胆	tíxīn-diàodǎn	~
8040	探索	tànsuǒ	动		8077	题型	tíxíng	名
8041	探望	tànwàng	动		8078	蹄/蹄子	tí/tízi	名
8042	探险	tànxiǎn	动		8079	体会	tǐhuì	动、名
8043	汤圆	tāngyuán	名		8080	体积	tǐjī	名
8044	堂堂正正	tángtáng zhèngzhèng	形		8081	体贴	tǐtiē	动
8045	螳螂	tángláng	名		8082	体温计/体温表	tǐwēnjì/tǐwēnbiǎo	名
8046	躺椅	tǎngyǐ	名		8083	体现	tǐxiàn	动
8047	滔滔	tāotāo	形		8084	体形	tǐxíng	名
8048	滔滔不绝	tāotāobùjué	~		8085	体型	tǐxíng	名
8049	逃避	táobì	动		8086	体验	tǐyàn	动
8050	逃课	táokè	动		8087	替换	tìhuàn	动
8051	逃离	táolí	动		8088	天兵天将	tiānbīng-tiānjiàng	~
8052	逃生	táoshēng	动		8089	天才	tiāncái	名
8053	逃学	táoxué	动		8090	天敌	tiāndí	名
8054	陶瓷	táocí	名		8091	天翻地覆/翻天覆地/地覆天翻	tiānfān-dìfù/fāntiān-fùdì/dìfù-tiānfān	~
8055	陶器	táoqì	名		8092	天宫	tiāngōng	名
8056	陶醉	táozuì	动		8093	天花板	tiānhuābǎn	名
8057	淘汰	táotài	动		8094	天生	tiānshēng	形
8058	讨好	tǎohǎo	动		8095	天体	tiāntǐ	名
8059	特	tè	副、语素		8096	天旋地转	tiānxuán-dìzhuàn	~
8060	特产	tèchǎn	名					
8061	特地	tèdì	副					
8062	特色	tèsè	名					

#	词	拼音	词性
8097	天涯海角 / 海角天涯	tiānyá-hǎijiǎo / hǎijiǎo-tiānyá	~
8098	天真	tiānzhēn	形
8099	添加	tiānjiā	动
8100	田螺	tiánluó	名
8101	田鼠	tiánshǔ	名
8102	甜瓜	tiánguā	名
8103	甜丝丝	tiánsīsī	形
8104	甜滋滋	tiánzīzī	形
8105	调₃	tiáo	动
8106	调节	tiáojié	动
8107	调整	tiáozhěng	动
8108	挑₃	tiǎo	动
8109	挑战	tiǎozhàn	动、名
8110	眺望	tiàowàng	动
8111	跳伞	tiàosǎn	动
8112	跳台	tiàotái	名
8113	跳跃	tiàoyuè	动
8114	跳转	tiàozhuǎn	动
8115	贴画	tiēhuà	名
8116	铁轨	tiěguǐ	名
8117	铁匠	tiějiàng	名
8118	铁路 / 铁道	tiělù / tiědào	名
8119	听众	tīngzhòng	名
8120	亭亭玉立	tíngtíng-yùlì	~
8121	庭院	tíngyuàn	名
8122	停泊	tíngbó	动
8123	停顿	tíngdùn	动
8124	停放	tíngfàng	动
8125	停留	tíngliú	动
8126	挺拔	tǐngbá	形
8127	挺立	tǐnglì	动
8128	挺身而出	tǐngshēn'érchū	~
8129	通常	tōngcháng	形、副
8130	通风	tōngfēng	动
8131	通话	tōnghuà	动
8132	通顺	tōngshùn	形
8133	通通	tōngtōng	副
8134	同	tóng	形、动、副、介、连
8135	同伙	tónghuǒ	名
8136	同情	tóngqíng	动
8137	同事	tóngshì	名
8138	铜牌	tóngpái	名
8139	铜墙铁壁	tóngqiáng-tiěbì	~
8140	统统	tǒngtǒng	副
8141	痛恨	tònghèn	动
8142	痛哭	tòngkū	动
8143	偷窃	tōuqiè	动
8144	头₃	tóu	名
8145	头昏眼花	tóuhūn-yǎnhuā	~
8146	头盔	tóukuī	名
8147	头脑	tóunǎo	名
8148	头皮	tóupí	名
8149	头破血流	tóupò-xuèliú	~
8150	头饰	tóushì	名
8151	投票	tóupiào	动
8152	投影	tóuyǐng	动、名
8153	投影仪	tóuyǐngyí	名
8154	透	tòu	动、形
8155	透风	tòufēng	动
8156	透亮	tòuliang	形
8157	秃	tū	形
8158	秃子	tūzi	名
8159	突出	tūchū	动、形
8160	突飞猛进	tūfēi-měngjìn	~
8161	突如其来	tūrú-qílái	~
8162	图钉	túdīng	名
8163	徒弟	túdì	名
8164	途	tú	语素
8165	土₂	tǔ	形
8166	土匪	tǔfěi	名
8167	土壤	tǔrǎng	名
8168	团₂	tuán	名

编号	词	拼音	词性
8169	团队	tuánduì	名
8170	团聚	tuánjù	动
8171	团体	tuántǐ	名
8172	团团转	tuántuánzhuàn	形
8173	团圆	tuányuán	动
8174	推出	tuīchū	动
8175	推动	tuīdòng	动
8176	推翻	tuīfān	动
8177	推荐	tuījiàn	动
8178	推销	tuīxiāo	动
8179	腿脚	tuǐjiǎo	名
8180	退场	tuìchǎng	动
8181	退潮	tuìcháo	动
8182	退休	tuìxiū	动
8183	吞没	tūnmò	动
8184	吞食	tūnshí	动
8185	臀	tún	名
8186	拖拉	tuōlā	形
8187	脱₂	tuō	动
8188	脱落	tuōluò	动
8189	驮	tuó	动
8190	驼	tuó	动
8191	驼峰	tuófēng	名
8192	鸵鸟	tuóniǎo	名
8193	唾液	tuòyè	名
8194	蛙泳	wāyǒng	名
8195	歪歪扭扭	wāiwāiniǔniǔ	形
8196	歪斜	wāixié	形
8197	外表	wàibiǎo	名
8198	外观	wàiguān	名
8199	外卖	wàimài	名、动
8200	外人	wàirén	名
8201	外甥	wàisheng	名
8202	外甥女	wàishengnǚ	名
8203	外套	wàitào	名
8204	外语	wàiyǔ	名
8205	外祖父	wàizǔfù	名
8206	外祖母	wàizǔmǔ	名
8207	蜿蜒	wānyán	形
8208	完毕	wánbì	动
8209	完蛋	wándàn	动
8210	完好	wánhǎo	形
8211	完好无损	wánhǎo-wúsǔn	～
8212	完美	wánměi	形
8213	完美无缺	wánměi-wúquē	～
8214	玩乐	wánlè	动
8215	顽强	wánqiáng	形
8216	挽	wǎn	动
8217	晚报	wǎnbào	名
8218	晚点	wǎndiǎn	动
8219	晚霞	wǎnxiá	名
8220	万分	wànfēn	副
8221	万里无云	wànlǐ-wúyún	～
8222	万能	wànnéng	形
8223	万万	wànwàn	副
8224	万物	wànwù	名
8225	万紫千红	wànzǐ-qiānhóng	～
8226	亡羊补牢	wángyáng-bǔláo	～
8227	王朝	wángcháo	名
8228	王宫	wánggōng	名
8229	王冠	wángguān	名
8230	王位	wángwèi	名
8231	网兜	wǎngdōu	名
8232	网球	wǎngqiú	名
8233	网友	wǎngyǒu	名
8234	网址	wǎngzhǐ	名
8235	往常	wǎngcháng	名
8236	往事	wǎngshì	名
8237	忘恩负义	wàng'ēn-fùyì	～
8238	危害	wēihài	动
8239	危急	wēijí	形
8240	威力	wēilì	名
8241	威武	wēiwǔ	形
8242	微	wēi	副、语素

#	词	拼音	词性
8243	微不足道	wēibùzúdào	~
8244	微弱	wēiruò	形
8245	微型	wēixíng	形
8246	为₂	wéi	动
8247	为₃	wéi	介
8248	为难	wéinán	形、动
8249	为止	wéizhǐ	动
8250	违反	wéifǎn	动
8251	围观	wéiguān	动
8252	围裙	wéiqún	名
8253	围绕	wéirào	动
8254	唯一/惟一	wéiyī	形
8255	维护	wéihù	动
8256	维生素	wéishēngsù	名
8257	维修	wéixiū	动
8258	伟人	wěirén	名
8259	尾气	wěiqì	名
8260	委员	wěiyuán	名
8261	卫兵	wèibīng	名
8262	卫士	wèishì	名
8263	卫视	wèishì	名
8264	卫星	wèixīng	名
8265	为何	wèihé	副
8266	未	wèi	副
8267	未必	wèibì	副
8268	位₂	wèi	语素、名、量
8269	畏惧	wèijù	动
8270	胃	wèi	名
8271	蔚蓝	wèilán	形
8272	温度计/温度表	wēndùjì/wēndùbiǎo	名
8273	温柔	wēnróu	形
8274	温顺	wēnshùn	形
8275	温馨	wēnxīn	形
8276	文静	wénjìng	形
8277	文物	wénwù	名
8278	文学	wénxué	名
8279	文学家	wénxuéjiā	名
8280	文章	wénzhāng	名
8281	闻名	wénmíng	动
8282	吻	wěn	动、名
8283	稳当	wěndang	形
8284	稳定	wěndìng	形、动
8285	问候	wènhòu	动
8286	卧	wò	动
8287	卧铺	wòpù	名
8288	乌	wū	形
8289	乌黑	wūhēi	形
8290	乌烟瘴气	wūyān-zhàngqì	~
8291	污	wū	语素
8292	污染	wūrǎn	动
8293	污水	wūshuǐ	名
8294	污渍	wūzì	名
8295	巫婆	wūpó	名
8296	无	wú	动
8297	无边无际	wúbiān-wújì	~
8298	无耻	wúchǐ	形
8299	无底洞	wúdǐdòng	名
8300	无法无天	wúfǎ-wútiān	~
8301	无辜	wúgū	形、名
8302	无花果	wúhuāguǒ	名
8303	无家可归	wújiā-kěguī	~
8304	无可奈何	wúkěnàihé	~
8305	无力	wúlì	动
8306	无聊	wúliáo	形
8307	无论	wúlùn	连
8308	无论如何	wúlùn-rúhé	~
8309	无名	wúmíng	形
8310	无名指	wúmíngzhǐ	名
8311	无奈	wúnài	动
8312	无穷无尽	wúqióng-wújìn	~
8313	无时无刻	wúshí-wúkè	~
8314	无私	wúsī	形
8315	无所谓	wúsuǒwèi	动

8316	无微不至	wúwēi-bùzhì	~		8352	稀奇古怪	xīqí-gǔguài	~
8317	无限	wúxiàn	形		8353	稀少	xīshǎo	形
8318	无影无踪	wúyǐng-wúzōng	~		8354	稀有	xīyǒu	形
8319	无忧无虑	wúyōu-wúlǜ	~		8355	犀牛	xīniú	名
8320	无缘无故	wúyuán-wúgù	~		8356	溪流	xīliú	名
8321	蜈蚣	wúgōng	名		8357	熄灭	xīmiè	动
8322	五彩斑斓	wǔcǎi-bānlán	~		8358	嬉皮笑脸 / 嘻皮笑脸	xīpí-xiàoliǎn	~
8323	五官	wǔguān	名		8359	嬉戏	xīxì	动
8324	五光十色	wǔguāng-shísè	~		8360	习题	xítí	名
8325	五花八门	wǔhuā-bāmén	~		8361	袭击	xíjī	动
8326	午休	wǔxiū	动		8362	媳妇	xífù/xífu	名
8327	武功	wǔgōng	名		8363	喜报	xǐbào	名
8328	武士	wǔshì	名		8364	喜出望外	xǐchūwàngwài	~
8329	舞₂	wǔ	动		8365	喜好	xǐhào	动
8330	舞蹈家	wǔdǎojiā	名		8366	喜酒	xǐjiǔ	名
8331	舞动	wǔdòng	动		8367	喜气洋洋	xǐqì-yángyáng	~
8332	舞会	wǔhuì	名		8368	喜庆	xǐqìng	形、名
8333	舞姿	wǔzī	名		8369	喜事	xǐshì	名
8334	物品	wùpǐn	名		8370	喜糖	xǐtáng	名
8335	误会	wùhuì	动、名		8371	喜讯	xǐxùn	名
8336	雾茫茫 / 雾蒙蒙	wùmángmáng/ wùméngméng	形		8372	喜滋滋	xǐzīzī	形
8337	雾气	wùqì	名		8373	戏剧	xìjù	名
8338	夕	xī	语素		8374	系列	xìliè	名
8339	夕阳	xīyáng	名		8375	系统	xìtǒng	名、形
8340	西蓝花	xīlánhuā	名		8376	细节	xìjié	名
8341	西医	xīyī	名		8377	细心	xìxīn	形
8342	吸尘器	xīchénqì	名		8378	细致	xìzhì	形
8343	吸盘	xīpán	名		8379	虾米	xiāmi	名
8344	吸取	xīqǔ	动		8380	虾皮	xiāpí	名
8345	吸收	xīshōu	动		8381	虾仁	xiārén	名
8346	吸引力	xīyǐnlì	名		8382	瞎说	xiāshuō	动
8347	牺牲	xīshēng	动		8383	峡谷	xiágǔ	名
8348	稀罕	xīhan	形、动、名		8384	下₄	xià	动
8349	稀里糊涂	xīlihútú	形		8385	下场	xiàchǎng	名
8350	稀里哗啦	xīlihuālā	拟声、形		8386	下凡	xiàfán	动
8351	稀奇	xīqí	形		8387	下滑	xiàhuá	动

编号	词	拼音	词性
8388	下落	xiàluò	名
8389	下游	xiàyóu	名
8390	下载	xiàzài	动
8391	仙境	xiānjìng	名
8392	仙女	xiānnǚ	名
8393	仙人	xiānrén	名
8394	仙人球	xiānrénqiú	名
8395	仙人掌	xiānrénzhǎng	名
8396	仙子	xiānzǐ	名
8397	先后	xiānhòu	副、名
8398	先烈	xiānliè	名
8399	先前	xiānqián	名
8400	鲜美	xiānměi	形
8401	鲜明	xiānmíng	形
8402	闲聊	xiánliáo	动
8403	闲事	xiánshì	名
8404	衔₁	xián	动
8405	嫌	xián	动
8406	嫌弃	xiánqì	动
8407	显然	xiǎnrán	形
8408	显微镜	xiǎnwēijìng	名
8409	显眼	xiǎnyǎn	形
8410	险	xiǎn	形、语素
8411	县	xiàn	名
8412	县城	xiànchéng	名
8413	县官	xiànguān	名
8414	现	xiàn	动、副、语素
8415	现场	xiànchǎng	名
8416	现成	xiànchéng	形
8417	现代	xiàndài	名
8418	现代化	xiàndàihuà	动
8419	现金	xiànjīn	名
8420	现实	xiànshí	名、形
8421	现象	xiànxiàng	名
8422	线段	xiànduàn	名
8423	线索	xiànsuǒ	名
8424	陷	xiàn	动
8425	陷入	xiànrù	动
8426	献	xiàn	动
8427	乡	xiāng	名
8428	乡村	xiāngcūn	名
8429	乡亲	xiāngqīn	名
8430	相₁	xiāng	副
8431	相当	xiāngdāng	动、副
8432	相对	xiāngduì	动、形
8433	相反	xiāngfǎn	形
8434	相近	xiāngjìn	形
8435	相距	xiāngjù	动
8436	相遇	xiāngyù	动
8437	相约	xiāngyuē	动
8438	香₂	xiāng	名
8439	香菇	xiānggū	名
8440	香甜	xiāngtián	形
8441	镶	xiāng	动
8442	镶嵌	xiāngqiàn	动
8443	详细	xiángxì	形
8444	享福	xiǎngfú	动
8445	享受	xiǎngshòu	动
8446	响亮	xiǎngliàng	形
8447	想方设法	xiǎngfāng-shèfǎ	~
8448	想念	xiǎngniàn	动
8449	想象力/想像力	xiǎngxiànglì	名
8450	向导	xiàngdǎo	名
8451	向日葵/葵花	xiàngrìkuí/kuíhuā	名
8452	向往	xiàngwǎng	动
8453	相₂	xiàng	名
8454	相貌	xiàngmào	名
8455	相声	xiàngsheng	名
8456	象牙	xiàngyá	名
8457	象征	xiàngzhēng	动、名
8458	像样	xiàngyàng	形

8459	消除	xiāochú	动		8493	写生	xiěshēng	动
8460	消毒	xiāodú	动		8494	写字台	xiězìtái	名
8461	消防	xiāofáng	动		8495	泄气	xièqì	动
8462	消防车	xiāofángchē	名		8496	心爱	xīn'ài	形
8463	消防员	xiāofángyuán	名		8497	心不在焉	xīnbùzàiyān	~
8464	小白菜	xiǎobáicài	名		8498	心肠	xīncháng	名
8465	小菜	xiǎocài	名		8499	心地	xīndì	名
8466	小调	xiǎodiào	名		8500	心烦	xīnfán	形
8467	小动作	xiǎodòngzuò	名		8501	心服口服	xīnfú-kǒufú	~
8468	小豆/赤豆/红小豆/赤小豆	xiǎodòu/chìdòu/hóngxiǎodòu/chìxiǎodòu	名		8502	心花怒放	xīnhuā-nùfàng	~
					8503	心里话	xīnlǐhuà	名
8469	小贩	xiǎofàn	名		8504	心灵	xīnlíng	名
8470	小伙子/小伙儿	xiǎohuǒzi/xiǎohuǒr	名		8505	心灵手巧	xīnlíng-shǒuqiǎo	~
					8506	心目	xīnmù	名
8471	小麦	xiǎomài	名		8507	心平气和	xīnpíng-qìhé	~
8472	小拇指/小指	xiǎomǔzhǐ/xiǎozhǐ	名		8508	心软	xīnruǎn	形
					8509	心事	xīnshì	名
8473	小品	xiǎopǐn	名		8510	心思	xīnsi	名
8474	小气鬼	xiǎoqìguǐ	名		8511	心疼	xīnténg	动
8475	小巧	xiǎoqiǎo	形		8512	心田	xīntián	名
8476	小巧玲珑	xiǎoqiǎo-línglóng	~		8513	心头	xīntóu	名
8477	小曲	xiǎoqǔ	名		8514	心想事成	xīnxiǎng-shìchéng	~
8478	小数	xiǎoshù	名		8515	心虚	xīnxū	形
8479	小说	xiǎoshuō	名		8516	心血	xīnxuè	名
8480	小心眼儿	xiǎoxīnyǎnr	形、名		8517	心眼儿	xīnyǎnr	名
8481	小心翼翼	xiǎoxīn-yìyì	~		8518	心意	xīnyì	名
8482	小子	xiǎozi	名		8519	心脏	xīnzàng	名
8483	孝	xiào	语素		8520	辛劳	xīnláo	形
8484	孝敬	xiàojìng	动		8521	辛勤	xīnqín	形
8485	孝顺	xiàoshùn	动		8522	新房	xīnfáng	名
8486	校风	xiàofēng	名		8523	新型	xīnxíng	形
8487	校规	xiàoguī	名		8524	信鸽	xìngē	名
8488	效果	xiàoguǒ	名		8525	信息	xìnxī	名
8489	蝎子	xiēzi	名		8526	兴₁	xīng	动
8490	协助	xiézhù	动		8527	星球	xīngqiú	名
8491	邪恶	xié'è	形		8528	腥	xīng	形
8492	鞋匠	xiéjiàng	名		8529	行礼	xínglǐ	动

8530	行为	xíngwéi	名		8567	秀气	xiùqi	形
8531	形容	xíngróng	动		8568	绣	xiù	动
8532	形态	xíngtài	名		8569	绣花	xiùhuā	动
8533	形象	xíngxiàng	名、形		8570	须₁	xū	语素
8534	形影不离	xíngyǐng-bùlí	~		8571	虚	xū	形、副
8535	型	xíng	语素		8572	虚假	xūjiǎ	形
8536	醒目	xǐngmù	形		8573	需	xū	动
8537	醒悟/省悟	xǐngwù	动		8574	许	xǔ	动
8538	兴高采烈	xìnggāo-cǎiliè	~		8575	许久	xǔjiǔ	形
8539	杏黄	xìnghuáng	形		8576	栩栩如生	xǔxǔ-rúshēng	~
8540	杏仁	xìngrén	名		8577	序₁	xù	语素
8541	幸存	xìngcún	动		8578	序号	xùhào	名
8542	幸运	xìngyùn	名、形		8579	序幕	xùmù	名
8543	性别	xìngbié	名		8580	叙述	xùshù	动
8544	性格	xìnggé	名		8581	宣传	xuānchuán	动
8545	性命	xìngmìng	名		8582	悬挂	xuánguà	动
8546	凶巴巴	xiōngbābā	形		8583	悬崖	xuányá	名
8547	凶暴	xiōngbào	形		8584	选举	xuǎnjǔ	动
8548	凶残	xiōngcán	形		8585	选取	xuǎnqǔ	动
8549	凶手	xiōngshǒu	名		8586	选手	xuǎnshǒu	名
8550	汹涌	xiōngyǒng	动		8587	选项	xuǎnxiàng	名
8551	胸口	xiōngkǒu	名		8588	炫耀	xuànyào	动
8552	胸脯	xiōngpú	名		8589	旋风	xuànfēng	名
8553	胸膛	xiōngtáng	名		8590	靴子/靴	xuēzi/xuē	名
8554	胸围	xiōngwéi	名		8591	穴₁	xué	名
8555	胸有成竹	xiōngyǒuchéngzhú	~		8592	学生证	xuéshēngzhèng	名
8556	雄鹰	xióngyīng	名		8593	学堂	xuétáng	名
8557	雄壮	xióngzhuàng	形		8594	学问	xuéwen	名
8558	休闲	xiūxián	动		8595	学习班	xuéxíbān	名
8559	休想	xiūxiǎng	动		8596	学员	xuéyuán	名
8560	修₂	xiū	动		8597	雪亮	xuěliàng	形
8561	修补	xiūbǔ	动		8598	雪橇	xuěqiāo	名
8562	修剪	xiūjiǎn	动		8599	雪上加霜	xuěshàng-jiāshuāng	~
8563	修建	xiūjiàn	动		8600	雪中送炭	xuězhōng-sòngtàn	~
8564	羞耻	xiūchǐ	形		8601	血管	xuèguǎn	名
8565	羞答答	xiūdādā	形		8602	血迹	xuèjì	名
8566	羞愧	xiūkuì	形		8603	血丝	xuèsī	名

8604	血液	xuèyè	名	8641	演讲	yǎnjiǎng	动
8605	寻觅	xúnmì	动	8642	演示	yǎnshì	动
8606	寻思	xúnsi/xínsi	动	8643	演戏	yǎnxì	动
8607	巡逻	xúnluó	动	8644	鼹鼠	yǎnshǔ	名
8608	循环	xúnhuán	动	8645	厌	yàn	动、语素
8609	训	xùn	动	8646	厌烦	yànfán	动
8610	训斥	xùnchì	动	8647	厌倦	yànjuàn	动
8611	训练	xùnliàn	动	8648	厌恶	yànwù	动
8612	丫头	yātou	名	8649	艳	yàn	形
8613	压力	yālì	名	8650	艳丽	yànlì	形
8614	压缩	yāsuō	动	8651	宴会	yànhuì	名
8615	鸦雀无声	yāquè-wúshēng	~	8652	谚语	yànyǔ	名
8616	牙医	yáyī	名	8653	央求	yāngqiú	动
8617	哑口无言	yǎkǒu-wúyán	~	8654	扬	yáng	动
8618	亚军	yàjūn	名	8655	阳	yáng	语素
8619	咽₂	yān	名	8656	阳性	yángxìng	名
8620	咽喉	yānhóu	名	8657	杨柳	yángliǔ	名
8621	烟鬼	yānguǐ	名	8658	杨梅	yángméi	名
8622	烟雾	yānwù	名	8659	杨桃	yángtáo	名
8623	延长	yáncháng	动	8660	洋人	yángrén	名
8624	延伸	yánshēn	动	8661	仰望	yǎngwàng	动
8625	严寒	yánhán	形	8662	仰卧起坐	yǎngwò qǐzuò	名
8626	严禁	yánjìn	动	8663	仰泳	yǎngyǒng	名
8627	严肃	yánsù	形、动	8664	养病	yǎngbìng	动
8628	严重	yánzhòng	形	8665	养伤	yǎngshāng	动
8629	言	yán	语素	8666	养育	yǎngyù	动
8630	炎	yán	语素	8667	氧气	yǎngqì	名
8631	炎炎	yányán	形	8668	样式	yàngshì	名
8632	研究	yánjiū	动、名	8669	妖精	yāojing	名
8633	眼巴巴	yǎnbābā	形	8670	妖魔	yāomó	名
8634	眼光	yǎnguāng	名	8671	妖魔鬼怪	yāomó-guǐguài	~
8635	眼花缭乱	yǎnhuā-liáoluàn	~	8672	腰果	yāoguǒ	名
8636	眼角	yǎnjiǎo	名	8673	腰围	yāowéi	名
8637	眼镜蛇	yǎnjìngshé	名	8674	邀请	yāoqǐng	动
8638	眼球	yǎnqiú	名	8675	摇头晃脑	yáotóu-huàngnǎo	~
8639	眼睁睁	yǎnzhēngzhēng	形	8676	摇椅	yáoyǐ	名
8640	演唱会	yǎnchànghuì	名	8677	遥望	yáowàng	动

8678	遥遥领先	yáoyáo-lǐngxiān	～
8679	咬牙切齿	yǎoyá-qièchǐ	～
8680	咬	yǎo	动
8681	药材	yàocái	名
8682	药房	yàofáng	名
8683	药品	yàopǐn	名
8684	要饭	yàofàn	动
8685	要好	yàohǎo	形
8686	要紧	yàojǐn	形
8687	要领	yàolǐng	名
8688	要么	yàome	连
8689	要命	yàomìng	动
8690	耀眼	yàoyǎn	形
8691	野	yě	形
8692	野炊	yěchuī	动
8693	野人	yěrén	名
8694	野猪	yězhū	名
8695	业	yè	语素
8696	业余	yèyú	形
8697	页面	yèmiàn	名
8698	夜班	yèbān	名
8699	夜景	yèjǐng	名
8700	夜色	yèsè	名
8701	夜深人静	yèshēn-rénjìng	～
8702	夜宵	yèxiāo	名
8703	液	yè	语素
8704	液体	yètǐ	名
8705	一本正经	yīběn-zhèngjīng	～
8706	一尘不染	yīchén-bùrǎn	～
8707	一代	yīdài	名
8708	一带	yīdài	名
8709	一举两得	yījǔ-liǎngdé	～
8710	一举一动	yījǔ-yīdòng	～
8711	一连	yīlián	副
8712	一连串	yīliánchuàn	形
8713	一溜烟	yīliùyān	副
8714	一路顺风	yīlù-shùnfēng	～
8715	一目了然	yīmù-liǎorán	～
8716	一齐	yīqí	副
8717	一气之下	yīqì zhī xià	～
8718	一清二楚	yīqīng-èrchǔ	～
8719	一身	yīshēn	名
8720	一生	yīshēng	名
8721	一声不吭	yīshēng-bùkēng	～
8722	一声不响	yīshēng-bùxiǎng	～
8723	一时	yīshí	名、副
8724	一丝不苟	yīsī-bùgǒu	～
8725	一天到晚	yītiān-dàowǎn	～
8726	一团糟	yītuánzāo	形
8727	一望无边 / 一望无际 / 一望无垠	yīwàng-wúbiān / yīwàng-wújì / yīwàng-wúyín	～
8728	一五一十	yīwǔ-yīshí	～
8729	一向	yīxiàng	副
8730	一心	yīxīn	副、形
8731	一一	yīyī	副
8732	衣衫	yīshān	名
8733	衣物	yīwù	名
8734	医务室	yīwùshì	名
8735	医治	yīzhì	动
8736	依	yī	介、动
8737	依次	yīcì	副
8738	依旧	yījiù	动、副
8739	依靠	yīkào	动、名
8740	依赖	yīlài	动
8741	依然	yīrán	动、副
8742	依偎	yīwēi	动
8743	依依不舍	yīyī-bùshě	～
8744	仪	yí	语素
8745	仪器	yíqì	名
8746	仪式	yíshì	名
8747	疑惑	yíhuò	动、名
8748	疑问	yíwèn	名
8749	已	yǐ	副

8750	以₁	yǐ	语素
8751	以及	yǐjí	连
8752	以来	yǐlái	名方位
8753	以上	yǐshàng	名方位
8754	以往	yǐwǎng	名
8755	以下	yǐxià	名方位
8756	倚	yǐ	动
8757	艺术	yìshù	名、形
8758	艺术家	yìshùjiā	名
8759	艺术品	yìshùpǐn	名
8760	异	yì	语素
8761	异常	yìcháng	形、副
8762	异口同声	yìkǒu-tóngshēng	~
8763	易₁	yì	语素
8764	疫	yì	语素
8765	疫苗	yìmiáo	名
8766	疫情	yìqíng	名
8767	益虫	yìchóng	名
8768	益处	yìchù	名
8769	益鸟	yìniǎo	名
8770	意	yì	语素
8771	意想不到	yìxiǎng bù dào	~
8772	毅力	yìlì	名
8773	因	yīn	连、介、语素
8774	因此	yīncǐ	连
8775	因而	yīn'ér	连
8776	阴暗	yīn'àn	形
8777	阴沉	yīnchén	形
8778	阴冷	yīnlěng	形
8779	阴性	yīnxìng	名
8780	阴影	yīnyǐng	名
8781	阴雨	yīnyǔ	动
8782	音调	yīndiào	名
8783	音节	yīnjié	名
8784	音量	yīnliàng	名
8785	音箱	yīnxiāng	名
8786	音响	yīnxiǎng	名
8787	音乐会	yīnyuèhuì	名
8788	银牌	yínpái	名
8789	银杏	yínxìng	名
8790	引	yǐn	动
8791	引导	yǐndǎo	动
8792	引力	yǐnlì	名
8793	引起	yǐnqǐ	动
8794	引人注目	yǐnrén-zhùmù	~
8795	饮用	yǐnyòng	动
8796	隐蔽	yǐnbì	动、形
8797	隐藏	yǐncáng	动
8798	隐瞒	yǐnmán	动
8799	隐秘	yǐnmì	形
8800	隐形	yǐnxíng	形
8801	隐形眼镜	yǐnxíng yǎnjìng	~
8802	隐约	yǐnyuē	形
8803	瘾	yǐn	名
8804	印	yìn	动、名
8805	印刷	yìnshuā	动
8806	印象	yìnxiàng	名
8807	应₁	yīng	动助动
8808	应有尽有	yīngyǒu-jìnyǒu	~
8809	英俊	yīngjùn	形
8810	英勇	yīngyǒng	形
8811	樱花	yīnghuā	名
8812	鹦鹉学舌	yīngwǔ-xuéshé	~
8813	鹰	yīng	名
8814	迎春花	yíngchūnhuā	名
8815	迎风	yíngfēng	动、副
8816	迎战	yíngzhàn	动
8817	荧光	yíngguāng	名
8818	营	yíng	语素
8819	赢得	yíngdé	动
8820	影迷	yǐngmí	名
8821	影片/影片儿	yǐngpiàn/yǐngpiānr	名

8822	影视	yǐngshì	名	8859	邮件	yóujiàn	名
8823	影星	yǐngxīng	名	8860	邮箱	yóuxiāng	名
8824	应接不暇	yìngjiē-bùxiá	~	8861	犹如	yóurú	动
8825	应用	yìngyòng	动	8862	油灯	yóudēng	名
8826	映入眼帘	yìngrù yǎnlián	~	8863	油画	yóuhuà	名
8827	硬邦邦	yìngbāngbāng	形	8864	油亮	yóuliàng	形
8828	硬座	yìngzuò	名	8865	油漆	yóuqī	名
8829	拥	yōng	动	8866	油田	yóutián	名
8830	拥挤	yōngjǐ	动、形	8867	油烟	yóuyān	名
8831	拥有	yōngyǒu	动	8868	游船	yóuchuán	名
8832	永久	yǒngjiǔ	形	8869	游荡	yóudàng	动
8833	勇	yǒng	形	8870	游览	yóulǎn	动
8834	勇猛	yǒngměng	形	8871	游山玩水	yóushān-wánshuǐ	~
8835	勇士	yǒngshì	名	8872	友	yǒu	语素
8836	勇往直前	yǒngwǎng-zhíqián	~	8873	友好	yǒuhǎo	形
8837	勇于	yǒngyú	动	8874	友情	yǒuqíng	名
8838	涌	yǒng	动	8875	友谊	yǒuyì	名
8839	用具	yòngjù	名	8876	有的是	yǒudeshì	~
8840	用品	yòngpǐn	名	8877	有关	yǒuguān	动、介
8841	用途	yòngtú	名	8878	有惊无险	yǒujīng-wúxiǎn	~
8842	用心₁	yòngxīn	形	8879	有气无力	yǒuqì-wúlì	~
8843	用于	yòngyú	动	8880	有声有色	yǒushēng-yǒusè	~
8844	优惠	yōuhuì	形	8881	有数	yǒushù	动
8845	优美	yōuměi	形	8882	有限	yǒuxiàn	形
8846	优先	yōuxiān	动	8883	有效	yǒuxiào	动
8847	优雅	yōuyǎ	形	8884	有心	yǒuxīn	动、形、副
8848	优异	yōuyì	形	8885	有序	yǒuxù	形
8849	忧伤	yōushāng	形	8886	有益	yǒuyì	形
8850	幽灵	yōulíng	名	8887	有意	yǒuyì	动、副
8851	幽默	yōumò	形	8888	有着	yǒuzhe	动
8852	悠久	yōujiǔ	形	8889	幼	yòu	语素
8853	悠闲	yōuxián	形	8890	幼小	yòuxiǎo	形
8854	悠扬	yōuyáng	形	8891	幼稚	yòuzhì	形
8855	悠悠	yōuyōu	形	8892	诱饵	yòu'ěr	名
8856	由	yóu	介	8893	诱人	yòurén	动、形
8857	由来	yóulái	名	8894	于	yú	介、后缀
8858	邮寄	yóujì	动	8895	余	yú	动、数

编号	词	拼音	词性
8896	鱼饵	yú'ěr	名
8897	娱乐	yúlè	动、名
8898	愚蠢	yúchǔn	形
8899	与	yǔ	介、连
8900	与其	yǔqí	连
8901	与众不同	yǔzhòng-bùtóng	~
8902	宇航	yǔháng	动
8903	宇宙	yǔzhòu	名
8904	宇宙飞船	yǔzhòu fēichuán	~
8905	雨过天晴	yǔguò-tiānqíng	~
8906	雨花石	yǔhuāshí	名
8907	雨具	yǔjù	名
8908	雨露	yǔlù	名
8909	雨丝	yǔsī	名
8910	语调	yǔdiào	名
8911	语法	yǔfǎ	名
8912	语句	yǔjù	名
8913	语气	yǔqì	名
8914	语音	yǔyīn	名
8915	玉兰	yùlán	名
8916	玉石	yùshí	名
8917	郁金香	yùjīnxiāng	名
8918	郁闷	yùmèn	形
8919	郁郁葱葱	yùyùcōngcōng	形
8920	预	yù	语素
8921	预告	yùgào	动、名
8922	预赛	yùsài	动、名
8923	预言	yùyán	动、名
8924	欲	yù	副、语素
8925	寓言	yùyán	名
8926	冤枉	yuānwang	形、动
8927	元宵	yuánxiāo	名
8928	园丁	yuándīng	名
8929	园林	yuánlín	名
8930	员工	yuángōng	名
8931	原	yuán	形
8932	原本	yuánběn	副
8933	原先	yuánxiān	名
8934	原形	yuánxíng	名
8935	原样	yuányàng	名
8936	原野	yuányě	名
8937	圆滚滚	yuángǔngǔn	形
8938	源	yuán	语素
8939	源泉	yuánquán	名
8940	怨	yuàn	动、语素
8941	怨言	yuànyán	名
8942	院长	yuànzhǎng	名
8943	愿	yuàn	动助动、动、语素
8944	月季	yuèjì	名
8945	月票	yuèpiào	名
8946	月球	yuèqiú	名
8947	越₂	yuè	动
8948	越加	yuèjiā	副
8949	晕头转向	yūntóu-zhuànxiàng	~
8950	云海	yúnhǎi	名
8951	允许	yǔnxǔ	动
8952	运₂	yùn	语素
8953	运输	yùnshū	动
8954	运用	yùnyòng	动
8955	熨	yùn	动
8956	熨斗	yùndǒu	名
8957	熨烫	yùntàng	动
8958	杂技	zájì	名
8959	杂志	zázhì	名
8960	灾害	zāihài	名
8961	灾难	zāinàn	名
8962	灾区	zāiqū	名
8963	栽种	zāizhòng	动
8964	宰	zǎi	动
8965	再次	zàicì	副、代指示
8966	再接再厉	zàijiē-zàilì	~
8967	在场	zàichǎng	动
8968	在线	zàixiàn	动

- 139 -

8969	在意	zàiyì	动		9006	展翅	zhǎnchì	动
8970	在于	zàiyú	动		9007	展馆	zhǎnguǎn	名
8971	载₁	zài	动		9008	展览馆	zhǎnlǎnguǎn	名
8972	暂时	zànshí	形		9009	展品	zhǎnpǐn	名
8973	赞	zàn	动		9010	展示	zhǎnshì	动
8974	赞不绝口	zànbùjuékǒu	～		9011	展厅	zhǎntīng	名
8975	赞成	zànchéng	动		9012	展现	zhǎnxiàn	动
8976	赞歌	zàngē	名		9013	战场	zhànchǎng	名
8977	赞美	zànměi	动		9014	战斗机	zhàndòujī	名
8978	赞赏	zànshǎng	动		9015	战机₁	zhànjī	名
8979	赞叹	zàntàn	动		9016	战马	zhànmǎ	名
8980	赞同	zàntóng	动		9017	战友	zhànyǒu	名
8981	赞扬	zànyáng	动		9018	站₃	zhàn	名
8982	遭殃	zāoyāng	动		9019	站岗	zhàngǎng	动
8983	遭遇	zāoyù	动、名		9020	绽放	zhànfàng	动
8984	早报	zǎobào	名		9021	湛蓝	zhànlán	形
8985	早出晚归	zǎochū-wǎnguī	～		9022	张贴	zhāngtiē	动
8986	早点	zǎodiǎn	名		9023	张望	zhāngwàng	动
8987	早晚	zǎowǎn	名、副		9024	张牙舞爪	zhāngyá-wǔzhǎo	～
8988	藻	zǎo	名		9025	章₁	zhāng	量
8989	造型/造形	zàoxíng	动、名		9026	章₂	zhāng	名、语素
8990	噪音/噪声	zàoyīn/zàoshēng	名		9027	章鱼	zhāngyú	名
8991	责	zé	语素		9028	长辈	zhǎngbèi	名
8992	责怪	zéguài	动		9029	长相	zhǎngxiàng	名
8993	责骂	zémà	动		9030	涨₁	zhǎng	动
8994	责任	zérèn	名		9031	涨潮	zhǎngcháo	动
8995	增	zēng	动		9032	涨价	zhǎngjià	动
8996	增强	zēngqiáng	动		9033	丈	zhàng	量
8997	增添	zēngtiān	动		9034	仗₂	zhàng	动
8998	赠送	zèngsòng	动		9035	胀	zhàng	动、形
8999	扎₃	zhā	动		9036	涨₂	zhàng	动
9000	渣/渣子	zhā/zhāzi	名		9037	障碍	zhàng'ài	名
9001	眨巴	zhǎba	动		9038	招惹	zhāorě	动
9002	炸药	zhàyào	名		9039	招生	zhāoshēng	动
9003	宅	zhái	动、语素		9040	招引	zhāoyǐn	动
9004	窄小	zhǎixiǎo	形		9041	朝₂	zhāo	语素
9005	展	zhǎn	语素		9042	朝气	zhāoqì	名

9043	朝气蓬勃	zhāoqì-péngbó	~		9080	震惊	zhènjīng	形、动
9044	朝夕	zhāoxī	名、副		9081	镇₁/镇子	zhèn/zhènzi	名
9045	朝霞	zhāoxiá	名		9082	争辩	zhēngbiàn	动
9046	朝阳₂	zhāoyáng	名		9083	争斗	zhēngdòu	动
9047	爪	zhǎo	名		9084	争分夺秒	zhēngfēn-duómiǎo	~
9048	找钱	zhǎoqián	动		9085	争论	zhēnglùn	动
9049	找事	zhǎoshì	动		9086	争奇斗艳	zhēngqí-dòuyàn	~
9050	沼泽	zhǎozé	名		9087	争气	zhēngqì	动
9051	召唤	zhàohuàn	动		9088	争取	zhēngqǔ	动
9052	召开	zhàokāi	动		9089	征服	zhēngfú	动
9053	照₂	zhào	介、语素		9090	挣扎	zhēngzhá	动
9054	照办	zhàobàn	动		9091	蒸发	zhēngfā	动
9055	照看	zhàokàn	动		9092	蒸气	zhēngqì	名
9056	照料	zhàoliào	动		9093	蒸汽	zhēngqì	名
9057	照明	zhàomíng	动		9094	整洁	zhěngjié	形
9058	照射	zhàoshè	动		9095	整数	zhěngshù	名
9059	照耀	zhàoyào	动		9096	正门	zhèngmén	名
9060	罩	zhào	动、名		9097	正式	zhèngshì	形
9061	折腾	zhēteng	动		9098	正中	zhèngzhōng	名方位
9062	遮挡	zhēdǎng	动、名		9099	证	zhèng	名
9063	遮风挡雨	zhēfēng-dǎngyǔ	~		9100	证书	zhèngshū	名
9064	者	zhě	助		9101	政府	zhèngfǔ	名
9065	针对	zhēnduì	动		9102	之所以	zhīsuǒyǐ	连
9066	珍宝	zhēnbǎo	名		9103	支₂	zhī	动
9067	珍惜	zhēnxī	动		9104	枝杈	zhīchà	名
9068	真相	zhēnxiàng	名		9105	枝繁叶茂	zhīfán-yèmào	~
9069	诊所	zhěnsuǒ	名		9106	知了	zhīliǎo	名
9070	枕	zhěn	动		9107	知心	zhīxīn	形
9071	枕巾	zhěnjīn	名		9108	知足	zhīzú	形
9072	枕套	zhěntào	名		9109	执行	zhíxíng	动
9073	阵地	zhèndì	名		9110	直播	zhíbō	动
9074	振	zhèn	动		9111	直接	zhíjiē	形
9075	振动	zhèndòng	动		9112	直径	zhíjìng	名
9076	震	zhèn	动		9113	直升机	zhíshēngjī	名
9077	震荡	zhèndàng	动		9114	侄女	zhínǚ	名
9078	震耳欲聋	zhèn'ěr-yùlóng	~		9115	侄子	zhízi	名
9079	震撼	zhènhàn	动		9116	值	zhí	动、形、名

9117	值钱	zhíqián	形		9153	中指	zhōngzhǐ	名
9118	植	zhí	动		9154	忠实	zhōngshí	形、动
9119	止	zhǐ	动、副		9155	忠心	zhōngxīn	名
9120	只得	zhǐdé	副		9156	终	zhōng	副、语素
9121	只顾	zhǐgù	副		9157	终日	zhōngrì	副
9122	纸币	zhǐbì	名		9158	钟头	zhōngtóu	名
9123	纸张	zhǐzhāng	名		9159	肿	zhǒng	动
9124	指导	zhǐdǎo	动		9160	中₃	zhòng	动
9125	指点	zhǐdiǎn	动		9161	中毒	zhòngdú	动
9126	指定	zhǐdìng	动		9162	中计	zhòngjì	动
9127	指南针	zhǐnánzhēn	名		9163	中奖	zhòngjiǎng	动
9128	指手画脚/指手划脚	zhǐshǒu-huàjiǎo	~		9164	中暑	zhòngshǔ	动、名
					9165	众	zhòng	语素
9129	指纹	zhǐwén	名		9166	众多	zhòngduō	形
9130	指引	zhǐyǐn	动		9167	众人	zhòngrén	名
9131	指责	zhǐzé	动		9168	重₃	zhòng	形
9132	指针	zhǐzhēn	名		9169	重大	zhòngdà	形
9133	至	zhì	动、副		9170	重点	zhòngdiǎn	名、副
9134	至今	zhìjīn	副		9171	重力	zhònglì	名
9135	至少	zhìshǎo	副		9172	重视	zhòngshì	动
9136	至于	zhìyú	动、介		9173	周₂	zhōu	量
9137	志气	zhìqì	名		9174	周边	zhōubiān	名
9138	制	zhì	动、语素		9175	周游	zhōuyóu	动
9139	制定	zhìdìng	动		9176	咒语	zhòuyǔ	名
9140	制服₁	zhìfú	名		9177	皱纹	zhòuwén	名
9141	制服₂	zhìfú	动		9178	珠宝	zhūbǎo	名
9142	制造	zhìzào	动		9179	株	zhū	量
9143	制止	zhìzhǐ	动		9180	主干	zhǔgàn	名
9144	制作	zhìzuò	动		9181	主角	zhǔjué	名
9145	治疗	zhìliáo	动		9182	主人公	zhǔréngōng	名
9146	智慧	zhìhuì	名		9183	主席	zhǔxí	名
9147	智力	zhìlì	名		9184	主张	zhǔzhāng	动、名
9148	痣	zhì	名		9185	嘱咐	zhǔfù	动
9149	中₂	zhōng	名方位		9186	助	zhù	语素
9150	中华民族	Zhōnghuá Mínzú	~		9187	助人为乐	zhùrén-wéilè	~
9151	中医	zhōngyī	名		9188	助手	zhùshǒu	名
9152	中游	zhōngyóu	名		9189	助威	zhùwēi	动

9190	住处	zhùchù	名		9227	状	zhuàng	语素
9191	住房	zhùfáng	名		9228	状态	zhuàngtài	名
9192	住手	zhùshǒu	动		9229	撞击	zhuàngjī	动
9193	住宿	zhùsù	动		9230	幢	zhuàng	量
9194	住院	zhùyuàn	动		9231	追捕	zhuībǔ	动
9195	住宅	zhùzhái	名		9232	追击	zhuījī	动
9196	注目	zhùmù	动		9233	追求	zhuīqiú	动
9197	注意力	zhùyìlì	名		9234	追逐	zhuīzhú	动
9198	祝愿	zhùyuàn	动		9235	坠	zhuì	动、名
9199	蛀虫	zhùchóng	名		9236	坠落	zhuìluò	动
9200	筑	zhù	动		9237	准考证	zhǔnkǎozhèng	名
9201	抓耳挠腮	zhuā'ěr-náosāi	～		9238	准许	zhǔnxǔ	动
9202	抓获	zhuāhuò	动		9239	捉拿	zhuōná	动
9203	专	zhuān	形、副		9240	捉弄	zhuōnòng	动
9204	专家	zhuānjiā	名		9241	姿态	zītài	名
9205	专心致志	zhuānxīn-zhìzhì	～		9242	资料	zīliào	名
9206	转₃	zhuǎn	动		9243	资源	zīyuán	名
9207	转播	zhuǎnbō	动		9244	滋润	zīrùn	形、动
9208	转告	zhuǎngào	动		9245	龇牙咧嘴	zīyá-liězuǐ	～
9209	转换	zhuǎnhuàn	动		9246	子孙	zǐsūn	名
9210	转向₁	zhuǎnxiàng	动		9247	籽	zǐ	名
9211	转眼	zhuǎnyǎn	动		9248	紫菜	zǐcài	名
9212	转移	zhuǎnyí	动		9249	紫丁香	zǐdīngxiāng	名
9213	传₂	zhuàn	名		9250	紫红	zǐhóng	形
9214	转盘	zhuànpán	名		9251	紫荆	zǐjīng	名
9215	转向₂	zhuànxiàng	动		9252	自₁	zì	语素、副
9216	赚	zhuàn	动		9253	自₂	zì	介
9217	装₄	zhuāng	语素		9254	自卑	zìbēi	形
9218	装扮	zhuāngbàn	动		9255	自从	zìcóng	介
9219	装备	zhuāngbèi	动、名		9256	自大	zìdà	形
9220	装点	zhuāngdiǎn	动		9257	自告奋勇	zìgào-fènyǒng	～
9221	装订	zhuāngdìng	动		9258	自豪	zìháo	形
9222	装饰品	zhuāngshìpǐn	名		9259	自豪感	zìháogǎn	名
9223	装修	zhuāngxiū	动		9260	自觉	zìjué	形、动
9224	装置	zhuāngzhì	名		9261	自拍	zìpāi	动
9225	壮大	zhuàngdà	形、动		9262	自然界	zìránjiè	名
9226	壮丽	zhuànglì	形		9263	自杀	zìshā	动

编号	词	拼音	词性
9264	自私自利	zìsī-zìlì	~
9265	自相矛盾	zìxiāng-máodùn	~
9266	自信	zìxìn	动、名、形
9267	自由泳	zìyóuyǒng	名
9268	自在	zìzai	形
9269	自助餐	zìzhùcān	名
9270	自尊心	zìzūnxīn	名
9271	自作聪明	zìzuò-cōngmíng	~
9272	字迹	zìjì	名
9273	字体	zìtǐ	名
9274	字条	zìtiáo	名
9275	字帖	zìtiè	名
9276	棕色	zōngsè	名
9277	踪迹	zōngjì	名
9278	踪影/影踪	zōngyǐng/yǐngzōng	名
9279	总	zǒng	形、副
9280	总共	zǒnggòng	副
9281	总和	zǒnghé	名
9282	总结	zǒngjié	动、名
9283	总理	zǒnglǐ	名
9284	总统	zǒngtǒng	名
9285	总之	zǒngzhī	连
9286	走动	zǒudòng	动
9287	走着瞧	zǒuzheqiáo	~
9288	足够	zúgòu	动
9289	足迹	zújì	名
9290	族	zú	语素
9291	阻	zǔ	语素
9292	阻挡	zǔdǎng	动
9293	阻拦	zǔlán	动
9294	阻止	zǔzhǐ	动
9295	组合	zǔhé	动、名
9296	祖父	zǔfù	名
9297	祖母	zǔmǔ	名
9298	祖先	zǔxiān	名
9299	钻研	zuānyán	动
9300	嘴角	zuǐjiǎo	名
9301	最为	zuìwéi	副
9302	最终	zuìzhōng	名
9303	罪	zuì	名
9304	罪犯	zuìfàn	名
9305	醉汉	zuìhàn	名
9306	尊老爱幼	zūnlǎo-àiyòu	~
9307	尊重	zūnzhòng	动、形
9308	遵照	zūnzhào	动
9309	昨日	zuórì	名
9310	琢磨	zuómo	动
9311	左顾右盼	zuǒgù-yòupàn	~
9312	左撇子	zuǒpiězi	名
9313	作	zuò	动、语素
9314	作词	zuòcí	动
9315	作对	zuòduì	动
9316	作废	zuòfèi	动
9317	作家	zuòjiā	名
9318	作品	zuòpǐn	名
9319	作曲	zuòqǔ	动
9320	作为₁	zuòwéi	动、介
9321	作战	zuòzhàn	动
9322	作者	zuòzhě	名
9323	坐井观天	zuòjǐng-guāntiān	~
9324	坐牢	zuòláo	动
9325	坐立不安/坐卧不安	zuòlì-bù'ān/zuòwò-bù'ān	~
9326	坐落	zuòluò	动
9327	座椅/坐椅	zuòyǐ	名
9328	做工₁	zuògōng	动
9329	做人	zuòrén	动

5级

9330	哀愁	āichóu	形
9331	哀伤	āishāng	形
9332	哀痛	āitòng	形
9333	挨₃	ái	动
9334	癌	ái	名
9335	癌症	áizhèng	名

编号	词	拼音	词性
9336	爱抚	àifǔ	动
9337	爱国主义	àiguó zhǔyì	~
9338	爱理不理	àilǐ-bùlǐ	~
9339	爱怜	àilián	动
9340	爱情	àiqíng	名
9341	爱人	àiren	名
9342	碍	ài	动
9343	碍事	àishì	动、形
9344	安₃	ān	动
9345	安定	āndìng	形、动
9346	安放	ānfàng	动
9347	安分	ānfèn	形
9348	安好	ānhǎo	形
9349	安居乐业	ānjū-lèyè	~
9350	安乐	ānlè	形
9351	安全感	ānquángǎn	名
9352	安然	ānrán	形
9353	安危	ānwēi	名
9354	安稳	ānwěn	形
9355	安详	ānxiáng	形
9356	安心	ānxīn	形
9357	安逸	ānyì	形
9358	安置	ānzhì	动
9359	按₃	àn	动
9360	按部就班	ànbù-jiùbān	~
9361	按期	ànqī	副
9362	案板	ànbǎn	名
9363	案子₂	ànzi	名
9364	暗淡／黯淡	àndàn	形
9365	暗示	ànshì	动
9366	暗中	ànzhōng	名
9367	暗自	ànzì	副
9368	黯然失色	ànrán-shīsè	~
9369	肮脏	āngzāng	形
9370	昂	áng	动
9371	昂首阔步	ángshǒu-kuòbù	~
9372	昂扬	ángyáng	形
9373	盎然	àngrán	形
9374	凹	āo	形
9375	傲然	àorán	形
9376	懊悔	àohuǐ	动
9377	懊恼	àonǎo	形
9378	巴不得	bābudé	动
9379	巴结	bājie	动
9380	芭蕉	bājiāo	名
9381	拔刀相助	bádāo-xiāngzhù	~
9382	拔地而起	bádì'érqǐ	~
9383	拔高	bágāo	动
9384	拔尖儿	bájiānr	形、动
9385	拔苗助长／揠苗助长	bámiáo-zhùzhǎng／yàmiáo-zhùzhǎng	~
9386	把₄	bǎ	量
9387	把₅	bǎ	动
9388	把柄	bǎbǐng	名
9389	把戏	bǎxì	名
9390	靶／靶子	bǎ/bǎzi	名
9391	坝	bà	名
9392	罢工	bàgōng	动
9393	罢了	bàle	助
9394	罢休	bàxiū	动
9395	霸	bà	名、动
9396	霸气	bàqì/bàqi	名／形
9397	白花花	báihuāhuā	形
9398	白净	báijing	形
9399	白日做梦	báirì-zuòmèng	~
9400	白眼	báiyǎn	名
9401	白衣天使	báiyī tiānshǐ	~
9402	白昼	báizhòu	名
9403	百般	bǎibān	副、数量
9404	百科	bǎikē	名
9405	百科全书	bǎikē quánshū	~
9406	百思不得其解	bǎi sī bù dé qí jiě	~
9407	百闻不如一见	bǎi wén bùrú yī jiàn	~

9408	百依百顺	bǎiyī-bǎishùn	～	9445	保险柜	bǎoxiǎnguì	名
9409	摆设	bǎishè/bǎishe	动/名	9446	保险丝	bǎoxiǎnsī	名
9410	败₃	bài	动	9447	保险箱	bǎoxiǎnxiāng	名
9411	拜佛	bàifó	动	9448	保修	bǎoxiū	动
9412	拜见	bàijiàn	动	9449	保障	bǎozhàng	动、名
9413	扳	bān	动	9450	保证书	bǎozhèngshū	名
9414	班门弄斧	bānmén-nòngfǔ	～	9451	保质期	bǎozhìqī	名
9415	斑斑	bānbān	形	9452	保重	bǎozhòng	动
9416	斑斓	bānlán	形	9453	报₃	bào	动
9417	搬迁	bānqiān	动	9454	报案	bào'àn	动
9418	板₂	bǎn	动	9455	报酬	bàochou	名
9419	板书	bǎnshū	动、名	9456	报答	bàodá	动
9420	版	bǎn	名、量	9457	报道/报导	bàodào/bàodǎo	动、名
9421	办理	bànlǐ	动	9458	报国	bàoguó	动
9422	半死不活	bànsǐ-bùhuó	～	9459	报刊	bàokān	名
9423	伴侣	bànlǚ	名	9460	报社	bàoshè	名
9424	帮₂	bāng	量、语素	9461	报亭	bàotíng	名
9425	绑架	bǎngjià	动	9462	报喜	bàoxǐ	动
9426	榜	bǎng	名	9463	报销	bàoxiāo	动
9427	膀子	bǎngzi	名	9464	报效	bàoxiào	动
9428	蚌	bàng	名	9465	鲍鱼	bàoyú	名
9429	棒球	bàngqiú	名	9466	暴₂	bào	动
9430	傍	bàng	动	9467	暴风骤雨	bàofēng-zhòuyǔ	～
9431	磅	bàng	量、名	9468	暴力	bàolì	名
9432	包₂	bāo	动	9469	暴跳如雷	bàotiào-rúléi	～
9433	包罗万象	bāoluó-wànxiàng	～	9470	卑鄙	bēibǐ	形
9434	包容	bāoróng	动	9471	卑微	bēiwēi	形
9435	煲	bāo	名、动	9472	悲愤	bēifèn	形
9436	饱满	bǎomǎn	形	9473	悲观	bēiguān	形
9437	宝物	bǎowù	名	9474	悲剧	bēijù	名
9438	保₂	bǎo	动	9475	悲凉	bēiliáng	形
9439	保镖	bǎobiāo	名	9476	悲壮	bēizhuàng	形
9440	保龄球	bǎolíngqiú	名	9477	碑	bēi	名
9441	保全	bǎoquán	动	9478	备课	bèikè	动
9442	保守	bǎoshǒu	动、形	9479	背₄	bèi	动、形
9443	保鲜	bǎoxiān	动	9480	背叛	bèipàn	动
9444	保险	bǎoxiǎn	名、形、动	9481	倍加	bèijiā	副

9482	倍增	bèizēng	动
9483	辈	bèi	名
9484	辈子	bèizi	名
9485	奔波	bēnbō	动
9486	奔放	bēnfàng	形
9487	奔腾	bēnténg	动
9488	奔走	bēnzǒu	动
9489	本₂	běn	名
9490	本₃	běn	副
9491	本₄	běn	代指示
9492	本地	běndì	名
9493	本能	běnnéng	名
9494	本人	běnrén	代人称
9495	本色	běnsè	名
9496	本性	běnxìng	名
9497	本意	běnyì	名
9498	本质	běnzhì	名
9499	笨鸟先飞	bènniǎo-xiānfēi	～
9500	崩	bēng	动
9501	崩溃	bēngkuì	动
9502	逼迫	bīpò	动
9503	鼻青脸肿	bíqīng-liǎnzhǒng	～
9504	比例	bǐlì	名
9505	彼	bǐ	代指示、代人称
9506	彼岸	bǐ'àn	名
9507	笔₂	bǐ	量
9508	笔迹	bǐjì	名
9509	笔名	bǐmíng	名
9510	笔墨	bǐmò	名
9511	笔挺	bǐtǐng	形
9512	鄙视	bǐshì	动
9513	必备	bìbèi	动
9514	必然	bìrán	形、名
9515	必需	bìxū	动
9516	必要	bìyào	形
9517	毕业生	bìyèshēng	名
9518	弊	bì	语素
9519	壁画	bìhuà	名
9520	避风	bìfēng	动
9521	避难	bìnàn	动
9522	臂膀	bìbǎng	名
9523	边关	biānguān	名
9524	边际	biānjì	名
9525	边界	biānjiè	名
9526	边塞	biānsài	名
9527	编辑	biānjí	动、名
9528	编者	biānzhě	名
9529	扁担	biǎndan	名
9530	变卦	biànguà	动
9531	变质	biànzhì	动
9532	便₂	biàn	连
9533	便₃	biàn	语素
9534	便捷	biànjié	形
9535	便利	biànlì	形、动
9536	便利店	biànlìdiàn	名
9537	便于	biànyú	动
9538	遍布	biànbù	动
9539	遍野	biànyě	动
9540	辨	biàn	动
9541	辩	biàn	动
9542	辩论	biànlùn	动
9543	标	biāo	动
9544	标兵	biāobīng	名
9545	表₄	biǎo	动
9546	表决	biǎojué	动
9547	别出心裁	biéchū-xīncái	～
9548	别具一格／独具一格	biéjù-yīgé／dújù-yīgé	～
9549	别说	biéshuō	连
9550	别有用心	biéyǒu-yòngxīn	～
9551	瘪	biě	形
9552	宾客	bīnkè	名
9553	濒临	bīnlín	动

9554	兵力	bīnglì		名		9591	不负众望	bùfù-zhòngwàng	～
9555	兵马俑	bīngmǎyǒng		名		9592	不敢当	bùgǎndāng	动
9556	兵强马壮	bīngqiáng-mǎzhuàng		～		9593	不合	bùhé	动、形
9557	柄	bǐng		名		9594	不计其数	bùjì-qíshù	～
9558	并₂	bìng		动、副、连		9595	不假思索	bùjiǎ-sīsuǒ	～
9559	并₃	bìng		动		9596	不见得	bùjiàndé	副
9560	并非	bìngfēi		动		9597	不经意	bùjīngyì	～
9561	病例	bìnglì		名		9598	不堪	bùkān	动、形
9562	病症	bìngzhèng		名		9599	不可告人	bùkě-gàorén	～
9563	拨₂	bō		动、量		9600	不劳而获	bùláo'érhuò	～
9564	拨弄	bōnòng		动		9601	不利	bùlì	形
9565	波动	bōdòng		动		9602	不良	bùliáng	形
9566	波澜	bōlán		名		9603	不了了之	bùliǎo-liǎozhī	～
9567	波折	bōzhé		名		9604	不免	bùmiǎn	副
9568	播报	bōbào		动		9605	不平	bùpíng	形
9569	泊	bó		动		9606	不屈	bùqū	动
9570	博爱	bó'ài		动		9607	不屈不挠	bùqū-bùnáo	～
9571	博采众长	bócǎi-zhòngcháng		～		9608	不忍	bùrěn	动
9572	博得	bódé		动		9609	不容	bùróng	动
9573	博客	bókè		名		9610	不容分说	bùróng-fēnshuō	～
9574	搏斗	bódòu		动		9611	不三不四	bùsān-bùsì	～
9575	搏击	bójī		动		9612	不胜	bùshèng	动、副
9576	补丁	bǔdīng		名		9613	不速之客	bùsùzhīkè	～
9577	补救	bǔjiù		动		9614	不为人知	bùwéirénzhī	～
9578	捕获	bǔhuò		动		9615	不闻不问	bùwén-bùwèn	～
9579	哺育	bǔyù		动		9616	不惜	bùxī	动
9580	不败之地	bùbàizhīdì		～		9617	不下	bùxià	动
9581	不卑不亢	bùbēi-bùkàng		～		9618	不屑	bùxiè	动
9582	不便	bùbiàn		形、动		9619	不懈	bùxiè	形
9583	不出所料	bùchū-suǒliào		～		9620	不朽	bùxiǔ	动
9584	不辞而别	bùcí'érbié		～		9621	不锈钢	bùxiùgāng	名
9585	不当	bùdàng		形		9622	不厌其烦	bùyàn qí fán	～
9586	不定	bùdìng		形、副		9623	不要脸	bùyàoliǎn	形
9587	不对头	bùduìtóu				9624	不以为然	bùyǐwéirán	～
9588	不凡	bùfán		形		9625	不亦乐乎	bùyìlèhū	～
9589	不妨	bùfáng		副		9626	不翼而飞	bùyì'érfēi	～
9590	不服₂	bùfú		动		9627	不知所措	bùzhī-suǒcuò	～

9628	不值一提	bùzhí-yītí	~		9664	残余	cányú	动、名
9629	不至于	bùzhìyú	动		9665	蚕茧	cánjiǎn	名
9630	不周	bùzhōu	形		9666	惨白	cǎnbái	形
9631	不着边际	bùzhuó-biānjì	~		9667	惨不忍睹	cǎnbùrěndǔ	~
9632	不自量力／自不量力	bùzìliànglì／zìbùliànglì	~		9668	惨烈	cǎnliè	形
					9669	惨痛	cǎntòng	形
9633	布告	bùgào	名、动		9670	惨重	cǎnzhòng	形
9634	步兵	bùbīng	名		9671	仓	cāng	名
9635	步入	bùrù	动		9672	苍苍	cāngcāng	形
9636	步行街	bùxíngjiē	名		9673	苍劲	cāngjìng	形
9637	部₃	bù	名		9674	苍老	cānglǎo	形
9638	部落	bùluò	名		9675	苍凉	cāngliáng	形
9639	部门	bùmén	名		9676	苍穹	cāngqióng	名
9640	部下	bùxià	名		9677	苍鹰	cāngyīng	名
9641	擦拭	cāshì	动		9678	沧桑	cāngsāng	名
9642	才₄	cái	名、语素		9679	舱	cāng	名
9643	才华	cáihuá	名		9680	藏龙卧虎／卧虎藏龙	cánglóng-wòhǔ／wòhǔ-cánglóng	~
9644	才艺	cáiyì	名					
9645	材	cái	语素		9681	藏身	cángshēn	动
9646	财	cái	名		9682	操办	cāobàn	动
9647	财产	cáichǎn	名		9683	操练	cāoliàn	动
9648	财富	cáifù	名		9684	操心	cāoxīn	动
9649	财物	cáiwù	名		9685	嘈杂	cáozá	形
9650	采₂	cǎi	动		9686	槽	cáo	名
9651	采伐	cǎifá	动		9687	草₂	cǎo	形
9652	采购	cǎigòu	动		9688	草草	cǎocǎo	副
9653	采集	cǎijí	动		9689	草率	cǎoshuài	形
9654	采取	cǎiqǔ	动		9690	侧身	cèshēn	动
9655	菜肴	càiyáo	名		9691	测量	cèliáng	动
9656	参与	cānyù	动		9692	策略	cèlüè	名
9657	参照	cānzhào	动		9693	层出不穷	céngchū-bùqióng	~
9658	残害	cánhài	动		9694	层次	céngcì	名
9659	残酷	cánkù	形		9695	曾几何时	céngjǐhéshí	~
9660	残留	cánliú	动		9696	差异	chāyì	名
9661	残破	cánpò	形		9697	插曲	chāqǔ	名
9662	残缺	cánquē	动		9698	茶艺	cháyì	名
9663	残杀	cánshā	动		9699	搽	chá	动

9700	察言观色	cháyán-guānsè	~
9701	岔	chà	动、名
9702	刹那	chànà	名
9703	拆除	chāichú	动
9704	拆迁	chāiqiān	动
9705	拆散	chāisàn	动
9706	拆卸	chāixiè	动
9707	柴火	cháihuo	名
9708	柴米油盐	chái-mǐ-yóu-yán	~
9709	掺杂	chānzá	动
9710	搀扶	chānfú	动
9711	潺潺	chánchán	拟声
9712	蟾蜍	chánchú	名
9713	产地	chǎndì	名
9714	铲除	chǎnchú	动
9715	颤	chàn	动
9716	长河	chánghé	名
9717	长久	chángjiǔ	形
9718	长空	chángkōng	名
9719	常规	chángguī	名、形
9720	常人	chángrén	名
9721	厂房	chǎngfáng	名
9722	厂家	chǎngjiā	名
9723	厂商	chǎngshāng	名
9724	场馆	chǎngguǎn	名
9725	场合	chǎnghé	名
9726	场面	chǎngmiàn	名
9727	畅	chàng	语素
9728	畅快	chàngkuài	形
9729	畅通	chàngtōng	形
9730	畅销	chàngxiāo	动
9731	唱片／唱片儿	chàngpiàn/chàngpiānr	名
9732	抄袭	chāoxí	动
9733	超	chāo	动、副、语素
9734	超车	chāochē	动
9735	超声波	chāoshēngbō	名
9736	超速	chāosù	动
9737	巢穴	cháoxué	名
9738	朝₃	cháo	名
9739	朝代	cháodài	名
9740	朝廷	cháotíng	名
9741	嘲讽	cháofěng	动
9742	嘲弄	cháonòng	动
9743	潮流	cháoliú	名
9744	车流	chēliú	名
9745	车水马龙	chēshuǐ-mǎlóng	~
9746	车位	chēwèi	名
9747	撤	chè	动
9748	撤退	chètuì	动
9749	尘埃	chén'āi	名
9750	沉淀	chéndiàn	动、名
9751	沉积	chénjī	动
9752	沉浸	chénjìn	动
9753	沉静	chénjìng	形
9754	沉闷	chénmèn	形
9755	沉住气	chénzhùqì	~
9756	沉醉	chénzuì	动
9757	陈	chén	形
9758	晨光	chénguāng	名
9759	衬托	chèntuō	动
9760	称心	chènxīn	形
9761	称心如意	chènxīn-rúyì	~
9762	称职	chènzhí	形
9763	趁热打铁	chènrè-dǎtiě	~
9764	撑腰	chēngyāo	动
9765	成₄	chéng	量
9766	成才	chéngcái	动
9767	成材	chéngcái	动
9768	成果	chéngguǒ	名
9769	成年₁	chéngnián	动
9770	成年₂	chéngnián	副
9771	成年累月	chéngnián-lěiyuè	~

9772	成人	chéngrén	名、动		9809	重₄	chóng	量
9773	成像	chéngxiàng	动		9810	重重	chóngchóng	形
9774	成形	chéngxíng	动		9811	重逢	chóngféng	动
9775	丞相/宰相	chéngxiàng/zǎixiàng	名		9812	重峦叠嶂/层峦叠嶂/峰峦叠嶂	chóngluán-diézhàng/céngluán-diézhàng/fēngluán-diézhàng	~
9776	呈现	chéngxiàn	动		9813	重温	chóngwēn	动
9777	诚信	chéngxìn	形		9814	重现	chóngxiàn	动
9778	诚意	chéngyì	名		9815	重演	chóngyǎn	动
9779	承担	chéngdān	动		9816	崇拜	chóngbài	动
9780	承诺	chéngnuò	动、名		9817	崇敬	chóngjìng	动
9781	承受	chéngshòu	动		9818	崇尚	chóngshàng	动
9782	城管	chéngguǎn	名		9819	宠儿	chǒng'ér	名
9783	城区	chéngqū	名		9820	冲₄	chòng	介
9784	城镇	chéngzhèn	名		9821	抽查	chōuchá	动
9785	乘风破浪	chéngfēng-pòlàng	~		9822	抽搐	chōuchù	动
9786	乘务员	chéngwùyuán	名		9823	抽动	chōudòng	动
9787	程	chéng	语素		9824	抽空	chōukòng	动
9788	程序	chéngxù	名		9825	抽泣/抽噎	chōuqì/chōuyē/chōuyē	动
9789	吃喝玩乐	chī-hē-wán-lè	~		9826	抽取	chōuqǔ	动
9790	吃苦耐劳	chīkǔ-nàiláo	~		9827	抽象	chōuxiàng	动、形
9791	痴呆	chīdāi	形		9828	抽油烟机/油烟机/吸油烟机/吸排油烟机	chōuyóuyānjī/yóuyānjī/xīyóuyānjī/xīpáiyóuyānjī	名
9792	痴迷	chīmí	动					
9793	痴心妄想	chīxīn-wàngxiǎng	~		9829	仇恨	chóuhèn	动、名
9794	迟缓	chíhuǎn	形		9830	仇人	chóurén	名
9795	迟疑	chíyí	形		9831	绸缎	chóuduàn	名
9796	持	chí	动		9832	稠	chóu	形
9797	持久	chíjiǔ	形		9833	稠密	chóumì	形
9798	持续	chíxù	动		9834	愁苦	chóukǔ	形
9799	持之以恒	chízhīyǐhéng	~		9835	愁容	chóuróng	名
9800	耻辱	chǐrǔ	名		9836	踌躇	chóuchú	形
9801	耻笑	chǐxiào	动		9837	丑恶	chǒu'è	形
9802	斥	chì	语素		9838	出₃	chū	量
9803	赤手空拳	chìshǒu-kōngquán	~		9839	出版社	chūbǎnshè	名
9804	冲动	chōngdòng	名、形		9840	出产	chūchǎn	动、名
9805	冲突	chōngtū	动					
9806	冲撞	chōngzhuàng	动					
9807	充沛	chōngpèi	形					
9808	憧憬	chōngjǐng	动					

9841	出丑	chūchǒu	动
9842	出处	chūchù	名
9843	出风头	chūfēngtou	～
9844	出击	chūjī	动
9845	出嫁	chūjià	动
9846	出口₃	chūkǒu	动
9847	出口成章	chūkǒu-chéngzhāng	～
9848	出力	chūlì	动
9849	出路	chūlù	名
9850	出品	chūpǐn	名、动
9851	出气	chūqì	动
9852	出勤	chūqín	动
9853	出人意料	chūrényìliào	～
9854	出入	chūrù	动、名
9855	出身	chūshēn	动、名
9856	出示	chūshì	动
9857	出手	chūshǒu	动
9858	出行	chūxíng	动
9859	出演	chūyǎn	动
9860	出洋相	chūyángxiàng	～
9861	出游	chūyóu	动
9862	出于	chūyú	动
9863	出众	chūzhòng	形
9864	出自	chūzì	动
9865	除此之外 / 除此以外	chúcǐzhīwài/ chúcǐyǐwài	～
9866	除外	chúwài	动
9867	处₂	chǔ	动
9868	处境	chǔjìng	名
9869	处于	chǔyú	动
9870	储备	chǔbèi	动、名
9871	储藏	chǔcáng	动
9872	储蓄	chǔxù	动、名
9873	楚楚动人	chǔchǔ-dòngrén	～
9874	处₃	chù	名
9875	处所	chùsuǒ	名
9876	触电	chùdiàn	动
9877	触动	chùdòng	动
9878	触景生情	chùjǐng-shēngqíng	～
9879	触觉	chùjué	名
9880	揣	chuāi	动
9881	穿梭	chuānsuō	动
9882	穿行	chuānxíng	动
9883	穿着	chuānzhuó	名
9884	传唱	chuánchàng	动
9885	传导	chuándǎo	动
9886	传神	chuánshén	形
9887	传输	chuánshū	动
9888	传诵	chuánsòng	动
9889	传颂	chuánsòng	动
9890	船舱	chuáncāng	名
9891	船家	chuánjiā	名
9892	船员	chuányuán	名
9893	串通	chuàntōng	动
9894	疮	chuāng	名
9895	窗明几净	chuāngmíng-jījìng	～
9896	创	chuàng	动
9897	创办	chuàngbàn	动
9898	创建	chuàngjiàn	动
9899	创立	chuànglì	动
9900	创新	chuàngxīn	动、名
9901	创意	chuàngyì	名、动
9902	吹拂	chuīfú	动
9903	吹捧	chuīpěng	动
9904	吹奏	chuīzòu	动
9905	炊烟	chuīyān	名
9906	垂落	chuíluò	动
9907	垂涎三尺	chuíxián-sānchǐ	～
9908	垂涎欲滴	chuíxián-yùdī	～
9909	春寒	chūnhán	名
9910	纯	chún	形、副
9911	纯粹	chúncuì	形、副
9912	纯洁	chúnjié	形、动
9913	纯朴	chúnpǔ	形

9914	纯真	chúnzhēn	形		9951	促进	cùjìn	动
9915	纯正	chúnzhèng	形		9952	促使	cùshǐ	动
9916	淳朴	chúnpǔ	形		9953	促销	cùxiāo	动
9917	蠢蠢欲动	chǔnchǔn-yùdòng	~		9954	簇	cù	量
9918	戳穿	chuōchuān	动		9955	簇拥	cùyōng	动
9919	绰绰有余	chuòchuò-yǒuyú	~		9956	摧残	cuīcán	动
9920	词汇	cíhuì	名		9957	脆弱	cuìruò	形
9921	辞₁	cí	动、语素		9958	存活	cúnhuó	动
9922	辞退	cítuì	动		9959	存心	cúnxīn	副、动
9923	辞职	cízhí	动		9960	存折	cúnzhé	名
9924	慈善	císhàn	形		9961	寸步难行	cùnbù-nánxíng	~
9925	磁	cí	名		9962	寸草不生	cùncǎo-bùshēng	~
9926	磁卡	cíkǎ	名		9963	撮₁	cuō	动、量
9927	磁盘	cípán	名		9964	挫折	cuòzhé	名
9928	雌	cí	形		9965	措施	cuòshī	名
9929	雌性	cíxìng	名		9966	措手不及	cuòshǒu-bùjí	~
9930	雌雄	cíxióng	名		9967	错过	cuòguò	动
9931	此后	cǐhòu	名		9968	错乱	cuòluàn	形
9932	此刻	cǐkè	名		9969	搭₂	dā	动、形
9933	此起彼伏	cǐqǐ-bǐfú	~		9970	搭车	dāchē	动
9934	此前	cǐqián	名		9971	搭乘	dāchéng	动
9935	次₃	cì	形		9972	搭话	dāhuà	动
9936	刺₄	cì	动		9973	搭建	dājiàn	动
9937	刺绣	cìxiù	动、名		9974	打₄	dá	量
9938	赐	cì	动		9975	达标	dábiāo	动
9939	葱绿	cōnglǜ	形		9976	达成	dáchéng	动
9940	从军	cóngjūn	动		9977	答非所问	dáfēisuǒwèn	~
9941	从容	cóngróng	形		9978	答复	dáfù	动、名
9942	从容不迫	cóngróng-bùpò	~		9979	答卷	dájuàn	动、名
9943	丛林	cónglín	名		9980	打₅	dǎ	动
9944	凑合	còuhe	动		9981	打₆	dǎ	介
9945	凑近	còujìn	动		9982	打靶	dǎbǎ	动
9946	凑巧	còuqiǎo	形		9983	打抱不平/抱不平	dǎbàobùpíng/bàobùpíng	~
9947	粗暴	cūbào	形		9984	打工族	dǎgōngzú	名
9948	粗茶淡饭	cūchá-dànfàn	~		9985	打鼾	dǎhān	动
9949	粗略	cūlüè	形		9986	打击	dǎjī	动
9950	粗俗	cūsú	形					

9987	打磨	dǎmó	动		10023	大致	dàzhì	形、副
9988	打探	dǎtàn	动		10024	大众	dàzhòng	名
9989	打杂	dǎzá	动		10025	大作₂	dàzuò	名
9990	打转	dǎzhuàn	动		10026	呆板	dāibǎn	形
9991	大材小用	dàcái-xiǎoyòng	～		10027	歹毒	dǎidú	形
9992	大打出手	dàdǎchūshǒu	～		10028	代₂	dài	动
9993	大大咧咧	dàdaliēliē	形		10029	代表性	dàibiǎoxìng	名
9994	大度	dàdù	形		10030	代号	dàihào	名
9995	大恩大德	dà'ēn-dàdé	～		10031	代价	dàijià	名
9996	大发雷霆	dàfā-léitíng	～		10032	带动	dàidòng	动
9997	大海捞针	dàhǎi-lāozhēn	～		10033	待遇	dàiyù	名
9998	大好	dàhǎo	形		10034	丹	dān	语素
9999	大红大紫	dàhóng-dàzǐ	～		10035	丹顶鹤	dāndǐnghè	名
10000	大惑不解	dàhuò-bùjiě	～		10036	担₁	dān	动
10001	大漠	dàmò	名		10037	担当	dāndāng	动
10002	大难不死	dànàn-bùsǐ	～		10038	担架	dānjià	名
10003	大难临头	dànàn-líntóu	～		10039	担惊受怕	dānjīng-shòupà	～
10004	大排档	dàpáidàng	名		10040	单₃	dān	副
10005	大片／大片儿	dàpiàn/dàpiānr	名		10041	单薄	dānbó	形
10006	大气₂	dàqì	名、形		10042	单纯	dānchún	形
10007	大气层	dàqìcéng	名		10043	单单	dāndān	副
10008	大千世界	dàqiān-shìjiè	～		10044	单杠	dāngàng	名
10009	大人₂	dàren	名		10045	胆₂	dǎn	名
10010	大失所望	dàshī-suǒwàng	～		10046	胆大妄为	dǎndà-wàngwéi	～
10011	大使	dàshǐ	名		10047	胆大心细	dǎndà-xīnxì	～
10012	大手大脚	dàshǒu-dàjiǎo	～		10048	胆敢	dǎngǎn	动
10013	大堂	dàtáng	名		10049	胆怯	dǎnqiè	形
10014	大体	dàtǐ	名、副		10050	担₂	dàn	名、量
10015	大同小异	dàtóng-xiǎoyì	～		10051	担子	dànzi	名
10016	大为	dàwéi	副		10052	淡然	dànrán	形
10017	大喜	dàxǐ	动		10053	淡雅	dànyǎ	形
10018	大喜过望	dàxǐ-guòwàng	～		10054	当代	dāngdài	名
10019	大显神通	dàxiǎn-shéntōng	～		10055	当机立断	dāngjī-lìduàn	～
10020	大相径庭	dàxiāng-jìngtíng	～		10056	当空	dāngkōng	动
10021	大言不惭	dàyán-bùcán	～		10057	当年₁	dāngnián	名
10022	大张旗鼓	dàzhāng-qígǔ	～		10058	当日₁	dāngrì	名
					10059	当头	dāngtóu	副、动

10060	当下	dāngxià	名、副	10097	登陆	dēnglù	动
10061	当众	dāngzhòng	副	10098	等式	děngshì	名
10062	挡箭牌	dǎngjiànpái	名	10099	低潮	dīcháo	名
10063	党	dǎng	名	10100	低沉	dīchén	形
10064	党员	dǎngyuán	名	10101	低落	dīluò	形
10065	当时₂	dàngshí	副	10102	低声下气	dīshēng-xiàqì	~
10066	当天	dàngtiān	名	10103	堤	dī	名
10067	荡气回肠	dàngqì-huícháng	~	10104	堤坝	dībà	名
10068	荡然无存	dàngrán-wúcún	~	10105	滴溜溜	dīliūliū	形
10069	档	dàng	量、语素	10106	敌视	díshì	动
10070	档案	dàng'àn	名	10107	敌意	díyì	名
10071	刀口	dāokǒu	名	10108	抵₁	dǐ	动
10072	刀刃	dāorèn	名	10109	抵达	dǐdá	动
10073	导弹	dǎodàn	名	10110	抵挡	dǐdǎng	动
10074	导电	dǎodiàn	动	10111	抵抗	dǐkàng	动
10075	导管	dǎoguǎn	名	10112	抵赖	dǐlài	动
10076	导致	dǎozhì	动	10113	底稿	dǐgǎo	名
10077	捣	dǎo	动	10114	底座	dǐzuò	名
10078	到场	dàochǎng	动	10115	地步	dìbù	名
10079	到家	dàojiā	形	10116	地道₂	dìdao	形
10080	到期	dàoqī	动	10117	地广人稀	dìguǎng-rénxī	~
10081	倒背如流	dàobèi-rúliú	~	10118	地基	dìjī	名
10082	倒计时	dàojìshí	动	10119	地理	dìlǐ	名
10083	倒栽葱	dàozāicōng	名	10120	地平线	dìpíngxiàn	名
10084	盗用	dàoyòng	动	10121	地壳	dìqiào	名
10085	盗贼	dàozéi	名	10122	地势	dìshì	名
10086	道₃	dào	语素	10123	地下水	dìxiàshuǐ	名
10087	道教	dàojiào	名	10124	地狱	dìyù	名
10088	稻穗	dàosuì	名	10125	地域	dìyù	名
10089	得寸进尺	décùn-jìnchǐ	~	10126	地质	dìzhì	名
10090	得胜	déshèng	动	10127	弟子	dìzǐ	名
10091	得失	déshī	名	10128	帝国主义	dìguó zhǔyì	~
10092	得手	déshǒu	动	10129	帝王	dìwáng	名
10093	得心应手	déxīn-yìngshǒu	~	10130	颠	diān	动
10094	得志	dézhì	动	10131	颠倒	diāndǎo	动
10095	灯丝	dēngsī	名	10132	典故	diǎngù	名
10096	登机	dēngjī	动	10133	典型	diǎnxíng	名、形

编号	词语	拼音	词性
10134	典雅	diǎnyǎ	形
10135	点球	diǎnqiú	名
10136	电表	diànbiǎo	名
10137	电波	diànbō	名
10138	电磁炉	diàncílú	名
10139	电力	diànlì	名
10140	电流	diànliú	名
10141	电路	diànlù	名
10142	电能	diànnéng	名
10143	电子版	diànzǐbǎn	名
10144	店家	diànjiā	名
10145	店员	diànyuán	名
10146	垫₂	diàn	动
10147	淀粉	diànfěn	名
10148	惦记	diànjì	动
10149	殿	diàn	名
10150	殿堂	diàntáng	名
10151	刁	diāo	形
10152	刁难	diāonàn	动
10153	碉堡	diāobǎo	名
10154	雕₂	diāo	名
10155	吊床	diàochuáng	名
10156	吊儿郎当	diào'erlángdāng	形
10157	调查	diàochá	动
10158	调动	diàodòng	动
10159	跌落	diēluò	动
10160	顶₃	dǐng	动
10161	顶多	dǐngduō	副
10162	顶峰	dǐngfēng	名
10163	顶呱呱	dǐngguāguā	形
10164	顶替	dǐngtì	动
10165	顶撞	dǐngzhuàng	动
10166	鼎沸	dǐngfèi	形
10167	订单/定单	dìngdān	名
10168	订阅/定阅	dìngyuè	动
10169	订正	dìngzhèng	动
10170	定局	dìngjú	名
10171	定位	dìngwèi	动、名
10172	定义	dìngyì	名、动
10173	定做	dìngzuò	动
10174	东北虎	dōngběihǔ	名
10175	东拉西扯	dōnglā-xīchě	～
10176	动词	dòngcí	名
10177	动感	dònggǎn	名
10178	动怒	dòngnù	动
10179	动情	dòngqíng	动
10180	动心	dòngxīn	动
10181	冻疮	dòngchuāng	名
10182	斗士	dòushì	名
10183	斗志	dòuzhì	名
10184	豆荚	dòujiá	名
10185	嘟囔/嘟哝	dūnang/dūnong	动
10186	毒打	dúdǎ	动
10187	毒品	dúpǐn	名
10188	毒气	dúqì	名
10189	毒手	dúshǒu	名
10190	毒素	dúsù	名
10191	独创	dúchuàng	动
10192	独到	dúdào	形
10193	独具匠心	dújù-jiàngxīn	～
10194	独生女	dúshēngnǚ	名
10195	独生子	dúshēngzǐ	名
10196	独生子女	dúshēng zǐnǚ	～
10197	独吞	dútūn	动
10198	独眼龙	dúyǎnlóng	名
10199	独奏	dúzòu	动
10200	读本	dúběn	名
10201	读后感	dúhòugǎn	名
10202	读物	dúwù	名
10203	堵塞	dǔsè	动
10204	赌气	dǔqì	动
10205	杜鹃₁/映山红	dùjuān/yìngshānhóng	名
10206	杜鹃₂	dùjuān	名

编号	词	拼音	词性
10207	度₃	dù	量、动
10208	度假村	dùjiàcūn	名
10209	渡	dù	动
10210	渡船	dùchuán	名
10211	端详₁	duānxiáng	形
10212	端详₂	duānxiang	动
10213	端庄	duānzhuāng	形
10214	短小	duǎnxiǎo	形
10215	断定	duàndìng	动
10216	断绝	duànjué	动
10217	断裂	duànliè	动
10218	堆放	duīfàng	动
10219	堆积	duījī	动
10220	队友	duìyǒu	名
10221	对白	duìbái	名
10222	对策	duìcè	名
10223	对称	duìchèn	形
10224	对得起	duìdeqǐ	动
10225	对讲机	duìjiǎngjī	名
10226	对抗	duìkàng	动
10227	对立	duìlì	动
10228	对象₁	duìxiàng	名
10229	对应	duìyìng	动、形
10230	对着干	duìzhegàn	动
10231	顿₂	dùn	动、副
10232	多多益善	duōduō-yìshàn	~
10233	多媒体	duōméitǐ	名
10234	多如牛毛	duōrúniúmáo	~
10235	多少₂	duōshǎo	副
10236	多事	duōshì	动
10237	多疑	duōyí	动
10238	多姿多彩	duōzī-duōcǎi	~
10239	咄咄逼人	duōduō-bīrén	~
10240	夺冠	duóguàn	动
10241	夺眶而出	duó kuàng'ér chū	~
10242	夺目	duómù	形
10243	惰性	duòxìng	名
10244	婀娜	ēnuó	形
10245	婀娜多姿	ēnuó-duōzī	~
10246	额₂	é	语素
10247	额外	éwài	形
10248	恶霸	èbà	名
10249	恶臭	èchòu	名
10250	恶化	èhuà	动
10251	恶劣	èliè	形
10252	恶意	èyì	名
10253	恩惠	ēnhuì	名
10254	恩将仇报	ēnjiāngchóubào	~
10255	恩情	ēnqíng	名
10256	恩人	ēnrén	名
10257	儿时	érshí	名
10258	儿媳/儿媳妇	érxí/érxífu	名
10259	儿戏	érxì	动、名
10260	而后	érhòu	连
10261	而已	éryǐ	助
10262	耳目一新	ěrmù-yīxīn	~
10263	二百五	èrbǎiwǔ	名、形
10264	二胡	èrhú	名
10265	二氧化碳	èryǎnghuàtàn	名
10266	发₅	fā	动
10267	发表	fābiǎo	动
10268	发达	fādá	形、动
10269	发电机	fādiànjī	名
10270	发动机	fādòngjī	名
10271	发放	fāfàng	动
10272	发奋/发愤	fāfèn	动
10273	发愤图强/奋发图强/发奋图强	fāfèn-túqiáng/fènfā-túqiáng/fāfèn-túqiáng	~
10274	发掘	fājué	动
10275	发愣	fālèng	动
10276	发散	fāsàn	动
10277	发售	fāshòu	动
10278	发问	fāwèn	动

编号	词	拼音	词性
10279	发泄	fāxiè	动
10280	发行	fāxíng	动
10281	发言权	fāyánquán	名
10282	发扬光大	fāyáng-guāngdà	~
10283	发作	fāzuò	动
10284	乏力	fálì	形
10285	乏味	fáwèi	形
10286	伐	fá	动
10287	法力	fǎlì	名
10288	法师	fǎshī	名
10289	法术	fǎshù	名
10290	法西斯	fǎxīsī	名
10291	翻₂	fān	动
10292	翻白眼	fānbáiyǎn	~
10293	翻动	fāndòng	动
10294	翻飞	fānfēi	动
10295	翻腾₁	fānténg	动
10296	翻腾₂	fānteng	动
10297	翻箱倒柜	fānxiāng-dǎoguì	~
10298	翻阅	fānyuè	动
10299	翻转	fānzhuǎn	动
10300	凡₁	fán	语素
10301	凡₂	fán	副
10302	凡间	fánjiān	名
10303	凡人	fánrén	名
10304	烦闷	fánmèn	形
10305	烦忧	fányōu	形
10306	繁	fán	形
10307	繁荣	fánróng	形、动
10308	繁衍	fányǎn	动
10309	繁育	fányù	动
10310	繁殖	fánzhí	动
10311	繁重	fánzhòng	形
10312	反₂	fǎn	动、语素
10313	反驳	fǎnbó	动
10314	反常	fǎncháng	形
10315	反倒	fǎndào	副
10316	反感	fǎngǎn	名、形
10317	反思	fǎnsī	动
10318	反弹	fǎntán	动
10319	反问	fǎnwèn	动
10320	反省	fǎnxǐng	动
10321	返	fǎn	动
10322	犯愁	fànchóu	动
10323	犯嘀咕	fàndígu	~
10324	犯罪	fànzuì	动
10325	泛	fàn	动
10326	泛滥	fànlàn	动
10327	贩	fàn	动、语素
10328	贩子	fànzi	名
10329	方₃	fāng	名
10330	方程	fāngchéng	名
10331	方位	fāngwèi	名
10332	方言	fāngyán	名
10333	方子	fāngzi	名
10334	防不胜防	fángbùshèngfáng	~
10335	防护服	fánghùfú	名
10336	防卫	fángwèi	动
10337	防疫	fángyì	动
10338	防御	fángyù	动
10339	防止	fángzhǐ	动
10340	妨害	fánghài	动
10341	房租	fángzū	名
10342	仿	fǎng	动
10343	仿制	fǎngzhì	动
10344	访	fǎng	语素
10345	纺	fǎng	动
10346	放风	fàngfēng	动
10347	放虎归山/纵虎归山	fànghǔguīshān/zònghǔguīshān	~
10348	放牧	fàngmù	动
10349	放晴	fàngqíng	动
10350	放任	fàngrèn	动
10351	放射	fàngshè	动

10352	放肆	fàngsì	形	10388	坟墓	fénmù	名
10353	放眼	fàngyǎn	动	10389	分₄	fèn	语素
10354	放映	fàngyìng	动	10390	分₅	fèn	名
10355	放置	fàngzhì	动	10391	分量	fènliàng	名
10356	飞蛾扑火	fēi'é-pūhuǒ	~	10392	分子₃	fènzǐ	名
10357	飞溅	fēijiàn	动	10393	奋笔疾书	fènbǐ-jíshū	~
10358	飞来横祸	fēilái-hènghuò	~	10394	奋进	fènjìn	动
10359	飞禽走兽	fēiqín-zǒushòu	~	10395	奋起直追	fènqǐ-zhízhuī	~
10360	飞逝	fēishì	动	10396	奋战	fènzhàn	动
10361	飞檐走壁	fēiyán-zǒubì	~	10397	愤愤不平	fènfèn-bùpíng	~
10362	非₂	fēi	语素、前缀、动	10398	丰满	fēngmǎn	形
10363	肥₂	féi	名	10399	风波	fēngbō	名
10364	肥料	féiliào	名	10400	风吹草动	fēngchuī-cǎodòng	~
10365	肥胖	féipàng	形	10401	风吹日晒	fēngchuī-rìshài	~
10366	肥壮	féizhuàng	形	10402	风度	fēngdù	名
10367	匪	fěi	语素	10403	风度翩翩	fēngdù-piānpiān	~
10368	匪徒	fěitú	名	10404	风帆	fēngfān	名
10369	翡翠	fěicuì	名	10405	风风火火	fēngfēnghuǒhuǒ	形
10370	废旧	fèijiù	形	10406	风光₂	fēngguāng	形
10371	废寝忘食	fèiqǐn-wàngshí	~	10407	风华	fēnghuá	名
10372	废墟	fèixū	名	10408	风貌	fēngmào	名
10373	沸	fèi	动	10409	风气	fēngqì	名
10374	沸沸扬扬	fèifèiyángyáng	形	10410	风琴	fēngqín	名
10375	费心	fèixīn	动	10411	风趣	fēngqù	名、形
10376	费用	fèiyong	名	10412	风尚	fēngshàng	名
10377	分辩	fēnbiàn	动	10413	风声	fēngshēng	名
10378	分担	fēndān	动	10414	风霜	fēngshuāng	名
10379	分割	fēngē	动	10415	风俗	fēngsú	名
10380	分隔	fēngé	动	10416	风调雨顺	fēngtiáo-yǔshùn	~
10381	分秒必争	fēnmiǎo-bìzhēng	~	10417	风头	fēngtou	名
10382	分手	fēnshǒu	动	10418	风味	fēngwèi	名
10383	分心	fēnxīn	动	10419	风衣	fēngyī	名
10384	分忧	fēnyōu	动	10420	风雨无阻	fēngyǔ-wúzǔ	~
10385	分子₂	fēnzǐ	名	10421	风云	fēngyún	名
10386	氛围	fēnwéi	名	10422	封锁	fēngsuǒ	动
10387	坟	fén	名	10423	峰峦	fēngluán	名
				10424	蜂王	fēngwáng	名

编号	词	拼音	词性
10425	蜂拥	fēngyōng	动
10426	逢凶化吉	féngxiōng-huàjí	~
10427	缝制	féngzhì	动
10428	讽刺	fěngcì	动
10429	奉承	fèngcheng	动
10430	奉命	fèngmìng	动
10431	佛教	fójiào	名
10432	佛经	fójīng	名
10433	佛寺	fósì	名
10434	否	fǒu	副、助、语素
10435	否定	fǒudìng	动、形
10436	否认	fǒurèn	动
10437	否则	fǒuzé	连
10438	夫	fū	语素
10439	伏	fú	动
10440	扶老携幼	fúlǎo-xiéyòu	~
10441	扶养	fúyǎng	动
10442	芙蓉	fúróng	名
10443	服₄	fú	动
10444	服用	fúyòng	动
10445	浮雕	fúdiāo	名
10446	浮动	fúdòng	动
10447	浮萍	fúpíng	名
10448	浮想联翩	fúxiǎng-liánpiān	~
10449	浮云	fúyún	名
10450	浮躁	fúzào	形
10451	福气	fúqi	名
10452	抚养	fǔyǎng	动
10453	府	fǔ	语素
10454	俯	fǔ	动
10455	俯冲	fǔchōng	动
10456	俯视	fǔshì	动
10457	辅导员	fǔdǎoyuán	名
10458	负₂	fù	形、动
10459	负伤	fùshāng	动
10460	负数	fùshù	名
10461	妇	fù	语素
10462	附属	fùshǔ	形、动
10463	复₂	fù	语素
10464	复发	fùfā	动
10465	复明	fùmíng	动
10466	复兴	fùxīng	动
10467	复原	fùyuán	动
10468	赋予	fùyǔ	动
10469	富贵	fùguì	形
10470	富含	fùhán	动
10471	富丽堂皇	fùlì-tánghuáng	~
10472	富饶	fùráo	形
10473	富于	fùyú	动
10474	富足	fùzú	形
10475	腹	fù	名
10476	该₂	gāi	代指示
10477	改编	gǎibiān	动
10478	改过自新	gǎiguò-zìxīn	~
10479	改善	gǎishàn	动
10480	改天/改日	gǎitiān/gǎirì	副
10481	改头换面	gǎitóu-huànmiàn	~
10482	改写	gǎixiě	动
10483	概念	gàiniàn	名
10484	干₄	gān	副、形
10485	干预	gānyù	动
10486	甘₂	gān	动
10487	甘拜下风	gānbài-xiàfēng	~
10488	甘露	gānlù	名
10489	甘愿	gānyuàn	动
10490	肝脏	gānzàng	名
10491	感触	gǎnchù	名
10492	感慨	gǎnkǎi	动
10493	感慨万千	gǎnkǎi-wànqiān	~
10494	感染力	gǎnrǎnlì	名
10495	感悟	gǎnwù	动
10496	感言	gǎnyán	名
10497	感应	gǎnyìng	动

10498	感知	gǎnzhī		名、动	10534	告辞	gàocí	动
10499	橄榄枝	gǎnlǎnzhī		名	10535	告发	gàofā	动
10500	擀	gǎn		动	10536	告诫	gàojiè	动
10501	擀面杖	gǎnmiànzhàng		名	10537	告密	gàomì	动
10502	干劲	gànjìn		名	10538	告示	gàoshi	名
10503	干警	gànjǐng		名	10539	戈壁	gēbì	名
10504	干事	gànshi		名	10540	哥们儿	gēmenr	名
10505	刚强	gāngqiáng		形	10541	搁	gē	动
10506	刚毅	gāngyì		形	10542	歌剧	gējù	名
10507	岗	gǎng		名	10543	歌颂	gēsòng	动
10508	岗位	gǎngwèi		名	10544	歌坛	gētán	名
10509	港口	gǎngkǒu		名	10545	歌厅	gētīng	名
10510	港湾	gǎngwān		名	10546	革命	gémìng	动、形
10511	杠杆	gànggǎn		名	10547	阁楼	gélóu	名
10512	杠铃	gànglíng		名	10548	隔离	gélí	动
10513	高昂	gāo'áng		形、动	10549	个人	gèrén	名
10514	高超	gāochāo		形	10550	个体	gètǐ	名
10515	高潮	gāocháo		名	10551	各抒己见	gèshū-jǐjiàn	~
10516	高尔夫球/高尔夫	gāo'ěrfūqiú/gāo'ěrfū		名	10552	给力	gěilì	动、形
10517	高高在上	gāogāo-zàishàng		~	10553	跟屁虫	gēnpìchóng	名
10518	高歌	gāogē		动	10554	更₂	gēng	语素
10519	高贵	gāoguì		形	10555	更改	gēnggǎi	动
10520	高科技	gāokējì		名	10556	更换	gēnghuàn	动
10521	高粱	gāoliang		名	10557	更替	gēngtì	动
10522	高明	gāomíng		形、名	10558	更新	gēngxīn	动
10523	高跷	gāoqiāo		名	10559	更衣室	gēngyīshì	名
10524	高山流水	gāoshān-liúshuǐ		~	10560	更正	gēngzhèng	动
10525	高耸	gāosǒng		动	10561	耕地	gēngdì	动、名
10526	高血压	gāoxuèyā		名	10562	耕耘	gēngyún	动
10527	高压	gāoyā		名、形	10563	更上一层楼	gèng shàng yī céng lóu	~
10528	高雅	gāoyǎ		形	10564	工场	gōngchǎng	名
10529	膏药	gāoyao		名	10565	工程	gōngchéng	名
10530	搞鬼	gǎoguǐ		动	10566	工蜂	gōngfēng	名
10531	搞笑	gǎoxiào		动、形	10567	工具书	gōngjùshū	名
10532	稿	gǎo		名	10568	工业	gōngyè	名
10533	稿费	gǎofèi		名	10569	工作服	gōngzuòfú	名
					10570	公₂	gōng	语素

编号	词	拼音	词性
10571	公道	gōngdào/gōngdao	名/形
10572	公德	gōngdé	名
10573	公告	gōnggào	名、动
10574	公历/阳历	gōnglì/yánglì	名
10575	公立	gōnglì	形
10576	公民	gōngmín	名
10577	公顷	gōngqǐng	量
10578	公认	gōngrèn	动
10579	公式	gōngshì	名
10580	公事	gōngshì	名
10581	公寓	gōngyù	名
10582	公元	gōngyuán	名
10583	公正	gōngzhèng	形
10584	功效	gōngxiào	名
10585	攻克	gōngkè	动
10586	攻占	gōngzhàn	动
10587	供₁	gōng	动
10588	供给	gōngjǐ	动
10589	供应	gōngyìng	动
10590	宫廷	gōngtíng	名
10591	恭维	gōngwéi	动
10592	巩固	gǒnggù	形、动
10593	拱手	gǒngshǒu	动
10594	共产党	gòngchǎndǎng	名
10595	共产主义	gòngchǎn zhǔyì	~
10596	共和国	gònghéguó	名
10597	共性	gòngxìng	名
10598	沟渠	gōuqú	名
10599	沟通	gōutōng	动
10600	篝火	gōuhuǒ	名
10601	狗屁	gǒupì	名
10602	构	gòu	语素
10603	构思	gòusī	动、名
10604	构想	gòuxiǎng	动、名
10605	购	gòu	动
10606	够朋友	gòupéngyou	~
10607	够呛	gòuqiàng	形
10608	估	gū	动
10609	孤傲	gū'ào	形
10610	孤独	gūdú	形
10611	孤寂	gūjì	形
10612	孤立	gūlì	形、动
10613	古典	gǔdiǎn	形
10614	古今中外	gǔjīn-zhōngwài	~
10615	古朴	gǔpǔ	形
10616	古往今来	gǔwǎng-jīnlái	~
10617	古文	gǔwén	名
10618	古筝	gǔzhēng	名
10619	谷穗	gǔsuì	名
10620	谷物	gǔwù	名
10621	股票	gǔpiào	名
10622	骨骼	gǔgé	名
10623	骨灰	gǔhuī	名
10624	骨气	gǔqì	名
10625	骨瘦如柴	gǔshòu-rúchái	~
10626	骨髓	gǔsuǐ	名
10627	蛊惑	gǔhuò	动
10628	鼓点	gǔdiǎn	名
10629	鼓动	gǔdòng	动
10630	鼓劲	gǔjìn	动
10631	固	gù	语素
10632	固然	gùrán	连
10633	固执	gùzhí	形
10634	故而	gù'ér	连
10635	顾₂	gù	语素
10636	顾名思义	gùmíng-sīyì	~
10637	顾问	gùwèn	名
10638	雇	gù	动
10639	雇员	gùyuán	名
10640	瓜熟蒂落	guāshú-dìluò	~
10641	拐₂	guǎi	动
10642	拐角	guǎijiǎo	名
10643	拐卖	guǎimài	动
10644	拐骗	guǎipiàn	动

10645	拐弯抹角	guǎiwān-mòjiǎo	～
10646	怪模怪样	guàimú-guàiyàng	～
10647	怪异	guàiyì	形、名
10648	关爱	guān'ài	动
10649	关节	guānjié	名
10650	关头	guāntóu	名
10651	关照	guānzhào	动
10652	观₂	guān	语素
10653	观后感	guānhòugǎn	名
10654	观念	guānniàn	名
10655	官兵	guānbīng	名
10656	棺材	guāncai	名
10657	管理员	guǎnlǐyuán	名
10658	观₃	guàn	名
10659	贯穿	guànchuān	动
10660	惯性	guànxìng	名
10661	灌溉	guàngài	动
10662	灌木	guànmù	名
10663	光波	guāngbō	名
10664	光华	guānghuá	名
10665	光景	guāngjǐng	名
10666	光年	guāngnián	量
10667	光速	guāngsù	名
10668	光鲜	guāngxiān	形
10669	光阴	guāngyīn	名
10670	光照	guāngzhào	动
10671	广而告之	guǎng'érgàozhī	～
10672	归还	guīhuán	动
10673	归心似箭	guīxīn-sìjiàn	～
10674	规	guī	语素
10675	规范	guīfàn	名、形、动
10676	规格	guīgé	名
10677	规矩	guīju	名、形
10678	瑰宝	guībǎo	名
10679	瑰丽	guīlì	形
10680	诡计多端	guǐjì-duōduān	～
10681	鬼点子	guǐdiǎnzi	名
10682	鬼魂	guǐhún	名
10683	贵₂	guì	动、语素
10684	滚瓜烂熟	gǔnguā-lànshú	～
10685	国产	guóchǎn	形
10686	国耻	guóchǐ	名
10687	国都	guódū	名
10688	国画/中国画	guóhuà/zhōngguóhuà	名
10689	国货	guóhuò	名
10690	国际象棋	guójì xiàngqí	～
10691	国人	guórén	名
10692	国土	guótǔ	名
10693	国语	guóyǔ	名
10694	果断	guǒduàn	形
10695	过半	guòbàn	动
10696	过不去	guòbuqù	动
10697	过错	guòcuò	名
10698	过道	guòdào	名
10699	过冬	guòdōng	动
10700	过渡	guòdù	动
10701	过敏	guòmǐn	动
10702	过山车	guòshānchē	名
10703	过失	guòshī	名
10704	过时	guòshí	动、形
10705	过头	guòtóu	形
10706	过往	guòwǎng	动、名
10707	过问	guòwèn	动
10708	过意不去	guòyìbùqù	～
10709	过于	guòyú	副
10710	蛤蟆	háma	名
10711	孩童	háitóng	名
10712	孩子气	háiziqì	名、形
10713	海岸线	hǎi'ànxiàn	名
10714	海拔	hǎibá	名
10715	海阔天空	hǎikuò-tiānkōng	～
10716	海马	hǎimǎ	名
10717	海参	hǎishēn	名

编号	词	拼音	词性
10718	海狮	hǎishī	名
10719	海市蜃楼	hǎishì-shènlóu	~
10720	海峡	hǎixiá	名
10721	海象	hǎixiàng	名
10722	海域	hǎiyù	名
10723	害群之马	hàiqúnzhīmǎ	~
10724	酣睡	hānshuì	动
10725	憨厚	hānhòu	形
10726	憨态可掬	hāntài-kějū	~
10727	憨直	hānzhí	形
10728	鼾声	hānshēng	名
10729	含苞待放/含苞欲放	hánbāo dài fàng/hánbāo yù fàng	~
10730	含糊	hánhu	形
10731	含量	hánliàng	名
10732	含蓄	hánxù	形
10733	含义/涵义	hányì	名
10734	寒带	hándài	名
10735	寒光	hánguāng	名
10736	寒意	hányì	名
10737	汉子	hànzi	名
10738	汗淋淋	hànlínlín	形
10739	旱鸭子	hànyāzi	名
10740	行列	hángliè	名
10741	航空母舰/航母	hángkōng mǔjiàn/hángmǔ	名
10742	航模	hángmó	名
10743	航线	hángxiàn	名
10744	号啕/嚎啕	háotáo	动
10745	毫升	háoshēng	量
10746	豪放	háofàng	形
10747	豪迈	háomài	形
10748	豪情	háoqíng	名
10749	嚎	háo	动
10750	好不	hǎobù	副
10751	好歹	hǎodǎi	名、副
10752	好端端	hǎoduānduān	形
10753	好感	hǎogǎn	名
10754	好评	hǎopíng	名
10755	好手	hǎoshǒu	名
10756	好说	hǎoshuō	动
10757	好说歹说	hǎoshuō-dǎishuō	~
10758	好似	hǎosì	动
10759	好转	hǎozhuǎn	动
10760	号称	hàochēng	动
10761	好逸恶劳	hàoyì-wùláo	~
10762	耗	hào	动
10763	浩荡	hàodàng	形
10764	浩瀚	hàohàn	形
10765	呵斥	hēchì	动
10766	呵护	hēhù	动
10767	喝西北风	hēxīběifēng	~
10768	合$_2$	hé	动
10769	合并	hébìng	动
10770	合成	héchéng	动
10771	合法	héfǎ	形
10772	合拢	hélǒng	动
10773	合情合理	héqíng-hélǐ	~
10774	合体	hétǐ	形
10775	合奏	hézòu	动
10776	何必	hébì	副
10777	何不	hébù	副
10778	何尝	hécháng	副
10779	何等	héděng	代疑问、副
10780	何苦	hékǔ	副
10781	何况	hékuàng	连
10782	何乐而不为	hé lè ér bù wéi	~
10783	和平共处	hépíng-gòngchǔ	~
10784	和煦	héxù	形
10785	核$_2$	hé	名
10786	核酸	hésuān	名
10787	赫赫有名	hèhè-yǒumíng	~
10788	鹤	hè	名
10789	黑$_2$	hēi	形、动

#	词	拼音	词性
10790	黑灯瞎火 / 黑灯下火	hēidēng-xiāhuǒ/ hēidēng-xiàhuǒ	～
10791	黑客	hēikè	名
10792	黑马	hēimǎ	名
10793	黑手	hēishǒu	名
10794	黑心	hēixīn	名、形
10795	恨之入骨	hènzhīrùgǔ	～
10796	恒心	héngxīn	名
10797	恒星	héngxīng	名
10798	横冲直撞	héngchōng-zhízhuàng	～
10799	横七竖八	héngqī-shùbā	～
10800	横行	héngxíng	动
10801	横行霸道	héngxíng-bàdào	～
10802	衡量	héngliáng	动
10803	轰轰烈烈	hōnghōnglièliè	形
10804	轰鸣	hōngmíng	动
10805	哄笑	hōngxiào	动
10806	红茶	hóngchá	名
10807	红火	hónghuo	形
10808	红扑扑	hóngpūpū	形
10809	红润	hóngrùn	形
10810	红外线	hóngwàixiàn	名
10811	宏大	hóngdà	形
10812	宏伟	hóngwěi	形
10813	猴年马月	hóunián-mǎyuè	～
10814	后辈	hòubèi	名
10815	后悔莫及	hòuhuǐ-mòjí	～
10816	后人	hòurén	名
10817	后台	hòutái	名
10818	后卫	hòuwèi	名
10819	厚爱	hòu'ài	名
10820	厚实	hòushi	形
10821	厚颜无耻	hòuyán-wúchǐ	～
10822	候	hòu	动
10823	候补	hòubǔ	动
10824	候选人	hòuxuǎnrén	名
10825	忽而	hū'ér	副
10826	忽闪	hūshǎn/hūshan	动
10827	忽视	hūshì	动
10828	忽隐忽现	hūyǐn-hūxiàn	～
10829	和₅	hú	动
10830	弧线	húxiàn	名
10831	胡作非为	húzuò-fēiwéi	～
10832	湖光山色	húguāng-shānsè	～
10833	虎头蛇尾	hǔtóu-shéwěi	～
10834	琥珀	hǔpò	名
10835	互动	hùdòng	动
10836	互利	hùlì	动
10837	互联网	hùliánwǎng	名
10838	户外	hùwài	名
10839	护送	hùsòng	动
10840	护卫	hùwèi	动、名
10841	护照	hùzhào	名
10842	花季	huājì	名
10843	花圃	huāpǔ	名
10844	花心	huāxīn	名、形
10845	花招儿	huāzhāor	名
10846	划算	huásuàn	形
10847	华而不实	huá'érbùshí	～
10848	华尔兹	huá'ěrzī	名
10849	华贵	huáguì	形
10850	华美	huáměi	形
10851	华夏	huáxià	名
10852	滑坡	huápō	动
10853	滑翔	huáxiáng	动
10854	化肥	huàféi	名
10855	化名	huàmíng	动、名
10856	化学	huàxué	名
10857	化验	huàyàn	动
10858	画布	huàbù	名
10859	画廊	huàláng	名
10860	画展	huàzhǎn	名
10861	话费	huàfèi	名
10862	话剧	huàjù	名

编号	词	拼音	词性
10863	怀恨	huáihèn	动
10864	怀孕	huáiyùn	动
10865	欢畅	huānchàng	形
10866	欢度	huāndù	动
10867	欢聚	huānjù	动
10868	欢声雷动	huānshēng-léidòng	~
10869	欢欣	huānxīn	形
10870	欢欣鼓舞	huānxīn-gǔwǔ	~
10871	还₄	huán	语素
10872	还手	huánshǒu	动
10873	环保	huánbǎo	名、形
10874	环球	huánqiú	动
10875	环卫	huánwèi	形
10876	缓	huǎn	动
10877	缓冲	huǎnchōng	动
10878	缓和	huǎnhé	形、动
10879	缓解	huǎnjiě	动
10880	幻灯	huàndēng	名
10881	幻影	huànyǐng	名
10882	涣散	huànsàn	形、动
10883	焕发	huànfā	动
10884	荒	huāng	动、语素
10885	荒废	huāngfèi	动
10886	荒漠	huāngmò	名、形
10887	荒僻	huāngpì	形
10888	荒山	huāngshān	名
10889	荒唐	huāngtáng	形
10890	荒芜	huāngwú	形
10891	荒野	huāngyě	名
10892	皇家	huángjiā	名
10893	灰头土脸	huītóu-tǔliǎn	~
10894	挥洒	huīsǎ	动
10895	徽章	huīzhāng	名
10896	回荡	huídàng	动
10897	回顾	huígù	动
10898	回击	huíjī	动
10899	回首	huíshǒu	动
10900	回味	huíwèi	名、动
10901	回响	huíxiǎng	名、动
10902	回旋	huíxuán	动
10903	回应	huíyìng	动
10904	悔过自新	huǐguò-zìxīn	~
10905	汇₁	huì	动
10906	会见	huìjiàn	动
10907	会考	huìkǎo	动
10908	会师	huìshī	动
10909	会演/汇演	huìyǎn	动
10910	会员	huìyuán	名
10911	绘	huì	动
10912	绘图	huìtú	动
10913	彗星	huìxīng	名
10914	惠	huì	语素
10915	惠顾	huìgù	动
10916	昏黄	hūnhuáng	形
10917	昏昏欲睡	hūnhūn-yùshuì	~
10918	昏睡	hūnshuì	动
10919	昏头昏脑	hūntóu-hūnnǎo	~
10920	荤	hūn	名
10921	婚	hūn	语素
10922	浑	hún	形
10923	浑厚	húnhòu	形
10924	浑浊/混浊	húnzhuó/hùnzhuó	形
10925	魂	hún	名
10926	魂不附体	húnbùfùtǐ	~
10927	魂不守舍	húnbùshǒushè	~
10928	混沌	hùndùn	名、形
10929	混杂	hùnzá	动
10930	混账	hùnzhàng	形
10931	豁₁	huō	动
10932	活灵活现	huólíng-huóxiàn	~
10933	火₃	huǒ	形
10934	火候	huǒhou	名
10935	火力	huǒlì	名
10936	火炮	huǒpào	名

编号	词	拼音	词性
10937	火气	huǒqì	名
10938	火上浇油	huǒshàng-jiāoyóu	~
10939	火烧眉毛	huǒshāo-méimao	~
10940	火眼金睛	huǒyǎn-jīnjīng	~
10941	获	huò	语素
10942	获胜	huòshèng	动
10943	祸害	huòhai	名、动
10944	豁然开朗	huòrán-kāilǎng	~
10945	讥笑	jīxiào	动
10946	击掌	jīzhǎng	动
10947	饥	jī	语素
10948	饥肠辘辘	jīcháng-lùlù	~
10949	饥荒	jīhuang	名
10950	机₃	jī	语素
10951	机动	jīdòng	形
10952	机动车	jīdòngchē	名
10953	机房	jīfáng	名
10954	机关	jīguān	名
10955	机警	jījǐng	形
10956	机枪	jīqiāng	名
10957	机械	jīxiè	名、形
10958	机遇	jīyù	名
10959	肌肤	jīfū	名
10960	鸡飞狗跳	jīfēi-gǒutiào	~
10961	鸡犬不宁	jīquǎn-bùníng	~
10962	积分	jīfēn	动、名
10963	积极性	jījíxìng	名
10964	积少成多	jīshǎo-chéngduō	~
10965	积蓄	jīxù	动、名
10966	基	jī	语素
10967	基本功	jīběngōng	名
10968	基地	jīdì	名
10969	基督教	jīdūjiào	名
10970	基因	jīyīn	名
10971	犄角	jījiao	名
10972	畸形	jīxíng	形
10973	激	jī	动
10974	激昂	jī'áng	形
10975	激荡	jīdàng	动
10976	激光	jīguāng	名
10977	激励	jīlì	动
10978	激怒	jīnù	动
10979	激情	jīqíng	名
10980	及早	jízǎo	副
10981	吉他	jítā	名
10982	极度	jídù	副
10983	极力	jílì	副
10984	极限	jíxiàn	名
10985	极致	jízhì	名
10986	即₁	jí	副
10987	即₂	jí	语素
10988	即便	jíbiàn	连
10989	即兴	jíxìng	动
10990	急促	jícù	形
10991	急剧	jíjù	形
10992	急切	jíqiè	形
10993	急性	jíxìng	形
10994	急于	jíyú	动
10995	疾₁	jí	语素
10996	集₃	jí	语素
10997	集₄	jí	语素
10998	集会	jíhuì	动、名
10999	集结	jíjié	动
11000	集团	jítuán	名
11001	籍	jí	语素
11002	几何	jǐhé	名
11003	几时	jǐshí	代疑问
11004	挤眉弄眼	jǐméi-nòngyǎn	~
11005	脊背	jǐbèi	名
11006	脊梁	jǐliáng	名
11007	计策	jìcè	名
11008	计谋	jìmóu	名
11009	计算器	jìsuànqì	名
11010	记述	jìshù	动

11011	记叙	jìxù	动
11012	记载	jìzǎi	动
11013	伎俩	jìliǎng	名
11014	纪录片/纪录片儿	jìlùpiàn/jìlùpiānr	名
11015	技能	jìnéng	名
11016	迹	jì	语素
11017	迹象	jìxiàng	名
11018	继	jì	语素
11019	继承	jìchéng	动
11020	继承人	jìchéngrén	名
11021	祭	jì	动
11022	祭祀	jìsì	动
11023	寄₂	jì	动
11024	寄居	jìjū	动
11025	寄居蟹	jìjūxiè	名
11026	寄生	jìshēng	动
11027	寄宿	jìsù	动
11028	寄托	jìtuō	动
11029	寄养	jìyǎng	动
11030	加工	jiāgōng	动
11031	加紧	jiājǐn	动
11032	加剧	jiājù	动
11033	加盟	jiāméng	动
11034	夹缝	jiāfèng	名
11035	夹杂	jiāzá	动
11036	佳	jiā	形
11037	佳节	jiājié	名
11038	佳句	jiājù	名
11039	家常	jiācháng	名
11040	家风	jiāfēng	名
11041	家境	jiājìng	名
11042	家属	jiāshǔ	名
11043	家喻户晓	jiāyù-hùxiǎo	~
11044	家族	jiāzú	名
11045	甲板	jiǎbǎn	名
11046	假定	jiǎdìng	动、名
11047	假借	jiǎjiè	动
11048	假冒	jiǎmào	动
11049	假若	jiǎruò	连
11050	假设	jiǎshè	动、名
11051	假使	jiǎshǐ	连
11052	假小子	jiǎxiǎozi	名
11053	假惺惺	jiǎxīngxīng	形
11054	架子₂	jiàzi	名
11055	尖锐	jiānruì	形
11056	尖子	jiānzi	名
11057	奸	jiān	形、语素
11058	坚韧	jiānrèn	形
11059	坚韧不拔	jiānrèn-bùbá	~
11060	坚实	jiānshí	形
11061	坚守	jiānshǒu	动
11062	坚毅	jiānyì	形
11063	肩负	jiānfù	动
11064	艰巨	jiānjù	形
11065	艰险	jiānxiǎn	形
11066	监督	jiāndū	动
11067	监控	jiānkòng	动
11068	监视	jiānshì	动
11069	兼	jiān	动
11070	茧/茧子/老茧	jiǎn/jiǎnzi/lǎojiǎn	名
11071	检	jiǎn	语素
11072	检测	jiǎncè	动
11073	检讨	jiǎntǎo	动、名
11074	剪裁	jiǎncái	动
11075	剪彩	jiǎncǎi	动
11076	剪影	jiǎnyǐng	动、名
11077	简	jiǎn	语素
11078	简便	jiǎnbiàn	形
11079	简短	jiǎnduǎn	形
11080	简而言之	jiǎn'éryánzhī	~
11081	简化	jiǎnhuà	动
11082	简洁	jiǎnjié	形

11083	简介	jiǎnjiè	动、名	11120	将信将疑	jiāngxìn-jiāngyí	~
11084	简练	jiǎnliàn	形	11121	僵	jiāng	形
11085	简略	jiǎnlüè	形	11122	僵持	jiāngchí	动
11086	简明	jiǎnmíng	形	11123	讲稿	jiǎnggǎo	名
11087	简朴	jiǎnpǔ	形	11124	讲义	jiǎngyì	名
11088	简要	jiǎnyào	形	11125	奖项	jiǎngxiàng	名
11089	见不得	jiànbudé	动	11126	桨	jiǎng	名
11090	见多识广	jiànduō-shíguǎng	~	11127	降生	jiàngshēng	动
11091	见缝插针	jiànfèng-chāzhēn	~	11128	将₃	jiàng	语素
11092	见解	jiànjiě	名	11129	将士	jiàngshì	名
11093	见利忘义	jiànlì-wàngyì	~	11130	交点	jiāodiǎn	名
11094	见钱眼开	jiànqián-yǎnkāi	~	11131	交互	jiāohù	副、动
11095	见识	jiànshi	动、名	11132	交加	jiāojiā	动
11096	见世面	jiànshìmiàn	~	11133	交替	jiāotì	动
11097	见闻	jiànwén	名	11134	交头接耳	jiāotóu-jiē'ěr	~
11098	见证	jiànzhèng	动、名	11135	交往	jiāowǎng	动
11099	间断	jiànduàn	动	11136	交响乐	jiāoxiǎngyuè	名
11100	间隔	jiàngé	名、动	11137	交易	jiāoyì	动、名
11101	建国	jiànguó	动	11138	交织	jiāozhī	动
11102	建筑师	jiànzhùshī	名	11139	郊	jiāo	语素
11103	贱	jiàn	形	11140	娇惯	jiāoguàn	动
11104	健步如飞	jiànbù-rúfēi	~	11141	娇柔	jiāoróu	形
11105	健美	jiànměi	形、名	11142	娇弱	jiāoruò	形
11106	健美操	jiànměicāo	名	11143	娇生惯养	jiāoshēng-guànyǎng	~
11107	健身操	jiànshēncāo	名	11144	娇小	jiāoxiǎo	形
11108	健身房	jiànshēnfáng	名	11145	娇艳	jiāoyàn	形
11109	健忘	jiànwàng	形	11146	骄横	jiāohèng	形
11110	舰	jiàn	名	11147	胶片	jiāopiàn	名
11111	舰艇	jiàntǐng	名	11148	教授₁	jiāoshòu	动
11112	践踏	jiàntà	动	11149	蛟龙	jiāolóng	名
11113	鉴定	jiàndìng	动、名	11150	焦	jiāo	形
11114	江山	jiāngshān	名	11151	焦点	jiāodiǎn	名
11115	将₂	jiāng	介	11152	焦虑	jiāolǜ	形
11116	将错就错	jiāngcuò-jiùcuò	~	11153	佼佼者	jiǎojiǎozhě	名
11117	将近	jiāngjìn	副	11154	狡诈	jiǎozhà	形
11118	将就	jiāngjiu	动	11155	绞尽脑汁	jiǎojìn-nǎozhī	~
11119	将心比心	jiāngxīn-bǐxīn	~	11156	矫正	jiǎozhèng	动

11157	皎洁	jiǎojié	形	11194	结交	jiéjiāo	动
11158	脚踏实地	jiǎotà-shídì	~	11195	结晶	jiéjīng	动、名
11159	叫花子	jiàohuāzi	名	11196	结论	jiélùn	名
11160	叫苦不迭	jiàokǔ-bùdié	~	11197	结账	jiézhàng	动
11161	校对	jiàoduì	动	11198	捷径	jiéjìng	名
11162	轿子/轿	jiàozi/jiào	名	11199	捷足先登	jiézú-xiāndēng	~
11163	较劲	jiàojìn	动	11200	姐夫	jiěfu	名
11164	较为	jiàowéi	副	11201	解说	jiěshuō	动
11165	教案	jiào'àn	名	11202	解围	jiěwéi	动
11166	教鞭	jiàobiān	名	11203	介意	jièyì	动
11167	教程	jiàochéng	名	11204	界面	jièmiàn	名
11168	教诲	jiàohuì	动	11205	界线	jièxiàn	名
11169	教养	jiàoyǎng	名、动	11206	斤斤计较	jīnjīn-jìjiào	~
11170	教员	jiàoyuán	名	11207	今日	jīnrì	名
11171	阶	jiē	语素	11208	金₂	jīn	语素
11172	阶段	jiēduàn	名	11209	金碧辉煌	jīnbì-huīhuáng	~
11173	皆	jiē	副	11210	金龟子	jīnguīzǐ	名
11174	接连	jiēlián	副	11211	金鸡独立	jīnjī-dúlì	~
11175	接纳	jiēnà	动	11212	金钱豹	jīnqiánbào	名
11176	接替	jiētì	动	11213	金丝猴	jīnsīhóu	名
11177	接听	jiētīng	动	11214	金银花	jīnyínhuā	名
11178	揭穿	jiēchuān	动	11215	津津乐道	jīnjīn-lèdào	~
11179	揭发	jiēfā	动	11216	筋	jīn	名
11180	揭露	jiēlù	动	11217	禁₂	jīn	动
11181	揭示	jiēshì	动	11218	尽₂	jǐn	动
11182	揭晓	jiēxiǎo	动	11219	尽量	jǐnliàng	副
11183	街坊	jiēfang	名	11220	尽早	jǐnzǎo	副
11184	节₃	jié	动	11221	紧凑	jǐncòu	形
11185	节假日	jiéjiàrì	名	11222	紧密	jǐnmì	形
11186	节俭	jiéjiǎn	形	11223	紧迫	jǐnpò	形
11187	节能	jiénéng	动	11224	锦缎	jǐnduàn	名
11188	劫₁	jié	动	11225	锦囊	jǐnnáng	名
11189	劫持	jiéchí	动	11226	锦绣	jǐnxiù	名、形
11190	杰作	jiézuò	名	11227	尽收眼底	jìnshōu-yǎndǐ	~
11191	结₃	jié	动	11228	尽心竭力/尽心尽力	jìnxīn-jiélì/jìnxīn-jìnlì	~
11192	结拜	jiébài	动				
11193	结伴	jiébàn	动	11229	尽兴	jìnxìng	动

11230	进₃	jìn	动	11267	净化	jìnghuà	动
11231	进度	jìndù	名	11268	竞技	jìngjì	动
11232	进化	jìnhuà	动	11269	竞选	jìngxuǎn	动
11233	进口	jìnkǒu	动	11270	敬畏	jìngwèi	动
11234	近代	jìndài	名	11271	敬意	jìngyì	名
11235	近似	jìnsì	动	11272	敬重	jìngzhòng	动
11236	劲头	jìntóu	名	11273	境	jìng	语素
11237	浸泡	jìnpào	动	11274	境界	jìngjiè	名
11238	经₂	jīng	语素	11275	窘	jiǒng	形
11239	经典	jīngdiǎn	名、形	11276	揪心	jiūxīn	形
11240	经受	jīngshòu	动	11277	九牛一毛	jiǔniú-yīmáo	～
11241	荆棘	jīngjí	名	11278	九死一生	jiǔsǐ-yīshēng	～
11242	惊涛骇浪	jīngtāo-hàilàng	～	11279	九霄云外	jiǔxiāo-yúnwài	～
11243	惊心动魄	jīngxīn-dòngpò	～	11280	久而久之	jiǔ'érjiǔzhī	～
11244	惊疑	jīngyí	形	11281	久负盛名	jiǔfù-shèngmíng	～
11245	惊异	jīngyì	形	11282	久远	jiǔyuǎn	形
11246	晶莹剔透	jīngyíng-tītòu	～	11283	酒家	jiǔjiā	名
11247	精华	jīnghuá	名	11284	酒量	jiǔliàng	名
11248	精练	jīngliàn	形	11285	酒席/酒宴	jiǔxí/jiǔyàn	名
11249	精炼	jīngliàn	动、形	11286	酒足饭饱	jiǔzú-fànbǎo	～
11250	精良	jīngliáng	形	11287	救国	jiùguó	动
11251	精密	jīngmì	形	11288	救死扶伤	jiùsǐ-fúshāng	～
11252	精明	jīngmíng	形	11289	救灾	jiùzāi	动
11253	精确	jīngquè	形	11290	救助	jiùzhù	动
11254	精通	jīngtōng	动	11291	就₅	jiù	介
11255	精细	jīngxì	形	11292	就读	jiùdú	动
11256	精选	jīngxuǎn	动	11293	拘束	jūshù	动、形
11257	精湛	jīngzhàn	形	11294	居₁	jū	语素
11258	井底之蛙	jǐngdǐzhīwā	～	11295	居高临下	jūgāo-línxià	～
11259	井井有条	jǐngjǐng-yǒutiáo	～	11296	局面	júmiàn	名
11260	颈	jǐng	名	11297	局限	júxiàn	动
11261	景致	jǐngzhì	名	11298	咀嚼	jǔjué	动
11262	警惕	jǐngtì	动	11299	沮丧	jǔsàng	形
11263	警员	jǐngyuán	名	11300	举动	jǔdòng	名
11264	警钟	jǐngzhōng	名	11301	举例	jǔlì	动
11265	径₁	jìng	语素	11302	举手之劳	jǔshǒuzhīláo	～
11266	净₂	jìng	副	11303	举止	jǔzhǐ	名

编号	词	拼音	词性	编号	词	拼音	词性
11304	巨变	jùbiàn	名	11341	军事	jūnshì	名
11305	巨星	jùxīng	名	11342	军团	jūntuán	名
11306	具₂	jù	语素	11343	军校	jūnxiào	名
11307	具备	jùbèi	动	11344	军训	jūnxùn	动
11308	剧₂	jù	语素	11345	军长	jūnzhǎng	名
11309	剧本	jùběn	名	11346	军装	jūnzhuāng	名
11310	剧毒	jùdú	名	11347	均	jūn	形、副
11311	剧集	jùjí	名	11348	君	jūn	语素
11312	剧情	jùqíng	名	11349	君子	jūnzǐ	名
11313	剧痛	jùtòng	名	11350	菌	jūn	名
11314	剧团	jùtuán	名	11351	俊	jùn	形
11315	剧照	jùzhào	名	11352	俊美	jùnměi	形
11316	剧组	jùzǔ	名	11353	俊俏	jùnqiào	形
11317	据	jù	介、语素	11354	俊秀	jùnxiù	形
11318	距	jù	动、语素	11355	峻峭	jùnqiào	形
11319	聚餐	jùcān	动	11356	咖啡厅	kāfēitīng	名
11320	聚光灯	jùguāngdēng	名	11357	开₄	kāi	动
11321	捐献	juānxiàn	动	11358	开播	kāibō	动
11322	捐赠	juānzèng	动	11359	开采	kāicǎi	动
11323	捐助	juānzhù	动	11360	开创	kāichuàng	动
11324	倦	juàn	形	11361	开端	kāiduān	名
11325	圈₂	juàn	名	11362	开放₂	kāifàng	形
11326	决₃	jué	动	11363	开火	kāihuǒ	动
11327	决胜	juéshèng	动	11364	开辟	kāipì	动
11328	决战	juézhàn	动	11365	开启	kāiqǐ	动
11329	诀窍	juéqiào	名	11366	开窍	kāiqiào	动
11330	觉₃	jué	语素	11367	开天辟地	kāitiān-pìdì	~
11331	觉醒	juéxǐng	动	11368	开通₁	kāitōng	动
11332	绝交	juéjiāo	动	11369	开拓	kāituò	动
11333	绝伦	juélún	动	11370	开胃	kāiwèi	动
11334	绝食	juéshí	动	11371	开张	kāizhāng	动
11335	绝缘	juéyuán	动	11372	慨叹	kǎitàn	动
11336	绝招儿	juézhāor	名	11373	刊	kān	语素
11337	绝种	juézhǒng	动	11374	刊登	kāndēng	动
11338	倔强/倔犟	juéjiàng	形	11375	看家₂	kānjiā	形
11339	撅	juē	动	11376	勘探	kāntàn	动
11340	矍铄	juéshuò	形	11377	坎坷	kǎnkě	形

编号	词	拼音	词性
11378	侃	kǎn	动
11379	砍伐	kǎnfá	动
11380	看热闹	kànrènao	~
11381	看透	kàntòu	动
11382	慷慨	kāngkǎi	形
11383	抗	kàng	动
11384	抗击	kàngjī	动
11385	抗拒	kàngjù	动
11386	抗议	kàngyì	动
11387	抗疫	kàngyì	动
11388	抗战	kàngzhàn	动、名
11389	抗争	kàngzhēng	动
11390	考查	kǎochá	动
11391	考察	kǎochá	动
11392	考官	kǎoguān	名
11393	考勤	kǎoqín	动
11394	考取	kǎoqǔ	动
11395	烤火	kǎohuǒ	动
11396	靠不住	kàobuzhù	形
11397	靠得住	kàodezhù	形
11398	靠拢	kàolǒng	动
11399	靠谱儿	kàopǔr	形
11400	科普	kēpǔ	名
11401	可悲	kěbēi	形
11402	可不是/可不	kěbùshi/kěbù	副
11403	可乘之机	kěchéngzhījī	~
11404	可气	kěqì	形
11405	可人	kěrén	名、形
11406	可谓	kěwèi	动
11407	可喜	kěxǐ	形
11408	可疑	kěyí	形
11409	克隆	kèlóng	动
11410	刻板	kèbǎn	形
11411	刻度	kèdù	名
11412	刻骨铭心	kègǔ-míngxīn	~
11413	刻画	kèhuà	动
11414	刻意	kèyì	副
11415	刻舟求剑	kèzhōu-qiújiàn	~
11416	客房	kèfáng	名
11417	客栈	kèzhàn	名
11418	课题	kètí	名
11419	嗑	kè	动
11420	恳切	kěnqiè	形
11421	坑₂	kēng	动
11422	空洞	kōngdòng	形
11423	空话	kōnghuà	名
11424	空旷	kōngkuàng	形
11425	空想	kōngxiǎng	动、名
11426	空虚	kōngxū	形
11427	空竹	kōngzhú	名
11428	恐慌	kǒnghuāng	形
11429	空暇	kòngxiá	名
11430	空闲	kòngxián	形、名
11431	空子	kòngzi	名
11432	控	kòng	语素
11433	抠₂	kōu	形
11434	口才	kǒucái	名
11435	口干舌燥	kǒugān-shézào	~
11436	口口声声	kǒukoushēngshēng	副
11437	口腔	kǒuqiāng	名
11438	口是心非	kǒushì-xīnfēi	~
11439	口头	kǒutóu	名、形
11440	口头禅	kǒutóuchán	名
11441	口信	kǒuxìn	名
11442	叩	kòu	动
11443	扣₃	kòu	动
11444	扣除	kòuchú	动
11445	扣留	kòuliú	动
11446	扣人心弦	kòurénxīnxián	~
11447	枯竭	kūjié	形
11448	哭诉	kūsù	动
11449	骷髅	kūlóu	名
11450	苦尽甘来	kǔjìn-gānlái	~

编号	词语	拼音	词性
11451	苦口婆心	kǔkǒu-póxīn	～
11452	苦闷	kǔmèn	形
11453	苦涩	kǔsè	形
11454	苦思冥想/冥思苦想	kǔsī-míngxiǎng/míngsī-kǔxiǎng	～
11455	苦笑	kǔxiào	动
11456	苦心	kǔxīn	名、副
11457	苦衷	kǔzhōng	名
11458	酷₂	kù	语素
11459	酷似	kùsì	动
11460	夸大	kuādà	动
11461	夸夸其谈	kuākuā-qítán	～
11462	夸耀	kuāyào	动
11463	垮	kuǎ	动
11464	快感	kuàigǎn	名
11465	快捷	kuàijié	形
11466	快马加鞭	kuàimǎ-jiābiān	～
11467	快艇	kuàitǐng	名
11468	脍炙人口	kuàizhì-rénkǒu	～
11469	宽宏大量	kuānhóng-dàliàng	～
11470	宽厚	kuānhòu	形
11471	宽容	kuānróng	动
11472	宽恕	kuānshù	动
11473	宽裕	kuānyù	形
11474	款₂	kuǎn	名、量
11475	狂欢	kuánghuān	动
11476	狂欢节	kuánghuānjié	名
11477	狂犬病	kuángquǎnbìng	名
11478	狂热	kuángrè	形
11479	狂野	kuángyě	形
11480	旷课	kuàngkè	动
11481	况且	kuàngqiě	连
11482	矿	kuàng	名
11483	矿产	kuàngchǎn	名
11484	矿井	kuàngjǐng	名
11485	矿物	kuàngwù	名
11486	亏待	kuīdài	动
11487	魁梧	kuíwu	形
11488	溃疡	kuìyáng	动
11489	愧	kuì	形
11490	捆绑	kǔnbǎng	动
11491	困₂	kùn	动
11492	困₃	kùn	语素
11493	困乏	kùnfá	形
11494	困惑	kùnhuò	形、动、名
11495	困境	kùnjìng	名
11496	困倦	kùnjuàn	形
11497	困苦	kùnkǔ	形
11498	困扰	kùnrǎo	动
11499	扩	kuò	动
11500	扩散	kuòsàn	动
11501	扩张	kuòzhāng	动
11502	阔	kuò	语素
11503	阔气	kuòqi	形
11504	拉丁舞	lādīngwǔ	名
11505	腊	là	语素
11506	来宾	láibīn	名
11507	来者不拒	láizhě-bùjù	～
11508	赖以	làiyǐ	动
11509	癞蛤蟆	làiháma	名
11510	拦阻	lánzǔ	动
11511	蓝图	lántú	名
11512	褴褛	lánlǚ	形
11513	揽	lǎn	动
11514	懒散	lǎnsǎn	形
11515	烂漫	lànmàn	形
11516	滥用	lànyòng	动
11517	狼狈不堪	lángbèi-bùkān	～
11518	狼狈为奸	lángbèi-wéijiān	～
11519	廊	láng	语素
11520	浪潮	làngcháo	名
11521	浪漫	làngmàn	形
11522	劳	láo	语素
11523	劳动者	láodòngzhě	名

11524	劳作	láozuò	动		11560	礼拜₂	lǐbài	动
11525	牢骚	láosāo	名、动		11561	礼节	lǐjié	名
11526	老大难	lǎodànán	形		11562	礼仪	lǐyí	名
11527	老花眼/花眼	lǎohuāyǎn/huāyǎn	名		11563	理会	lǐhuì	动
					11564	理论	lǐlùn	名、动
11528	老年	lǎonián	名		11565	理直气壮	lǐzhí-qìzhuàng	~
11529	老牌	lǎopái	名、形		11566	力度	lìdù	名
11530	老气	lǎoqì	形		11567	力图	lìtú	动
11531	老手	lǎoshǒu	名		11568	力争	lìzhēng	动
11532	老眼昏花	lǎoyǎn-hūnhuā	~		11569	力争上游	lìzhēng-shàngyóu	~
11533	老爷	lǎoye	名		11570	历	lì	语素
11534	烙	lào	动		11571	历程	lìchéng	名
11535	烙印	làoyìn	名、动		11572	历尽	lìjìn	动
11536	乐观	lèguān	形		11573	历经	lìjīng	动
11537	乐极生悲	lèjí-shēngbēi	~		11574	历历在目	lìlì-zàimù	~
11538	乐于	lèyú	动		11575	历险	lìxiǎn	动
11539	累累₁	léiléi	形		11576	立₂	lì	动
11540	累赘	léizhui	名、形		11577	立功	lìgōng	动
11541	雷达	léidá	名		11578	立足之地	lìzúzhīdì	~
11542	垒	lěi	动、语素		11579	利₁	lì	语素
11543	累积	lěijī	动		11580	利落	lìluo	形
11544	肋	lèi	名		11581	利索	lìsuo	形
11545	肋骨	lèigǔ	名		11582	利益	lìyì	名
11546	泪痕	lèihén	名		11583	利于	lìyú	动
11547	类比	lèibǐ	动		11584	连队	liánduì	名
11548	冷酷	lěngkù	形		11585	连贯	liánguàn	动
11549	冷落	lěngluò	形、动		11586	连滚带爬	liángǔn-dàipá	~
11550	冷门	lěngmén	名		11587	连锁	liánsuǒ	形
11551	冷漠	lěngmò	形		11588	连锁店	liánsuǒdiàn	名
11552	冷清	lěngqīng	形		11589	连通	liántōng	动
11553	冷却	lěngquè	动		11590	连同	liántóng	连
11554	冷战₁/冷颤	lěngzhan	名		11591	连线	liánxiàn	动
11555	离别	líbié	动		11592	连夜	liányè	副
11556	离婚	líhūn	动		11593	连载	liánzǎi	动
11557	离谱儿	lípǔr	形		11594	连长	liánzhǎng	名
11558	离奇	líqí	形		11595	怜爱	lián'ài	动
11559	礼₂	lǐ	语素		11596	莲蓬	liánpeng	名

编号	词	拼音	词性
11597	涟漪	liányī	名
11598	联	lián	语素
11599	联合	liánhé	动、形
11600	联结／连结	liánjié	动
11601	联络	liánluò	动
11602	联盟	liánméng	名
11603	联赛	liánsài	名
11604	联系	liánxì	动
11605	镰刀	liándāo	名
11606	脸红脖子粗	liǎn hóng bózi cū	～
11607	练就	liànjiù	动
11608	炼	liàn	动
11609	恋	liàn	动
11610	良久	liángjiǔ	形
11611	良师益友	liángshī-yìyǒu	～
11612	良药	liángyào	名
11613	良药苦口／苦口良药	liángyào-kǔkǒu／kǔkǒu-liángyào	～
11614	凉意	liángyì	名
11615	梁	liáng	名
11616	粮仓	liángcāng	名
11617	两败俱伤	liǎngbài-jùshāng	～
11618	两面派	liǎngmiànpài	名
11619	两栖	liǎngqī	动
11620	两手	liǎngshǒu	名
11621	亮丽	liànglì	形
11622	亮相	liàngxiàng	动
11623	疗养	liáoyǎng	动
11624	嘹亮	liáoliàng	形
11625	了不得	liǎobudé	形
11626	了得	liǎodé	形
11627	料理₁	liàolǐ	动
11628	料理₂	liàolǐ	名
11629	瞭望	liàowàng	动
11630	列举	lièjǔ	动
11631	烈	liè	形
11632	裂痕	lièhén	名
11633	邻近	línjìn	动、名
11634	林立	línlì	动
11635	临近	línjìn	动
11636	临时工	línshígōng	名
11637	淋漓	línlí	形
11638	淋漓尽致	línlí-jìnzhì	～
11639	凛凛	lǐnlǐn	形
11640	吝啬	lìnsè	形
11641	伶俐	línglì	形
11642	伶牙俐齿	língyá-lìchǐ	～
11643	灵₂	líng	名
11644	灵丹妙药	língdān-miàoyào	～
11645	灵动	língdòng	形
11646	灵气	língqì	名
11647	灵性	língxìng	名
11648	灵秀	língxiù	形
11649	玲珑	línglóng	形
11650	玲珑剔透	línglóng-tītòu	～
11651	陵墓	língmù	名
11652	陵园	língyuán	名
11653	聆听	língtīng	动
11654	菱形	língxíng	名
11655	零乱	língluàn	形
11656	零散	língsǎn	形
11657	零碎	língsuì	形、名
11658	零星	língxīng	形
11659	领₃	lǐng	动
11660	领地	lǐngdì	名
11661	领会	lǐnghuì	动
11662	领教	lǐngjiào	动
11663	领略	lǐnglüè	动
11664	领情	lǐngqíng	动
11665	领取	lǐngqǔ	动
11666	领土	lǐngtǔ	名
11667	领悟	lǐngwù	动
11668	领袖	lǐngxiù	名
11669	领域	lǐngyù	名

11670	溜之大吉	liūzhī-dàjí	~	11707	绿洲	lǜzhōu	名
11671	浏览器	liúlǎnqì	名	11708	掠	lüè	动
11672	留₂	liú	动	11709	掠夺	lüèduó	动
11673	留学	liúxué	动	11710	掠取	lüèqǔ	动
11674	留学生	liúxuéshēng	名	11711	略微	lüèwēi	副
11675	留意	liúyì	动	11712	抡	lūn	动
11676	流量	liúliàng	名	11713	轮渡	lúndù	名
11677	流氓	liúmáng	名	11714	轮番	lúnfān	副
11678	流失	liúshī	动	11715	论	lùn	语素、介
11679	流逝	liúshì	动	11716	论文	lùnwén	名
11680	流向	liúxiàng	名	11717	罗盘	luópán	名
11681	流域	liúyù	名	11718	锣	luó	名
11682	柳暗花明	liǔ'àn-huāmíng	~	11719	锣鼓喧天	luógǔ-xuāntiān	~
11683	遛	liù	动	11720	螺旋	luóxuán	名
11684	龙争虎斗	lóngzhēng-hǔdòu	~	11721	螺旋桨	luóxuánjiǎng	名
11685	拢	lǒng	动	11722	裸露	luǒlù	动
11686	楼阁	lóugé	名	11723	络绎不绝	luòyì-bùjué	~
11687	漏斗	lòudǒu	名	11724	落荒而逃	luòhuāng'értáo	~
11688	露面	lòumiàn	动	11725	落空	luòkōng	动
11689	露馅儿	lòuxiànr	动	11726	落落大方	luòluò-dàfāng	~
11690	陆	lù	语素	11727	落幕	luòmù	动
11691	录取	lùqǔ	动	11728	落选	luòxuǎn	动
11692	录用	lùyòng	动	11729	麻痹	mábì	动、形
11693	录制	lùzhì	动	11730	麻利	máli	形
11694	路程	lùchéng	名	11731	麻木	mámù	形
11695	路段	lùduàn	名	11732	麻酥酥	másūsū	形
11696	路费	lùfèi	名	11733	麻醉	mázuì	动
11697	路人	lùrén	名	11734	马鞍	mǎ'ān	名
11698	路途	lùtú	名	11735	马到成功	mǎdào-chénggōng	~
11699	掳	lǔ	动	11736	马褂儿	mǎguàr	名
11700	旅长	lǚzhǎng	名	11737	马拉松	mǎlāsōng	名
11701	屡次	lǚcì	副	11738	马匹	mǎpǐ	名
11702	屡见不鲜	lǚjiàn-bùxiān	~	11739	码₂	mǎ	量
11703	屡教不改	lǚjiào-bùgǎi	~	11740	骂骂咧咧	màmaliēliē	形
11704	屡屡	lǚlǚ	副	11741	买单	mǎidān	动
11705	绿茶	lǜchá	名	11742	迈进	màijìn	动
11706	绿茵场	lǜyīnchǎng	名	11743	麦穗	màisuì	名

编号	词	拼音	词性
11744	卖力	màilì	形
11745	卖弄	màinong	动
11746	脉	mài	名
11747	脉搏	màibó	名
11748	蛮	mán	副、语素
11749	满不在乎	mǎnbùzàihu	~
11750	满满当当	mǎnmǎndāngdāng	形
11751	满面	mǎnmiàn	动
11752	满面春风 / 春风满面	mǎnmiàn-chūnfēng / chūnfēng-mǎnmiàn	~
11753	满腔	mǎnqiāng	动
11754	满心	mǎnxīn	副
11755	满眼	mǎnyǎn	名
11756	满月	mǎnyuè	动
11757	满载而归	mǎnzài'érguī	~
11758	蔓延	mànyán	动
11759	漫不经心 / 漫不经意	mànbùjīngxīn / mànbùjīngyì	~
11760	漫长	màncháng	形
11761	漫漫	mànmàn	形
11762	漫游	mànyóu	动
11763	慢慢来	mànmànlái	~
11764	慢条斯理	màntiáo-sīlǐ	~
11765	慢性	mànxìng	形
11766	忙里忙外	mánglǐ-mángwài	~
11767	忙于	mángyú	动
11768	盲目	mángmù	形
11769	盲人摸象 / 瞎子摸象	mángrén-mōxiàng / xiāzi-mōxiàng	~
11770	茫然	mángrán	形
11771	毛发	máofà	名
11772	毛骨悚然	máogǔ-sǒngrán	~
11773	毛手毛脚	máoshǒu-máojiǎo	~
11774	毛遂自荐	máosuì-zìjiàn	~
11775	矛盾	máodùn	名、形
11776	冒充	màochōng	动
11777	冒犯	màofàn	动
11778	冒牌	màopái	形
11779	没大没小	méidà-méixiǎo	~
11780	没头没脑	méitóu-méinǎo	~
11781	没心没肺	méixīn-méifèi	~
11782	眉飞色舞	méifēi-sèwǔ	~
11783	眉开眼笑	méikāi-yǎnxiào	~
11784	眉目₁	méimù	名
11785	眉清目秀	méiqīng-mùxiù	~
11786	媒体	méitǐ	名
11787	霉	méi	名、动
11788	美不胜收	měibùshèngshōu	~
11789	美感	měigǎn	名
11790	美化	měihuà	动
11791	美酒	měijiǔ	名
11792	美名	měimíng	名
11793	美人	měirén	名
11794	美食家	měishíjiā	名
11795	妹夫	mèifu	名
11796	门₂	mén	量
11797	门廊	ménláng	名
11798	门卫	ménwèi	名
11799	门诊	ménzhěn	动
11800	蒙蒙亮	mēngmēngliàng	形
11801	蒙骗	mēngpiàn	动
11802	萌芽	méngyá	动、名
11803	蒙混	ménghùn	动
11804	朦胧	ménglóng	形
11805	弥补	míbǔ	动
11806	弥漫	mímàn	动
11807	迷彩服	mícǎifú	名
11808	迷离	mílí	形
11809	迷茫	mímáng	形
11810	迷惘	míwǎng	形
11811	迷雾	míwù	名
11812	迷信	míxìn	动
11813	谜团	mítuán	名
11814	觅	mì	语素
11815	秘书	mìshū	名

11816	密不可分	mìbùkěfēn	~		11853	名利	mínglì	名
11817	密布	mìbù	动		11854	名列	mínglliè	动
11818	密谋	mìmóu	动		11855	名片	míngpiàn	名
11819	棉	mián	名		11856	名气	míngqi	名
11820	棉布	miánbù	名		11857	名声	míngshēng	名
11821	棉絮	miánxù	名		11858	名胜	míngshèng	名
11822	免	miǎn	动		11859	名望	míngwàng	名
11823	免不了	miǎnbuliǎo	动		11860	名誉	míngyù	名、形
11824	免得	miǎnde	连		11861	明晃晃	mínghuǎnghuǎng	形
11825	免疫	miǎnyì	动		11862	明净	míngjìng	形
11826	免疫力	miǎnyìlì	名		11863	明朗	mínglǎng	形
11827	勉励	miǎnlì	动		11864	明了	míngliǎo	形、动
11828	腼腆	miǎntiǎn	形		11865	明目张胆	míngmù-zhāngdǎn	~
11829	面红耳赤	miànhóng-ěrchì	~		11866	明确	míngquè	形、动
11830	面颊	miànjiá	名		11867	明说	míngshuō	动
11831	面面俱到	miànmiàn-jùdào	~		11868	明信片	míngxìnpiàn	名
11832	面膜	miànmó	名		11869	明知	míngzhī	动
11833	面目	miànmù	名		11870	明智	míngzhì	形
11834	面庞	miànpáng	名		11871	铭记	míngjì	动
11835	面试	miànshì	动		11872	命题	mìngtí	动
11836	面熟	miànshú	形		11873	摸索	mōsuǒ	动
11837	描画	miáohuà	动		11874	模拟	mónǐ	动
11838	渺茫	miǎománg	形		11875	模式	móshì	名
11839	渺小	miǎoxiǎo	形		11876	摩拳擦掌/磨拳擦掌	móquán-cāzhǎng	~
11840	藐视	miǎoshì	动		11877	魔力	mólì	名
11841	妙趣横生	miàoqù-héngshēng	~		11878	末班车	mòbānchē	名
11842	妙手回春	miàoshǒu-huíchūn	~		11879	末尾	mòwěi	名
11843	妙语连珠	miàoyǔ-liánzhū	~		11880	莫	mò	副
11844	灭绝	mièjué	动		11881	莫大	mòdà	形
11845	灭亡	mièwáng	动		11882	默	mò	语素
11846	民居	mínjū	名		11883	默认	mòrèn	动
11847	民谣	mínyáo	名		11884	磨坊	mòfáng	名
11848	敏感	mǐngǎn	形		11885	某	mǒu	代指示
11849	敏锐	mǐnruì	形		11886	模具	mújù	名
11850	名垂千古	míngchuí-qiāngǔ	~		11887	模子	múzi	名
11851	名词	míngcí	名		11888	母语	mǔyǔ	名
11852	名句	míngjù	名					

11889	牡蛎/蚝/海蛎子	mǔlì/háo/hǎilìzi	名	11923	恼	nǎo	动、语素
				11924	恼羞成怒	nǎoxiū-chéngnù	~
11890	木料	mùliào	名	11925	脑壳	nǎoké	名
11891	木棉	mùmián	名	11926	闹脾气	nàopíqi	~
11892	目不暇接	mùbùxiájiē	~	11927	闹市	nàoshì	名
11893	目睹	mùdǔ	动	11928	闹事	nàoshì	动
11894	目击	mùjī	动	11929	闹腾	nàoteng	动
11895	目送	mùsòng	动	11930	内涵	nèihán	名
11896	牧	mù	语素	11931	内裤	nèikù	名
11897	牧场	mùchǎng	名	11932	内乱	nèiluàn	名
11898	牧师	mùshī	名	11933	内向	nèixiàng	形
11899	牧羊犬	mùyángquǎn	名	11934	内衣	nèiyī	名
11900	墓	mù	名	11935	内在	nèizài	形
11901	暮色	mùsè	名	11936	内脏	nèizàng	名
11902	拿手好戏/拿手戏	náshǒu hǎoxì/náshǒuxì	~	11937	能歌善舞	nénggē-shànwǔ	~
				11938	能工巧匠	nénggōng-qiǎojiàng	~
11903	呐喊	nàhǎn	动	11939	能量	néngliàng	名
11904	纳	nà	动	11940	能耐	néngnai	名、形
11905	纳凉	nàliáng	动	11941	能屈能伸	néngqū-néngshēn	~
11906	纳闷儿	nàmènr	动	11942	能源	néngyuán	名
11907	乃至	nǎizhì	连	11943	尼古丁	nígǔdīng	名
11908	耐	nài	动	11944	泥泞	nínìng	形、名
11909	耐人寻味	nàirénxúnwèi	~	11945	泥石流	níshíliú	名
11910	耐性	nàixìng	名	11946	霓虹灯	níhóngdēng	名
11911	耐用	nàiyòng	形	11947	拟人	nǐrén	名
11912	男性	nánxìng	名	11948	逆	nì	动
11913	难点	nándiǎn	名	11949	逆反	nìfǎn	动
11914	难分难解/难解难分	nánfēn-nánjiě/nánjiě-nánfēn	~	11950	逆流	nìliú	动、名
				11951	匿名	nìmíng	动
11915	难免	nánmiǎn	形	11952	蔫	niān	形
11916	难能可贵	nánnéng-kěguì	~	11953	年华	niánhuá	名
11917	难舍难分/难分难舍	nánshě-nánfēn/nánfēn-nánshě	~	11954	年画	niánhuà	名
				11955	年货	niánhuò	名
11918	难说	nánshuō	动	11956	年间	niánjiān	名
11919	难为	nánwei	动	11957	年迈	niánmài	形
11920	喃喃	nánnán	拟声	11958	年少	niánshào	形
11921	难₂	nàn	语素	11959	年夜饭	niányèfàn	名
11922	难民	nànmín	名				

11960	年幼	niányòu	形	11996	挪	nuó	动
11961	年月	niányuè	名	11997	挪动	nuódong	动
11962	年长	niánzhǎng	形	11998	诺言	nuòyán	名
11963	念叨	niàndao	动	11999	懦夫	nuòfū	名
11964	念经	niànjīng	动	12000	糯米	nuòmǐ	名
11965	念念有词	niànniàn-yǒucí	~	12001	呕心沥血	ǒuxīn-lìxuè	~
11966	娘家	niángjiā	名	12002	偶₁	ǒu	副
11967	酿	niàng	动	12003	偶像	ǒuxiàng	名
11968	袅袅	niǎoniǎo	形	12004	怕生	pàshēng	形
11969	捏一把汗/捏把汗	niē yī bǎ hàn/niēbǎhàn	~	12005	拍卖	pāimài	动
				12006	拍手称快	pāishǒu-chēngkuài	~
11970	凝固	nínggù	动	12007	排比	páibǐ	名
11971	凝结	níngjié	动	12008	排斥	páichì	动
11972	凝聚	níngjù	动	12009	排除	páichú	动
11973	凝视	níngshì	动	12010	排放	páifàng	动
11974	凝望	níngwàng	动	12011	排泄	páixiè	动
11975	宁死不屈	nìngsǐ-bùqū	~	12012	排忧解难	páiyōu-jiěnàn	~
11976	扭曲	niǔqū	动	12013	排长	páizhǎng	名
11977	纽带	niǔdài	名	12014	徘徊	páihuái	动
11978	农户	nónghù	名	12015	派₃	pài	量、名
11979	农家	nóngjiā	名	12016	攀	pān	动
11980	农民工	nóngmíngōng	名	12017	蹒跚	pánshān	形
11981	农业	nóngyè	名	12018	判定	pàndìng	动
11982	农作物	nóngzuòwù	名	12019	叛逆	pànnì	动、名
11983	浓度	nóngdù	名	12020	畔	pàn	语素
11984	浓眉大眼	nóngméi-dàyǎn	~	12021	彷徨	pánghuáng	动
11985	浓郁	nóngyù	形	12022	庞然大物	pángrán-dàwù	~
11986	弄假成真	nòngjiǎ-chéngzhēn	~	12023	旁白	pángbái	名
11987	弄巧成拙	nòngqiǎo-chéngzhuō	~	12024	旁观	pángguān	动
11988	弄虚作假	nòngxū-zuòjiǎ	~	12025	旁人	pángrén	代人称
11989	奴隶	núlì	名	12026	抛弃	pāoqì	动
11990	怒发冲冠	nùfà-chōngguān	~	12027	刨	páo	动
11991	怒气	nùqì	名	12028	咆哮	páoxiào	动
11992	女性	nǚxìng	名	12029	泡₄	pào	动
11993	女婿	nǚxu	名	12030	泡菜	pàocài	名
11994	暖融融	nuǎnróngróng	形	12031	泡汤	pàotāng	动
11995	暖意	nuǎnyì	名	12032	泡影	pàoyǐng	名

编号	词	拼音	词性
12033	炮兵	pàobīng	名
12034	炮击	pàojī	动
12035	陪衬	péichèn	动、名
12036	陪葬	péizàng	动
12037	培训	péixùn	动
12038	赔偿	péicháng	动
12039	佩带	pèidài	动
12040	配方	pèifāng	名
12041	配送	pèisòng	动
12042	配音	pèiyīn	动
12043	喷洒	pēnsǎ	动
12044	喷撒	pēnsǎ	动
12045	盆地	péndì	名
12046	盆景	pénjǐng	名
12047	烹调/烹饪	pēngtiáo/pēngrèn	动
12048	朋友圈	péngyouquān	名
12049	蓬勃	péngbó	形
12050	蓬松	péngsōng	形
12051	蓬头垢面	péngtóu-gòumiàn	~
12052	澎湃	péngpài	形
12053	膨胀	péngzhàng	动
12054	碰壁	pèngbì	动
12055	碰钉子	pèngdīngzi	~
12056	碰运气	pèngyùnqi	~
12057	批发	pīfā	动
12058	披风	pīfēng	名
12059	披肩	pījiān	名
12060	披头散发	pītóu-sànfà	~
12061	霹雳	pīlì	名
12062	皮革	pígé	名
12063	皮开肉绽	píkāi-ròuzhàn	~
12064	琵琶	pípa	名
12065	僻静	pìjìng	形
12066	偏爱	piān'ài	动
12067	偏远	piānyuǎn	形
12068	篇幅	piānfú	名
12069	篇章	piānzhāng	名
12070	翩翩	piānpiān	形
12071	片甲不留	piànjiǎ-bùliú	~
12072	骗局	piànjú	名
12073	漂泊/飘泊	piāobó	动
12074	漂移	piāoyí	动
12075	飘然	piāorán	形
12076	飘洒	piāosǎ	动、形
12077	飘移	piāoyí	动
12078	飘逸	piāoyì	形、动
12079	漂白	piǎobái	动
12080	漂洗	piǎoxǐ	动
12081	票房	piàofáng	名
12082	撇₂	piē	动
12083	撇开	piēkāi	动
12084	瞥	piē	动
12085	拼凑	pīncòu	动
12086	贫	pín	语素
12087	贫血	pínxuè	动
12088	频	pín	语素
12089	频繁	pínfán	形
12090	频频	pínpín	副
12091	品₂	pǐn	动
12092	品味	pǐnwèi	动、名
12093	品行	pǐnxíng	名
12094	品学兼优	pǐnxué-jiānyōu	~
12095	品质	pǐnzhì	名
12096	平白无故	píngbái-wúgù	~
12097	平淡	píngdàn	形
12098	平凡	píngfán	形
12099	平局	píngjú	名
12100	平民	píngmín	名
12101	平平	píngpíng	形
12102	平稳	píngwěn	形
12103	平息	píngxī	动
12104	平行	píngxíng	形、动
12105	平易近人	píngyì-jìnrén	~
12106	评论	pínglùn	动、名

12107	评书	píngshū	名		12144	其乐无穷	qílè-wúqióng	~
12108	屏障	píngzhàng	名		12145	其貌不扬	qímào-bùyáng	~
12109	泼辣	pōlà	形		12146	奇耻大辱	qíchǐ-dàrǔ	~
12110	婆家	pójiā	名		12147	奇花异草	qíhuā-yìcǎo	~
12111	婆婆妈妈	pópomāmā	形		12148	奇幻	qíhuàn	形
12112	迫害	pòhài	动		12149	奇珍异宝	qízhēn-yìbǎo	~
12113	迫切	pòqiè	形		12150	歧视	qíshì	动
12114	破案	pò'àn	动		12151	祈祷	qídǎo	动
12115	破口大骂	pòkǒu-dàmà	~		12152	骑兵	qíbīng	名
12116	破例	pòlì	动		12153	骑士	qíshì	名
12117	破灭	pòmiè	动		12154	棋局	qíjú	名
12118	破涕为笑	pòtìwéixiào	~		12155	旗手	qíshǒu	名
12119	破铜烂铁	pòtóng-làntiě	~		12156	乞求	qǐqiú	动
12120	破土	pòtǔ	动		12157	企盼	qǐpàn	动
12121	魄力	pòlì	名		12158	企业	qǐyè	名
12122	扑面	pūmiàn	动		12159	启程/起程	qǐchéng	动
12123	仆从	púcóng	名		12160	启蒙	qǐméng	动
12124	仆人	púrén	名		12161	启事	qǐshì	名
12125	蒲扇	púshàn	名		12162	起₃	qǐ	量
12126	朴实无华	pǔshí-wúhuá	~		12163	起步	qǐbù	动
12127	普遍	pǔbiàn	形		12164	起哄	qǐhòng	动
12128	普照	pǔzhào	动		12165	起码	qǐmǎ	形
12129	谱写	pǔxiě	动		12166	起色	qǐsè	名
12130	七手八脚	qīshǒu-bājiǎo	~		12167	起身	qǐshēn	动
12131	妻	qī	语素		12168	起义	qǐyì	动
12132	期刊	qīkān	名		12169	起源	qǐyuán	动、名
12133	期限	qīxiàn	名		12170	起早贪黑	qǐzǎo-tānhēi	~
12134	欺	qī	语素		12171	气₃	qì	语素
12135	欺凌	qīlíng	动		12172	气概	qìgài	名
12136	欺软怕硬	qīruǎn-pàyìng	~		12173	气管	qìguǎn	名
12137	欺压	qīyā	动		12174	气力	qìlì	名
12138	漆	qī	名、动		12175	气量	qìliàng	名
12139	齐备	qíbèi	形		12176	气流	qìliú	名
12140	齐全	qíquán	形		12177	气囊	qìnáng	名
12141	齐头并进	qítóu-bìngjìn	~		12178	气恼	qìnǎo	形
12142	齐心	qíxīn	形		12179	气魄	qìpò	名
12143	其间	qíjiān	名方位		12180	气象	qìxiàng	名

12181	气象万千	qìxiàng-wànqiān	~
12182	气质	qìzhì	名
12183	弃权	qìquán	动
12184	汽笛	qìdí	名
12185	汽艇	qìtǐng	名
12186	砌	qì	动
12187	器官	qìguān	名
12188	器具	qìjù	名
12189	恰	qià	副
12190	恰巧	qiàqiǎo	副
12191	恰似	qiàsì	动
12192	千差万别	qiānchā-wànbié	~
12193	千锤百炼	qiānchuí-bǎiliàn	~
12194	千方百计	qiānfāng-bǎijì	~
12195	千古	qiāngǔ	名
12196	千呼万唤	qiānhū-wànhuàn	~
12197	千钧一发	qiānjūn-yīfà	~
12198	千篇一律	qiānpiān-yīlǜ	~
12199	千瓦	qiānwǎ	量
12200	千言万语	qiānyán-wànyǔ	~
12201	迁就	qiānjiù	动
12202	迁徙	qiānxǐ	动
12203	牵动	qiāndòng	动
12204	牵挂	qiānguà	动
12205	牵引	qiānyǐn	动
12206	谦逊	qiānxùn	形
12207	前锋	qiánfēng	名
12208	前列	qiánliè	名
12209	前人	qiánrén	名
12210	前日	qiánrì	名
12211	前身	qiánshēn	名
12212	前所未有	qiánsuǒwèiyǒu	~
12213	前途	qiántú	名
12214	前夕	qiánxī	名
12215	乾坤	qiánkūn	名
12216	潜	qián	动
12217	潜力	qiánlì	名
12218	潜艇/潜水艇	qiántǐng/qiánshuǐtǐng	名
12219	潜移默化	qiányí-mòhuà	~
12220	浅显	qiǎnxiǎn	形
12221	谴责	qiǎnzé	动
12222	纤夫	qiànfū	名
12223	枪毙	qiāngbì	动
12224	枪林弹雨	qiānglín-dànyǔ	~
12225	枪手	qiāngshǒu	名
12226	强调	qiángdiào	动
12227	强度	qiángdù	名
12228	强健	qiángjiàn	形、动
12229	强盛	qiángshèng	形
12230	抢购	qiǎnggòu	动
12231	抢眼	qiǎngyǎn	形
12232	强词夺理	qiǎngcí-duólǐ	~
12233	强迫	qiǎngpò	动
12234	敲诈	qiāozhà	动
12235	乔木	qiáomù	名
12236	桥墩	qiáodūn	名
12237	憔悴	qiáocuì	形
12238	悄然	qiǎorán	形
12239	悄声	qiǎoshēng	形
12240	悄无声息	qiǎowúshēngxī	~
12241	俏丽	qiàolì	形
12242	撬	qiào	动
12243	切除	qiēchú	动
12244	切割	qiēgē	动
12245	且	qiě	连
12246	切记	qièjì	动
12247	怯懦	qiènuò	形
12248	窃	qiè	语素
12249	窃窃私语	qièqiè-sīyǔ	~
12250	窃取	qièqǔ	动
12251	惬意	qièyì	形
12252	锲而不舍	qiè'érbùshě	~
12253	钦佩	qīnpèi	动

12254	侵犯	qīnfàn	动		12291	情有可原	qíngyǒukěyuán	~
12255	侵蚀	qīnshí	动		12292	情愿	qíngyuàn	动、副
12256	亲近	qīnjìn	形、动		12293	庆功	qìnggōng	动
12257	亲身	qīnshēn	形		12294	庆幸	qìngxìng	动
12258	亲属	qīnshǔ	名		12295	穷₂	qióng	副
12259	亲吻	qīnwěn	动		12296	穷困	qióngkùn	形
12260	亲友	qīnyǒu	名		12297	秋收	qiūshōu	动、名
12261	禽	qín	语素		12298	求见	qiújiàn	动
12262	禽兽	qínshòu	名		12299	求救	qiújiù	动
12263	勤₂	qín	语素		12300	求学	qiúxué	动
12264	勤俭	qínjiǎn	形		12301	求之不得	qiúzhī-bùdé	~
12265	寝室	qǐnshì	名		12302	求知	qiúzhī	动
12266	青出于蓝	qīngchūyúlán	~		12303	球技	qiújì	名
12267	青春痘	qīngchūndòu	名		12304	球体	qiútǐ	名
12268	青春期	qīngchūnqī	名		12305	曲折	qūzhé	形
12269	青翠	qīngcuì	形		12306	驱	qū	语素
12270	青红皂白	qīnghóng-zàobái	~		12307	驱车	qūchē	动
12271	轻举妄动	qīngjǔ-wàngdòng	~		12308	驱散	qūsàn	动
12272	轻视	qīngshì	动		12309	驱使	qūshǐ	动
12273	轻率	qīngshuài	形		12310	屈	qū	动
12274	轻微	qīngwēi	形		12311	屈服	qūfú	动
12275	倾	qīng	动		12312	屈辱	qūrǔ	名
12276	倾倒₁	qīngdǎo	动		12313	躯干	qūgàn	名
12277	倾诉	qīngsù	动		12314	躯体	qūtǐ	名
12278	倾泻	qīngxiè	动		12315	渠	qú	名
12279	清白	qīngbái	形		12316	渠道	qúdào	名
12280	清淡	qīngdàn	形		12317	曲调	qǔdiào	名
12281	清官	qīngguān	名		12318	取代	qǔdài	动
12282	清净	qīngjìng	形		12319	取而代之	qǔ'érdàizhī	~
12283	清闲	qīngxián	形		12320	取胜	qǔshèng	动
12284	情报	qíngbào	名		12321	去路	qùlù	名
12285	情调	qíngdiào	名		12322	去向	qùxiàng	名
12286	情感	qínggǎn	名		12323	趣闻	qùwén	名
12287	情面	qíngmiàn	名		12324	权	quán	名
12288	情趣	qíngqù	名		12325	权力	quánlì	名
12289	情绪	qíngxù	名		12326	权利	quánlì	名
12290	情谊	qíngyì	名		12327	权威	quánwēi	名、形

12328	全力以赴	quánlìyǐfù	~	12365	热线	rèxiàn	名
12329	全能	quánnéng	形	12366	热销	rèxiāo	动
12330	全球	quánqiú	名	12367	热血	rèxuè	名
12331	全心全意	quánxīn-quányì	~	12368	人潮	réncháo	名
12332	拳打脚踢	quándǎ-jiǎotī	~	12369	人称	rénchēng	名
12333	拳击	quánjī	名	12370	人贩子	rénfànzi	名
12334	劝导	quàndǎo	动	12371	人高马大	réngāo-mǎdà	~
12335	券	quàn	名	12372	人格	réngé	名
12336	缺乏	quēfá	动	12373	人工	réngōng	形、名
12337	缺口	quēkǒu	名	12374	人海	rénhǎi	名
12338	缺勤	quēqín	动	12375	人口	rénkǒu	名
12339	缺陷	quēxiàn	名	12376	人流	rénliú	名
12340	缺一不可	quēyī-bùkě	~	12377	人马	rénmǎ	名
12341	确	què	副、语素	12378	人士	rénshì	名
12342	确诊	quèzhěn	动	12379	人世	rénshì	名
12343	群居	qúnjū	动	12380	人世间	rénshìjiān	名
12344	群体	qúntǐ	名	12381	人手	rénshǒu	名
12345	群众	qúnzhòng	名	12382	人为	rénwéi	动、形
12346	燃	rán	动	12383	人文	rénwén	名
12347	燃料	ránliào	名	12384	人性	rénxìng	名
12348	燃气	ránqì	名	12385	人选	rénxuǎn	名
12349	染料	rǎnliào	名	12386	人之常情	rénzhīchángqíng	~
12350	瓤	ráng	名	12387	人质	rénzhì	名
12351	让步	ràngbù	动	12388	仁₂	rén	语素
12352	饶恕	ráoshù	动	12389	忍气吞声	rěnqì-tūnshēng	~
12353	扰乱	rǎoluàn	动	12390	忍让	rěnràng	动
12354	惹是生非	rěshì-shēngfēi	~	12391	刃	rèn	名
12355	热₂	rè	形、语素	12392	认定	rèndìng	动
12356	热潮	rècháo	名	12393	认可	rènkě	动
12357	热带	rèdài	名	12394	认领	rènlǐng	动
12358	热火朝天	rèhuǒ-cháotiān	~	12395	认罪	rènzuì	动
12359	热辣辣	rèlàlà	形	12396	任₂	rèn	动、量
12360	热量	rèliàng	名	12397	任劳任怨	rènláo-rènyuàn	~
12361	热门	rèmén	名	12398	任凭	rènpíng	动、连
12362	热能	rènéng	名	12399	韧性	rènxìng	名
12363	热气球	rèqìqiú	名	12400	日光灯	rìguāngdēng	名
12364	热身	rèshēn	动	12401	日后	rìhòu	名

12402	日渐	rìjiàn	副	12439	蠕动	rúdòng	动
12403	日新月异	rìxīn-yuèyì	～	12440	乳	rǔ	语素
12404	日益	rìyì	副	12441	乳汁	rǔzhī	名
12405	日月如梭	rìyuèrúsuō	～	12442	入场券	rùchǎngquàn	名
12406	荣华富贵	rónghuá-fùguì	～	12443	入手	rùshǒu	动
12407	荣获	rónghuò	动	12444	入选	rùxuǎn	动
12408	荣幸	róngxìng	形	12445	入药	rùyào	动
12409	荣耀	róngyào	形	12446	软硬不吃	ruǎnyìng-bùchī	～
12410	容₂	róng	动	12447	瑞雪	ruìxuě	名
12411	容纳	róngnà	动	12448	润泽	rùnzé	形、动
12412	容器	róngqì	名	12449	若	ruò	连、语素
12413	容忍	róngrěn	动	12450	若干	ruògān	数
12414	容颜	róngyán	名	12451	若无其事	ruòwúqíshì	～
12415	溶	róng	动	12452	弱不禁风	ruòbùjīnfēng	～
12416	溶洞	róngdòng	名	12453	弱视	ruòshì	形
12417	溶剂	róngjì	名	12454	仨	sā	数量
12418	溶解	róngjiě	动	12455	撒气	sāqì	动
12419	融	róng	动	12456	撒野	sāyě	动
12420	融合	rónghé	动	12457	洒脱	sǎtuō	形
12421	融汇	rónghuì	动	12458	撒播	sǎbō	动
12422	融洽	róngqià	形	12459	赛区	sàiqū	名
12423	融融	róngróng	形	12460	赛事	sàishì	名
12424	融为一体	róngwéi-yītǐ	～	12461	赛艇	sàitǐng	名
12425	柔道	róudào	名	12462	三长两短	sāncháng-liǎngduǎn	～
12426	柔情	róuqíng	名	12463	三番五次/五次三番	sānfān-wǔcì/wǔcì-sānfān	～
12427	肉体	ròutǐ	名				
12428	肉眼	ròuyǎn	名	12464	三天打鱼，两天晒网	sāntiān-dǎyú, liǎngtiān-shàiwǎng	～
12429	如₂	rú	连				
12430	如饥似渴	rújī-sìkě	～	12465	三天两头儿	sāntiān-liǎngtóur	～
12431	如雷贯耳	rúléiguàn'ěr	～	12466	三头六臂	sāntóu-liùbì	～
12432	如临深渊	rúlínshēnyuān	～	12467	三言两语	sānyán-liǎngyǔ	～
12433	如实	rúshí	副	12468	散文	sǎnwén	名
12434	如释重负	rúshìzhòngfù	～	12469	散养	sǎnyǎng	动
12435	如影随形	rúyǐngsuíxíng	～	12470	桑拿	sāngná	名
12436	如鱼得水	rúyúdéshuǐ	～	12471	丧失	sàngshī	动
12437	如愿	rúyuàn	动	12472	骚扰	sāorǎo	动
12438	如愿以偿	rúyuànyǐcháng	～	12473	扫荡	sǎodàng	动

12474	扫墓	sǎomù	动
12475	嫂子 / 嫂	sǎozi/sǎo	名
12476	臊₂	sào	动
12477	涩	sè	形
12478	瑟瑟	sèsè	拟声、形
12479	森严	sēnyán	形
12480	僧人	sēngrén	名
12481	杀毒	shādú	动
12482	杀气	shāqì	名
12483	杀手	shāshǒu	名
12484	沙洲	shāzhōu	名
12485	霎时	shàshí	名
12486	筛选	shāixuǎn	动
12487	山歌	shāngē	名
12488	山光水色	shānguāng-shuǐsè	～
12489	山脉	shānmài	名
12490	山穷水尽	shānqióng-shuǐjìn	～
12491	山丘	shānqiū	名
12492	姗姗来迟	shānshānláichí	～
12493	珊瑚虫	shānhúchóng	名
12494	珊瑚礁	shānhújiāo	名
12495	闪光灯	shǎnguāngdēng	名
12496	闪失	shǎnshī	名
12497	闪现	shǎnxiàn	动
12498	扇贝	shànbèi	名
12499	扇形	shànxíng	名
12500	善待	shàndài	动
12501	善解人意	shànjiě-rényì	～
12502	擅自	shànzì	副
12503	伤感	shānggǎn	形
12504	伤脑筋	shāngnǎojīn	～
12505	伤天害理	shāngtiān-hàilǐ	～
12506	伤痛	shāngtòng	形、名
12507	伤亡	shāngwáng	动、名
12508	商₂	shāng	语素
12509	商₃	shāng	语素
12510	商贩	shāngfàn	名
12511	商家	shāngjiā	名
12512	商业	shāngyè	名
12513	赏心悦目	shǎngxīn-yuèmù	～
12514	上₆	shang	名方位
12515	上班族	shàngbānzú	名
12516	上传	shàngchuán	动
12517	上蹿下跳 / 上窜下跳	shàngcuān-xiàtiào/ shàngcuàn-xiàtiào	～
12518	上风	shàngfēng	名
12519	上进	shàngjìn	动
12520	上任	shàngrèn	动
12521	上司	shàngsi	名
12522	上台	shàngtái	动
12523	上线₁	shàngxiàn	动
12524	上心	shàngxīn	形
12525	上演	shàngyǎn	动
12526	上扬	shàngyáng	动
12527	上映	shàngyìng	动
12528	上肢	shàngzhī	名
12529	芍药	sháoyao	名
12530	哨₂	shào	名
12531	哨兵	shàobīng	名
12532	折₅	shé	动
12533	舍弃	shěqì	动
12534	设	shè	动
12535	设定	shèdìng	动
12536	设立	shèlì	动
12537	设想	shèxiǎng	动、名
12538	社	shè	名
12539	社会主义	shèhuì zhǔyì	～
12540	社区	shèqū	名
12541	舍友	shèyǒu	名
12542	射手	shèshǒu	名
12543	伸张	shēnzhāng	动
12544	身份证	shēnfènzhèng	名
12545	身躯	shēnqū	名
12546	身手	shēnshǒu	名

12547	身心	shēnxīn	名		12584	生硬	shēngyìng	形
12548	身姿	shēnzī	名		12585	声波	shēngbō	名
12549	呻吟	shēnyín	动		12586	声张	shēngzhāng	动
12550	绅士	shēnshì	名		12587	牲畜	shēngchù	名
12551	深沉	shēnchén	形		12588	绳索	shéngsuǒ	名
12552	深厚	shēnhòu	形		12589	省城	shěngchéng	名
12553	深切	shēnqiè	形		12590	省吃俭用	shěngchī-jiǎnyòng	~
12554	深入	shēnrù	动、形		12591	省得	shěngde	连
12555	深山老林	shēnshān-lǎolín	~		12592	省份	shěngfèn	名
12556	深思	shēnsī	动		12593	圣人	shèngrén	名
12557	深渊	shēnyuān	名		12594	圣旨	shèngzhǐ	名
12558	深远	shēnyuǎn	形		12595	胜出	shèngchū	动
12559	神采奕奕	shéncǎi-yìyì	~		12596	胜地	shèngdì	名
12560	神出鬼没	shénchū-guǐmò	~		12597	胜似	shèngsì	动
12561	神经	shénjīng	名		12598	盛₂	shèng	形
12562	神清气爽	shénqīng-qìshuǎng	~		12599	盛₃	shèng	语素
12563	神圣	shénshèng	形		12600	盛会	shènghuì	名
12564	神似	shénsì	形		12601	盛情	shèngqíng	名
12565	神速	shénsù	形		12602	盛宴	shèngyàn	名
12566	神往	shénwǎng	动		12603	盛装	shèngzhuāng	名
12567	神志	shénzhì	名		12604	剩余	shèngyú	动
12568	渗	shèn	动		12605	失传	shīchuán	动
12569	渗入	shènrù	动		12606	失魂落魄/丧魂落魄/丧魂失魄/丢魂落魄/丢魂失魄	shīhún-luòpò/ sànghún-luòpò/ sànghún-shīpò/ diūhún-luòpò/ diūhún-shīpò	~
12570	升₂	shēng	量					
12571	升华	shēnghuá	动					
12572	升级	shēngjí	动					
12573	升腾	shēngténg	动		12607	失灵	shīlíng	动
12574	升天	shēngtiān	动		12608	失落	shīluò	形
12575	升学	shēngxué	动		12609	失手	shīshǒu	动
12576	生₅	shēng	形、副		12610	失物	shīwù	名
12577	生气₂	shēngqì	名		12611	失学	shīxué	动
12578	生前	shēngqián	名		12612	失意	shīyì	形
12579	生趣	shēngqù	名		12613	失足	shīzú	动
12580	生人	shēngrén	名		12614	师徒	shītú	名
12581	生疏	shēngshū	形		12615	师长	shīzhǎng	名
12582	生死	shēngsǐ	名、形		12616	诗集	shījí	名
12583	生态	shēngtài	名		12617	诗篇	shīpiān	名

12618	诗意	shīyì	名	12655	世间	shìjiān	名
12619	施工	shīgōng	动	12656	世上	shìshàng	名
12620	施舍	shīshě	动	12657	世俗	shìsú	名
12621	湿地	shīdì	名	12658	世外桃源	shìwài-táoyuán	~
12622	湿度	shīdù	名	12659	式样	shìyàng	名
12623	湿气	shīqì	名	12660	势	shì	语素
12624	十字架	shízìjià	名	12661	势不可当/势不可挡	shìbùkědāng/shìbùkědǎng	~
12625	石沉大海	shíchéndàhǎi	~	12662	势均力敌	shìjūn-lìdí	~
12626	石膏	shígāo	名	12663	事半功倍	shìbàn-gōngbèi	~
12627	时不时	shíbùshí	副	12664	事倍功半	shìbèi-gōngbàn	~
12628	时辰	shíchen	名	12665	事后	shìhòu	名
12629	时而	shí'ér	副	12666	事迹	shìjì	名
12630	时分	shífēn	名	12667	事件	shìjiàn	名
12631	时机	shíjī	名	12668	事前/事先	shìqián/shìxiān	名
12632	时节	shíjié	名	12669	事务	shìwù	名
12633	时隐时现	shíyǐn-shíxiàn	~	12670	事业	shìyè	名
12634	识别	shíbié	动	12671	侍候	shìhòu	动
12635	实话实说	shíhuà-shíshuō	~	12672	饰	shì	动、语素
12636	实惠	shíhuì	名、形	12673	饰品	shìpǐn	名
12637	实力	shílì	名	12674	饰演	shìyǎn	动
12638	实例	shílì	名	12675	试管	shìguǎn	名
12639	实情	shíqíng	名	12676	试探	shìtàn	动
12640	实施	shíshī	动	12677	试图	shìtú	动
12641	实物	shíwù	名	12678	视	shì	语素
12642	实习	shíxí	动	12679	视而不见	shì'érbùjiàn	~
12643	实行	shíxíng	动	12680	视觉	shìjué	名
12644	食用	shíyòng	动	12681	视死如归	shìsǐ-rúguī	~
12645	食欲	shíyù	名	12682	视网膜	shìwǎngmó	名
12646	史书	shǐshū	名	12683	视为	shìwéi	动
12647	使命	shǐmìng	名	12684	视野	shìyě	名
12648	始	shǐ	语素	12685	是非	shìfēi	名
12649	士气	shìqì	名	12686	适宜	shìyí	形
12650	氏	shì	语素	12687	室友	shìyǒu	名
12651	示	shì	语素	12688	逝世	shìshì	动
12652	示弱	shìruò	动	12689	收成	shōucheng	名
12653	示意	shìyì	动	12690	收服	shōufú	动
12654	世	shì	语素				

编号	词	拼音	词性
12691	收入	shōurù	动、名
12692	收缩	shōusuō	动
12693	收效	shōuxiào	动
12694	收银员	shōuyínyuán	名
12695	手₃	shǒu	量
12696	手把手	shǒubǎshǒu	～
12697	手段	shǒuduàn	名
12698	手法	shǒufǎ	名
12699	手铐	shǒukào	名
12700	手头	shǒutóu	名
12701	手推车	shǒutuīchē	名
12702	手下	shǒuxià	名
12703	手续	shǒuxù	名
12704	守候	shǒuhòu	动
12705	守则	shǒuzé	名
12706	首当其冲	shǒudāng-qíchōng	～
12707	首相	shǒuxiàng	名
12708	首要	shǒuyào	形
12709	寿	shòu	语素
12710	寿司	shòusī	名
12711	寿星	shòuxing	名
12712	受挫	shòucuò	动
12713	受罚	shòufá	动
12714	受害	shòuhài	动
12715	受气	shòuqì	动
12716	受益	shòuyì	动
12717	受益匪浅	shòuyì-fěiqiǎn	～
12718	受罪	shòuzuì	动
12719	授课	shòukè	动
12720	售	shòu	动
12721	书呆子	shūdāizi	名
12722	书刊	shūkān	名
12723	书面	shūmiàn	形
12724	书生	shūshēng	名
12725	书香	shūxiāng	形
12726	书信	shūxìn	名
12727	抒发	shūfā	动
12728	抒情	shūqíng	动
12729	抒写	shūxiě	动
12730	舒	shū	动
12731	舒缓	shūhuǎn	形
12732	舒坦	shūtan	形
12733	疏忽	shūhu	动
12734	疏远	shūyuǎn	形、动
12735	输液	shūyè	动
12736	熟人	shúrén	名
12737	熟食	shúshí	名
12738	暑期	shǔqī	名
12739	数落	shǔluo	动
12740	曙光	shǔguāng	名
12741	术	shù	语素
12742	束₂	shù	动、语素
12743	束缚	shùfù	动
12744	述	shù	语素
12745	述说	shùshuō	动
12746	刷卡	shuākǎ	动
12747	衰弱	shuāiruò	形
12748	甩卖	shuǎimài	动
12749	率₁	shuài	动
12750	双方	shuāngfāng	名
12751	双杠	shuānggàng	名
12752	爽口	shuǎngkǒu	形
12753	爽快	shuǎngkuai	形
12754	爽朗	shuǎnglǎng	形
12755	水表	shuǐbiǎo	名
12756	水道	shuǐdào	名
12757	水利	shuǐlì	名
12758	水落石出	shuǐluò-shíchū	～
12759	水深火热	shuǐshēn-huǒrè	～
12760	水土	shuǐtǔ	名
12761	水位	shuǐwèi	名
12762	水乡	shuǐxiāng	名
12763	水性	shuǐxìng	名
12764	税	shuì	名

12765	睡莲	shuìlián	名		12802	四通八达	sìtōng-bādá	~
12766	睡意	shuìyì	名		12803	四肢	sìzhī	名
12767	吮吸	shǔnxī	动		12804	似曾相识	sìcéngxiāngshí	~
12768	顺路/顺道	shùnlù/shùndào	副、形		12805	似懂非懂	sìdǒng-fēidǒng	~
12769	顺手牵羊	shùnshǒu-qiānyáng	~		12806	肆无忌惮	sìwú-jìdàn	~
12770	顺藤摸瓜	shùnténg-mōguā	~		12807	松绑	sōngbǎng	动
12771	顺眼	shùnyǎn	形		12808	松弛	sōngchí	形
12772	瞬息万变	shùnxī-wànbiàn	~		12809	松动	sōngdòng	动
12773	说长道短	shuōcháng-dàoduǎn	~		12810	松散	sōngsǎn	形
12774	说服力	shuōfúlì	名		12811	松懈	sōngxiè	形、动
12775	说来话长	shuōlái huàcháng	~		12812	耸肩	sǒngjiān	动
12776	说情	shuōqíng	动		12813	送达	sòngdá	动
12777	说三道四	shuōsān-dàosì	~		12814	诵读	sòngdú	动
12778	司令	sīlìng	名		12815	颂	sòng	语素
12779	丝绸之路	sīchóuzhīlù	~		12816	颂歌	sònggē	名
12780	私	sī	语素		12817	搜捕	sōubǔ	动
12781	私立	sīlì	形		12818	搜查	sōuchá	动
12782	私人	sīrén	名		12819	搜集	sōují	动
12783	私事	sīshì	名		12820	搜寻	sōuxún	动
12784	思路	sīlù	名		12821	酥	sū	形、语素
12785	思维	sīwéi	名		12822	俗	sú	形、语素
12786	思想家	sīxiǎngjiā	名		12823	俗称	súchēng	动、名
12787	思绪	sīxù	名		12824	俗气	súqi	形
12788	撕心裂肺	sīxīn-lièfèi	~		12825	俗语	súyǔ	名
12789	嘶哑	sīyǎ	形		12826	诉	sù	动
12790	死板	sǐbǎn	形		12827	诉苦	sùkǔ	动
12791	死脑筋	sǐnǎojīn	形、名		12828	诉说	sùshuō	动
12792	死皮赖脸	sǐpí-làiliǎn	~		12829	肃穆	sùmù	形
12793	死气沉沉	sǐqì-chénchén	~		12830	肃然起敬	sùrán-qǐjìng	~
12794	死伤	sǐshāng	动		12831	素材	sùcái	名
12795	死神	sǐshén	名		12832	素来	sùlái	副
12796	死心	sǐxīn	动		12833	素食	sùshí	名
12797	死心眼儿	sǐxīnyǎnr	形、名		12834	素质	sùzhì	名
12798	死刑	sǐxíng	名		12835	速成	sùchéng	动
12799	四分五裂	sìfēn-wǔliè	~		12836	速战速决	sùzhàn-sùjué	~
12800	四季如春	sìjì-rúchūn	~		12837	宿₁	sù	语素
12801	四平八稳	sìpíng-bāwěn	~		12838	塑像	sùxiàng	名

编号	词	拼音	词性	编号	词	拼音	词性
12839	塑造	sùzào	动	12875	摊子	tānzi	名、量
12840	酸菜	suāncài	名	12876	瘫	tān	动
12841	酸楚	suānchǔ	形	12877	瘫痪	tānhuàn	动
12842	酸痛	suāntòng	形	12878	坛₂	tán	语素
12843	算式	suànshì	名	12879	昙花一现	tánhuā-yīxiàn	～
12844	随处	suíchù	副	12880	谈论	tánlùn	动
12845	随和	suíhe	形	12881	谈天说地	tántiān-shuōdì	～
12846	随机应变	suíjī-yìngbiàn	～	12882	谈吐	tántǔ	名
12847	随即	suíjí	副	12883	谈心	tánxīn	动
12848	随身	suíshēn	形	12884	坦诚	tǎnchéng	形
12849	随身听	suíshēntīng	名	12885	坦然	tǎnrán	形
12850	随声附和	suíshēng-fùhè	～	12886	袒护	tǎnhù	动
12851	随同	suítóng	动	12887	炭/木炭	tàn/mùtàn	名
12852	随之而来	suízhī'érlái	～	12888	探测	tàncè	动
12853	穗	suì	名	12889	探测仪	tàncèyí	名
12854	损	sǔn	动、形、语素	12890	探究	tànjiū	动
12855	损毁	sǔnhuǐ	动	12891	探亲	tànqīn	动
12856	损伤	sǔnshāng	动	12892	探讨	tàntǎo	动
12857	损失	sǔnshī	动、名	12893	探头	tàntóu	动、名
12858	梭子/梭	suōzi/suō	名	12894	探险家	tànxiǎnjiā	名
12859	所在	suǒzài	名	12895	堂堂	tángtáng	形
12860	所作所为	suǒzuò-suǒwéi	～	12896	掏腰包	tāoyāobāo	～
12861	索取	suǒqǔ	动	12897	逃窜	táocuàn	动
12862	琐碎	suǒsuì	形	12898	逃难	táonàn	动
12863	他乡	tāxiāng	名	12899	逃脱	táotuō	动
12864	塌陷	tāxiàn	动	12900	逃之夭夭	táozhīyāoyāo	～
12865	塔楼	tǎlóu	名	12901	陶冶	táoyě	动
12866	胎儿	tāi'ér	名	12902	陶艺	táoyì	名
12867	台球	táiqiú	名	12903	淘	táo	动
12868	太阳系	tàiyángxì	名	12904	讨价还价	tǎojià-huánjià	～
12869	太子	tàizǐ	名	12905	套近乎	tào jìnhu	～
12870	贪得无厌	tāndé-wúyàn	～	12906	套装₁	tàozhuāng	名
12871	贪官	tānguān	名	12907	套装₂	tàozhuāng	名
12872	贪生怕死	tānshēng-pàsǐ	～	12908	特定	tèdìng	形
12873	贪图	tāntú	动	12909	特级	tèjí	形
12874	摊₂	tān	动	12910	特价	tèjià	名
				12911	特区	tèqū	名

12912	特务	tèwu	名		12948	天赋	tiānfù	名
12913	特性	tèxìng	名		12949	天国	tiānguó	名
12914	特异	tèyì	形		12950	天寒地冻	tiānhán-dìdòng	~
12915	特征	tèzhēng	名		12951	天河	tiānhé	名
12916	特制	tèzhì	动		12952	天昏地暗	tiānhūn-dì'àn	~
12917	腾空	téngkōng	动		12953	天罗地网	tiānluó-dìwǎng	~
12918	藤椅	téngyǐ	名		12954	天南地北 / 天南海北 / 山南海北	tiānnán-dìběi/ tiānnán-hǎiběi/ shānnán-hǎiběi	~
12919	梯形	tīxíng	名					
12920	提倡	tíchàng	动		12955	天平	tiānpíng	名
12921	提纲	tígāng	名		12956	天然气	tiānránqì	名
12922	提交	tíjiāo	动		12957	天壤之别 / 天渊之别	tiānrǎngzhībié/ tiānyuānzhībié	~
12923	提取	tíqǔ	动					
12924	提升	tíshēng	动		12958	天日	tiānrì	名
12925	提议	tíyì	动、名		12959	天神	tiānshén	名
12926	提早	tízǎo	动		12960	天庭	tiāntíng	名
12927	啼哭	tíkū	动		12961	天文	tiānwén	名
12928	题₂	tí	动		12962	天文数字	tiānwén shùzì	~
12929	题写	tíxiě	动		12963	天性	tiānxìng	名
12930	体	tǐ	语素		12964	天涯	tiānyá	名
12931	体格	tǐgé	名		12965	天衣无缝	tiānyī-wúfèng	~
12932	体检	tǐjiǎn	动		12966	天真烂漫	tiānzhēn-lànmàn	~
12933	体谅	tǐliàng	动		12967	天真无邪	tiānzhēn-wúxié	~
12934	体态	tǐtài	名		12968	天主教	Tiānzhǔjiào	名
12935	体坛	tǐtán	名		12969	天子	tiānzǐ	名
12936	体味	tǐwèi	动		12970	添油加醋	tiānyóu-jiācù	~
12937	体系	tǐxì	名		12971	甜点	tiándiǎn	名
12938	体校	tǐxiào	名		12972	甜品	tiánpǐn	名
12939	体质	tǐzhì	名		12973	甜头	tiántou	名
12940	替补	tìbǔ	动、名		12974	甜言蜜语	tiányán-mìyǔ	~
12941	替代	tìdài	动		12975	填充	tiánchōng	动
12942	天崩地裂	tiānbēng-dìliè	~		12976	挑三拣四	tiāosān-jiǎnsì	~
12943	天长地久 / 地久天长	tiāncháng-dìjiǔ/ dìjiǔ-tiāncháng	~		12977	挑剔	tiāoti	动
					12978	条件反射	tiáojiàn fǎnshè	~
12944	天长日久 / 日久天长	tiāncháng-rìjiǔ/ rìjiǔ-tiāncháng	~		12979	调理	tiáolǐ	动
					12980	调配₁	tiáopèi	动
12945	天窗	tiānchuāng	名		12981	挑拨	tiǎobō	动
12946	天方夜谭	tiānfāng-yètán	~		12982	挑拨离间	tiǎobō-líjiàn	~
12947	天分	tiānfèn	名					

12983	挑事	tiǎoshì	动		13020	同志	tóngzhì	名
12984	跳水	tiàoshuǐ	动		13021	铜钱	tóngqián	名
12985	跳闸	tiàozhá	动		13022	童心	tóngxīn	名
12986	贴近	tiējìn	动		13023	瞳孔	tóngkǒng	名
12987	贴身	tiēshēn	形		13024	统计	tǒngjì	动
12988	帖/帖子	tiě/tiězi	名		13025	统治	tǒngzhì	动
12989	铁₂	tiě	形		13026	通₃	tòng	量
12990	铁面无私	tiěmiàn-wúsī	～		13027	痛改前非	tònggǎi-qiánfēi	～
12991	铁锹/锹	tiěqiāo/qiāo	名		13028	痛快淋漓	tòngkuài-línlí	～
12992	厅₂	tīng	名		13029	痛心	tòngxīn	形
12993	听从	tīngcóng	动		13030	偷工减料	tōugōng-jiǎnliào	～
12994	听而不闻	tīng'érbùwén	～		13031	偷袭	tōuxí	动
12995	听觉	tīngjué	名		13032	头₄	tóu	形
12996	听信	tīngxìn	动		13033	头昏脑涨	tóuhūn-nǎozhàng	～
12997	停当	tíngdang	形		13034	头颅	tóulú	名
12998	停机坪	tíngjīpíng	名		13035	头目	tóumù	名
12999	停靠	tíngkào	动		13036	头疼脑热	tóuténg-nǎorè	～
13000	挺₃	tǐng	动		13037	头头是道	tóutóu-shìdào	～
13001	艇	tǐng	名		13038	头绪	tóuxù	名
13002	通₂	tōng	动		13039	投入	tóurù	动、形、名
13003	通畅	tōngchàng	形		13040	投诉	tóusù	动
13004	通风报信	tōngfēng-bàoxìn	～		13041	投掷	tóuzhì	动
13005	通情达理	tōngqíng-dálǐ	～		13042	透彻	tòuchè	形
13006	通俗	tōngsú	形		13043	透顶	tòudǐng	形
13007	通宵	tōngxiāo	名		13044	透漏	tòulòu	动
13008	通信	tōngxìn	动		13045	透露	tòulù	动
13009	通行	tōngxíng	动		13046	透视	tòushì	动
13010	通讯	tōngxùn	名		13047	凸	tū	形
13011	通用	tōngyòng	动		13048	突	tū	副、动
13012	通知书	tōngzhīshū	名		13049	突击	tūjī	动
13013	同胞	tóngbāo	名		13050	突破	tūpò	动
13014	同病相怜	tóngbìng-xiānglián	～		13051	突起	tūqǐ	动、名
13015	同步	tóngbù	动		13052	突袭	tūxí	动
13016	同窗	tóngchuāng	名、动		13053	图₂	tú	动
13017	同甘共苦	tónggān-gòngkǔ	～		13054	图表	túbiǎo	名
13018	同屋	tóngwū	名		13055	图章	túzhāng	名
13019	同行₁	tóngxíng	动		13056	图纸	túzhǐ	名

编号	词	拼音	词性
13057	途径	tújìng	名
13058	涂鸦	túyā	动
13059	涂脂抹粉	túzhī-mǒfěn	~
13060	屠刀	túdāo	名
13061	屠夫	túfū	名
13062	屠杀	túshā	动
13063	屠宰	túzǎi	动
13064	土产	tǔchǎn	名
13065	土气	tǔqì	名、形
13066	土生土长	tǔshēng-tǔzhǎng	~
13067	土特产	tǔtèchǎn	名
13068	吐露	tǔlù	动
13069	兔崽子	tùzǎizi	名
13070	团伙	tuánhuǒ	名
13071	团员	tuányuán	名
13072	团长	tuánzhǎng	名
13073	推迟	tuīchí	动
13074	推进	tuījìn	动
13075	推举	tuījǔ	动
13076	推卸	tuīxiè	动
13077	推选	tuīxuǎn	动
13078	推移	tuīyí	动
13079	腿肚子	tuǐdùzi	名
13080	退化	tuìhuà	动
13081	退还	tuìhuán	动
13082	退让	tuìràng	动
13083	退缩	tuìsuō	动
13084	退学	tuìxué	动
13085	褪	tuì	动
13086	褪色	tuìsè	动
13087	吞噬	tūnshì	动
13088	吞云吐雾	tūnyún-tǔwù	~
13089	托₂	tuō	动
13090	托管	tuōguǎn	动
13091	托盘	tuōpán	名
13092	托运	tuōyùn	动
13093	拖泥带水	tuōní-dàishuǐ	~
13094	脱口而出	tuōkǒu'érchū	~
13095	脱离	tuōlí	动
13096	脱身	tuōshēn	动
13097	脱险	tuōxiǎn	动
13098	脱颖而出	tuōyǐng'érchū	~
13099	陀螺	tuóluó	名
13100	妥当	tuǒdàng	形
13101	妥协	tuǒxié	动
13102	挖掘	wājué	动
13103	挖空心思	wākōng-xīnsī	~
13104	挖苦	wāku	动
13105	洼	wā	形
13106	瓦砾	wǎlì	名
13107	瓦特/瓦₂	wǎtè/wǎ	量
13108	外宾	wàibīn	名
13109	外教	wàijiào	名
13110	外界	wàijiè	名
13111	外来	wàilái	形
13112	外向	wàixiàng	形
13113	外星人	wàixīngrén	名
13114	外在	wàizài	形
13115	弯路	wānlù	名
13116	完璧归赵	wánbì-guīzhào	~
13117	完工	wángōng	动
13118	完善	wánshàn	形、动
13119	玩弄	wánnòng	动
13120	玩偶	wán'ǒu	名
13121	顽固	wángù	形
13122	顽童	wántóng	名
13123	宛如	wǎnrú	动
13124	挽回	wǎnhuí	动
13125	挽救	wǎnjiù	动
13126	挽留	wǎnliú	动
13127	晚辈	wǎnbèi	名
13128	晚年	wǎnnián	名
13129	惋惜	wǎnxī	形
13130	婉约	wǎnyuē	形

编号	词条	拼音	词性
13131	婉转	wǎnzhuǎn	形
13132	万不得已	wànbùdéyǐ	～
13133	万花筒	wànhuātǒng	名
13134	万马奔腾	wànmǎ-bēnténg	～
13135	万千	wànqiān	数
13136	万事大吉	wànshì-dàjí	～
13137	万水千山/千山万水	wànshuǐ-qiānshān/qiānshān-wànshuǐ	～
13138	万岁	wànsuì	动、名
13139	万无一失	wànwú-yīshī	～
13140	万丈	wànzhàng	数量
13141	万众一心	wànzhòng-yīxīn	～
13142	万众瞩目	wànzhòng-zhǔmù	～
13143	汪₂	wāng	量
13144	汪洋	wāngyáng	形
13145	王妃	wángfēi	名
13146	王府	wángfǔ	名
13147	王爷	wángye	名
13148	网开一面	wǎngkāiyīmiàn	～
13149	往来	wǎnglái	动
13150	往年	wǎngnián	名
13151	往日	wǎngrì	名
13152	忘却	wàngquè	动
13153	忘我	wàngwǒ	动
13154	旺	wàng	形
13155	旺盛	wàngshèng	形
13156	望而却步	wàng'érquèbù	～
13157	望而生畏	wàng'érshēngwèi	～
13158	望风	wàngfēng	动
13159	危机	wēijī	名
13160	危机四伏	wēijī-sìfú	～
13161	危难	wēinàn	名
13162	威信	wēixìn	名
13163	威严	wēiyán	形、名
13164	微博	wēibó	名
13165	微薄	wēibó	形
13166	微妙	wēimiào	形
13167	微生物	wēishēngwù	名
13168	为₄	wéi	后缀
13169	为人	wéirén	动、名
13170	为生	wéishēng	动
13171	违背	wéibèi	动
13172	违法	wéifǎ	动
13173	违犯	wéifàn	动
13174	违抗	wéikàng	动
13175	违章	wéizhāng	动
13176	唯独/惟独	wéidú	副
13177	帷幕	wéimù	名
13178	维持	wéichí	动
13179	伪	wěi	语素
13180	伪造	wěizào	动
13181	伪装	wěizhuāng	动、名
13182	委婉	wěiwǎn	形
13183	味觉	wèijué	名
13184	温带	wēndài	名
13185	温厚	wēnhòu	形
13186	温情	wēnqíng	名
13187	温室	wēnshì	名
13188	瘟疫	wēnyì	名
13189	文采	wéncǎi	名
13190	文档	wéndàng	名
13191	文稿	wéngǎo	名
13192	文人	wénrén	名
13193	文武双全	wénwǔ-shuāngquán	～
13194	文选	wénxuǎn	名
13195	文雅	wényǎ	形
13196	文言	wényán	名
13197	文言文	wényánwén	名
13198	文艺	wényì	名
13199	纹理	wénlǐ	名
13200	纹路	wénlù	名
13201	纹丝不动	wénsī-bùdòng	～
13202	闻₂	wén	语素
13203	闻风丧胆	wénfēng-sàngdǎn	～

编号	词语	拼音	词性
13204	闻鸡起舞	wénjī-qǐwǔ	～
13205	闻所未闻	wénsuǒwèiwén	～
13206	蚊虫	wénchóng	名
13207	稳固	wěngù	形、动
13208	稳重	wěnzhòng	形
13209	问卷	wènjuàn	名
13210	问世	wènshì	动
13211	窝囊	wōnang	形
13212	窝囊废	wōnangfèi	名
13213	卧薪尝胆	wòxīn-chángdǎn	～
13214	乌贼/墨鱼	wūzéi/mòyú	名
13215	污垢	wūgòu	名
13216	污蔑/诬蔑	wūmiè	动
13217	污辱	wūrǔ	动
13218	污浊	wūzhuó	形、名
13219	巫师	wūshī	名
13220	呜咽	wūyè	动
13221	诬陷	wūxiàn	动
13222	无不	wúbù	副
13223	无地自容	wúdì-zìróng	～
13224	无动于衷	wúdòngyúzhōng	～
13225	无恶不作	wú'è-bùzuò	～
13226	无非	wúfēi	副
13227	无故	wúgù	副
13228	无关	wúguān	动
13229	无话可说	wúhuàkěshuō	～
13230	无际	wújì	动
13231	无尽	wújìn	动
13232	无拘无束	wújū-wúshù	～
13233	无孔不入	wúkǒng-bùrù	～
13234	无赖	wúlài	形、名
13235	无礼	wúlǐ	动
13236	无理	wúlǐ	动
13237	无理取闹	wúlǐ-qǔnào	～
13238	无名氏	wúmíngshì	名
13239	无能	wúnéng	形
13240	无能为力	wúnéngwéilì	～
13241	无情	wúqíng	形
13242	无声无息	wúshēng-wúxī	～
13243	无所	wúsuǒ	～
13244	无所事事	wúsuǒshìshì	～
13245	无头苍蝇	wútóu-cāngying	～
13246	无味	wúwèi	动、形
13247	无畏	wúwèi	形
13248	无瑕	wúxiá	动
13249	无暇	wúxiá	动
13250	无线	wúxiàn	形
13251	无效	wúxiào	动
13252	无心	wúxīn	动、副
13253	无形	wúxíng	形、副
13254	无依无靠	wúyī-wúkào	～
13255	无疑	wúyí	动
13256	无意	wúyì	动、副
13257	无垠	wúyín	动
13258	无与伦比	wúyǔlúnbǐ	～
13259	无知	wúzhī	形
13260	无中生有	wúzhōngshēngyǒu	～
13261	梧桐	wútóng	名
13262	五大三粗	wǔdà-sāncū	～
13263	五谷	wǔgǔ	名
13264	五谷丰登	wǔgǔ-fēngdēng	～
13265	五谷杂粮	wǔgǔ záliáng	～
13266	五湖四海	wǔhú-sìhǎi	～
13267	五花大绑	wǔhuā-dàbǎng	～
13268	五雷轰顶	wǔléi-hōngdǐng	～
13269	五体投地	wǔtǐ-tóudì	～
13270	五线谱	wǔxiànpǔ	名
13271	妩媚	wǔmèi	形
13272	武侠	wǔxiá	名
13273	武艺	wǔyì	名
13274	武装	wǔzhuāng	名、动
13275	侮辱	wǔrǔ	动
13276	舞步	wǔbù	名
13277	舞曲	wǔqǔ	名

编号	词	拼音	词性
13278	舞厅	wǔtīng	名
13279	勿	wù	副
13280	务	wù	语素
13281	物产	wùchǎn	名
13282	物价	wùjià	名
13283	物理	wùlǐ	名
13284	物质	wùzhì	名
13285	物种	wùzhǒng	名
13286	物资	wùzī	名
13287	误	wù	动、语素
13288	误解	wùjiě	动、名
13289	悟	wù	动
13290	西天	xītiān	名
13291	吸血鬼	xīxuèguǐ	名
13292	昔日	xīrì	名
13293	息息相关	xīxī-xiāngguān	～
13294	奚落	xīluò	动
13295	悉心	xīxīn	副
13296	淅沥	xīlì	拟声
13297	稀疏	xīshū	形
13298	稀稀拉拉	xīxilālā	形
13299	犀角	xījiǎo	名
13300	蜥蜴	xīyì	名
13301	熄	xī	动
13302	嬉闹	xīnào	动
13303	嬉笑	xīxiào	动
13304	习	xí	语素
13305	习气	xíqì	名
13306	习俗	xísú	名
13307	习习	xíxí	形
13308	习性	xíxìng	名
13309	习作	xízuò	名
13310	席₂	xí	名、量
13311	席卷	xíjuǎn	动
13312	袭	xí	语素
13313	洗涤	xǐdí	动
13314	洗面奶	xǐmiànnǎi	名
13315	洗漱	xǐshù	动
13316	洗刷	xǐshuā	动
13317	喜不自禁	xǐbùzìjīn	～
13318	喜从天降	xǐcóngtiānjiàng	～
13319	喜剧	xǐjù	名
13320	喜怒哀乐	xǐ-nù-āi-lè	～
13321	喜怒无常	xǐnù-wúcháng	～
13322	喜笑颜开	xǐxiào-yánkāi	～
13323	喜新厌旧	xǐxīn-yànjiù	～
13324	喜形于色	xǐxíngyúsè	～
13325	戏曲	xìqǔ	名
13326	戏耍	xìshuǎ	动
13327	系₂	xì	名、语素
13328	细胞	xìbāo	名
13329	细嫩	xìnèn	形
13330	细腻	xìnì	形
13331	细碎	xìsuì	形
13332	细微	xìwēi	形
13333	匣子	xiázi	名
13334	狭长	xiácháng	形
13335	狭小	xiáxiǎo	形
13336	遐想	xiáxiǎng	动
13337	霞光	xiáguāng	名
13338	下₅	xià	名方位
13339	下₆	xià	动
13340	下不为例	xiàbùwéilì	～
13341	下达	xiàdá	动
13342	下风	xiàfēng	名
13343	下馆子	xiàguǎnzi	～
13344	下贱	xiàjiàn	形
13345	下列	xiàliè	形
13346	下台	xiàtái	动
13347	下线₁	xiàxiàn	动
13348	下肢	xiàzhī	名
13349	仙鹤	xiānhè	名
13350	先睹为快	xiāndǔ-wéikuài	～
13351	先锋	xiānfēng	名

13352	先进	xiānjìn	形、名	13389	相逢	xiāngféng	动
13353	先人	xiānrén	名	13390	相隔	xiānggé	动
13354	纤长	xiāncháng	形	13391	相关	xiāngguān	动
13355	纤维	xiānwéi	名	13392	相间	xiāngjiàn	动
13356	纤细	xiānxì	形	13393	相交	xiāngjiāo	动
13357	鲜活	xiānhuó	形	13394	相聚	xiāngjù	动
13358	闲话	xiánhuà	名	13395	相识	xiāngshí	动、名
13359	闲暇	xiánxiá	名	13396	相提并论	xiāngtí-bìnglùn	～
13360	闲言碎语	xiányán-suìyǔ	～	13397	相通	xiāngtōng	动
13361	贤	xián	语素	13398	相像	xiāngxiàng	形
13362	弦	xián	名	13399	相依	xiāngyī	动
13363	娴熟	xiánshú	形	13400	相依为命	xiāngyī-wéimìng	～
13364	显露	xiǎnlù	动	13401	相应	xiāngyìng	动
13365	显示屏	xiǎnshìpíng	名	13402	相助	xiāngzhù	动
13366	显示器	xiǎnshìqì	名	13403	香椿	xiāngchūn	名
13367	显著	xiǎnzhù	形	13404	香精	xiāngjīng	名
13368	险恶	xiǎn'è	形	13405	香料	xiāngliào	名
13369	险峻	xiǎnjùn	形	13406	香炉	xiānglú	名
13370	险要	xiǎnyào	形	13407	降₂	xiáng	动
13371	县长	xiànzhǎng	名	13408	祥	xiáng	语素
13372	现存	xiàncún	动	13409	祥和	xiánghé	形
13373	现今	xiànjīn	名	13410	享	xiǎng	动
13374	现状	xiànzhuàng	名	13411	享乐	xiǎnglè	动
13375	限	xiàn	动、语素	13412	享用	xiǎngyòng	动
13376	限定	xiàndìng	动	13413	享有	xiǎngyǒu	动
13377	限度	xiàndù	名	13414	响当当	xiǎngdāngdāng	形
13378	限量	xiànliàng	动、名	13415	响应	xiǎngyìng	动
13379	限制	xiànzhì	动、名	13416	想来	xiǎnglái	动
13380	线₂	xiàn	名、量	13417	向来	xiànglái	副
13381	线路	xiànlù	名	13418	向阳	xiàngyáng	动
13382	陷害	xiànhài	动	13419	项目	xiàngmù	名
13383	献身	xiànshēn	动	13420	巷/巷子	xiàng/xiàngzi	名
13384	乡音	xiāngyīn	名	13421	橡胶	xiàngjiāo	名
13385	乡长	xiāngzhǎng	名	13422	逍遥	xiāoyáo	形
13386	相伴	xiāngbàn	动	13423	消沉	xiāochén	形
13387	相处	xiāngchǔ	动	13424	消耗	xiāohào	动
13388	相传	xiāngchuán	动	13425	消极	xiāojí	形

13426	消磨	xiāomó		动	13463	协调	xiétiáo	形、动
13427	消散	xiāosàn		动	13464	协议	xiéyì	名、动
13428	消逝	xiāoshì		动	13465	携带	xiédài	动
13429	消瘦	xiāoshòu		形	13466	写真	xiězhēn	名、动
13430	硝烟	xiāoyān		名	13467	血淋淋	xiělínlín	形
13431	销	xiāo		动	13468	泄	xiè	动
13432	销毁	xiāohuǐ		动	13469	泄漏	xièlòu	动
13433	销售	xiāoshòu		动	13470	泄露	xièlòu	动
13434	潇洒	xiāosǎ		形	13471	泻	xiè	动
13435	小辫子	xiǎobiànzi		名	13472	卸	xiè	动
13436	小菜一碟	xiǎocài-yīdié		～	13473	谢幕	xièmù	动
13437	小聪明	xiǎocōngming		名	13474	谢天谢地	xiètiān-xièdì	～
13438	小费	xiǎofèi		名	13475	谢意	xièyì	名
13439	小腹	xiǎofù		名	13476	心得	xīndé	名
13440	小结	xiǎojié		名、动	13477	心动	xīndòng	动
13441	小康	xiǎokāng		形	13478	心烦意乱	xīnfán-yìluàn	～
13442	小便宜	xiǎopiányi		名	13479	心房	xīnfáng	名
13443	小人	xiǎorén		名	13480	心甘情愿	xīngān-qíngyuàn	～
13444	小意思	xiǎoyìsi		名	13481	心肝	xīngān	名
13445	孝心	xiàoxīn		名	13482	心狠手辣	xīnhěn-shǒulà	～
13446	校花	xiàohuā		名	13483	心怀	xīnhuái	动、名
13447	校徽	xiàohuī		名	13484	心慌	xīnhuāng	形、动
13448	校庆	xiàoqìng		名	13485	心慌意乱	xīnhuāng-yìluàn	～
13449	校舍	xiàoshè		名	13486	心灰意冷	xīnhuī-yìlěng	～
13450	笑脸相迎	xiàoliǎn-xiāngyíng		～	13487	心急如焚	xīnjí-rúfén	～
13451	笑容可掬	xiàoróng-kějū		～	13488	心惊肉跳	xīnjīng-ròutiào	～
13452	笑颜	xiàoyán		名	13489	心旷神怡	xīnkuàng-shényí	～
13453	笑吟吟	xiàoyínyín		形	13490	心理	xīnlǐ	名
13454	笑盈盈	xiàoyíngyíng		形	13491	心酸	xīnsuān	形
13455	笑逐颜开	xiàozhúyánkāi		～	13492	心态	xīntài	名
13456	效	xiào		语素	13493	心窝	xīnwō	名
13457	效力₁	xiàolì		名	13494	心胸	xīnxiōng	名
13458	效率	xiàolǜ		名	13495	心悦诚服	xīnyuè-chéngfú	～
13459	啸	xiào		动	13496	心脏病	xīnzàngbìng	名
13460	歇后语	xiēhòuyǔ		名	13497	心中有数	xīnzhōng-yǒushù	～
13461	歇息	xiēxi		动	13498	心醉	xīnzuì	动
13462	协力	xiélì		副	13499	芯	xīn	名

13500	芯片	xīnpiàn	名
13501	辛辣	xīnlà	形
13502	辛酸	xīnsuān	形
13503	欣然	xīnrán	形
13504	欣慰	xīnwèi	形
13505	欣喜	xīnxǐ	形
13506	欣喜若狂	xīnxǐ-ruòkuáng	～
13507	欣欣向荣	xīnxīn-xiàngróng	～
13508	新春	xīnchūn	名
13509	新奇	xīnqí	形
13510	新人	xīnrén	名
13511	新生₂	xīnshēng	形、名
13512	新手	xīnshǒu	名
13513	新颖	xīnyǐng	形
13514	信₃	xìn	名
13515	信不过	xìnbuguò	动
13516	信得过	xìndeguò	动
13517	信件	xìnjiàn	名
13518	信口开河	xìnkǒu-kāihé	～
13519	信赖	xìnlài	动
13520	信念	xìnniàn	名
13521	信以为真	xìnyǐwéizhēn	～
13522	信用	xìnyòng	名
13523	兴风作浪	xīngfēng-zuòlàng	～
13524	兴建	xīngjiàn	动
13525	兴旺	xīngwàng	形
13526	星辰	xīngchén	名
13527	星级	xīngjí	名、形
13528	星系	xīngxì	名
13529	星星点点	xīngxīngdiǎndiǎn	形
13530	行不通	xíngbutōng	动
13531	行得通	xíngdetōng	动
13532	行进	xíngjìn	动
13533	行使	xíngshǐ	动
13534	行星	xíngxīng	名
13535	形容词	xíngróngcí	名
13536	形式	xíngshì	名
13537	形势	xíngshì	名
13538	形似	xíngsì	动
13539	形体	xíngtǐ	名
13540	形形色色	xíngxíngsèsè	形
13541	兴₂	xìng	语素
13542	兴致	xìngzhì	名
13543	幸存者	xìngcúnzhě	名
13544	幸运儿	xìngyùn'ér	名
13545	幸灾乐祸	xìngzāi-lèhuò	～
13546	性	xìng	后缀、语素、名
13547	性急	xìngjí	形
13548	性能	xìngnéng	名
13549	性情	xìngqíng	名
13550	性质	xìngzhì	名
13551	性子	xìngzi	名
13552	姓氏	xìngshì	名
13553	凶₂	xiōng	语素
13554	凶案	xiōng'àn	名
13555	凶多吉少	xiōngduō-jíshǎo	～
13556	凶悍	xiōnghàn	形
13557	凶杀	xiōngshā	动
13558	凶相毕露	xiōngxiàng-bìlù	～
13559	兄长	xiōngzhǎng	名
13560	胸怀	xiōnghuái	名、动
13561	雄	xióng	形、语素
13562	雄心	xióngxīn	名
13563	雄性	xióngxìng	名
13564	雄姿	xióngzī	名
13565	休止	xiūzhǐ	动
13566	休止符	xiūzhǐfú	名
13567	修₃	xiū	动
13568	修长	xiūcháng	形
13569	修辞	xiūcí	动、名
13570	修复	xiūfù	动
13571	修炼	xiūliàn	动
13572	修饰	xiūshì	动

13573	修养	xiūyǎng	名	13610	选拔	xuǎnbá	动
13574	修筑	xiūzhù	动	13611	选材	xuǎncái	动
13575	羞怯	xiūqiè	形	13612	选购	xuǎngòu	动
13576	羞辱	xiūrǔ	名、动	13613	选美	xuǎnměi	动
13577	羞涩	xiūsè	形	13614	选票	xuǎnpiào	名
13578	秀才	xiùcai	名	13615	选用	xuǎnyòng	动
13579	秀发	xiùfà	名	13616	绚烂	xuànlàn	形
13580	秀丽	xiùlì	形	13617	绚丽	xuànlì	形
13581	秀美	xiùměi	形	13618	绚丽多彩	xuànlì-duōcǎi	～
13582	袖手旁观	xiùshǒu-pángguān	～	13619	绚丽多姿	xuànlì-duōzī	～
13583	嗅	xiù	动	13620	眩晕	xuànyùn	动
13584	嗅觉	xiùjué	名	13621	渲染	xuànrǎn	动
13585	须₂	xū	动助动	13622	削弱	xuēruò	动
13586	虚度	xūdù	动	13623	学₂	xué	语素
13587	虚荣	xūróng	名、形	13624	学籍	xuéjí	名
13588	虚荣心	xūróngxīn	名	13625	学科	xuékē	名
13589	虚弱	xūruò	形	13626	学年	xuénián	名
13590	虚伪	xūwěi	形	13627	学时	xuéshí	名
13591	虚无	xūwú	形	13628	学说	xuéshuō	名
13592	虚张声势	xūzhāng-shēngshì	～	13629	学徒	xuétú	名、动
13593	需求	xūqiú	名	13630	学无止境	xuéwúzhǐjìng	～
13594	徐缓	xúhuǎn	形	13631	学业	xuéyè	名
13595	徐徐	xúxú	形	13632	学院	xuéyuàn	名
13596	许诺	xǔnuò	动、名	13633	学杂费	xuézáfèi	名
13597	序曲	xùqǔ	名	13634	学者	xuézhě	名
13598	叙事	xùshì	动	13635	学制	xuézhì	名
13599	絮叨	xùdao	动、形	13636	雪茄	xuějiā	名
13600	宣告	xuāngào	动	13637	血汗	xuèhàn	名
13601	宣扬	xuānyáng	动	13638	血红	xuèhóng	形
13602	宣纸	xuānzhǐ	名	13639	血泪	xuèlèi	名
13603	喧哗	xuānhuá	形、动	13640	血盆大口	xuèpén-dàkǒu	～
13604	喧闹	xuānnào	形、动	13641	血泊	xuèpō	名
13605	喧嚣	xuānxiāo	形、动	13642	血肉	xuèròu	名
13606	悬	xuán	动、形	13643	血型	xuèxíng	名
13607	悬浮	xuánfú	动	13644	血缘	xuèyuán	名
13608	悬空	xuánkōng	动	13645	熏	xūn	动
13609	旋律	xuánlǜ	名	13646	寻常	xúncháng	形

13647	巡警	xúnjǐng	名	13684	奄奄一息	yǎnyǎn-yīxī	～
13648	巡视	xúnshì	动	13685	掩	yǎn	动
13649	询问	xúnwèn	动	13686	掩藏	yǎncáng	动
13650	循环往复	xúnhuán-wǎngfù	～	13687	掩耳盗铃	yǎn'ěr-dàolíng	～
13651	驯	xùn	动	13688	掩盖	yǎngài	动
13652	驯服	xùnfú	形、动	13689	掩护	yǎnhù	动
13653	压抑	yāyì	动	13690	掩埋	yǎnmái	动
13654	押	yā	动	13691	掩饰	yǎnshì	动
13655	押送	yāsòng	动	13692	眼高手低	yǎngāo-shǒudī	～
13656	崖	yá	名	13693	眼红	yǎnhóng	形
13657	雅	yǎ	语素	13694	眼界	yǎnjiè	名
13658	轧	yà	动	13695	眼帘	yǎnlián	名
13659	亚热带	yàrèdài	名	13696	眼明手快	yǎnmíng-shǒukuài	～
13660	压根儿	yàgēnr	副	13697	眼色	yǎnsè	名
13661	胭脂	yānzhi	名	13698	眼窝	yǎnwō	名
13662	烟草	yāncǎo	名	13699	眼下	yǎnxià	名
13663	烟尘 / 尘烟	yānchén/chényān	名	13700	演变	yǎnbiàn	动
13664	烟袋	yāndài	名	13701	演说	yǎnshuō	动、名
13665	烟斗	yāndǒu	名	13702	演算	yǎnsuàn	动
13666	烟火₂	yānhuǒ	名	13703	演习	yǎnxí	动
13667	烟消云散	yānxiāo-yúnsàn	～	13704	艳阳	yànyáng	名
13668	烟叶	yānyè	名	13705	艳阳天	yànyángtiān	名
13669	烟雨	yānyǔ	名	13706	宴	yàn	语素
13670	腌	yān	动	13707	验	yàn	动
13671	延续	yánxù	动	13708	秧	yāng	名
13672	严冬	yándōng	名	13709	秧苗	yāngmiáo	名
13673	严加	yánjiā	副	13710	扬长避短	yángcháng-bìduǎn	～
13674	严谨	yánjǐn	形	13711	扬帆	yángfān	动
13675	言语	yányǔ	名	13712	羊肠小道	yángcháng xiǎodào	～
13676	岩浆	yánjiāng	名	13713	洋	yáng	名、形、语素
13677	炎黄子孙	Yán-Huáng zǐsūn	～	13714	洋房	yángfáng	名
13678	沿岸	yán'àn	名	13715	洋气	yángqì	名、形
13679	沿海	yánhǎi	名	13716	洋溢	yángyì	动
13680	沿途	yántú	名、副	13717	养分	yǎngfèn	名
13681	沿线	yánxiàn	名	13718	养父	yǎngfù	名
13682	研发	yánfā	动	13719	养料	yǎngliào	名
13683	研制	yánzhì	动				

编号	词	拼音	词性
13720	养母	yǎngmǔ	名
13721	养女	yǎngnǚ	名
13722	养殖	yǎngzhí	动
13723	养子	yǎngzǐ	名
13724	腰包	yāobāo	名
13725	邀	yāo	动
13726	谣言	yáoyán	名
13727	摇旗呐喊	yáoqí-nàhǎn	～
13728	摇身一变	yáoshēn-yībiàn	～
13729	摇摇欲坠	yáoyáo-yùzhuì	～
13730	摇曳	yáoyè	动
13731	遥遥无期	yáoyáo-wúqī	～
13732	要₃	yào	语素
13733	要点	yàodiǎn	名
13734	要强／好强	yàoqiáng/hàoqiáng	形
13735	噎	yē	动
13736	也好	yěhǎo	助
13737	野蛮	yěmán	形
13738	野味	yěwèi	名
13739	野性	yěxìng	名
13740	叶落归根／落叶归根	yèluò-guīgēn/luòyè-guīgēn	～
13741	夜猫子	yèmāozi	名
13742	夜莺	yèyīng	名
13743	一臂之力	yībìzhīlì	～
13744	一波三折	yībō-sānzhé	～
13745	一不小心	yī bù xiǎoxīn	～
13746	一成不变	yīchéng-bùbiàn	～
13747	一次性	yīcìxìng	形
13748	一旦	yīdàn	副
13749	一度	yīdù	数量、副
13750	一帆风顺	yīfān-fēngshùn	～
13751	一概	yīgài	副
13752	一贯	yīguàn	形
13753	一锅粥	yīguōzhōu	名
13754	一哄而散	yīhòng'érsàn	～
13755	一哄而上	yīhòng'érshàng	～
13756	一技之长	yījìzhīcháng	～
13757	一经	yījīng	副
13758	一举	yījǔ	名、副
13759	一举成名	yījǔ-chéngmíng	～
13760	一来二去	yīlái-èrqù	～
13761	一流	yīliú	名、形
13762	一律	yīlǜ	副
13763	一毛不拔	yīmáo-bùbá	～
13764	一目十行	yīmù-shíháng	～
13765	一年之计在于春	yī nián zhī jì zàiyú chūn	～
13766	一念之差	yīniànzhīchā	～
13767	一诺千金	yīnuò-qiānjīn	～
13768	一窍不通	yīqiào-bùtōng	～
13769	一去不复返	yī qù bù fù fǎn	～
13770	一如既往	yīrú-jìwǎng	～
13771	一扫而光／一扫而空	yīsǎo'érguāng/yīsǎo'érkōng	～
13772	一生一世	yīshēng-yīshì	～
13773	一事无成	yīshì-wúchéng	～
13774	一视同仁	yīshì-tóngrén	～
13775	一塌糊涂	yītāhútú	～
13776	一条龙	yītiáolóng	名
13777	一头雾水	yītóu-wùshuǐ	～
13778	一网打尽	yīwǎng-dǎjìn	～
13779	一味	yīwèi	副
13780	一问三不知	yī wèn sān bù zhī	～
13781	一窝蜂	yīwōfēng	副
13782	一言不发	yīyán-bùfā	～
13783	一再	yīzài	副
13784	一针见血	yīzhēn-jiànxiě	～
13785	一字千金	yīzì-qiānjīn	～
13786	伊斯兰教	Yīsīlánjiào	名
13787	衣食住行	yī-shí-zhù-xíng	～
13788	衣着	yīzhuó	名
13789	医疗	yīliáo	动
13790	医术	yīshù	名
13791	医务	yīwù	名

编号	词	拼音	词性
13792	医学	yīxué	名
13793	医药	yīyào	名
13794	依据	yījù	名、动、介
13795	依恋	yīliàn	动
13796	依稀	yīxī	形
13797	依照	yīzhào	动、介
13798	宜人	yírén	形
13799	移民	yímín	名、动
13800	遗	yí	语素
13801	遗产	yíchǎn	名
13802	遗传	yíchuán	动
13803	遗憾	yíhàn	名、形
13804	遗迹	yíjì	名
13805	遗留	yíliú	动
13806	遗漏	yílòu	动
13807	遗弃	yíqì	动
13808	遗忘	yíwàng	动
13809	遗址	yízhǐ	名
13810	疑心	yíxīn	名、动
13811	以₂	yǐ	介、连
13812	以便	yǐbiàn	连
13813	以诚相待	yǐchéng-xiāngdài	～
13814	以防万一	yǐfángwànyī	～
13815	以免	yǐmiǎn	连
13816	以柔克刚	yǐróu-kègāng	～
13817	以身作则	yǐshēn-zuòzé	～
13818	以小见大	yǐxiǎo-jiàndà	～
13819	以至于	yǐzhìyú	连
13820	以致	yǐzhì	连
13821	亿	yì	数
13822	亿万	yìwàn	数
13823	义₂	yì	语素
13824	义气	yìqi	名、形
13825	义务	yìwù	名、形
13826	义演	yìyǎn	动
13827	艺	yì	语素
13828	艺人	yìrén	名
13829	忆	yì	语素
13830	议	yì	动、语素
13831	屹立	yìlì	动
13832	异想天开	yìxiǎng-tiānkāi	～
13833	抑扬顿挫	yìyángdùncuò	～
13834	抑制	yìzhì	动
13835	译	yì	动
13836	益	yì	语素
13837	意境	yìjìng	名
13838	意料	yìliào	动
13839	意识	yìshí	动、名
13840	意图	yìtú	名、动
13841	意犹未尽	yìyóuwèijìn	～
13842	意志	yìzhì	名
13843	溢	yì	动
13844	毅然	yìrán	副
13845	翼	yì	名
13846	因素	yīnsù	名
13847	因特网	yīntèwǎng	名
13848	因小失大	yīnxiǎo-shīdà	～
13849	阴错阳差 / 阴差阳错	yīncuò-yángchā / yīnchā-yángcuò	～
13850	阴历 / 农历	yīnlì / nónglì	名
13851	阴霾	yīnmái	名
13852	阴谋	yīnmóu	动、名
13853	阴谋诡计	yīnmóu-guǐjì	～
13854	阴森	yīnsēn	形
13855	阴森森	yīnsēnsēn	形
13856	阴云	yīnyún	名
13857	吟	yín	动
13858	银发	yínfà	名
13859	银行卡	yínhángkǎ	名
13860	银河	yínhé	名
13861	银河系	yínhéxì	名
13862	银幕	yínmù	名
13863	银屏	yínpíng	名
13864	引发	yǐnfā	动

13865	引进	yǐnjìn	动	13902	优越	yōuyuè	形
13866	引擎	yǐnqíng	名	13903	忧	yōu	语素
13867	引以为戒	yǐnyǐwéijiè	~	13904	忧愁	yōuchóu	形
13868	引用	yǐnyòng	动	13905	忧患	yōuhuàn	名
13869	引诱	yǐnyòu	动	13906	忧虑	yōulǜ	动
13870	饮食	yǐnshí	名	13907	忧郁	yōuyù	形
13871	饮用水	yǐnyòngshuǐ	名	13908	幽静	yōujìng	形
13872	隐	yǐn	语素	13909	幽默感	yōumògǎn	名
13873	隐含	yǐnhán	动	13910	幽深	yōushēn	形
13874	隐隐	yǐnyǐn	形	13911	幽香	yōuxiāng	名
13875	印记	yìnjì	名	13912	幽雅	yōuyǎ	形
13876	印章	yìnzhāng	名	13913	悠长	yōucháng	形
13877	英烈	yīngliè	名	13914	悠然	yōurán	形
13878	英武	yīngwǔ	形	13915	由不得	yóubude	动、副
13879	莺歌燕舞	yīnggē-yànwǔ	~	13916	由来已久	yóulái-yǐjiǔ	~
13880	迎刃而解	yíngrèn'érjiě	~	13917	邮	yóu	动
13881	荧幕	yíngmù	名	13918	邮电	yóudiàn	名
13882	荧屏	yíngpíng	名	13919	邮政	yóuzhèng	名
13883	营养品	yíngyǎngpǐn	名	13920	油滑	yóuhuá	形
13884	营业	yíngyè	动	13921	油门	yóumén	名
13885	营长	yíngzhǎng	名	13922	油腻	yóunì	形、名
13886	影坛	yǐngtán	名	13923	油然	yóurán	形
13887	应答	yìngdá	动	13924	油污	yóuwū	名
13888	应付	yìngfu	动	13925	油盐酱醋	yóu-yán-jiàng-cù	~
13889	映照	yìngzhào	动	13926	油嘴滑舌	yóuzuǐ-huáshé	~
13890	硬件	yìngjiàn	名	13927	游记	yóujì	名
13891	硬是	yìngshì	副	13928	游艇	yóutǐng	名
13892	永恒	yǒnghéng	形	13929	游行	yóuxíng	动
13893	永生	yǒngshēng	动、名	13930	游子	yóuzǐ	名
13894	咏	yǒng	语素	13931	友人	yǒurén	名
13895	涌动	yǒngdòng	动	13932	友善	yǒushàn	形
13896	涌现	yǒngxiàn	动	13933	有机	yǒujī	形
13897	用户	yònghù	名	13934	有机可乘	yǒujīkěchéng	~
13898	用心₂	yòngxīn	名	13935	有利	yǒulì	形
13899	用语	yòngyǔ	名	13936	有名无实	yǒumíng-wúshí	~
13900	优良	yōuliáng	形	13937	有所	yǒusuǒ	动
13901	优势	yōushì	名	13938	有条不紊	yǒutiáo-bùwěn	~

13939	有线	yǒuxiàn	形	13974	浴血奋战	yùxuè-fènzhàn	~
13940	有幸	yǒuxìng	形	13975	预测	yùcè	动
13941	有眼无珠	yǒuyǎn-wúzhū	~	13976	预感	yùgǎn	动、名
13942	有朝一日	yǒuzhāo-yīrì	~	13977	预料	yùliào	动、名
13943	有种	yǒuzhǒng	动	13978	预示	yùshì	动
13944	幼虫	yòuchóng	名	13979	预先	yùxiān	副
13945	幼年	yòunián	名	13980	欲望	yùwàng	名
13946	诱发	yòufā	动	13981	遇险	yùxiǎn	动
13947	诱惑	yòuhuò	动、名	13982	寓意	yùyì	名
13948	淤泥	yūní	名	13983	愈₁	yù	语素
13949	于心不忍	yúxīn-bùrěn	~	13984	鸳鸯	yuānyāng	名
13950	余地	yúdì	名	13985	冤	yuān	名、形
13951	余额	yú'é	名	13986	渊博	yuānbó	形
13952	余光	yúguāng	名	13987	元气	yuánqì	名
13953	余下	yúxià	动	13988	元帅	yuánshuài	名
13954	余震	yúzhèn	名	13989	元素	yuánsù	名
13955	鱼雷	yúléi	名	13990	原理	yuánlǐ	名
13956	渔村	yúcūn	名	13991	原料	yuánliào	名
13957	渔港	yúgǎng	名	13992	原始	yuánshǐ	形
13958	愉悦	yúyuè	形	13993	原则	yuánzé	名
13959	瑜伽/瑜珈	yújiā	名	13994	原子	yuánzǐ	名
13960	愚笨	yúbèn	形	13995	原子弹	yuánzǐdàn	名
13961	愚公移山	yúgōng-yíshān	~	13996	圆规	yuánguī	名
13962	愚昧	yúmèi	形	13997	圆满	yuánmǎn	形
13963	愚弄	yúnòng	动	13998	援助	yuánzhù	动
13964	与此同时	yǔcǐ-tóngshí	~	13999	缘	yuán	语素
13965	与世隔绝	yǔshì-géjué	~	14000	缘分	yuánfèn	名
	宇航服/	yǔhángfú/		14001	缘故	yuángù	名
13966	太空服/	tàikōngfú/	名	14002	源头	yuántóu	名
	航天服	hángtiānfú		14003	源源不断	yuányuán-bùduàn	~
13967	雨后春笋	yǔhòu-chūnsǔn	~	14004	远大	yuǎndà	形
13968	雨季	yǔjì	名	14005	远古	yuǎngǔ	名
13969	雨林	yǔlín	名	14006	远航	yuǎnháng	动
13970	语速	yǔsù	名	14007	远视	yuǎnshì	形
13971	语重心长	yǔzhòng-xīncháng	~	14008	远走高飞	yuǎnzǒu-gāofēi	~
13972	狱	yù	名	14009	怨恨	yuànhèn	动、名
13973	浴场	yùchǎng	名	14010	院落	yuànluò	名

编号	词	拼音	词性
14011	约会	yuēhuì	动、名
14012	约束	yuēshù	动
14013	月份	yuèfèn	名
14014	月色	yuèsè	名
14015	乐谱	yuèpǔ	名
14016	乐坛	yuètán	名
14017	乐团	yuètuán	名
14018	乐章	yuèzhāng	名
14019	岳父	yuèfù	名
14020	岳母	yuèmǔ	名
14021	阅兵	yuèbīng	动
14022	阅兵式	yuèbīngshì	名
14023	阅览	yuèlǎn	动
14024	阅览室	yuèlǎnshì	名
14025	跃跃欲试	yuèyuè-yùshì	～
14026	越发	yuèfā	副
14027	越野	yuèyě	动
14028	云层	yúncéng	名
14029	云梯	yúntī	名
14030	云霞	yúnxiá	名
14031	云消雾散	yúnxiāo-wùsàn	～
14032	云霄	yúnxiāo	名
14033	匀	yún	动、形
14034	匀称	yúnchèn	形
14035	陨石	yǔnshí	名
14036	孕妇	yùnfù	名
14037	孕育	yùnyù	动
14038	运河	yùnhé	名
14039	运送	yùnsòng	动
14040	运算	yùnsuàn	动
14041	运行	yùnxíng	动
14042	晕₃	yùn	名
14043	蕴藏	yùncáng	动
14044	蕴含	yùnhán	动
14045	杂乱	záluàn	形
14046	杂食	záshí	名、形
14047	杂物	záwù	名
14048	杂志社	zázhìshè	名
14049	杂质	zázhì	名
14050	砸₂	zá	动
14051	咋	zǎ	代疑问
14052	灾民	zāimín	名
14053	栽培	zāipéi	动
14054	载₂	zǎi	动
14055	载₃	zǎi	语素
14056	宰杀	zǎishā	动
14057	再三	zàisān	副
14058	再生	zàishēng	动
14059	在读	zàidú	动
14060	在内	zàinèi	动
14061	在望	zàiwàng	动
14062	载歌载舞	zàigē-zàiwǔ	～
14063	赞颂	zànsòng	动
14064	赞许	zànxǔ	动
14065	赃物	zāngwù	名
14066	葬	zàng	动
14067	遭受	zāoshòu	动
14068	糟蹋/糟踏	zāotà	动
14069	凿	záo	动
14070	早茶	zǎochá	名
14071	造福	zàofú	动
14072	造假	zàojiǎ	动
14073	则₁	zé	量、语素
14074	则₂	zé	连
14075	责任感	zérèngǎn	名
14076	责问	zéwèn	动
14077	择	zé	语素
14078	贼头贼脑	zéitóu-zéinǎo	～
14079	增光	zēngguāng	动
14080	增进	zēngjìn	动
14081	憎恨	zēnghèn	动
14082	憎恶	zēngwù	动
14083	赠	zèng	动
14084	扎实	zhāshi	形

14085	闸	zhá	名
14086	诈	zhà	动
14087	栅栏	zhàlan	名
14088	斋₁	zhāi	语素
14089	摘抄	zhāichāo	动
14090	摘除	zhāichú	动
14091	宅子	zháizi	名
14092	寨子/寨	zhàizi/zhài	名
14093	沾光	zhānguāng	动
14094	沾沾自喜	zhānzhān-zìxǐ	～
14095	斩	zhǎn	动
14096	斩钉截铁	zhǎndīng-jiétiě	～
14097	占据	zhànjù	动
14098	占便宜	zhànpiányi	～
14099	占用	zhànyòng	动
14100	占有	zhànyǒu	动
14101	战火	zhànhuǒ	名
14102	战利品	zhànlìpǐn	名
14103	战役	zhànyì	名
14104	站台/月台	zhàntái/yuètái	名
14105	绽	zhàn	动
14106	张灯结彩	zhāngdēng-jiécǎi	～
14107	张冠李戴	zhāngguān-lǐdài	～
14108	张口结舌/张嘴结舌	zhāngkǒu-jiéshé/zhāngzuǐ-jiéshé	～
14109	张扬	zhāngyáng	动
14110	长₄	zhǎng	动、形、语素
14111	长官	zhǎngguān	名
14112	掌₂	zhǎng	动
14113	掌管	zhǎngguǎn	动
14114	掌柜	zhǎngguì	名
14115	掌上明珠	zhǎngshàng-míngzhū	～
14116	掌心	zhǎngxīn	名
14117	丈母娘	zhàngmuniáng	名
14118	丈人	zhàngren	名
14119	仗势欺人	zhàngshì-qīrén	～
14120	账	zhàng	名
14121	账单	zhàngdān	名
14122	账号	zhànghào	名
14123	账户	zhànghù	名
14124	招架	zhāojià	动
14125	招领	zhāolǐng	动
14126	招牌	zhāopai	名
14127	招收	zhāoshōu	动
14128	招数/着数	zhāoshù	名
14129	招致	zhāozhì	动
14130	着₃/招₂	zhāo	名
14131	找寻	zhǎoxún	动
14132	召集	zhàojí	动
14133	照常	zhàocháng	动、副
14134	照管	zhàoguǎn	动
14135	照葫芦画瓢	zhào húlu huà piáo	～
14136	照旧	zhàojiù	动、副
14137	照例	zhàolì	副
14138	遮蔽	zhēbì	动
14139	遮盖	zhēgài	动
14140	遮拦	zhēlán	动
14141	遮天蔽日	zhētiān-bìrì	～
14142	遮掩	zhēyǎn	动
14143	折返	zhéfǎn	动
14144	折服	zhéfú	动
14145	折扣	zhékòu	名
14146	折扇	zhéshàn	名
14147	哲理	zhélǐ	名
14148	哲学	zhéxué	名
14149	哲学家	zhéxuéjiā	名
14150	针锋相对	zhēnfēng-xiāngduì	～
14151	侦查	zhēnchá	动
14152	侦察	zhēnchá	动
14153	侦探	zhēntàn	名、动
14154	珍爱	zhēn'ài	动
14155	珍藏	zhēncáng	动、名
14156	珍品	zhēnpǐn	名
14157	珍禽异兽	zhēnqín-yìshòu	～

编号	词	拼音	词性
14158	珍视	zhēnshì	动
14159	珍稀	zhēnxī	形
14160	真才实学	zhēncái-shíxué	~
14161	真谛	zhēndì	名
14162	真菌	zhēnjūn	名
14163	真理	zhēnlǐ	名
14164	真切	zhēnqiè	形
14165	真情实感	zhēnqíng-shígǎn	~
14166	真相大白	zhēnxiàng-dàbái	~
14167	真心实意	zhēnxīn-shíyì	~
14168	真挚	zhēnzhì	形
14169	诊断	zhěnduàn	动
14170	诊室	zhěnshì	名
14171	阵₂	zhèn	语素
14172	振奋	zhènfèn	形、动
14173	振兴	zhènxīng	动
14174	振振有词	zhènzhèn-yǒucí	~
14175	振作	zhènzuò	形、动
14176	镇定	zhèndìng	形、动
14177	镇长	zhènzhǎng	名
14178	争强好胜	zhēngqiáng-hàoshèng	~
14179	争先	zhēngxiān	动
14180	争相	zhēngxiāng	副
14181	争执	zhēngzhí	动
14182	征	zhēng	动
14183	征途	zhēngtú	名
14184	征文	zhēngwén	动、名
14185	蒸笼	zhēnglóng	名
14186	拯救	zhěngjiù	动
14187	整₂	zhěng	形、动
14188	整容	zhěngróng	动
14189	正₃	zhèng	形
14190	正大光明/光明正大	zhèngdà-guāngmíng/guāngmíng-zhèngdà	~
14191	正当₂	zhèngdàng	形
14192	正方体/立方体	zhèngfāngtǐ/lìfāngtǐ	名
14193	正规	zhèngguī	形
14194	正经	zhèngjing	形
14195	正气	zhèngqì	名
14196	正数	zhèngshù	名
14197	正午	zhèngwǔ	名
14198	正义	zhèngyì	名、形
14199	正直	zhèngzhí	形
14200	正宗	zhèngzōng	名、形
14201	证据	zhèngjù	名
14202	证人	zhèngrén	名
14203	证实	zhèngshí	动
14204	郑重	zhèngzhòng	形
14205	郑重其事	zhèngzhòng-qíshì	~
14206	政治	zhèngzhì	名
14207	政治家	zhèngzhìjiā	名
14208	症	zhèng	语素
14209	之₁	zhī	助
14210	之际	zhījì	名
14211	支撑	zhīchēng	动
14212	支架	zhījià	名
14213	支离破碎	zhīlí-pòsuì	~
14214	支配	zhīpèi	动
14215	支援	zhīyuán	动
14216	汁液	zhīyè	名
14217	知己	zhījǐ	名、形
14218	知觉	zhījué	名
14219	知名	zhīmíng	形
14220	知足常乐	zhīzú-chánglè	~
14221	肢体	zhītǐ	名
14222	脂肪	zhīfáng	名
14223	执着/执著	zhízhuó	形
14224	直达	zhídá	动
14225	直角	zhíjiǎo	名
14226	直截了当	zhíjié-liǎodàng	~
14227	直率	zhíshuài	形
14228	直爽	zhíshuǎng	形
14229	职工	zhígōng	名
14230	职位	zhíwèi	名

14231	职业	zhíyè	名	14268	智勇双全	zhìyǒng-shuāngquán	～
14232	职员	zhíyuán	名	14269	置	zhì	动、语素
14233	职责	zhízé	名	14270	稚嫩	zhìnèn	形
14234	植株	zhízhū	名	14271	稚气	zhìqì	名
14235	止境	zhǐjìng	名	14272	中断	zhōngduàn	动
14236	纸上谈兵	zhǐshàng-tánbīng	～	14273	中考	zhōngkǎo	名
14237	指法	zhǐfǎ	名	14274	中年	zhōngnián	名
14238	指挥棒	zhǐhuībàng	名	14275	中山装	zhōngshānzhuāng	名
14239	指教	zhǐjiào	动	14276	中途	zhōngtú	名
14240	指令	zhǐlìng	动、名	14277	中性	zhōngxìng	名、形
14241	指鹿为马	zhǐlùwéimǎ	～	14278	中原	zhōngyuán	名
14242	指南	zhǐnán	名	14279	中止	zhōngzhǐ	动
14243	指使	zhǐshǐ	动	14280	忠	zhōng	形
14244	指示	zhǐshì	动、名	14281	忠诚	zhōngchéng	形
14245	指望	zhǐwàng	动、名	14282	忠告	zhōnggào	动、名
14246	趾高气扬	zhǐgāo-qìyáng	～	14283	忠厚	zhōnghòu	形
14247	至极	zhìjí	动	14284	忠言	zhōngyán	名
14248	至理名言	zhìlǐ-míngyán	～	14285	忠言逆耳	zhōngyán-nì'ěr	～
14249	志	zhì	语素	14286	终极	zhōngjí	名
14250	志愿	zhìyuàn	动、名	14287	终究	zhōngjiū	副
14251	志愿者	zhìyuànzhě	名	14288	终身	zhōngshēn	名
14252	制订	zhìdìng	动	14289	终生	zhōngshēng	名
14253	制度	zhìdù	名	14290	盅	zhōng	名
14254	制品	zhìpǐn	名	14291	肿胀	zhǒngzhàng	动
14255	制胜	zhìshèng	动	14292	种₃	zhǒng	语素
14256	质	zhì	名、语素	14293	众口难调	zhòngkǒu-nántiáo	～
14257	质朴	zhìpǔ	形	14294	众目睽睽	zhòngmù-kuíkuí	～
14258	治安	zhì'ān	名	14295	众说纷纭	zhòngshuō-fēnyún	～
14259	治理	zhìlǐ	动	14296	众所周知	zhòngsuǒzhōuzhī	～
14260	致	zhì	动、语素	14297	众星捧月	zhòngxīng-pěngyuè	～
14261	致敬	zhìjìng	动	14298	重担	zhòngdàn	名
14262	致命	zhìmìng	动	14299	重任	zhòngrèn	名
14263	致谢	zhìxiè	动	14300	重用	zhòngyòng	动
14264	秩序	zhìxù	名	14301	州长	zhōuzhǎng	名
14265	掷	zhì	动	14302	周到	zhōudào	形
14266	窒息	zhìxī	动	14303	周而复始	zhōu'érfùshǐ	～
14267	智能	zhìnéng	名、形	14304	周年	zhōunián	名

14305	周身	zhōushēn	名	14342	抓拍	zhuāpāi	动
14306	周折	zhōuzhé	名	14343	专辑	zhuānjí	名
14307	轴	zhóu	名	14344	专栏	zhuānlán	名
14308	咒	zhòu	名、动	14345	专列	zhuānliè	名
14309	咒骂	zhòumà	动	14346	专卖	zhuānmài	动
14310	昼夜	zhòuyè	名	14347	专卖店	zhuānmàidiàn	名
14311	皱巴巴	zhòubābā	形	14348	专题	zhuāntí	名
14312	诸₁	zhū	语素	14349	专业	zhuānyè	名、形
14313	诸多	zhūduō	形	14350	专用	zhuānyòng	动
14314	蛛丝马迹	zhūsī-mǎjì	～	14351	专注	zhuānzhù	形
14315	逐步	zhúbù	副	14352	转变	zhuǎnbiàn	动
14316	主	zhǔ	名、语素	14353	转达	zhuǎndá	动
14317	主办	zhǔbàn	动	14354	转发	zhuǎnfā	动
14318	主任	zhǔrèn	名	14355	转化	zhuǎnhuà	动
14319	主食	zhǔshí	名	14356	转交	zhuǎnjiāo	动
14320	主题	zhǔtí	名	14357	转念	zhuǎnniàn	动
14321	主体	zhǔtǐ	名	14358	转载	zhuǎnzǎi	动
14322	主心骨	zhǔxīngǔ	名	14359	转折	zhuǎnzhé	动
14323	主演	zhǔyǎn	动、名	14360	庄	zhuāng	名、语素
14324	主义	zhǔyì	名	14361	庄严	zhuāngyán	形
14325	主宰	zhǔzǎi	动、名	14362	桩	zhuāng	名、量
14326	瞩目	zhǔmù	动	14363	装疯卖傻	zhuāngfēng-màishǎ	～
14327	助长	zhùzhǎng	动	14364	装聋作哑	zhuānglóng-zuòyǎ	～
14328	住所	zhùsuǒ	名	14365	装模作样	zhuāngmú-zuòyàng	～
14329	注册	zhùcè	动	14366	装载	zhuāngzài	动
14330	注定	zhùdìng	动	14367	壮举	zhuàngjǔ	名
14331	注解	zhùjiě	动、名	14368	壮阔	zhuàngkuò	形
14332	注射	zhùshè	动	14369	壮烈	zhuàngliè	形
14333	注视	zhùshì	动	14370	壮美	zhuàngměi	形
14334	注重	zhùzhòng	动	14371	壮实	zhuàngshi	形
14335	祝寿	zhùshòu	动	14372	壮士	zhuàngshì	名
14336	著	zhù	动、语素	14373	状况	zhuàngkuàng	名
14337	著作	zhùzuò	名	14374	状元	zhuàngyuan	名
14338	蛀	zhù	动	14375	追随	zhuīsuí	动
14339	铸	zhù	动	14376	追问	zhuīwèn	动
14340	铸造	zhùzào	动	14377	追星	zhuīxīng	动
14341	抓捕	zhuābǔ	动	14378	追寻	zhuīxún	动

14379	追踪	zhuīzōng	动	14416	自我解嘲	zìwǒ-jiěcháo	~
14380	惴惴不安	zhuìzhuì-bù'ān	~	14417	自信心	zìxìnxīn	名
14381	准则	zhǔnzé	名	14418	自行	zìxíng	副
14382	浊	zhuó	语素	14419	自学	zìxué	动
14383	着₄	zhuó	语素	14420	自以为是	zìyǐwéishì	~
14384	着手	zhuóshǒu	动	14421	自知之明	zìzhīzhīmíng	~
14385	着想	zhuóxiǎng	动	14422	自主	zìzhǔ	动
14386	着眼	zhuóyǎn	动	14423	自助	zìzhù	动
14387	镯子	zhuózi	名	14424	自尊	zìzūn	动、名
14388	孜孜不倦	zīzī-bùjuàn	~	14425	自作自受	zìzuò-zìshòu	~
14389	资本主义	zīběn zhǔyì	~	14426	字里行间	zìlǐ-hángjiān	~
14390	资格	zīgé	名	14427	字面	zìmiàn	名
14391	资金	zījīn	名	14428	字幕	zìmù	名
14392	滋养	zīyǎng	动	14429	宗教	zōngjiào	名
14393	子女	zǐnǚ	名	14430	综合	zōnghé	动
14394	紫罗兰	zǐluólán	名	14431	综艺	zōngyì	名
14395	紫外线	zǐwàixiàn	名	14432	棕榈	zōnglǘ	名
14396	紫薇	zǐwēi	名	14433	鬃毛	zōngmáo	名
14397	自暴自弃	zìbào-zìqì	~	14434	总部	zǒngbù	名
14398	自得	zìdé	形	14435	总裁	zǒngcái	名
14399	自动化	zìdònghuà	动	14436	总而言之	zǒng'éryánzhī	~
14400	自高自大	zìgāo-zìdà	~	14437	总归	zǒngguī	副
14401	自古	zìgǔ	副	14438	总体	zǒngtǐ	名
14402	自救	zìjiù	动	14439	纵₁	zòng	形
14403	自夸	zìkuā	动	14440	纵横	zònghéng	形、动
14404	自力更生	zìlì-gēngshēng	~	14441	走访	zǒufǎng	动
14405	自立	zìlì	动	14442	走街串巷	zǒujiē-chuànxiàng	~
14406	自满	zìmǎn	形	14443	走漏	zǒulòu	动
14407	自强	zìqiáng	动	14444	走露	zǒulòu	动
14408	自强不息	zìqiáng-bùxī	~	14445	走失	zǒushī	动
14409	自然保护区	zìrán bǎohùqū	名	14446	走投无路	zǒutóu-wúlù	~
14410	自然而然	zìrán'érrán	~	14447	走运	zǒuyùn	形
14411	自如	zìrú	形	14448	奏效	zòuxiào	动
14412	自身	zìshēn	名	14449	租金	zūjīn	名
14413	自讨苦吃	zìtǎo-kǔchī	~	14450	足坛	zútán	名
14414	自投罗网	zìtóu-luówǎng	~	14451	足以	zúyǐ	动
14415	自我	zìwǒ	代人称	14452	卒₁	zú	语素

14453	诅咒	zǔzhòu	动
14454	阻碍	zǔ'ài	动、名
14455	阻隔	zǔgé	动
14456	阻击	zǔjī	动
14457	阻力	zǔlì	名
14458	阻塞	zǔsè	动
14459	组装	zǔzhuāng	动
14460	祖传	zǔchuán	动
14461	祖籍	zǔjí	名
14462	钻空子	zuānkòngzi	~
14463	钻牛角尖	zuānniújiǎojiān	~
14464	钻心	zuānxīn	动
14465	钻₂	zuàn	名
14466	罪恶	zuì'è	名
14467	罪过	zuìguo	名
14468	醉醺醺	zuìxūnxūn	形
14469	尊	zūn	量、语素
14470	尊贵	zūnguì	形
14471	尊严	zūnyán	形、名
14472	遵纪守法	zūnjì-shǒufǎ	~
14473	遵命	zūnmìng	动
14474	左邻右舍	zuǒlín-yòushè	~
14475	左右₂	zuǒyòu	名、动
14476	左右开弓	zuǒyòu-kāigōng	~
14477	左右为难	zuǒyòu-wéinán	~
14478	撮₂	zuǒ	量
14479	作答	zuòdá	动
14480	作怪	zuòguài	动
14481	作为₂	zuòwéi	动、名
14482	作物	zuòwù	名
14483	座无虚席	zuòwúxūxí	~
14484	做工₂	zuògōng	名
14485	做买卖／做生意	zuòmǎimai/zuòshēngyi	~
14486	做贼心虚	zuòzéi-xīnxū	~
14487	做证／作证	zuòzhèng	动
14488	做主	zuòzhǔ	动

6级

14489	哀悼	āidào	动
14490	哀嚎	āiháo	动
14491	哀思	āisī	名
14492	哀叹	āitàn	动
14493	哀婉	āiwǎn	形
14494	哀怨	āiyuàn	形
14495	挨家挨户／挨门挨户	āijiā-āihù/āimén-āihù	~
14496	艾／艾蒿	ài/àihāo	名
14497	艾滋病	àizībìng	名
14498	爱恋	àiliàn	动
14499	爱莫能助	àimònéngzhù	~
14500	爱慕	àimù	动
14501	爱屋及乌	àiwū-jíwū	~
14502	爱憎分明	àizēng-fēnmíng	~
14503	碍眼	àiyǎn	形
14504	暧昧	àimèi	形
14505	安顿	āndùn	动、形
14506	安分守己	ānfèn-shǒujǐ	~
14507	安抚	ānfǔ	动
14508	安检	ānjiǎn	动
14509	安眠	ānmián	动
14510	安身立命	ānshēn-lìmìng	~
14511	安息	ānxī	动
14512	安享	ānxiǎng	动
14513	安营扎寨	ānyíng-zhāzhài	~
14514	安葬	ānzàng	动
14515	安之若素	ānzhī-ruòsù	~
14516	庵	ān	名
14517	鞍前马后	ānqián-mǎhòu	~
14518	按捺	ànnà	动
14519	案件	ànjiàn	名
14520	案例	ànlì	名
14521	暗地里／暗地	àndìlǐ/àndì	名
14522	暗恋	ànliàn	动

编号	词	拼音	词性	编号	词	拼音	词性
14523	暗流	ànliú	名	14559	百步穿杨	bǎibù-chuānyáng	~
14524	暗器	ànqì	名	14560	百尺竿头，更进一步	bǎichǐ-gāntóu, gèngjìn-yībù	~
14525	暗杀	ànshā	动	14561	百废待兴	bǎifèi-dàixīng	~
14526	暗无天日	ànwútiānrì	~	14562	百分比	bǎifēnbǐ	名
14527	黯然	ànrán	形	14563	百分点	bǎifēndiǎn	名
14528	黯然神伤	ànrán-shénshāng	~	14564	百感交集	bǎigǎn-jiāojí	~
14529	昂然	ángrán	形	14565	百家姓	bǎijiāxìng	名
14530	嗷嗷待哺	áo'áo-dàibǔ	~	14566	百家争鸣	bǎijiā-zhēngmíng	~
14531	傲骨	àogǔ	名	14567	百孔千疮／千疮百孔	bǎikǒng-qiānchuāng/ qiānchuāng-bǎikǒng	~
14532	傲视	àoshì	动	14568	百无聊赖	bǎiwúliáolài	~
14533	八卦	bāguà	名、形	14569	百折不挠	bǎizhé-bùnáo	~
14534	八面玲珑	bāmiàn-línglóng	~	14570	摆布	bǎibù	动
14535	八面威风	bāmiàn-wēifēng	~	14571	摆渡	bǎidù	动、名
14536	八仙过海	bāxiān-guòhǎi	~	14572	摆平	bǎipíng	动
14537	八仙过海，各显神通	bāxiān-guòhǎi, gèxiǎn-shéntōng	~	14573	败北	bàiběi	动
14538	八字	bāzì	名	14574	败笔	bàibǐ	名
14539	跋扈	báhù	形	14575	败坏	bàihuài	动、形
14540	跋山涉水	báshān-shèshuǐ	~	14576	败家子	bàijiāzǐ	名
14541	跋涉	báshè	动	14577	败类	bàilèi	名
14542	把₆	bǎ	助	14578	拜读	bàidú	动
14543	把持	bǎchí	动	14579	班机	bānjī	名
14544	把关	bǎguān	动	14580	颁布	bānbù	动
14545	把玩	bǎwán	动	14581	斑白	bānbái	形
14546	罢免	bàmiǎn	动	14582	斑驳	bānbó	形
14547	霸权	bàquán	名	14583	板块	bǎnkuài	名
14548	霸业	bàyè	名	14584	版本	bǎnběn	名
14549	霸主	bàzhǔ	名	14585	版面	bǎnmiàn	名
14550	白骨	báigǔ	名	14586	版图	bǎntú	名
14551	白金	báijīn	名	14587	办案	bàn'àn	动
14552	白驹过隙	báijū-guòxì	~	14588	办事处	bànshìchù	名
14553	白领	báilǐng	名	14589	办学	bànxué	动
14554	白手起家	báishǒu-qǐjiā	~	14590	半边天	bànbiāntiān	名
14555	白头偕老	báitóu-xiélǎo	~	14591	半导体	bàndǎotǐ	名
14556	白皙	báixī	形	14592	半岛	bàndǎo	名
14557	白杨	báiyáng	名	14593	半殖民地	bànzhímíndì	名
14558	白纸黑字	báizhǐ-hēizì	~				

编号	词语	拼音	词性
14594	绊脚石	bànjiǎoshí	名
14595	帮派	bāngpài	名
14596	帮主	bāngzhǔ	名
14597	榜首	bǎngshǒu	名
14598	包庇	bāobì	动
14599	包涵	bāohán	动
14600	包揽	bāolǎn	动
14601	包围圈	bāowéiquān	名
14602	褒贬	bāobiǎn	动
14603	褒奖	bāojiǎng	动
14604	褒义	bāoyì	名
14605	饱尝	bǎocháng	动
14606	饱含	bǎohán	动
14607	饱和	bǎohé	动
14608	饱经沧桑	bǎojīng-cāngsāng	~
14609	饱经风霜	bǎojīng-fēngshuāng	~
14610	饱览	bǎolǎn	动
14611	保护伞	bǎohùsǎn	名
14612	保护色	bǎohùsè	名
14613	保驾护航	bǎojià-hùháng	~
14614	保健	bǎojiàn	动
14615	保养	bǎoyǎng	动
14616	堡垒	bǎolěi	名
14617	报考	bàokǎo	动
14618	报晓	bàoxiǎo	动
14619	抱负	bàofù	名
14620	抱头鼠窜	bàotóu-shǔcuàn	~
14621	暴动	bàodòng	动
14622	暴发户	bàofāhù	名
14623	暴君	bàojūn	名
14624	暴利	bàolì	名
14625	暴乱	bàoluàn	名
14626	暴晒	bàoshài	动
14627	暴行	bàoxíng	名
14628	曝光／暴光	bàoguāng	动
14629	爆满	bàomǎn	动
14630	爆破	bàopò	动
14631	杯水车薪	bēishuǐ-chēxīn	~
14632	卑躬屈膝	bēigōng-qūxī	~
14633	卑劣	bēiliè	形
14634	背负	bēifù	动
14635	悲怆	bēichuàng	形
14636	悲欢离合	bēihuān-líhé	~
14637	悲戚	bēiqī	形
14638	悲切	bēiqiè	形
14639	悲叹	bēitàn	动
14640	悲天悯人	bēitiān-mǐnrén	~
14641	碑文	bēiwén	名
14642	北国	běiguó	名
14643	备份	bèifèn	名、动
14644	备受	bèishòu	动
14645	备忘录	bèiwànglù	名
14646	备战	bèizhàn	动
14647	背道而驰	bèidào'érchí	~
14648	背地里／背地	bèidìlǐ/bèidì	名
14649	背井离乡／离乡背井	bèijǐng-líxiāng/líxiāng-bèijǐng	~
14650	背离	bèilí	动
14651	背水一战	bèishuǐ-yīzhàn	~
14652	被告	bèigào	名
14653	辈出	bèichū	动
14654	蓓蕾	bèilěi	名
14655	奔赴	bēnfù	动
14656	奔忙	bēnmáng	动
14657	奔走呼号	bēnzǒu-hūháo	~
14658	奔走相告	bēnzǒu-xiānggào	~
14659	本₅	běn	介
14660	本分	běnfèn	名、形
14661	本金	běnjīn	名
14662	本科	běnkē	名
14663	本命年	běnmìngnián	名
14664	本末倒置	běnmò-dàozhì	~
14665	本钱	běnqián	名

14666	本土	běntǔ	名	14703	编导	biāndǎo	动、名
14667	本职	běnzhí	名	14704	编剧	biānjù	动、名
14668	崩塌	bēngtā	动	14705	编码	biānmǎ	动、名
14669	泵	bèng	名	14706	编排	biānpái	动
14670	迸	bèng	动	14707	编制₁	biānzhì	动
14671	迸发	bèngfā	动	14708	编制₂	biānzhì	名
14672	逼供	bīgòng	动	14709	编撰	biānzhuàn	动
14673	逼上梁山	bīshàng-liángshān	～	14710	编纂	biānzuǎn	动
14674	鼻息	bíxī	名	14711	鞭策	biāncè	动
14675	鼻祖	bízǔ	名	14712	鞭挞	biāntà	动
14676	比比皆是	bǐbǐ-jiēshì	～	14713	贬	biǎn	动
14677	比拟	bǐnǐ	动、名	14714	贬低	biǎndī	动
14678	比拼	bǐpīn	动	14715	贬义	biǎnyì	名
14679	比翼	bǐyì	动	14716	贬值	biǎnzhí	动
14680	比照	bǐzhào	动	14717	匾	biǎn	名
14681	比重	bǐzhòng	名	14718	变本加厉	biànběn-jiālì	～
14682	笔触	bǐchù	名	14719	变革	biàngé	动
14683	笔端	bǐduān	名	14720	变更	biàngēng	动
14684	笔锋	bǐfēng	名	14721	变故	biàngù	名
14685	笔者	bǐzhě	名	14722	变幻莫测	biànhuàn-mòcè	～
14686	鄙夷	bǐyí	动	14723	变卖	biànmài	动
14687	必修	bìxiū	形	14724	变迁	biànqiān	动
14688	必由之路	bìyóuzhīlù	～	14725	变色龙	biànsèlóng	名
14689	毕恭毕敬	bìgōng-bìjìng	～	14726	变态	biàntài	动、名
14690	毕生	bìshēng	名	14727	变通	biàntōng	动
14691	闭塞	bìsè	动、形	14728	变异	biànyì	动
14692	庇护	bìhù	动	14729	变种	biànzhǒng	名
14693	毙	bì	动	14730	便饭	biànfàn	名
14694	弊病	bìbìng	名	14731	遍及	biànjí	动
14695	弊端	bìduān	名	14732	辩护	biànhù	动
14696	避风港	bìfēnggǎng	名	14733	辩解	biànjiě	动
14697	避雷针	bìléizhēn	名	14734	辩手	biànshǒu	名
14698	臂力	bìlì	名	14735	辩证	biànzhèng	动、形
14699	边防	biānfáng	名	14736	辩证法	biànzhèngfǎ	名
14700	边境	biānjìng	名	14737	标榜	biāobǎng	动
14701	边远	biānyuǎn	形	14738	标杆	biāogān	名
14702	编程	biānchéng	动	14739	标价	biāojià	动、名

14740	标新立异	biāoxīn-lìyì	~		14777	并驾齐驱	bìngjià-qíqū	~
14741	标语	biāoyǔ	名		14778	并肩	bìngjiān	副
14742	标致	biāozhì	形		14779	病故	bìnggù	动
14743	标注	biāozhù	动		14780	病入膏肓	bìngrùgāohuāng	~
14744	膘肥体壮	biāoféi-tǐzhuàng	~		14781	病态	bìngtài	名
14745	飙升	biāoshēng	动		14782	病痛	bìngtòng	动
14746	表白	biǎobái	动		14783	病危	bìngwēi	动
14747	表露	biǎolù	动		14784	摒除/屏除	bìngchú/bǐngchú	动
14748	表皮	biǎopí	名		14785	摒弃/屏弃	bìngqì/bǐngqì	动
14749	表述	biǎoshù	动		14786	波及	bōjí	动
14750	表率	biǎoshuài	名		14787	剥夺	bōduó	动
14751	表态	biǎotài	动		14788	剥削	bōxuē	动
14752	表彰	biǎozhāng	动		14789	伯爵	bójué	名
14753	鳖/甲鱼	biē/jiǎyú	名		14790	伯乐	bólè	名
14754	别具匠心	biéjù-jiàngxīn	~		14791	驳	bó	动
14755	别离	biélí	动		14792	驳斥	bóchì	动
14756	别样	biéyàng	形		14793	勃发	bófā	动
14757	别有洞天	biéyǒu-dòngtiān	~		14794	勃然	bórán	形
14758	蹩脚	biéjiǎo	形		14795	博大精深	bódà-jīngshēn	~
14759	宾至如归	bīnzhì-rúguī	~		14796	博览	bólǎn	动
14760	濒危	bīnwēi	动		14797	博览会	bólǎnhuì	名
14761	殡仪馆	bìnyíguǎn	名		14798	博学	bóxué	形
14762	殡葬	bìnzàng	动		14799	搏	bó	语素
14763	冰清玉洁	bīngqīng-yùjié	~		14800	薄弱	bóruò	形
14764	冰释	bīngshì	动		14801	跛	bǒ	动
14765	兵法	bīngfǎ	名		14802	卜	bǔ	语素
14766	兵荒马乱	bīnghuāng-mǎluàn	~		14803	补给	bǔjǐ	动
14767	兵临城下	bīnglín-chéngxià	~		14804	补品	bǔpǐn	名
14768	兵戎相见	bīngróng-xiāngjiàn	~		14805	补贴	bǔtiē	动、名
14769	兵役	bīngyì	名		14806	补助	bǔzhù	动、名
14770	秉承	bǐngchéng	动		14807	捕风捉影	bǔfēng-zhuōyǐng	~
14771	秉持	bǐngchí	动		14808	哺乳	bǔrǔ	动
14772	秉性	bǐngxìng	名		14809	不测	bùcè	形、名
14773	屏₂	bǐng	动		14810	不耻下问	bùchǐ-xiàwèn	~
14774	屏气/屏息	bǐngqì/bǐngxī	动		14811	不辞	bùcí	动
14775	禀报	bǐngbào	动		14812	不得而知	bùdé'érzhī	~
14776	并存	bìngcún	动		14813	不得已	bùdéyǐ	形

编号	词语	拼音	词性
14814	不迭	bùdié	动
14815	不动声色 / 不露声色	bùdòng-shēngsè/ bùlù-shēngsè	~
14816	不乏	bùfá	动
14817	不菲	bùfěi	形
14818	不费吹灰之力	bù fèi chuī huī zhī lì	~
14819	不复	bùfù	副
14820	不共戴天	bùgòngdàitiān	~
14821	不苟言笑	bùgǒu-yánxiào	~
14822	不寒而栗	bùhán'érlì	~
14823	不欢而散	bùhuān'érsàn	~
14824	不惑	bùhuò	名
14825	不羁	bùjī	动
14826	不计	bùjì	动
14827	不济	bùjì	形
14828	不解之缘	bùjiězhīyuán	~
14829	不尽然	bùjìnrán	~
14830	不近人情	bùjìn-rénqíng	~
14831	不拘小节	bùjū-xiǎojié	~
14832	不拘一格	bùjū-yīgé	~
14833	不绝于耳	bùjuéyú'ěr	~
14834	不堪回首	bùkān-huíshǒu	~
14835	不堪入目	bùkān-rùmù	~
14836	不可或缺	bùkě-huòquē	~
14837	不可救药	bùkě-jiùyào	~
14838	不可理喻	bùkě-lǐyù	~
14839	不可收拾	bùkě-shōushi	~
14840	不可一世	bùkě-yīshì	~
14841	不伦不类	bùlún-bùlèi	~
14842	不谋而合	bùmóu'érhé	~
14843	不偏不倚	bùpiān-bùyǐ	~
14844	不期而遇	bùqī'éryù	~
14845	不求甚解	bùqiú-shènjiě	~
14846	不容置疑	bùróng-zhìyí	~
14847	不辱使命	bùrǔ-shǐmìng	~
14848	不慎	bùshèn	形
14849	不胜枚举	bùshèng-méijǔ	~
14850	不失为	bùshīwéi	动
14851	不识抬举	bùshí-táiju	~
14852	不适	bùshì	形
14853	不同凡响	bùtóng-fánxiǎng	~
14854	不吐不快	bùtǔ-bùkuài	~
14855	不外 / 不外乎	bùwài/bùwàihū	动
14856	不枉	bùwǎng	副
14857	不无	bùwú	动
14858	不务正业	bùwù-zhèngyè	~
14859	不祥	bùxiáng	形
14860	不屑一顾	bùxiè-yīgù	~
14861	不省人事	bùxǐng-rénshì	~
14862	不修边幅	bùxiū-biānfú	~
14863	不虚此行	bùxū-cǐxíng	~
14864	不学无术	bùxué-wúshù	~
14865	不言而喻	bùyán'éryù	~
14866	不宜	bùyí	动
14867	不遗余力	bùyí-yúlì	~
14868	不以为意	bùyǐwéiyì	~
14869	不义之财	bùyìzhīcái	~
14870	不由分说	bùyóu-fēnshuō	~
14871	不远千里	bùyuǎn-qiānlǐ	~
14872	不在话下	bùzài-huàxià	~
14873	不择手段	bùzé-shǒuduàn	~
14874	不折不扣	bùzhé-bùkòu	~
14875	不争	bùzhēng	形
14876	不正之风	bùzhèngzhīfēng	~
14877	不支	bùzhī	动
14878	不知所云	bùzhī-suǒyún	~
14879	不置可否	bùzhì-kěfǒu	~
14880	不足挂齿 / 何足挂齿	bùzú-guàchǐ/ hézú-guàchǐ	~
14881	不足为奇	bùzúwéiqí	~
14882	布景	bùjǐng	名
14883	布局	bùjú	动、名

编号	词	拼音	词性		编号	词	拼音	词性
14884	步调	bùdiào	名		14921	残骸	cánhái	名
14885	步履	bùlǚ	名		14922	残垣断壁 / 断壁残垣	cányuán-duànbì / duànbì-cányuán	~
14886	步履维艰	bùlǚ-wéijiān	~					
14887	部署	bùshǔ	动		14923	惨案	cǎn'àn	名
14888	部长	bùzhǎng	名		14924	惨淡	cǎndàn	形
14889	擦边球	cābiānqiú	名		14925	惨剧	cǎnjù	名
14890	猜忌	cāijì	动		14926	惨绝人寰	cǎnjuérénhuán	~
14891	猜疑	cāiyí	动		14927	惨无人道	cǎnwúréndào	~
14892	才干	cáigàn	名		14928	粲然	cànrán	形
14893	才高八斗	cáigāo-bādǒu	~		14929	仓促	cāngcù	形
14894	才华横溢	cáihuá-héngyì	~		14930	仓皇	cānghuáng	形
14895	才女	cáinǚ	名		14931	苍茫	cāngmáng	形
14896	才气	cáiqì	名		14932	苍生	cāngshēng	名
14897	才疏学浅	cáishū-xuéqiǎn	~		14933	沧海	cānghǎi	名
14898	才学	cáixué	名		14934	沧海桑田	cānghǎi-sāngtián	~
14899	才智	cáizhì	名		14935	沧海一粟	cānghǎi-yīsù	~
14900	才子	cáizǐ	名		14936	藏匿	cángnì	动
14901	财大气粗	cáidà-qìcū	~		14937	藏污纳垢	cángwū-nàgòu	~
14902	财经	cáijīng	名		14938	操₂	cāo	动
14903	财力	cáilì	名		14939	糙	cāo	形
14904	财务	cáiwù	名		14940	草菅人命	cǎojiān-rénmìng	~
14905	财源	cáiyuán	名		14941	侧重	cèzhòng	动
14906	财政	cáizhèng	名		14942	测定	cèdìng	动
14907	裁₂	cái	动		14943	测算	cèsuàn	动
14908	裁决	cáijué	动		14944	恻隐之心	cèyǐnzhīxīn	~
14909	裁员	cáiyuán	动		14945	策	cè	语素
14910	采纳	cǎinà	动		14946	策划	cèhuà	动
14911	踩踏	cǎità	动		14947	参差	cēncī	形
14912	参拜	cānbài	动		14948	层面	céngmiàn	名
14913	参见	cānjiàn	动		14949	差额	chā'é	名
14914	参军	cānjūn	动		14950	差强人意	chāqiáng-rényì	~
14915	参考	cānkǎo	动		14951	插手	chāshǒu	动
14916	参考书	cānkǎoshū	名		14952	插秧	chāyāng	动
14917	参谋	cānmóu	名、动		14953	茬	chá	名、量
14918	餐饮	cānyǐn	名		14954	茶余饭后	cháyú-fànhòu	~
14919	残暴	cánbào	形		14955	查处	cháchǔ	动
14920	残存	cáncún	动		14956	查封	cháfēng	动

14957	查询	cháxún	动		14992	常理	chánglǐ	名
14958	查阅	cháyuè	动		14993	常态	chángtài	名
14959	查证	cházhèng	动		14994	常温	chángwēn	名
14960	诧异	chàyì	形		14995	偿还	chánghuán	动
14961	差使	chāishǐ	动		14996	偿命	chángmìng	动
14962	差事	chāishi	名		14997	徜徉	chángyáng	动
14963	柴油	cháiyóu	名		14998	场₃	chǎng	语素
14964	豺狼	cháiláng	名		14999	怅然	chàngrán	形
14965	掺和	chānhuo	动		15000	怅惘	chàngwǎng	形
14966	禅	chán	语素		15001	畅所欲言	chàngsuǒyùyán	~
14967	缠绵	chánmián	形		15002	畅想	chàngxiǎng	动
14968	缠绵悱恻	chánmián-fěicè	~		15003	倡导	chàngdǎo	动
14969	缠身	chánshēn	动		15004	倡议	chàngyì	动、名
14970	蝉联	chánlián	动		15005	唱反调	chàngfǎndiào	~
14971	产量	chǎnliàng	名		15006	唱高调	chànggāodiào	~
14972	产物	chǎnwù	名		15007	抄₂	chāo	动
14973	产业	chǎnyè	名		15008	超标	chāobiāo	动
14974	阐明	chǎnmíng	动		15009	超凡脱俗	chāofán-tuōsú	~
14975	阐释	chǎnshì	动		15010	超前	chāoqián	形、动
14976	阐述	chǎnshù	动		15011	超然	chāorán	形
14977	忏悔	chànhuǐ	动		15012	超脱	chāotuō	形、动
14978	颤巍巍/颤颤巍巍	chànwēiwēi/chànchanwēiwēi	形		15013	超载	chāozài	动
14979	颤悠悠/颤颤悠悠	chànyōuyōu/chànchanyōuyōu	形		15014	朝圣	cháoshèng	动
					15015	朝野	cháoyě	名
14980	昌盛	chāngshèng	形		15016	潮红	cháohóng	形
14981	猖獗	chāngjué	形		15017	炒股	chǎogǔ	动
14982	猖狂	chāngkuáng	形		15018	炒作	chǎozuò	动
14983	长此以往	chángcǐ-yǐwǎng	~		15019	车程	chēchéng	名
14984	长话短说	chánghuà-duǎnshuō	~		15020	车主	chēzhǔ	名
14985	长江后浪推前浪	Chángjiāng hòulàng tuī qiánlàng	~		15021	彻骨	chègǔ	动
					15022	彻头彻尾	chètóu-chèwěi	~
14986	长眠	chángmián	动		15023	彻夜	chèyè	副
14987	长年	chángnián	副		15024	撤离	chèlí	动
14988	长驱直入	chángqū-zhírù	~		15025	撤销	chèxiāo	动
14989	长吁短叹	chángxū-duǎntàn	~		15026	尘埃落定	chén'āi-luòdìng	~
14990	长远	chángyuǎn	形		15027	尘封	chénfēng	动
14991	长治久安	chángzhì-jiǔ'ān	~		15028	尘世	chénshì	名

15029	尘俗	chénsú	名	15066	成亲	chéngqīn	动
15030	尘缘	chényuán	名	15067	成全	chéngquán	动
15031	沉浮	chénfú	动	15068	成效	chéngxiào	名
15032	沉寂	chénjì	形	15069	成因	chéngyīn	名
15033	沉沦	chénlún	动	15070	诚挚	chéngzhì	形
15034	沉溺	chénnì	动	15071	承	chéng	语素
15035	沉痛	chéntòng	形	15072	承办	chéngbàn	动
15036	沉稳	chénwěn	形	15073	承包	chéngbāo	动
15037	沉吟	chényín	动	15074	承接	chéngjiē	动
15038	沉鱼落雁	chényú-luòyàn	~	15075	承前启后	chéngqián-qǐhòu	~
15039	陈词滥调	chéncí-làndiào	~	15076	承上启下 / 承上起下	chéngshàng-qǐxià	~
15040	陈腐	chénfǔ	形	15077	承载	chéngzài	动
15041	陈旧	chénjiù	形	15078	城池	chéngchí	名
15042	陈年	chénnián	形	15079	乘人之危	chéngrénzhīwēi	~
15043	陈设	chénshè	动、名	15080	惩处	chéngchǔ	动
15044	陈述	chénshù	动	15081	惩治	chéngzhì	动
15045	晨曦	chénxī	名	15082	澄澈	chéngchè	形
15046	称₃	chèn	动	15083	澄净	chéngjìng	形
15047	趁火打劫	chènhuǒ-dǎjié	~	15084	澄清	chéngqīng	形、动
15048	趁势	chènshì	副	15085	逞能	chěngnéng	动
15049	趁早	chènzǎo	副	15086	逞强	chěngqiáng	动
15050	称霸	chēngbà	动	15087	吃不消	chībuxiāo	动
15051	称臣	chēngchén	动	15088	吃醋	chīcù	动
15052	称道	chēngdào	动	15089	吃得消	chīdexiāo	动
15053	称颂	chēngsòng	动	15090	吃相	chīxiàng	名
15054	称谓	chēngwèi	名	15091	嗤之以鼻	chīzhīyǐbí	~
15055	称兄道弟	chēngxiōng-dàodì	~	15092	痴	chī	形
15056	瞠目结舌	chēngmù-jiéshé	~	15093	痴情	chīqíng	名、形
15057	成败	chéngbài	名	15094	痴人说梦	chīrén-shuōmèng	~
15058	成本	chéngběn	名	15095	痴心	chīxīn	名、形
15059	成活	chénghuó	动	15096	驰骋	chíchěng	动
15060	成家	chéngjiā	动	15097	驰名	chímíng	动
15061	成家立业	chéngjiā-lìyè	~	15098	驰名中外	chímíng-zhōngwài	~
15062	成见	chéngjiàn	名	15099	持久战	chíjiǔzhàn	名
15063	成交	chéngjiāo	动	15100	持有	chíyǒu	动
15064	成名	chéngmíng	动	15101	尺度	chǐdù	名
15065	成品	chéngpǐn	名				

编号	词语	拼音	词性
15102	叱咤风云	chìzhà-fēngyún	～
15103	赤诚	chìchéng	形
15104	赤胆忠心	chìdǎn-zhōngxīn	～
15105	赤道	chìdào	名
15106	赤裸	chìluǒ	动
15107	赤裸裸	chìluǒluǒ	形
15108	赤子	chìzǐ	名
15109	炽烈	chìliè	形
15110	炽热	chìrè	形
15111	冲锋陷阵	chōngfēng-xiànzhèn	～
15112	冲击波	chōngjībō	名
15113	充斥	chōngchì	动
15114	充耳不闻	chōng'ěr-bùwén	～
15115	充其量	chōngqíliàng	副
15116	充盈	chōngyíng	动、形
15117	充裕	chōngyù	形
15118	重蹈覆辙	chóngdǎo-fùzhé	～
15119	重见天日	chóngjiàn-tiānrì	～
15120	重生	chóngshēng	动
15121	重围	chóngwéi	名
15122	重整旗鼓	chóngzhěng-qígǔ	～
15123	崇山峻岭	chóngshān-jùnlǐng	～
15124	崇洋媚外	chóngyáng-mèiwài	～
15125	仇家	chóujiā	名
15126	仇视	chóushì	动
15127	惆怅	chóuchàng	形
15128	酬	chóu	语素
15129	酬金	chóujīn	名
15130	酬劳	chóuláo	名
15131	酬谢	chóuxiè	动
15132	愁思	chóusī	名
15133	筹	chóu	动
15134	筹办	chóubàn	动
15135	筹备	chóubèi	动
15136	筹划	chóuhuà	动
15137	筹集	chóují	动
15138	筹码	chóumǎ	名
15139	踌躇满志	chóuchú-mǎnzhì	～
15140	丑闻	chǒuwén	名
15141	出兵	chūbīng	动
15142	出尔反尔	chū'ěr-fǎn'ěr	～
15143	出发点	chūfādiǎn	名
15144	出访	chūfǎng	动
15145	出家	chūjiā	动
15146	出家人	chūjiārén	名
15147	出境	chūjìng	动
15148	出局	chūjú	动
15149	出具	chūjù	动
15150	出类拔萃	chūlèi-bácuì	～
15151	出炉	chūlú	动
15152	出马	chūmǎ	动
15153	出卖	chūmài	动
15154	出面	chūmiàn	动
15155	出谋划策 / 出谋献策	chūmóu-huàcè/ chūmóu-xiàncè	～
15156	出奇制胜	chūqí-zhìshèng	～
15157	出气筒	chūqìtǒng	名
15158	出让	chūràng	动
15159	出人头地	chūréntóudì	～
15160	出任	chūrèn	动
15161	出神入化	chūshén-rùhuà	～
15162	出生入死	chūshēng-rùsǐ	～
15163	出使	chūshǐ	动
15164	出售	chūshòu	动
15165	出台	chūtái	动
15166	出席	chūxí	动
15167	出征	chūzhēng	动
15168	初步	chūbù	形
15169	初出茅庐	chūchū-máolú	～
15170	初来乍到	chūlái-zhàdào	～
15171	初恋	chūliàn	动
15172	初始	chūshǐ	名
15173	初叶	chūyè	名
15174	初衷	chūzhōng	名

15175	厨艺	chúyì	名
15176	雏形	chúxíng	名
15177	处变不惊	chǔbiàn-bùjīng	～
15178	处方	chǔfāng	名
15179	处分	chǔfèn	动、名
15180	处女	chǔnǚ	名、形
15181	处世	chǔshì	动
15182	处事	chǔshì	动
15183	处心积虑	chǔxīn-jīlǜ	～
15184	处置	chǔzhì	动
15185	处长	chùzhǎng	名
15186	畜生 / 畜牲	chùsheng	名
15187	触发	chùfā	动
15188	触犯	chùfàn	动
15189	触及	chùjí	动
15190	触类旁通	chùlèi-pángtōng	～
15191	触目	chùmù	动、形
15192	触目惊心	chùmù-jīngxīn	～
15193	揣测	chuǎicè	动
15194	揣摩	chuǎimó	动
15195	穿插	chuānchā	动
15196	穿山甲	chuānshānjiǎ	名
15197	传承	chuánchéng	动
15198	传教	chuánjiào	动
15199	传教士	chuánjiàoshì	名
15200	传媒	chuánméi	名
15201	传人	chuánrén	名
15202	传世	chuánshì	动
15203	传闻	chuánwén	名、动
15204	传言	chuányán	名
15205	传真	chuánzhēn	名、动
15206	传宗接代	chuánzōng-jiēdài	～
15207	船舶	chuánbó	名
15208	喘息	chuǎnxī	动
15209	创伤	chuāngshāng	名
15210	闯荡	chuǎngdàng	动
15211	创举	chuàngjǔ	名
15212	创始	chuàngshǐ	动
15213	创始人	chuàngshǐrén	名
15214	创业	chuàngyè	动
15215	吹₃	chuī	动
15216	吹胡子瞪眼	chuī húzi dèngyǎn	～
15217	垂钓	chuídiào	动
15218	垂青	chuíqīng	动
15219	垂死	chuísǐ	动
15220	垂危	chuíwēi	动
15221	捶胸顿足	chuíxiōng-dùnzú	～
15222	锤炼	chuíliàn	动
15223	春风得意	chūnfēng-déyì	～
15224	春风化雨	chūnfēng-huàyǔ	～
15225	春寒料峭	chūnhán-liàoqiào	～
15226	春华秋实	chūnhuá-qiūshí	～
15227	纯美	chúnměi	形
15228	唇枪舌剑	chúnqiāng-shéjiàn	～
15229	淳厚	chúnhòu	形
15230	醇	chún	名、语素
15231	醇厚	chúnhòu	形
15232	醇香	chúnxiāng	形
15233	醇正	chúnzhèng	形
15234	啜泣	chuòqì	动
15235	辍学	chuòxué	动
15236	祠堂	cítáng	名
15237	辞₂	cí	语素
15238	辞别	cíbié	动
15239	辞行	cíxíng	动
15240	辞藻	cízǎo	名
15241	慈悲	cíbēi	形
15242	慈眉善目	címéi-shànmù	～
15243	磁场	cíchǎng	名
15244	磁性	cíxìng	名
15245	此致	cǐzhì	动
15246	次要	cìyào	形
15247	刺刀	cìdāo	名
15248	刺客	cìkè	名

编号	词	拼音	词性
15249	刺目	cìmù	形
15250	刺杀	cìshā	动
15251	赐予	cìyǔ	动
15252	葱郁	cōngyù	形
15253	聪慧	cōnghuì	形
15254	聪敏	cōngmǐn	形
15255	聪颖	cōngyǐng	形
15256	从₂	cóng	语素
15257	从事	cóngshì	动
15258	从属	cóngshǔ	动
15259	从政	cóngzhèng	动
15260	丛生	cóngshēng	动
15261	粗犷	cūguǎng	形
15262	粗粮	cūliáng	名
15263	粗野	cūyě	形
15264	粗制滥造	cūzhì-lànzào	~
15265	促	cù	语素
15266	促成	cùchéng	动
15267	猝不及防	cùbùjífáng	~
15268	篡夺	cuànduó	动
15269	篡改	cuàngǎi	动
15270	篡权	cuànquán	动
15271	篡位	cuànwèi	动
15272	催化	cuīhuà	动
15273	催泪弹	cuīlèidàn	名
15274	催人泪下	cuīrén-lèixià	~
15275	村落	cūnluò	名
15276	村寨	cūnzhài	名
15277	存款	cúnkuǎn	动、名
15278	存亡	cúnwáng	名
15279	寸步不离	cùnbù-bùlí	~
15280	寸土	cùntǔ	名
15281	蹉跎	cuōtuó	动
15282	挫	cuò	动
15283	挫败	cuòbài	动
15284	错觉	cuòjué	名
15285	错落	cuòluò	动
15286	错失	cuòshī	动
15287	错位	cuòwèi	动
15288	错综复杂	cuòzōng-fùzá	~
15289	搭档	dādàng	名、动
15290	搭救	dājiù	动
15291	搭讪	dāshàn	动
15292	搭载	dāzài	动
15293	沓	dá	量
15294	答谢	dáxiè	动
15295	打岔	dǎchà	动
15296	打道回府	dǎdào-huífǔ	~
15297	打点	dǎdian	动
15298	打交道	dǎjiāodao	~
15299	打劫	dǎjié	动
15300	打开天窗说亮话	dǎkāi tiānchuāng shuō liànghuà	~
15301	打捞	dǎlāo	动
15302	打理	dǎlǐ	动
15303	打情骂俏	dǎqíng-màqiào	~
15304	打趣	dǎqù	动
15305	打入冷宫	dǎrù-lěnggōng	~
15306	打头阵	dǎtóuzhèn	~
15307	打退堂鼓	dǎtuìtánggǔ	~
15308	打造	dǎzào	动
15309	大包大揽	dàbāo-dàlǎn	~
15310	大本	dàběn	名
15311	大步流星	dàbù-liúxīng	~
15312	大彻大悟	dàchè-dàwù	~
15313	大慈大悲	dàcí-dàbēi	~
15314	大刀阔斧	dàdāo-kuòfǔ	~
15315	大放异彩	dàfàng-yìcǎi	~
15316	大风大浪	dàfēng-dàlàng	~
15317	大腹便便	dàfù-piánpián	~
15318	大公无私	dàgōng-wúsī	~
15319	大户	dàhù	名
15320	大家闺秀	dàjiā-guīxiù	~
15321	大局	dàjú	名

编号	词	拼音	词性
15322	大举	dàjǔ	副
15323	大快人心	dàkuài-rénxīn	~
15324	大款	dàkuǎn	名
15325	大略	dàlüè	名、副
15326	大逆不道	dànì-bùdào	~
15327	大起大落	dàqǐ-dàluò	~
15328	大全	dàquán	名
15329	大使馆	dàshǐguǎn	名
15330	大势	dàshì	名
15331	大势所趋	dàshì-suǒqū	~
15332	大势已去	dàshì-yǐqù	~
15333	大是大非	dàshì-dàfēi	~
15334	大数据	dàshùjù	名
15335	大水冲了龙王庙	dàshuǐ chōngle lóngwángmiào	~
15336	大肆	dàsì	副
15337	大庭广众	dàtíng-guǎngzhòng	~
15338	大腕儿	dàwànr	名
15339	大无畏	dàwúwèi	形
15340	大雄宝殿	dàxióng bǎodiàn	~
15341	大选	dàxuǎn	动
15342	大雅之堂	dàyǎzhītáng	~
15343	大业	dàyè	名
15344	大义凛然	dàyì-lǐnrán	~
15345	大有可为	dàyǒu-kěwéi	~
15346	大有人在	dàyǒurénzài	~
15347	大杂烩	dàzáhuì	名
15348	大智若愚	dàzhì-ruòyú	~
15349	大专	dàzhuān	名
15350	呆滞	dāizhì	形
15351	代表作	dàibiǎozuò	名
15352	代沟	dàigōu	名
15353	代购	dàigòu	动
15354	代理	dàilǐ	动
15355	代码	dàimǎ	名
15356	代名词	dàimíngcí	名
15357	代数	dàishù	名
15358	代谢	dàixiè	动
15359	代言	dàiyán	动
15360	殆尽	dàijìn	动
15361	贷	dài	动、语素
15362	贷款	dàikuǎn	动、名
15363	待₃	dài	语素
15364	待命	dàimìng	动
15365	待人接物	dàirén-jiēwù	~
15366	怠慢	dàimàn	动
15367	丹青	dānqīng	名
15368	丹心	dānxīn	名
15369	担保	dānbǎo	动
15370	担负	dānfù	动
15371	单枪匹马	dānqiāng-pǐmǎ	~
15372	单身	dānshēn	动、名
15373	单身汉	dānshēnhàn	名
15374	单一	dānyī	形
15375	耽搁	dānge	动
15376	殚精竭虑	dānjīng-jiélǜ	~
15377	胆寒	dǎnhán	形
15378	胆识	dǎnshí	名
15379	但₂	dàn	副
15380	诞辰	dànchén	名
15381	淡泊	dànbó	形、动
15382	淡薄	dànbó	形
15383	淡出	dànchū	动
15384	淡定	dàndìng	形
15385	淡化	dànhuà	动
15386	淡季	dànjì	名
15387	淡漠	dànmò	形
15388	淡忘	dànwàng	动
15389	弹尽粮绝	dànjìn-liángjué	~
15390	弹药	dànyào	名
15391	蛋白质	dànbáizhì	名
15392	当₅	dāng	语素
15393	当即	dāngjí	副
15394	当年₂	dāngnián	动

15395	当前	dāngqián	动、名	15431	道义	dàoyì	名
15396	当时₃	dāngshí	动	15432	得不偿失	débùchángshī	~
15397	当事人	dāngshìrén	名	15433	得当	dédàng	形
15398	当头一棒	dāngtóu-yībàng	~	15434	得过且过	déguò-qiěguò	~
15399	当务之急	dāngwùzhījí	~	15435	得力	délì	形、动
15400	当之无愧	dāngzhīwúkuì	~	15436	得体	détǐ	形
15401	党派	dǎngpài	名	15437	得天独厚	détiāndúhòu	~
15402	当₆	dàng	语素	15438	得益	déyì	动
15403	当₇	dàng	动	15439	得主	dézhǔ	名
15404	当年₃	dàngnián	名	15440	德才兼备	décái-jiānbèi	~
15405	当铺	dàngpù	名	15441	德高望重	dégāo-wàngzhòng	~
15406	当日₂	dàngrì	名	15442	德行₁	déxíng	名
15407	档次	dàngcì	名	15443	德行₂/德性	déxing	名
15408	刀锋	dāofēng	名	15444	灯红酒绿	dēnghóng-jiǔlǜ	~
15409	刀光剑影	dāoguāng-jiànyǐng	~	15445	登峰造极	dēngfēng-zàojí	~
15410	刀枪不入	dāoqiāng-bùrù	~	15446	登高	dēnggāo	动
15411	导读	dǎodú	动	15447	登基	dēngjī	动
15412	导火索/导火线	dǎohuǒsuǒ/dǎohuǒxiàn	名	15448	登堂入室	dēngtáng-rùshì	~
15413	导师	dǎoshī	名	15449	等同	děngtóng	动
15414	导体	dǎotǐ	名	15450	等闲	děngxián	形
15415	导线	dǎoxiàn	名	15451	低调	dīdiào	名、形
15416	导向	dǎoxiàng	动、名	15452	低谷	dīgǔ	名
15417	岛国	dǎoguó	名	15453	低贱	dījiàn	形
15418	倒闭	dǎobì	动	15454	低廉	dīlián	形
15419	倒卖	dǎomài	动	15455	低劣	dīliè	形
15420	倒手	dǎoshǒu	动	15456	低迷	dīmí	形
15421	倒台	dǎotái	动	15457	低三下四	dīsān-xiàsì	~
15422	祷告	dǎogào	动	15458	低俗	dīsú	形
15423	到访	dàofǎng	动	15459	低碳	dītàn	形
15424	到位	dàowèi	动、形	15460	堤防	dīfáng	名
15425	倒行逆施	dàoxíng-nìshī	~	15461	提防	dīfang	动
15426	盗版	dàobǎn	动、名	15462	敌对	díduì	动
15427	盗墓	dàomù	动	15463	敌手	díshǒu	名
15428	悼念	dàoniàn	动	15464	涤荡	dídàng	动
15429	道貌岸然	dàomào-ànrán	~	15465	诋毁	dǐhuǐ	动
15430	道听途说	dàotīng-túshuō	~	15466	抵₂	dǐ	动
				15467	抵偿	dǐcháng	动

编号	词	拼音	词性
15468	抵触	dǐchù	动
15469	抵消	dǐxiāo	动
15470	抵押	dǐyā	动
15471	抵御	dǐyù	动
15472	抵制	dǐzhì	动
15473	底盘	dǐpán	名
15474	底气	dǐqì	名
15475	底细	dǐxì	名
15476	底限	dǐxiàn	名
15477	底线	dǐxiàn	名
15478	底蕴	dǐyùn	名
15479	底子	dǐzi	名
15480	砥砺	dǐlì	动
15481	地大物博	dìdà-wùbó	～
15482	地段	dìduàn	名
15483	地方₂	dìfāng	名
15484	地窖	dìjiào	名
15485	地利	dìlì	名
15486	地貌	dìmào	名
15487	地皮	dìpí	名
15488	地球村	dìqiúcūn	名
15489	地租	dìzū	名
15490	帝王将相	dìwáng-jiàngxiàng	～
15491	帝制	dìzhì	名
15492	递交	dìjiāo	动
15493	递进	dìjìn	动
15494	递增	dìzēng	动
15495	第三者	dìsānzhě	名
15496	谛听	dìtīng	动
15497	缔造	dìzào	动
15498	掂	diān	动
15499	掂量	diānliang	动
15500	颠簸	diānbǒ	动
15501	颠覆	diānfù	动
15502	颠沛流离	diānpèi-liúlí	～
15503	巅峰	diānfēng	名
15504	癫狂	diānkuáng	形
15505	典	diǎn	语素
15506	典范	diǎnfàn	名
15507	典籍	diǎnjí	名
15508	点评	diǎnpíng	动、名
15509	电磁	diàncí	名
15510	电缆	diànlǎn	名
15511	电信	diànxìn	名
15512	电压	diànyā	名
15513	电阻	diànzǔ	名
15514	玷污	diànwū	动
15515	垫底	diàndǐ	动
15516	惦念	diànniàn	动
15517	奠定	diàndìng	动
15518	奠基	diànjī	动
15519	奠基人	diànjīrén	名
15520	殿下	diànxià	名
15521	雕虫小技	diāochóng-xiǎojì	～
15522	雕梁画栋	diāoliáng-huàdòng	～
15523	雕琢	diāozhuó	动
15524	吊销	diàoxiāo	动
15525	调度	diàodù	动、名
15526	调集	diàojí	动
15527	调配₂	diàopèi	动
15528	调研	diàoyán	动
15529	掉以轻心	diàoyǐqīngxīn	～
15530	跌宕	diēdàng	形
15531	跌跌撞撞	diēdiē zhuàngzhuàng	形
15532	迭起	diéqǐ	动
15533	喋喋不休	diédié-bùxiū	～
15534	顶级	dǐngjí	形
15535	顶尖	dǐngjiān	形、名
15536	顶礼膜拜	dǐnglǐ-móbài	～
15537	顶梁柱	dǐngliángzhù	名
15538	顶楼	dǐnglóu	名
15539	顶头上司	dǐngtóu shàngsi	～
15540	鼎	dǐng	名
15541	鼎盛	dǐngshèng	形

编号	词	拼音	词性
15542	订购/定购	dìnggòu	动
15543	订婚/定婚	dìnghūn	动
15544	订金	dìngjīn	名
15545	定格	dìnggé	动
15546	定金	dìngjīn	名
15547	定居	dìngjū	动
15548	定理	dìnglǐ	名
15549	定量	dìngliàng	动
15550	定律	dìnglǜ	名
15551	定论	dìnglùn	名
15552	定期	dìngqī	形
15553	定然	dìngrán	副
15554	定心丸	dìngxīnwán	名
15555	定性	dìngxìng	动
15556	东道主	dōngdàozhǔ	名
15557	东家	dōngjia	名
15558	东山再起	dōngshān-zàiqǐ	～
15559	冬泳	dōngyǒng	动
15560	董事	dǒngshì	名
15561	董事长	dǒngshìzhǎng	名
15562	动荡	dòngdàng	动、形
15563	动工	dònggōng	动
15564	动机	dòngjī	名
15565	动乱	dòngluàn	动
15566	动脉	dòngmài	名
15567	动人心魄	dòngrénxīnpò	～
15568	动容	dòngróng	动
15569	动身	dòngshēn	动
15570	动态	dòngtài	名、形
15571	动武	dòngwǔ	动
15572	动向	dòngxiàng	名
15573	动用	dòngyòng	动
15574	冻结	dòngjié	动
15575	洞察	dòngchá	动
15576	洞房	dòngfáng	名
15577	洞房花烛	dòngfáng-huāzhú	～
15578	斗转星移	dǒuzhuǎn-xīngyí	～
15579	抖擞	dǒusǒu	动
15580	陡然	dǒurán	副
15581	斗殴	dòu'ōu	动
15582	斗嘴	dòuzuǐ	动
15583	豆腐渣	dòufuzhā	名
15584	豆蔻年华	dòukòu-niánhuá	～
15585	逗留	dòuliú	动
15586	都会	dūhuì	名
15587	督促	dūcù	动
15588	毒₂	dú	名
15589	毒害	dúhài	动、名
15590	毒辣	dúlà	形
15591	独白	dúbái	名
15592	独裁	dúcái	动
15593	独处	dúchǔ	动
15594	独当一面	dúdāng-yīmiàn	～
15595	独家	dújiā	名
15596	独角戏	dújiǎoxì	名
15597	独立自主	dúlì-zìzhǔ	～
15598	独辟蹊径	dúpì-xījìng	～
15599	独善其身	dúshàn-qíshēn	～
15600	独树一帜	dúshù-yīzhì	～
15601	独行	dúxíng	动
15602	堵截	dǔjié	动
15603	赌场	dǔchǎng	名
15604	赌注	dǔzhù	名
15605	睹	dǔ	语素
15606	杜绝	dùjué	动
15607	杜撰	dùzhuàn	动
15608	度量	dùliàng	名
15609	度量衡	dùliànghéng	名
15610	度日如年	dùrì-rúnián	～
15611	渡口	dùkǒu	名
15612	镀	dù	动
15613	镀金	dùjīn	动
15614	端坐	duānzuò	动
15615	短兵相接	duǎnbīng-xiāngjiē	～

15616	短促	duǎncù	形		15653	讹诈	ézhà	动
15617	短路	duǎnlù	动		15654	厄运	èyùn	名
15618	短缺	duǎnquē	动		15655	扼杀	èshā	动
15619	段子	duànzi	名		15656	恶果	èguǒ	名
15620	断肠	duàncháng	动		15657	恶习	èxí	名
15621	断魂	duànhún	动		15658	恶性	èxìng	形
15622	断然	duànrán	形、副		15659	遏止	èzhǐ	动
15623	断送	duànsòng	动		15660	遏制	èzhì	动
15624	断章取义	duànzhāng-qǔyì	～		15661	愕然	èrán	形
15625	堆砌	duīqì	动		15662	噩耗	èhào	名
15626	对号入座	duìhào-rùzuò	～		15663	恩爱	ēn'ài	形
15627	对象₂	duìxiàng	名		15664	恩赐	ēncì	动
15628	对弈	duìyì	动		15665	恩典	ēndiǎn	名、动
15629	对照	duìzhào	动		15666	恩师	ēnshī	名
15630	对阵	duìzhèn	动		15667	恩泽	ēnzé	名
15631	对症下药	duìzhèng-xiàyào	～		15668	恩重如山	ēnzhòng-rúshān	～
15632	对质	duìzhì	动		15669	儿女情长	érnǚ-qíngcháng	～
15633	对峙	duìzhì	动		15670	而今	érjīn	名
15634	兑换	duìhuàn	动		15671	而立	érlì	名
15635	兑奖	duìjiǎng	动		15672	尔虞我诈	ěryú-wǒzhà	～
15636	兑现	duìxiàn	动		15673	耳聪目明	ěrcōng-mùmíng	～
15637	敦促	dūncù	动		15674	耳膜	ěrmó	名
15638	敦厚	dūnhòu	形		15675	耳目	ěrmù	名
15639	顿悟	dùnwù	动		15676	耳濡目染	ěrrú-mùrǎn	～
15640	多愁善感	duōchóu-shàngǎn	～		15677	耳熟能详	ěrshú-néngxiáng	～
15641	多此一举	duōcǐyījǔ	～		15678	耳闻	ěrwén	动
15642	多快好省	duō-kuài-hǎo-shěng	～		15679	耳闻目睹	ěrwén-mùdǔ	～
15643	多情	duōqíng	形		15680	耳语	ěryǔ	动
15644	多心	duōxīn	动		15681	饵料	ěrliào	名
15645	多元	duōyuán	形		15682	二手	èrshǒu	形
15646	多灾多难	duōzāi-duōnàn	～		15683	发病	fābìng	动
15647	夺门而出	duómén'érchū	～		15684	发布	fābù	动
15648	踱	duó	动		15685	发布会	fābùhuì	名
15649	舵	duò	名		15686	发达国家	fādá guójiā	～
15650	舵手	duòshǒu	名		15687	发号施令	fāhào-shīlìng	～
15651	堕落	duòluò	动		15688	发家致富	fājiā-zhìfù	～
15652	阿谀奉承	ēyú-fèngchéng	～		15689	发酵	fājiào	动

15690	发落	fāluò	动	15727	返还	fǎnhuán	动
15691	发票	fāpiào	名	15728	返老还童	fǎnlǎo-huántóng	~
15692	发人深思	fārén-shēnsī	~	15729	返璞归真	fǎnpú-guīzhēn	~
15693	发人深省	fārén-shēnxǐng	~	15730	泛泛	fànfàn	形
15694	发祥	fāxiáng	动	15731	范畴	fànchóu	名
15695	发源	fāyuán	动	15732	范例	fànlì	名
15696	发展中国家	fāzhǎn zhōng guójiā	~	15733	贩毒	fàndú	动
15697	乏	fá	形、语素	15734	贩卖	fànmài	动
15698	阀/阀门	fá/fámén	名	15735	方寸	fāngcùn	名
15699	法令	fǎlìng	名	15736	方圆	fāngyuán	名
15700	法网	fǎwǎng	名	15737	方丈	fāngzhang	名
15701	法制	fǎzhì	名	15738	方针	fāngzhēn	名
15702	法治	fǎzhì	名、动	15739	方正	fāngzhèng	形
15703	帆布	fānbù	名	15740	芳容	fāngróng	名
15704	翻番	fānfān	动	15741	防弹	fángdàn	动
15705	翻江倒海	fānjiāng-dǎohǎi	~	15742	防范	fángfàn	动
15706	翻新	fānxīn	动	15743	防护林	fánghùlín	名
15707	翻涌	fānyǒng	动	15744	防火墙	fánghuǒqiáng	名
15708	翻云覆雨	fānyún-fùyǔ	~	15745	防空	fángkōng	动
15709	凡尘	fánchén	名	15746	防控	fángkòng	动
15710	凡夫俗子	fánfū-súzǐ	~	15747	防微杜渐	fángwēi-dùjiàn	~
15711	凡心	fánxīn	名	15748	防伪	fángwěi	动
15712	烦乱	fánluàn	形	15749	防线	fángxiàn	名
15713	烦琐/繁琐	fánsuǒ	形	15750	防治	fángzhì	动
15714	樊笼	fánlóng	名	15751	房产	fángchǎn	名
15715	繁花似锦	fánhuā-sìjǐn	~	15752	房地产	fángdìchǎn	名
15716	繁盛	fánshèng	形	15753	房东	fángdōng	名
15717	繁体	fántǐ	名	15754	仿古	fǎnggǔ	动
15718	繁杂	fánzá	形	15755	仿效	fǎngxiào	动
15719	反差	fǎnchā	名	15756	仿真	fǎngzhēn	动、形
15720	反动	fǎndòng	形	15757	访谈	fǎngtán	动
15721	反攻	fǎngōng	动	15758	放₄	fàng	动
15722	反馈	fǎnkuì	动	15759	放荡	fàngdàng	形
15723	反派	fǎnpài	名	15760	放宽	fàngkuān	动
15724	反叛	fǎnpàn	动	15761	放行	fàngxíng	动
15725	反响	fǎnxiǎng	名	15762	放养	fàngyǎng	动
15726	反之	fǎnzhī	连	15763	放逐	fàngzhú	动

15764	放纵	fàngzòng	动、形	15801	分泌	fēnmì	动
15765	飞黄腾达	fēihuáng-téngdá	~	15802	分歧	fēnqí	形、名
15766	飞沙走石	fēishā-zǒushí	~	15803	分水岭	fēnshuǐlǐng	名
15767	飞针走线	fēizhēn-zǒuxiàn	~	15804	分摊	fēntān	动
15768	妃子	fēizi	名	15805	分赃	fēnzāng	动
15769	非但	fēidàn	连	15806	分支	fēnzhī	名
15770	非法	fēifǎ	形	15807	纷繁	fēnfán	形
15771	非难	fēinàn	动	15808	纷乱	fēnluàn	形
15772	非亲非故	fēiqīn-fēigù	~	15809	纷扰	fēnrǎo	形
15773	非同小可	fēitóng-xiǎokě	~	15810	纷争	fēnzhēng	动、名
15774	非同寻常	fēitóng-xúncháng	~	15811	纷至沓来	fēnzhì-tàlái	~
15775	非同一般	fēitóng-yībān	~	15812	焚	fén	语素
15776	非议	fēiyì	动	15813	焚烧	fénshāo	动
15777	绯红	fēihóng	形	15814	焚香	fénxiāng	动
15778	绯闻	fēiwén	名	15815	粉墨登场	fěnmò-dēngchǎng	~
15779	扉页	fēiyè	名	15816	分内	fènnèi	形
15780	霏霏	fēifēi	形	15817	分外	fènwài	副、形
15781	肥皂剧	féizàojù	名	15818	份额	fèn'é	名
15782	匪夷所思	fěiyísuǒsī	~	15819	份子	fènzi	名
15783	诽谤	fěibàng	动	15820	粪土	fèntǔ	名
15784	斐然	fěirán	形	15821	愤恨	fènhèn	动
15785	吠	fèi	语素	15822	愤慨	fènkǎi	形
15786	肺腑	fèifǔ	名	15823	愤懑	fènmèn	形
15787	肺腑之言	fèifǔzhīyán	~	15824	愤然	fènrán	形
15788	废除	fèichú	动	15825	愤世嫉俗	fènshì-jísú	~
15789	沸点	fèidiǎn	名	15826	丰碑	fēngbēi	名
15790	费解	fèijiě	形	15827	丰功伟绩/丰功伟业	fēnggōng-wěijì/fēnggōng-wěiyè	~
15791	分崩离析	fēnbēng-líxī	~	15828	丰厚	fēnghòu	形
15792	分辨率	fēnbiànlǜ	名	15829	丰美	fēngměi	形
15793	分寸	fēncun	名	15830	丰年	fēngnián	名
15794	分道扬镳	fēndào-yángbiāo	~	15831	丰硕	fēngshuò	形
15795	分毫	fēnháo	名	15832	丰衣足食	fēngyī-zúshí	~
15796	分红	fēnhóng	动	15833	丰盈	fēngyíng	形
15797	分化	fēnhuà	动	15834	丰姿	fēngzī	名
15798	分家	fēnjiā	动	15835	风餐露宿	fēngcān-lùsù	~
15799	分裂	fēnliè	动	15836	风尘仆仆	fēngchén-púpú	~
15800	分门别类	fēnmén-biélèi	~				

15837	风驰电掣	fēngchí-diànchè	~		15874	锋芒	fēngmáng	名
15838	风范	fēngfàn	名		15875	锋芒毕露	fēngmáng-bìlù	~
15839	风干	fēnggān	动		15876	逢场作戏	féngchǎng-zuòxì	~
15840	风骨	fēnggǔ	名		15877	缝合	fénghé	动
15841	风寒	fēnghán	名		15878	凤毛麟角	fèngmáo-línjiǎo	~
15842	风花雪月	fēng-huā-xuě-yuè	~		15879	奉	fèng	动
15843	风华正茂	fēnghuá-zhèngmào			15880	奉陪	fèngpéi	动
15844	风化	fēnghuà	动		15881	奉劝	fèngquàn	动
15845	风卷残云	fēngjuǎn-cányún	~		15882	奉行	fèngxíng	动
15846	风口浪尖	fēngkǒu-làngjiān	~		15883	佛法	fófǎ	名
15847	风凉话	fēngliánghuà	名		15884	佛堂	fótáng	名
15848	风流	fēngliú	形		15885	否决	fǒujué	动
15849	风流倜傥	fēngliú-tìtǎng	~		15886	肤浅	fūqiǎn	形
15850	风靡	fēngmǐ	动		15887	肤色	fūsè	名
15851	风起云涌	fēngqǐ-yúnyǒng	~		15888	孵化	fūhuà	动
15852	风情	fēngqíng	名		15889	敷	fū	动
15853	风骚	fēngsāo	形		15890	敷衍	fūyǎn	动
15854	风声鹤唳	fēngshēng-hèlì	~		15891	敷衍了事	fūyǎn-liǎoshì	~
15855	风水	fēngshuǐ	名		15892	扶持	fúchí	动
15856	风险	fēngxiǎn	名		15893	扶摇直上	fúyáo-zhíshàng	~
15857	风向标	fēngxiàngbiāo	名		15894	拂	fú	动
15858	风雅	fēngyǎ	形、名		15895	拂晓	fúxiǎo	名
15859	风雨飘摇	fēngyǔ-piāoyáo	~		15896	服侍	fúshi	动
15860	风雨同舟	fēngyǔ-tóngzhōu	~		15897	服务器	fúwùqì	名
15861	风云变幻	fēngyún-biànhuàn	~		15898	服务业	fúwùyè	名
15862	风云突变	fēngyún-tūbiàn	~		15899	服役	fúyì	动
15863	风韵	fēngyùn	名		15900	俘获	fúhuò	动
15864	风烛残年	fēngzhú-cánnián	~		15901	浮尘	fúchén	名
15865	风姿	fēngzī	名		15902	浮沉	fúchén	动
15866	风姿绰约	fēngzī-chuòyuē	~		15903	浮光掠影	fúguāng-lüèyǐng	~
15867	封存	fēngcún	动		15904	浮华	fúhuá	形
15868	封顶	fēngdǐng	动		15905	浮夸	fúkuā	形
15869	封号	fēnghào	名		15906	浮肿/水肿	fúzhǒng/shuǐzhǒng	动
15870	封建	fēngjiàn	名、形		15907	符₂	fú	语素
15871	疯癫	fēngdiān	动		15908	符₃	fú	名
15872	峰回路转	fēnghuí-lùzhuǎn	~		15909	幅度	fúdù	名
15873	烽火	fēnghuǒ	名		15910	福利	fúlì	名

15911	福如东海，寿比南山	fúrúdōnghǎi, shòubǐnánshān	~
15912	抚爱	fǔ'ài	动
15913	抚慰	fǔwèi	动
15914	抚恤	fǔxù	动
15915	抚育	fǔyù	动
15916	俯瞰	fǔkàn	动
15917	俯拾即是／俯拾皆是	fǔshí-jíshì/fǔshí-jiēshì	~
15918	俯首	fǔshǒu	动
15919	釜底抽薪	fǔdǐ-chōuxīn	~
15920	辅助	fǔzhù	动、形
15921	腐败	fǔbài	形、动
15922	腐化	fǔhuà	动
15923	腐朽	fǔxiǔ	形、动
15924	父辈	fùbèi	名
15925	父老	fùlǎo	名
15926	付之一炬	fùzhī-yījù	~
15927	付诸	fùzhū	动
15928	付诸东流／付之东流	fùzhū-dōngliú/fùzhī-dōngliú	~
15929	负荷	fùhè	动、名
15930	负荆请罪	fùjīng-qǐngzuì	~
15931	负面	fùmiàn	形
15932	负能量	fùnéngliàng	名
15933	负隅顽抗	fùyú-wánkàng	~
15934	负责人	fùzérén	名
15935	负债	fùzhài	动
15936	妇人	fùrén	名
15937	妇孺皆知	fùrú-jiēzhī	~
15938	附	fù	动
15939	附加	fùjiā	动
15940	附件	fùjiàn	名
15941	附庸风雅	fùyōng-fēngyǎ	~
15942	附着	fùzhuó	动
15943	驸马	fùmǎ	名
15944	赴	fù	动
15945	赴汤蹈火	fùtāng-dǎohuǒ	~
15946	赴宴	fùyàn	动
15947	赴约	fùyuē	动
15948	复查	fùchá	动
15949	复仇	fùchóu	动
15950	复出	fùchū	动
15951	复读	fùdú	动
15952	复合	fùhé	动
15953	副教授	fùjiàoshòu	名
15954	副作用	fùzuòyòng	名
15955	富国强兵	fùguó-qiángbīng	~
15956	富豪	fùháo	名
15957	富商	fùshāng	名
15958	富庶	fùshù	形
15959	富余	fùyu	动
15960	腹地	fùdì	名
15961	腹泻	fùxiè	动
15962	覆灭	fùmiè	动
15963	覆水难收	fùshuǐ-nánshōu	~
15964	该当	gāidāng	动
15965	改版	gǎibǎn	动
15966	改朝换代	gǎicháo-huàndài	~
15967	改观	gǎiguān	动
15968	改行	gǎiháng	动
15969	改建	gǎijiàn	动
15970	改良	gǎiliáng	动
15971	改邪归正	gǎixié-guīzhèng	~
15972	盖世	gàishì	动
15973	概	gài	副
15974	概况	gàikuàng	名
15975	概率	gàilǜ	名
15976	概论	gàilùn	名
15977	干瞪眼	gāndèngyǎn	~
15978	干戈	gāngē	名
15979	干涩	gānsè	形
15980	干涉	gānshè	动
15981	甘霖	gānlín	名
15982	甘泉	gānquán	名

15983	甘于	gānyú	动		16020	高风亮节	gāofēng-liàngjié	～
15984	肝肠寸断	gāncháng-cùnduàn	～		16021	高歌猛进	gāogē-měngjìn	～
15985	肝胆	gāndǎn	名		16022	高官厚禄	gāoguān-hòulù	～
15986	肝胆相照	gāndǎn-xiāngzhào	～		16023	高洁	gāojié	形
15987	肝脑涂地	gānnǎo-túdì	～		16024	高亢	gāokàng	形
15988	赶赴	gǎnfù	动		16025	高考	gāokǎo	名
15989	赶尽杀绝	gǎnjìn-shājué	～		16026	高利贷	gāolìdài	名
15990	敢情	gǎnqing	副		16027	高朋满座	gāopéng-mǎnzuò	～
15991	敢死队	gǎnsǐduì	名		16028	高强	gāoqiáng	形
15992	感恩戴德	gǎn'ēn-dàidé	～		16029	高僧	gāosēng	名
15993	感官	gǎnguān	名		16030	高深	gāoshēn	形
15994	感化	gǎnhuà	动		16031	高抬贵手	gāotái-guìshǒu	～
15995	感怀	gǎnhuái	动		16032	高谈阔论	gāotán-kuòlùn	～
15996	感激涕零	gǎnjī-tìlíng	～		16033	高挑儿	gāotiǎor	形
15997	感念	gǎnniàn	动		16034	高校	gāoxiào	名
15998	感伤	gǎnshāng	形		16035	高效	gāoxiào	形
15999	感同身受	gǎntóngshēnshòu	～		16036	高瞻远瞩	gāozhān-yuǎnzhǔ	～
16000	感性	gǎnxìng	形		16037	高涨	gāozhǎng	动、形
16001	感召	gǎnzhào	动		16038	高枕无忧	gāozhěn-wúyōu	～
16002	橄榄油	gǎnlǎnyóu	名		16039	稿件	gǎojiàn	名
16003	干道	gàndào	名		16040	告₂	gào	动
16004	干练	gànliàn	形		16041	告白	gàobái	动
16005	干流	gànliú	名		16042	告急	gàojí	动
16006	干线	gànxiàn	名		16043	告慰	gàowèi	动
16007	刚愎自用	gāngbì-zìyòng	～		16044	告知	gàozhī	动
16008	刚烈	gāngliè	形		16045	告终	gàozhōng	动
16009	刚性	gāngxìng	形、名		16046	搁浅	gēqiǎn	动
16010	刚正不阿	gāngzhèng-bù'ē	～		16047	搁置	gēzhì	动
16011	纲	gāng	语素		16048	割裂	gēliè	动
16012	纲举目张	gāngjǔ-mùzhāng	～		16049	割舍	gēshě	动
16013	纲领	gānglǐng	名		16050	歌功颂德	gēgōng-sòngdé	～
16014	纲要	gāngyào	名		16051	歌舞升平	gēwǔ-shēngpíng	～
16015	钢筋	gāngjīn	名		16052	歌咏	gēyǒng	动
16016	钢筋铁骨	gāngjīn-tiěgǔ	～		16053	革₁	gé	名
16017	高不可攀	gāobùkěpān	～		16054	革₂	gé	动
16018	高地	gāodì	名		16055	革除	géchú	动
16019	高调	gāodiào	名、形		16056	革命家	gémìngjiā	名

16057	革新	géxīn	动	16094	工科	gōngkē	名
16058	格调	gédiào	名	16095	工伤	gōngshāng	名
16059	格斗	gédòu	动	16096	公车	gōngchē	名
16060	格格不入	gégé-bùrù	~	16097	公费	gōngfèi	名
16061	格局	géjú	名	16098	公关	gōngguān	名
16062	格杀勿论	géshā-wùlùn	~	16099	公家	gōngjia	名
16063	格式化	géshìhuà	动	16100	公爵	gōngjué	名
16064	隔阂	géhé	名	16101	公款	gōngkuǎn	名
16065	隔绝	géjué	动	16102	公理	gōnglǐ	名
16066	隔世	géshì	动	16103	公仆	gōngpú	名
16067	个案	gè'àn	名	16104	公然	gōngrán	副
16068	个例	gèlì	名	16105	公示	gōngshì	动
16069	各奔东西	gèbèn-dōngxī	~	16106	公事公办	gōngshì-gōngbàn	~
16070	各司其职	gèsī-qízhí	~	16107	公文	gōngwén	名
16071	各行其道	gèxíng-qídào	~	16108	公务	gōngwù	名
16072	各行其是	gèxíng-qíshì	~	16109	公务员	gōngwùyuán	名
16073	各有千秋	gèyǒu-qiānqiū	~	16110	公益	gōngyì	名
16074	各执一词	gèzhí-yīcí	~	16111	公用	gōngyòng	动
16075	给以	gěiyǐ	动	16112	公有	gōngyǒu	动
16076	根除	gēnchú	动	16113	公约	gōngyuē	名
16077	根基	gēnjī	名	16114	公证	gōngzhèng	动
16078	根深蒂固	gēnshēn-dìgù	~	16115	公职	gōngzhí	名
16079	根系	gēnxì	名	16116	公众	gōngzhòng	名
16080	根源	gēnyuán	名、动	16117	公转	gōngzhuàn	动
16081	根治	gēnzhì	动	16118	公子	gōngzǐ	名
16082	跟班	gēnbān	名	16119	功败垂成	gōngbài-chuíchéng	~
16083	跟进	gēnjìn	动	16120	功不可没	gōng bùkě mò	~
16084	亘古	gèngǔ	名	16121	功臣	gōngchén	名
16085	更迭	gēngdié	动	16122	功成名就	gōngchéng-míngjiù	~
16086	耕种	gēngzhòng	动	16123	功底	gōngdǐ	名
16087	耕作	gēngzuò	动	16124	功绩	gōngjì	名
16088	耿耿于怀	gěnggěngyúhuái	~	16125	功亏一篑	gōngkuī-yīkuì	~
16089	耿直	gěngzhí	形	16126	功力	gōnglì	名
16090	哽咽	gěngyè	动	16127	功利	gōnglì	名
16091	梗	gěng	名、动	16128	功率	gōnglǜ	名
16092	更有甚者	gèngyǒushènzhě	~	16129	功名	gōngmíng	名
16093	工会	gōnghuì	名	16130	功勋	gōngxūn	名

编号	词	拼音	词性
16131	功用	gōngyòng	名
16132	攻读	gōngdú	动
16133	攻坚	gōngjiān	动
16134	攻其不备	gōngqíbùbèi	～
16135	攻势	gōngshì	名
16136	攻无不克	gōngwúbùkè	～
16137	攻陷	gōngxiàn	动
16138	供不应求	gōngbùyìngqiú	～
16139	供求	gōngqiú	名
16140	供养₁	gōngyǎng	动
16141	宫阙	gōngquè	名
16142	恭候	gōnghòu	动
16143	恭敬	gōngjìng	形
16144	觥筹交错	gōngchóu-jiāocuò	～
16145	共存	gòngcún	动
16146	共和	gònghé	名
16147	共鸣	gòngmíng	动
16148	共识	gòngshí	名
16149	共享	gòngxiǎng	动
16150	贡品	gòngpǐn	名
16151	供₂	gòng	动
16152	供₃	gòng	动
16153	供奉	gòngfèng	动
16154	供养₂	gòngyǎng	动
16155	勾结	gōujié	动
16156	勾勒	gōulè	动
16157	勾引	gōuyǐn	动
16158	沟壑	gōuhè	名
16159	钩心斗角／勾心斗角	gōuxīn-dòujiǎo	～
16160	苟活	gǒuhuó	动
16161	苟且偷安	gǒuqiě-tōu'ān	～
16162	苟且偷生	gǒuqiě-tōushēng	～
16163	苟延残喘	gǒuyán-cánchuǎn	～
16164	狗急跳墙	gǒují-tiàoqiáng	～
16165	勾当	gòudàng	名
16166	构建	gòujiàn	动
16167	构造	gòuzào	名、动
16168	购置	gòuzhì	动
16169	垢	gòu	语素
16170	够意思	gòuyìsi	～
16171	估量	gūliang	动
16172	估摸	gūmo	动
16173	估算	gūsuàn	动
16174	呱呱坠地	gūgū-zhuìdì	～
16175	沽名钓誉	gūmíng-diàoyù	～
16176	孤芳自赏	gūfāng-zìshǎng	～
16177	孤高	gūgāo	形
16178	孤寡	gūguǎ	名、形
16179	孤魂野鬼	gūhún-yěguǐ	～
16180	孤军奋战	gūjūn-fènzhàn	～
16181	孤苦	gūkǔ	形
16182	孤苦伶仃	gūkǔ-língdīng	～
16183	孤陋寡闻	gūlòu-guǎwén	～
16184	孤僻	gūpì	形
16185	孤身	gūshēn	形
16186	孤掌难鸣	gūzhǎng-nánmíng	～
16187	孤注一掷	gūzhù-yīzhì	～
16188	姑且	gūqiě	副
16189	古板	gǔbǎn	形
16190	古国	gǔguó	名
16191	古籍	gǔjí	名
16192	古色古香	gǔsè-gǔxiāng	～
16193	古铜色	gǔtóngsè	名
16194	古玩	gǔwán	名
16195	古稀	gǔxī	名
16196	古训	gǔxùn	名
16197	谷底	gǔdǐ	名
16198	汩汩	gǔgǔ	拟声
16199	股₂	gǔ	名
16200	股东	gǔdōng	名
16201	股份	gǔfèn	名
16202	股民	gǔmín	名
16203	股市	gǔshì	名

16204	骨干	gǔgàn	名
16205	骨架	gǔjià	名
16206	骨肉	gǔròu	名
16207	骨子里	gǔzilǐ	名
16208	鼓吹	gǔchuī	动
16209	固若金汤	gùruòjīntāng	~
16210	固有	gùyǒu	形
16211	故₁	gù	副、连、语素
16212	故₂	gù	语素、动
16213	故步自封/固步自封	gùbù-zìfēng	~
16214	故国	gùguó	名
16215	故居	gùjū	名
16216	故弄玄虚	gùnòng-xuánxū	~
16217	故人	gùrén	名
16218	故土	gùtǔ	名
16219	顾此失彼	gùcǐ-shībǐ	~
16220	顾及	gùjí	动
16221	顾忌	gùjì	动
16222	顾虑	gùlǜ	动、名
16223	顾盼	gùpàn	动
16224	顾全大局	gùquán-dàjú	~
16225	顾影自怜	gùyǐng-zìlián	~
16226	雇佣	gùyōng	动
16227	雇主	gùzhǔ	名
16228	瓜分	guāfēn	动
16229	寡	guǎ	语素
16230	寡不敌众	guǎbùdízhòng	~
16231	寡妇	guǎfu	名
16232	卦	guà	名
16233	挂钩	guàgōu	动、名
16234	挂号信	guàhàoxìn	名
16235	挂念	guàniàn	动
16236	挂失	guàshī	动
16237	怪罪	guàizuì	动
16238	关乎	guānhū	动
16239	关键词	guānjiàncí	名
16240	关联	guānlián	动
16241	关卡	guānqiǎ	名
16242	关切	guānqiè	动
16243	关押	guānyā	动
16244	观测	guāncè	动
16245	观摩	guānmó	动
16246	观望	guānwàng	动
16247	官场	guānchǎng	名
16248	官方	guānfāng	名
16249	官府	guānfǔ	名
16250	官复原职	guānfùyuánzhí	~
16251	官吏	guānlì	名
16252	官僚	guānliáo	名
16253	官司	guānsi	名
16254	官职	guānzhí	名
16255	冠冕堂皇	guānmiǎn-tánghuáng	~
16256	管辖	guǎnxiá	动
16257	管中窥豹	guǎnzhōng-kuībào	~
16258	贯彻	guànchè	动
16259	贯通	guàntōng	动
16260	惯例	guànlì	名
16261	灌输	guànshū	动
16262	灌注	guànzhù	动
16263	光彩照人	guāngcǎi-zhàorén	~
16264	光怪陆离	guāngguài-lùlí	~
16265	光合作用	guānghé zuòyòng	~
16266	光缆	guānglǎn	名
16267	光明磊落	guāngmíng-lěiluò	~
16268	光谱	guāngpǔ	名
16269	光束	guāngshù	名
16270	光天化日	guāngtiān-huàrì	~
16271	光纤	guāngxiān	名
16272	光源	guāngyuán	名
16273	光宗耀祖	guāngzōng-yàozǔ	~
16274	广度	guǎngdù	名
16275	广袤	guǎngmào	形

16276	广义	guǎngyì	名		16312	国力	guólì	名
16277	归案	guī'àn	动		16313	国立	guólì	形
16278	归根结底 / 归根到底	guīgēn-jiédǐ / guīgēn-dàodǐ	~		16314	国民	guómín	名
					16315	国难	guónàn	名
16279	归结	guījié	动		16316	国破家亡	guópò-jiāwáng	~
16280	归纳	guīnà	动		16317	国情	guóqíng	名
16281	归属	guīshǔ	动		16318	国色天香 / 天香国色	guósè-tiānxiāng / tiānxiāng-guósè	~
16282	归顺	guīshùn	动					
16283	归宿	guīsù	名		16319	国泰民安	guótài-mín'ān	~
16284	归途	guītú	名		16320	国务院	guówùyuàn	名
16285	规划	guīhuà	名、动		16321	国学	guóxué	名
16286	规劝	guīquàn	动		16322	国营	guóyíng	形
16287	规章	guīzhāng	名		16323	国有	guóyǒu	动
16288	轨	guǐ	语素		16324	果不其然	guǒbùqírán	~
16289	轨迹	guǐjì	名		16325	果敢	guǒgǎn	形
16290	诡秘	guǐmì	形		16326	裹挟	guǒxié	动
16291	诡异	guǐyì	形		16327	裹足不前	guǒzú-bùqián	~
16292	鬼斧神工	guǐfǔ-shéngōng	~		16328	过关斩将	guòguān-zhǎnjiàng	~
16293	鬼哭狼嚎	guǐkū-lángháo	~		16329	过河拆桥	guòhé-chāiqiáo	~
16294	鬼门关	guǐménguān	名		16330	过激	guòjī	形
16295	鬼迷心窍	guǐmíxīnqiào	~		16331	过街老鼠	guòjiē lǎoshǔ	~
16296	鬼使神差	guǐshǐ-shénchāi	~		16332	过客	guòkè	名
16297	刽子手	guìzishǒu	名		16333	过目	guòmù	动
16298	贵人	guìrén	名		16334	过人	guòrén	动
16299	桂冠	guìguān	名		16335	过剩	guòshèng	动
16300	跪拜	guìbài	动		16336	过世	guòshì	动
16301	锅炉	guōlú	名		16337	过眼云烟 / 过眼烟云	guòyǎn-yúnyān / guòyǎn-yānyún	~
16302	国粹	guócuì	名					
16303	国度	guódù	名		16338	过硬	guòyìng	形
16304	国防	guófáng	名		16339	过犹不及	guòyóubùjí	~
16305	国徽	guóhuī	名		16340	孩提	háití	名
16306	国会	guóhuì	名		16341	海产	hǎichǎn	形、名
16307	国计民生	guójì-mínshēng	~		16342	海关	hǎiguān	名
16308	国际歌	Guójì Gē	名		16343	海枯石烂	hǎikū-shílàn	~
16309	国界	guójiè	名		16344	海量	hǎiliàng	名、形
16310	国境	guójìng	名		16345	海路	hǎilù	名
16311	国君	guójūn	名		16346	海洛因	hǎiluòyīn	名
					16347	海内	hǎinèi	名

编号	词	拼音	词性
16348	海内外	hǎinèiwài	~
16349	海平面	hǎipíngmiàn	名
16350	海誓山盟 / 山盟海誓	hǎishì-shānméng/ shānméng-hǎishì	~
16351	骇然	hàirán	形
16352	骇人听闻	hàiréntīngwén	~
16353	酣	hān	语素
16354	酣畅	hānchàng	形
16355	憨	hān	形
16356	含混	hánhùn	形
16357	含辛茹苦	hánxīn-rúkǔ	~
16358	函	hán	名
16359	函授	hánshòu	动
16360	函数	hánshù	名
16361	涵盖	hángài	动
16362	涵养	hányǎng	名
16363	寒窗	hánchuāng	名
16364	寒酸	hánsuān	形
16365	寒暄	hánxuān	动
16366	寒战 / 寒颤	hánzhàn	名
16367	汉奸	hànjiān	名
16368	汗马功劳	hànmǎ-gōngláo	~
16369	汗颜	hànyán	动
16370	汗渍	hànzì	名
16371	捍卫	hànwèi	动
16372	焊	hàn	动
16373	撼动	hàndòng	动
16374	行₃	háng	名、语素
16375	行家	hángjia	名
16376	行情	hángqíng	名
16377	行业	hángyè	名
16378	航程	hángchéng	名
16379	航道	hángdào	名
16380	航向	hángxiàng	名
16381	航运	hángyùn	名
16382	豪杰	háojié	名
16383	豪门	háomén	名
16384	豪气	háoqì	名
16385	豪爽	háoshuǎng	形
16386	豪言壮语	háoyán-zhuàngyǔ	~
16387	豪宅	háozhái	名
16388	好家伙	hǎojiāhuo	叹
16389	好事多磨	hǎoshì-duōmó	~
16390	好心当作驴肝肺	hǎoxīn dàngzuò lǘgānfèi	~
16391	号令	hàolìng	动、名
16392	好大喜功	hàodà-xǐgōng	~
16393	好高骛远	hàogāo-wùyuǎn	~
16394	好色	hàosè	形
16395	耗费	hàofèi	动
16396	耗时	hàoshí	动
16397	浩大	hàodà	形
16398	浩劫	hàojié	名
16399	浩渺	hàomiǎo	形
16400	浩气	hàoqì	名
16401	浩然	hàorán	形
16402	浩如烟海	hàorúyānhǎi	~
16403	皓月	hàoyuè	名
16404	合不来	hébulái	形
16405	合得来	hédelái	形
16406	合乎	héhū	动
16407	合伙	héhuǒ	动
16408	合计	héji	动
16409	合金	héjīn	名
16410	合力	hélì	名、动
16411	合群	héqún	形、动
16412	合同	hétóng	名
16413	合约	héyuē	名
16414	何曾	hécéng	副
16415	何妨	héfáng	副
16416	何其	héqí	副
16417	何去何从	héqù-hécóng	~
16418	何须	héxū	副
16419	何以	héyǐ	副

16420	何在	hézài	动		16457	宏观	hóngguān	形
16421	何止	hézhǐ	动		16458	宏图	hóngtú	名
16422	和解	héjiě	动		16459	洪荒	hónghuāng	名
16423	和美	héměi	形		16460	洪流	hóngliú	名
16424	和善	héshàn	形		16461	鸿沟	hónggōu	名
16425	和约	héyuē	名		16462	鸿毛	hóngmáo	名
16426	河道	hédào	名		16463	鸿门宴	hóngményàn	名
16427	核₃	hé	名		16464	鸿雁	hóngyàn	名
16428	核弹	hédàn	名		16465	侯爵	hóujué	名
16429	核电站	hédiànzhàn	名		16466	后备	hòubèi	形、名
16430	核对	héduì	动		16467	后盾	hòudùn	名
16431	核能	héneng	名		16468	后发制人	hòufā-zhìrén	～
16432	核实	héshí	动		16469	后宫	hòugōng	名
16433	核武器	héwǔqì	名		16470	后顾之忧	hòugùzhīyōu	～
16434	核心	héxīn	名		16471	后患	hòuhuàn	名
16435	贺词	hècí	名		16472	后会有期	hòuhuì-yǒuqī	～
16436	贺电	hèdiàn	名		16473	后记	hòujì	名
16437	贺信	hèxìn	名		16474	后路	hòulù	名
16438	荷枪实弹	hèqiāng-shídàn	～		16475	后起之秀	hòuqǐzhīxiù	～
16439	赫然	hèrán	形		16476	后勤	hòuqín	名
16440	鹤发童颜	hèfà-tóngyán	～		16477	后世	hòushì	名
16441	鹤立鸡群	hèlì-jīqún	～		16478	后事	hòushì	名
16442	黑名单	hēimíngdān	名		16479	后续	hòuxù	形
16443	黑社会	hēishèhuì	名		16480	后遗症	hòuyízhèng	名
16444	黑压压	hēiyāyā	形		16481	后裔	hòuyì	名
16445	狠话	hěnhuà	名		16482	后者	hòuzhě	名
16446	横幅	héngfú	名		16483	厚此薄彼	hòucǐ-bóbǐ	～
16447	横₂	hèng	形		16484	厚待	hòudài	动
16448	轰击	hōngjī	动		16485	厚道	hòudao	形
16449	轰然	hōngrán	形		16486	厚积薄发	hòujī-bófā	～
16450	哄抢	hōngqiǎng	动		16487	厚礼	hòulǐ	名
16451	烘托	hōngtuō	动		16488	厚望	hòuwàng	名
16452	弘扬/宏扬	hóngyáng	动		16489	厚重	hòuzhòng	形
16453	红尘	hóngchén	名		16490	候选	hòuxuǎn	动
16454	红牌	hóngpái	名		16491	呼风唤雨	hūfēng-huànyǔ	～
16455	红杏出墙	hóngxìng-chūqiáng	～		16492	呼声	hūshēng	名
16456	红颜	hóngyán			16493	呼应	hūyìng	动

16494	呼吁	hūyù	动		16530	化为乌有	huàwéi-wūyǒu	～
16495	呼之欲出	hūzhī-yùchū	～		16531	化纤	huàxiān	名
16496	忽悠	hūyou	动		16532	化险为夷	huàxiǎn-wéiyí	～
16497	囫囵吞枣	húlún-tūnzǎo	～		16533	化整为零	huàzhěng-wéilíng	～
16498	狐狸精	húlijīng	名		16534	划时代	huàshídài	形
16499	狐朋狗友	húpéng-gǒuyǒu	～		16535	画饼充饥	huàbǐng-chōngjī	～
16500	弧	hú	名		16536	画龙点睛	huàlóng-diǎnjīng	～
16501	弧度	húdù	量		16537	怀才不遇	huáicái-bùyù	～
16502	虎口	hǔkǒu	名		16538	怀旧	huáijiù	动
16503	虎视眈眈	hǔshì-dāndān	～		16539	怀胎	huáitāi	动
16504	唬	hǔ	动		16540	欢聚一堂	huānjù-yītáng	～
16505	互补	hùbǔ	动		16541	欢心	huānxīn	名
16506	户籍	hùjí	名		16542	欢悦	huānyuè	形
16507	户口簿/户口本儿	hùkǒubù/hùkǒuběnr	名		16543	还击	huánjī	动
16508	户主	hùzhǔ	名		16544	环顾/环视	huángù/huánshì	动
16509	护城河	hùchénghé	名		16545	环环相扣	huánhuán-xiāngkòu	～
16510	护身符	hùshēnfú	名		16546	缓步	huǎnbù	动
16511	花岗石	huāgāngshí	名		16547	缓刑	huǎnxíng	动
16512	花岗岩	huāgāngyán	名		16548	幻境	huànjìng	名
16513	花花公子	huāhuā gōngzǐ	～		16549	幻灭	huànmiè	动
16514	花花世界	huāhuā shìjiè	～		16550	换句话说	huànjùhuàshuō	～
16515	花甲	huājiǎ	名		16551	换汤不换药	huàn tāng bù huàn yào	～
16516	花前月下	huāqián-yuèxià	～		16552	换言之	huànyánzhī	～
16517	花圈	huāquān	名		16553	患得患失	huàndé-huànshī	～
16518	花色	huāsè	名		16554	患难	huànnàn	名
16519	花天酒地	huātiān-jiǔdì	～		16555	患者	huànzhě	名
16520	花团锦簇	huātuán-jǐncù	～		16556	荒诞	huāngdàn	形
16521	花絮	huāxù	名		16557	荒谬	huāngmiù	形
16522	花枝招展	huāzhī-zhāozhǎn	～		16558	荒原	huāngyuán	名
16523	哗然	huárán	形		16559	皇亲国戚	huángqīn-guóqī	～
16524	哗众取宠	huázhòng-qǔchǒng	～		16560	皇室	huángshì	名
16525	化干戈为玉帛	huà gāngē wéi yùbó	～		16561	黄₃	huáng	动
16526	化工	huàgōng	名		16562	黄₄	huáng	形
16527	化合	huàhé	动		16563	黄连	huánglián	名
16528	化合物	huàhéwù	名		16564	黄牌	huángpái	名
16529	化解	huàjiě	动		16565	黄泉	huángquán	名
					16566	惶惑	huánghuò	形

16567	惶恐	huángkǒng	形	16604	会₃	huì	语素
16568	恍惚	huǎnghū	形	16605	会面	huìmiàn	动
16569	恍如/恍若	huǎngrú/huǎngruò	动	16606	会同	huìtóng	动
16570	晃₂	huǎng	动	16607	会意	huìyì	动
16571	幌子	huǎngzi	名	16608	会战	huìzhàn	动
16572	灰飞烟灭	huīfēi-yānmiè	～	16609	荟萃	huìcuì	动
16573	诙谐	huīxié	形	16610	诲人不倦	huìrén-bùjuàn	～
16574	挥发	huīfā	动	16611	绘声绘色	huìshēng-huìsè	～
16575	挥汗如雨	huīhàn-rúyǔ	～	16612	绘制	huìzhì	动
16576	挥毫泼墨	huīháo-pōmò	～	16613	贿赂	huìlù	动、名
16577	挥霍	huīhuò	动	16614	晦暗	huì'àn	形
16578	挥金如土	huījīn-rútǔ	～	16615	晦气	huìqì	形、名
16579	恢宏	huīhóng	形	16616	晦涩	huìsè	形
16580	徽	huī	语素	16617	慧眼	huìyǎn	名
16581	回避	huíbì	动	16618	昏沉	hūnchén	形
16582	回放	huífàng	动	16619	昏厥/晕厥	hūnjué/yūnjué	动
16583	回敬	huíjìng	动	16620	昏君	hūnjūn	名
16584	回绝	huíjué	动	16621	婚事	hūnshì	名
16585	回馈	huíkuì	动	16622	婚姻	hūnyīn	名
16586	回廊	huíláng	名	16623	浑浑噩噩	húnhún'è'è	形
16587	回落	huíluò	动	16624	浑然	húnrán	形、副
16588	回眸	huímóu	动	16625	浑然天成	húnrán-tiānchéng	～
16589	回升	huíshēng	动	16626	浑然一体	húnrán-yītǐ	～
16590	回头是岸	huítóu-shì'àn	～	16627	魂魄	húnpò	名
16591	回忆录	huíyìlù	名	16628	魂牵梦萦/魂牵梦绕	húnqiān-mèngyíng/húnqiān-mèngrào	～
16592	回音	huíyīn	名	16629	混凝土	hùnníngtǔ	名
16593	悔过	huǐguò	动	16630	混淆	hùnxiáo	动
16594	悔悟	huǐwù	动				
16595	毁于一旦	huǐyúyīdàn	～	16631	豁₂	huō	动
16596	汇₂	huì	动	16632	活期	huóqī	形
16597	汇编	huìbiān	动、名	16633	活水	huóshuǐ	名
16598	汇合	huìhé	动	16634	火爆/火暴	huǒbào	形
16599	汇集	huìjí	动	16635	火场	huǒchǎng	名
16600	汇聚	huìjù	动	16636	火化	huǒhuà	动
16601	汇款	huìkuǎn	动、名	16637	火鸡	huǒjī	名
16602	汇率	huìlǜ	名	16638	火坑	huǒkēng	名
16603	汇总	huìzǒng	动	16639	火烧火燎	huǒshāo-huǒliǎo	～

16640	火树银花	huǒshù-yínhuā	~
16641	火药味	huǒyàowèi	名
16642	火葬	huǒzàng	动
16643	火种	huǒzhǒng	名
16644	伙食	huǒshí	名
16645	或多或少	huòduō-huòshǎo	~
16646	货币	huòbì	名
16647	货真价实	huòzhēn-jiàshí	~
16648	祸水	huòshuǐ	名
16649	豁达	huòdá	形
16650	几率	jīlǜ	名
16651	讥讽	jīfěng	动
16652	饥不择食	jībùzéshí	~
16653	机舱	jīcāng	名
16654	机构	jīgòu	名
16655	机密	jīmì	形、名
16656	机敏	jīmǐn	形
16657	机缘	jīyuán	名
16658	机制	jīzhì	名
16659	鸡飞蛋打	jīfēi-dàndǎ	~
16660	积淀	jīdiàn	动、名
16661	积聚	jījù	动
16662	积压	jīyā	动
16663	基层	jīcéng	名
16664	基调	jīdiào	名
16665	基金	jījīn	名
16666	基石	jīshí	名
16667	基业	jīyè	名
16668	基于	jīyú	介
16669	缉捕	jībǔ	动
16670	缉毒	jīdú	动
16671	缉拿	jīná	动
16672	激化	jīhuà	动
16673	激活	jīhuó	动
16674	激将法	jījiàngfǎ	名
16675	激进	jījìn	形
16676	激素	jīsù	名
16677	激扬	jīyáng	动、形
16678	激战	jīzhàn	动
16679	羁绊	jībàn	动
16680	及时雨	jíshíyǔ	名
16681	岌岌可危	jíjí-kěwēi	~
16682	汲取	jíqǔ	动
16683	极点	jídiǎn	名
16684	极端	jíduān	名、副、形
16685	即₃	jí	语素
16686	即可	jíkě	~
16687	即时	jíshí	副
16688	即位	jíwèi	动
16689	急功近利	jígōng-jìnlì	~
16690	急迫	jípò	形
16691	急于求成	jíyúqiúchéng	~
16692	急转直下	jízhuǎn-zhíxià	~
16693	疾₂	jí	语素
16694	疾驰	jíchí	动
16695	疾恶如仇／嫉恶如仇	jí'è-rúchóu	~
16696	棘手	jíshǒu	形
16697	集聚	jíjù	动
16698	集思广益	jísī-guǎngyì	~
16699	集训	jíxùn	动
16700	集装箱	jízhuāngxiāng	名
16701	辑	jí	量
16702	籍贯	jíguàn	名
16703	几经	jǐjīng	动
16704	几许	jǐxǔ	代疑问
16705	挤压	jǐyā	动
16706	脊髓	jǐsuǐ	名
16707	脊柱	jǐzhù	名
16708	脊椎	jǐzhuī	名
16709	计量	jìliàng	动
16710	纪念馆	jìniànguǎn	名
16711	纪念日	jìniànrì	名
16712	技高一筹	jìgāo-yīchóu	~

编号	词	拼音	词性
16713	技艺	jìyì	名
16714	忌	jì	动
16715	忌讳	jìhuì	动、名
16716	忌口	jìkǒu	动
16717	际	jì	语素
16718	季度	jìdù	名
16719	既₂	jì	副
16720	既定	jìdìng	动
16721	既往不咎	jìwǎng-bùjiù	~
16722	继而	jì'ér	连
16723	祭奠	jìdiàn	动
16724	悸动	jìdòng	动
16725	寄人篱下	jìrénlíxià	~
16726	寄予	jìyǔ	动
16727	寄语	jìyǔ	动、名
16728	寂寥	jìliáo	形
16729	寂然	jìrán	形
16730	加班加点	jiābān-jiādiǎn	~
16731	加急	jiājí	动
16732	夹击	jiājī	动
16733	佳话	jiāhuà	名
16734	佳绩	jiājì	名
16735	佳丽	jiālì	名
16736	佳人	jiārén	名
16737	佳作	jiāzuò	名
16738	枷锁	jiāsuǒ	名
16739	家₃	jiā	语素
16740	家财	jiācái	名
16741	家产	jiāchǎn	名
16742	家长里短	jiācháng-lǐduǎn	~
16743	家畜	jiāchù	名
16744	家当	jiādàng	名
16745	家道	jiādào	名
16746	家破人亡	jiāpò-rénwáng	~
16747	家禽	jiāqín	名
16748	家世	jiāshì	名
16749	家书	jiāshū	名
16750	家徒四壁	jiātúsìbì	~
16751	家业	jiāyè	名
16752	家政	jiāzhèng	名
16753	袈裟	jiāshā	名
16754	嘉宾	jiābīn	名
16755	嘉奖	jiājiǎng	动、名
16756	嘉年华	jiāniánhuá	名
16757	戛然而止	jiárán'érzhǐ	~
16758	颊	jiá	名
16759	甲壳	jiǎqiào	名
16760	假说	jiǎshuō	名
16761	假象	jiǎxiàng	名
16762	价位	jiàwèi	名
16763	价值观	jiàzhíguān	名
16764	价值连城	jiàzhí-liánchéng	~
16765	驾轻就熟	jiàqīng-jiùshú	~
16766	驾校	jiàxiào	名
16767	驾驭	jiàyù	动
16768	驾照	jiàzhào	名
16769	架势	jiàshi	名
16770	嫁接	jiàjiē	动
16771	嫁妆	jiàzhuang	名
16772	尖端	jiānduān	名、形
16773	尖嘴猴腮	jiānzuǐ-hóusāi	~
16774	奸笑	jiānxiào	动
16775	奸雄	jiānxióng	名
16776	奸诈	jiānzhà	形
16777	歼灭	jiānmiè	动
16778	坚不可摧	jiānbùkěcuī	~
16779	坚如磐石	jiānrúpánshí	~
16780	坚挺	jiāntǐng	形
16781	坚贞	jiānzhēn	形
16782	艰苦卓绝	jiānkǔ-zhuójué	~
16783	监	jiān	语素
16784	监测	jiāncè	动
16785	监察	jiānchá	动
16786	监管	jiānguǎn	动

编号	词	拼音	词性
16787	监护	jiānhù	动
16788	监禁	jiānjìn	动
16789	兼备	jiānbèi	动
16790	兼顾	jiāngù	动
16791	兼容	jiānróng	动
16792	兼收并蓄	jiānshōu-bìngxù	~
16793	兼职	jiānzhí	动、名
16794	缄默	jiānmò	动
16795	煎熬	jiān'áo	动
16796	检察	jiǎnchá	动
16797	检察官	jiǎncháguān	名
16798	检察院	jiǎncháyuàn	名
16799	检修	jiǎnxiū	动
16800	检验	jiǎnyàn	动
16801	检疫	jiǎnyì	动
16802	减缓	jiǎnhuǎn	动
16803	减免	jiǎnmiǎn	动
16804	减退	jiǎntuì	动
16805	简称	jiǎnchēng	名、动
16806	简历	jiǎnlì	名
16807	简体	jiǎntǐ	名
16808	简言之	jiǎnyánzhī	~
16809	简易	jiǎnyì	形
16810	碱	jiǎn	名
16811	见长₁	jiàncháng	动
16812	见地	jiàndì	名
16813	见怪	jiànguài	动
16814	见怪不怪	jiànguài-bùguài	~
16815	见谅	jiànliàng	动
16816	见面礼	jiànmiànlǐ	名
16817	见仁见智	jiànrén-jiànzhì	~
16818	见死不救	jiànsǐ-bùjiù	~
16819	见外	jiànwài	形
16820	见笑	jiànxiào	动
16821	见效	jiànxiào	动
16822	见异思迁	jiànyì-sīqiān	~
16823	见长₂	jiànzhǎng	动
16824	间谍	jiàndié	名
16825	间接	jiànjiē	形
16826	间隙	jiànxì	名
16827	间歇	jiànxiē	动
16828	饯行	jiànxíng	动
16829	建功立业	jiàngōng-lìyè	~
16830	建交	jiànjiāo	动
16831	剑拔弩张	jiànbá-nǔzhāng	~
16832	健全	jiànquán	形、动
16833	健在	jiànzài	动
16834	舰队	jiànduì	名
16835	鉴别	jiànbié	动
16836	鉴赏	jiànshǎng	动
16837	鉴于	jiànyú	介、连
16838	江河日下	jiānghé-rìxià	~
16839	江湖	jiānghú	名
16840	将计就计	jiāngjì-jiùjì	~
16841	将军肚	jiāngjūndù	名
16842	僵化	jiānghuà	动
16843	僵局	jiāngjú	名
16844	疆	jiāng	语素
16845	讲求	jiǎngqiú	动
16846	讲师	jiǎngshī	名
16847	讲授	jiǎngshòu	动
16848	讲坛	jiǎngtán	名
16849	讲学	jiǎngxué	动
16850	讲座	jiǎngzuò	名
16851	奖学金	jiǎngxuéjīn	名
16852	将领	jiànglǐng	名
16853	犟	jiàng	形
16854	交差	jiāochāi	动
16855	交锋	jiāofēng	动
16856	交付	jiāofù	动
16857	交汇	jiāohuì	动
16858	交火	jiāohuǒ	动
16859	交集	jiāojí	动、名
16860	交际	jiāojì	动

16861	交接	jiāojiē	动
16862	交界	jiāojiè	动
16863	交纳	jiāonà	动
16864	交情	jiāoqing	名
16865	交融	jiāoróng	动
16866	交涉	jiāoshè	动
16867	交手	jiāoshǒu	动
16868	交相辉映	jiāoxiāng-huīyìng	~
16869	交战	jiāozhàn	动
16870	娇媚	jiāomèi	形
16871	娇羞	jiāoxiū	形
16872	骄人	jiāorén	形
16873	骄奢淫逸	jiāoshē-yínyì	~
16874	骄阳	jiāoyáng	名
16875	骄子	jiāozǐ	名
16876	焦距	jiāojù	名
16877	焦头烂额	jiāotóu-làn'é	~
16878	焦躁	jiāozào	形
16879	焦灼	jiāozhuó	形
16880	矫情	jiáoqing	形
16881	角膜/眼角膜	jiǎomó/yǎnjiǎomó	名
16882	侥幸	jiǎoxìng	形
16883	狡兔三窟	jiǎotù-sānkū	~
16884	狡黠	jiǎoxiá	形
16885	绞	jiǎo	动
16886	矫揉造作	jiǎoróu-zàozuò	~
16887	搅乱	jiǎoluàn	动
16888	剿除	jiǎochú	动
16889	剿灭	jiǎomiè	动
16890	缴	jiǎo	动
16891	缴获	jiǎohuò	动
16892	缴纳	jiǎonà	动
16893	叫绝	jiàojué	动
16894	叫嚣	jiàoxiāo	动
16895	教父	jiàofù	名
16896	教皇	jiàohuáng	名
16897	教会	jiàohuì	名
16898	教授₂	jiàoshòu	名
16899	教条	jiàotiáo	名、形
16900	教徒	jiàotú	名
16901	教义	jiàoyì	名
16902	教主	jiàozhǔ	名
16903	窖	jiào	名
16904	阶层	jiēcéng	名
16905	阶级	jiējí	名
16906	阶下囚	jiēxiàqiú	名
16907	皆大欢喜	jiēdàhuānxǐ	~
16908	接班	jiēbān	动
16909	接班人	jiēbānrén	名
16910	接管	jiēguǎn	动
16911	接轨	jiēguǐ	动
16912	接济	jiējì	动
16913	接见	jiējiàn	动
16914	接口	jiēkǒu	名
16915	接壤	jiērǎng	动
16916	接收	jiēshōu	动
16917	接手	jiēshǒu	动
16918	接吻	jiēwěn	动
16919	接应	jiēyìng	动
16920	接踵而来/接踵而至	jiēzhǒng'érlái/jiēzhǒng'érzhì	~
16921	揭竿而起	jiēgān'érqǐ	~
16922	揭幕	jiēmù	动
16923	街景	jiējǐng	名
16924	街头巷尾	jiētóu-xiàngwěi	~
16925	孑然一身	jiérán-yīshēn	~
16926	节操	jiécāo	名
16927	节点	jiédiǎn	名
16928	节气	jiéqì	名
16929	节外生枝	jiéwài-shēngzhī	~
16930	节制	jiézhì	动
16931	劫₂	jié	语素
16932	劫难	jiénàn	名

16933	拮据	jiéjū	形
16934	洁身自好	jiéshēn-zìhào	~
16935	结业	jiéyè	动
16936	桀骜不驯	jié'ào-bùxùn	~
16937	捷报	jiébào	名
16938	截获	jiéhuò	动
16939	截然	jiérán	副
16940	截然不同	jiérán-bùtóng	~
16941	截止	jiézhǐ	动
16942	截至	jiézhì	动
16943	竭诚	jiéchéng	副
16944	竭尽	jiéjìn	动
16945	竭尽全力	jiéjìn-quánlì	~
16946	竭力	jiélì	副
16947	解读	jiědú	动
16948	解雇	jiěgù	动
16949	解甲归田	jiějiǎ-guītián	~
16950	解铃还须系铃人	jiě líng hái xū xì líng rén	~
16951	解聘	jiěpìn	动
16952	解剖	jiěpōu	动
16953	解体	jiětǐ	动
16954	解脱	jiětuō	动
16955	解析	jiěxī	动
16956	解忧	jiěyōu	动
16957	介入	jièrù	动
16958	介于	jièyú	动
16959	戒备	jièbèi	动
16960	戒骄戒躁	jièjiāo-jièzào	~
16961	戒心	jièxīn	名
16962	届时	jièshí	副
16963	界定	jièdìng	动
16964	界限	jièxiàn	名
16965	借花献佛	jièhuā-xiànfó	~
16966	借鉴	jièjiàn	动
16967	借势	jièshì	动
16968	借题发挥	jiètí-fāhuī	~
16969	借条	jiètiáo	名
16970	借以	jièyǐ	连
16971	巾帼	jīnguó	名
16972	今非昔比	jīnfēixībǐ	~
16973	今生	jīnshēng	名
16974	今世	jīnshì	名
16975	金榜题名	jīnbǎng-tímíng	~
16976	金蝉脱壳	jīnchán-tuōqiào	~
16977	金额	jīn'é	名
16978	金刚石	jīngāngshí	名
16979	金戈铁马	jīngē-tiěmǎ	~
16980	金融	jīnróng	名
16981	金童玉女	jīntóng-yùnǚ	~
16982	津贴	jīntiē	名
16983	矜持	jīnchí	形
16984	筋骨	jīngǔ	名
16985	禁受	jīnshòu	动
16986	紧箍咒	jǐngūzhòu	名
16987	紧锣密鼓	jǐnluó-mìgǔ	~
16988	紧缺	jǐnquē	形
16989	紧要	jǐnyào	形
16990	锦旗	jǐnqí	名
16991	锦上添花	jǐnshàng-tiānhuā	~
16992	锦衣玉食	jǐnyī-yùshí	~
16993	谨	jǐn	副、语素
16994	谨防	jǐnfáng	动
16995	谨记	jǐnjì	动
16996	谨慎	jǐnshèn	形
16997	谨小慎微	jǐnxiǎo-shènwēi	~
16998	谨言慎行	jǐnyán-shènxíng	~
16999	尽人皆知	jìnrén-jiēzhī	~
17000	尽如人意	jìnrú-rényì	~
17001	尽善尽美	jìnshàn-jìnměi	~
17002	尽数	jìnshù	副
17003	尽孝	jìnxiào	动
17004	进程	jìnchéng	名
17005	进而	jìn'ér	连

17006	进军	jìnjūn	动	17041	精兵	jīngbīng	名
17007	进退两难/进退维谷	jìntuì-liǎngnán/jìntuì-wéigǔ	~	17042	精诚所至，金石为开	jīngchéng suǒ zhì, jīnshí wéi kāi	~
17008	进修	jìnxiū	动	17043	精打细算	jīngdǎ-xìsuàn	~
17009	进展	jìnzhǎn	动	17044	精雕细刻	jīngdiāo-xìkè	~
17010	近乎	jìnhū	动	17045	精度	jīngdù	名
17011	近亲	jìnqīn	名	17046	精干	jīnggàn	形
17012	近日	jìnrì	名	17047	精简	jīngjiǎn	动
17013	近水楼台/近水楼台先得月	jìnshuǐ-lóutái/jìnshuǐ lóutái xiān déyuè	~	17048	精妙	jīngmiào	形
				17049	精明强干	jīngmíng-qiánggàn	~
17014	晋级	jìnjí	动	17050	精辟	jīngpì	形
17015	晋升	jìnshēng	动	17051	精品	jīngpǐn	名
17016	浸染	jìnrǎn	动	17052	精深	jīngshēn	形
17017	浸润	jìnrùn	动	17053	精神病	jīngshénbìng	名
17018	禁闭	jìnbì	动	17054	精髓	jīngsuǐ	名
17019	禁锢	jìngù	动	17055	精卫填海	jīngwèi-tiánhǎi	~
17020	禁忌	jìnjì	名	17056	精益求精	jīngyìqiújīng	~
17021	禁令	jìnlìng	名	17057	精英	jīngyīng	名
17022	禁区	jìnqū	名	17058	精忠	jīngzhōng	形
17023	泾渭分明	jīngwèi-fēnmíng	~	17059	精准	jīngzhǔn	形
17024	经度	jīngdù	名	17060	井然	jǐngrán	形
17025	经费	jīngfèi	名	17061	井水不犯河水	jǐngshuǐ bù fàn héshuǐ	~
17026	经纪人	jīngjìrén	名				
17027	经久	jīngjiǔ	动、形	17062	颈椎	jǐngzhuī	名
17028	经久不息	jīngjiǔ-bùxī	~	17063	景气	jǐngqì	形
17029	经脉	jīngmài	名	17064	景仰	jǐngyǎng	动
17030	经贸	jīngmào	名	17065	警方	jǐngfāng	名
17031	经商	jīngshāng	动	17066	警戒	jǐngjiè	动
17032	经营	jīngyíng	动	17067	警戒线	jǐngjièxiàn	名
17033	经由	jīngyóu	介	17068	警句	jǐngjù	名
17034	惊诧	jīngchà	形	17069	警觉	jǐngjué	名、动
17035	惊愕	jīng'è	形	17070	警示	jǐngshì	动
17036	惊骇	jīnghài	形	17071	警卫	jǐngwèi	名
17037	惊扰	jīngrǎo	动	17072	劲敌	jìngdí	名
17038	惊世骇俗	jīngshì-hàisú	~	17073	径₂	jìng	副
17039	晶体	jīngtǐ	名	17074	径直	jìngzhí	副
17040	兢兢业业	jīngjīngyèyè	形	17075	径自	jìngzì	副
				17076	净土	jìngtǔ	名

17077	竞争力	jìngzhēnglì	名
17078	敬而远之	jìng'éryuǎnzhī	~
17079	敬仰	jìngyǎng	动
17080	敬业	jìngyè	动
17081	静电	jìngdiàn	名
17082	静观	jìngguān	动
17083	静脉	jìngmài	名
17084	静谧	jìngmì	形
17085	静态	jìngtài	名、形
17086	静心	jìngxīn	动
17087	静养	jìngyǎng	动
17088	境地	jìngdì	名
17089	境况	jìngkuàng	名
17090	境遇	jìngyù	名
17091	迥然不同	jiǒngrán-bùtóng	~
17092	迥异	jiǒngyì	形
17093	窘境	jiǒngjìng	名
17094	窘迫	jiǒngpò	形
17095	纠缠	jiūchán	动
17096	纠纷	jiūfēn	名
17097	纠葛	jiūgé	名
17098	纠结	jiūjié	动、形
17099	九牛二虎之力	jiǔ niú èr hǔ zhī lì	~
17100	九泉	jiǔquán	名
17101	九霄	jiǔxiāo	名
17102	久经沙场	jiǔjīng-shāchǎng	~
17103	久违	jiǔwéi	动
17104	久仰	jiǔyǎng	动
17105	酒囊饭袋	jiǔnáng-fàndài	~
17106	酒色	jiǔsè	名
17107	酒水	jiǔshuǐ	名
17108	咎由自取	jiùyóuzìqǔ	~
17109	救济	jiùjì	动
17110	救命稻草	jiùmìng-dàocǎo	~
17111	救世主	jiùshìzhǔ	名
17112	救赎	jiùshú	动
17113	救治	jiùzhì	动
17114	就₆	jiù	语素
17115	就餐	jiùcān	动
17116	就此	jiùcǐ	副
17117	就地	jiùdì	副
17118	就近	jiùjìn	副
17119	就任	jiùrèn	动
17120	就事论事	jiùshì-lùnshì	~
17121	就位	jiùwèi	动
17122	就绪	jiùxù	动
17123	就业	jiùyè	动
17124	就医/就诊	jiùyī/jiùzhěn	动
17125	就职	jiùzhí	动
17126	就座	jiùzuò	动
17127	拘捕	jūbǔ	动
17128	拘谨	jūjǐn	形
17129	拘留	jūliú	动
17130	拘泥	jūnì	动、形
17131	狙击	jūjī	动
17132	居₂	jū	语素
17133	居安思危	jū'ān-sīwēi	~
17134	居多	jūduō	动
17135	居高不下	jūgāo-bùxià	~
17136	居室	jūshì	名
17137	居心叵测	jūxīn-pǒcè	~
17138	鞠躬尽瘁	jūgōng-jìncuì	~
17139	局₃	jú	语素
17140	局部	júbù	名
17141	局促	júcù	形
17142	局势	júshì	名
17143	举报	jǔbào	动
17144	举步维艰	jǔbùwéijiān	~
17145	举措	jǔcuò	名
17146	举国	jǔguó	名
17147	举目	jǔmù	动
17148	举目无亲	jǔmù-wúqīn	~
17149	举棋不定	jǔqí-bùdìng	~

编号	词	拼音	词性
17150	举世无双	jǔshì-wúshuāng	~
17151	举世瞩目	jǔshì-zhǔmù	~
17152	举手投足	jǔshǒu-tóuzú	~
17153	举一反三	jǔyī-fǎnsān	~
17154	举足轻重	jǔzú-qīngzhòng	~
17155	巨额	jù'é	形
17156	拒	jù	语素
17157	拒之门外	jùzhī-ménwài	~
17158	俱	jù	副
17159	俱全	jùquán	形
17160	剧变	jùbiàn	动
17161	剧目	jùmù	名
17162	剧作	jùzuò	名
17163	据点	jùdiǎn	名
17164	据理力争	jùlǐ-lìzhēng	~
17165	惧	jù	动
17166	飓风	jùfēng	名
17167	聚宝盆	jùbǎopén	名
17168	聚焦	jùjiāo	动
17169	聚居	jùjū	动
17170	聚拢	jùlǒng	动
17171	捐躯	juānqū	动
17172	涓涓	juānjuān	形
17173	镌刻	juānkè	动
17174	卷入	juǎnrù	动
17175	卷土重来	juǎntǔ-chónglái	~
17176	卷烟	juǎnyān	名
17177	卷₃	juàn	量
17178	隽永	juànyǒng	形
17179	倦怠	juàndài	形
17180	倦意	juànyì	名
17181	圈养	juànyǎng	动
17182	眷顾	juàngù	动
17183	眷恋	juànliàn	动
17184	决策	juécè	动、名
17185	决断	juéduàn	动、名
17186	决绝	juéjué	动、形
17187	决口	juékǒu	动、名
17188	决裂	juéliè	动
17189	决一雌雄/一决雌雄	juéyīcíxióng/yījuécíxióng	~
17190	决一死战	juéyīsǐzhàn	~
17191	决意	juéyì	动
17192	诀别	juébié	动
17193	抉择	juézé	动
17194	角逐	juézhú	动
17195	觉悟	juéwù	动、名
17196	绝笔	juébǐ	名
17197	绝唱	juéchàng	名
17198	绝处逢生	juéchù-féngshēng	~
17199	绝代	juédài	动
17200	绝顶	juédǐng	副、名
17201	绝非	juéfēi	动
17202	绝活儿	juéhuór	名
17203	绝迹	juéjì	动
17204	绝境	juéjìng	名
17205	绝路	juélù	名
17206	绝妙	juémiào	形
17207	绝色	juésè	名
17208	绝世	juéshì	动
17209	绝无仅有	juéwú-jǐnyǒu	~
17210	绝症	juézhèng	名
17211	爵士	juéshì	名
17212	爵位	juéwèi	名
17213	攫取	juéqǔ	动
17214	倔	juè	形
17215	军阀	jūnfá	名
17216	军纪	jūnjì	名
17217	军旅	jūnlǚ	名
17218	军区	jūnqū	名
17219	军师	jūnshī	名
17220	军衔	jūnxián	名
17221	军心	jūnxīn	名
17222	军用	jūnyòng	形

17223	均衡	jūnhéng	形	17260	侃侃而谈	kǎnkǎn'értán	~
17224	皲裂/龟裂	jūnliè	动	17261	看破	kànpò	动
17225	君王	jūnwáng	名	17262	看重	kànzhòng	动
17226	君主	jūnzhǔ	名	17263	康庄大道	kāngzhuāng-dàdào	~
17227	竣工	jùngōng	动	17264	慷慨激昂	kāngkǎi-jī'áng	~
17228	开办	kāibàn	动	17265	慷慨解囊	kāngkǎi-jiěnáng	~
17229	开场	kāichǎng	动	17266	亢奋	kàngfèn	形
17230	开场白	kāichǎngbái	名	17267	抗衡	kànghéng	动
17231	开春	kāichūn	动	17268	抗生素	kàngshēngsù	名
17232	开导	kāidǎo	动	17269	考古	kǎogǔ	动、名
17233	开发商	kāifāshāng	名	17270	考核	kǎohé	动
17234	开赴	kāifù	动	17271	铐	kào	动
17235	开怀	kāihuái	动	17272	靠山	kàoshān	名
17236	开荒	kāihuāng	动	17273	苛刻	kēkè	形
17237	开垦	kāikěn	动	17274	苛求	kēqiú	动
17238	开绿灯	kāilǜdēng	~	17275	科举	kējǔ	名
17239	开门红	kāiménhóng	~	17276	科考	kēkǎo	动
17240	开门见山	kāimén-jiànshān	~	17277	科室	kēshì	名
17241	开明	kāimíng	形	17278	科研	kēyán	动
17242	开篇	kāipiān	名	17279	科长	kēzhǎng	名
17243	开赛	kāisài	动	17280	磕磕绊绊	kēkebànbàn	形
17244	开设	kāishè	动	17281	可歌可泣	kěgē-kěqì	~
17245	开庭	kāitíng	动	17282	可观	kěguān	形
17246	开通₂	kāitong	形、动	17283	可见一斑	kějiàn yībān	~
17247	开外	kāiwài	名方位	17284	可取	kěqǔ	形
17248	开销	kāixiāo	名	17285	可望而不可即	kě wàng ér bù kě jí	~
17249	开眼	kāiyǎn	动	17286	可行	kěxíng	形
17250	开战	kāizhàn	动	17287	渴求	kěqiú	动
17251	开支	kāizhī	名	17288	克敌制胜	kèdí-zhìshèng	~
17252	凯歌	kǎigē	名	17289	克扣	kèkòu	动
17253	楷模	kǎimó	名	17290	克制	kèzhì	动
17254	看护	kānhù	动	17291	刻薄	kèbó	形
17255	勘测	kāncè	动	17292	刻不容缓	kèbùrónghuǎn	~
17256	勘查	kānchá	动	17293	刻毒	kèdú	形
17257	勘察	kānchá	动	17294	恪守	kèshǒu	动
17258	堪称	kānchēng	动	17295	客场	kèchǎng	名
17259	坎儿	kǎnr	名				

17296	客观	kèguān	形	17333	哭腔	kūqiāng	名
17297	客户	kèhù	名	17334	苦楚	kǔchǔ	形
17298	客流	kèliú	名	17335	苦果	kǔguǒ	名
17299	客商	kèshāng	名	17336	苦海	kǔhǎi	名
17300	客套	kètào	名、动	17337	苦寒	kǔhán	形
17301	客套话	kètàohuà	名	17338	苦力	kǔlì	名
17302	客运	kèyùn	名	17339	苦水	kǔshuǐ	名
17303	恳请	kěnqǐng	动	17340	苦痛	kǔtòng	形
17304	坑害	kēnghài	动	17341	库房	kùfáng	名
17305	铿锵	kēngqiāng	形	17342	酷刑	kùxíng	名
17306	空乏	kōngfá	形	17343	夸大其词/夸大其辞	kuādà-qící	~
17307	空寂	kōngjì	形				
17308	空空如也	kōngkōngrúyě	~	17344	跨度	kuàdù	名
17309	空口无凭	kōngkǒu-wúpíng	~	17345	会计	kuàijì	名
17310	空灵	kōnglíng	形	17346	宽泛	kuānfàn	形
17311	空前	kōngqián	动	17347	宽慰	kuānwèi	动、形
17312	空前绝后	kōngqián-juéhòu	~	17348	宽限	kuānxiàn	动
17313	空谈	kōngtán	动、名	17349	宽心	kuānxīn	动
17314	空袭	kōngxí	动	17350	款待	kuǎndài	动
17315	空穴来风	kōngxué-láifēng	~	17351	款款	kuǎnkuǎn	形
17316	恐	kǒng	副	17352	狂人	kuángrén	名
17317	恐吓	kǒnghè	动	17353	狂妄	kuángwàng	形
17318	空缺	kòngquē	名	17354	旷达	kuàngdá	形
17319	空余	kòngyú	形	17355	旷世	kuàngshì	动
17320	控告	kònggào	动	17356	旷野	kuàngyě	名
17321	控诉	kòngsù	动	17357	况	kuàng	语素
17322	抠字眼儿	kōuzìyǎnr	~	17358	矿藏	kuàngcáng	名
17323	口碑	kǒubēi	名	17359	框架	kuàngjià	名
17324	口感	kǒugǎn	名	17360	亏欠	kuīqiàn	动
17325	口角	kǒujiǎo	名	17361	亏损	kuīsǔn	动
17326	口若悬河	kǒuruòxuánhé	~	17362	盔	kuī	语素
17327	口述	kǒushù	动	17363	窥视	kuīshì	动
17328	口吻	kǒuwěn	名	17364	窥探	kuītàn	动
17329	扣押	kòuyā	动	17365	傀儡	kuǐlěi	名
17330	寇	kòu	语素	17366	匮乏	kuìfá	形
17331	枯槁	kūgǎo	形	17367	馈赠	kuìzèng	动
17332	枯木逢春	kūmù-féngchūn	~	17368	溃败	kuìbài	动

17369	溃不成军	kuìbùchéngjūn	~
17370	溃烂	kuìlàn	动
17371	溃散	kuìsàn	动
17372	困顿	kùndùn	形
17373	困窘	kùnjiǒng	形
17374	扩建	kuòjiàn	动
17375	阔别	kuòbié	动
17376	阔绰	kuòchuò	形
17377	拉扯	lāche	动
17378	拉动	lādòng	动
17379	拉拢	lālǒng	动
17380	来₄	lái	助
17381	来电	láidiàn	名、动
17382	来访	láifǎng	动
17383	来年	láinián	名
17384	来日	láirì	名
17385	来日方长	láirì-fāngcháng	~
17386	来生/来世	láishēng/láishì	名
17387	来势	láishì	名
17388	来意	láiyì	名
17389	拦截	lánjié	动
17390	拦路虎	lánlùhǔ	名
17391	阑珊	lánshān	动
17392	滥	làn	形
17393	狼藉	lángjí	形
17394	琅琅	lángláng	拟声
17395	浪荡	làngdàng	动、形
17396	浪漫主义	làngmàn zhǔyì	~
17397	浪子	làngzǐ	名
17398	劳动力	láodònglì	名
17399	劳驾	láojià	动
17400	劳苦	láokǔ	形
17401	劳力	láolì	名
17402	劳务	láowù	名
17403	劳逸结合	láoyì-jiéhé	~
17404	牢不可破	láobùkěpò	~
17405	牢笼	láolóng	名
17406	老成	lǎochéng	形
17407	老当益壮	lǎodāngyìzhuàng	~
17408	老骥伏枥	lǎojì-fúlì	~
17409	老酒	lǎojiǔ	名
17410	老泪纵横	lǎolèi-zònghéng	~
17411	老练	lǎoliàn	形
17412	老谋深算	lǎomóu-shēnsuàn	~
17413	老气横秋	lǎoqì-héngqiū	~
17414	老实巴交	lǎoshibājiāo	形
17415	老死不相往来	lǎo sǐ bù xiāng wǎnglái	~
17416	老态龙钟	lǎotài-lóngzhōng	~
17417	老小	lǎoxiǎo	名
17418	老爷子	lǎoyézi	名
17419	涝	lào	形
17420	乐不可支	lèbùkězhī	~
17421	乐此不疲	lècǐ-bùpí	~
17422	乐得	lèdé	动
17423	乐善好施	lèshàn-hàoshī	~
17424	乐天派	lètiānpài	名
17425	勒索	lèsuǒ	动
17426	雷打不动	léidǎbùdòng	~
17427	雷厉风行	léilì-fēngxíng	~
17428	雷霆万钧	léitíng-wànjūn	~
17429	雷同	léitóng	形
17430	累计	lěijì	动
17431	累累₂	lěilěi	形
17432	泪如泉涌	lèirúquányǒng	~
17433	类推	lèituī	动
17434	棱	léng	名
17435	棱角	léngjiǎo	名
17436	棱镜	léngjìng	名
17437	棱柱	léngzhù	名
17438	棱锥	léngzhuī	名
17439	冷板凳	lěngbǎndèng	名
17440	冷不防/冷不丁	lěngbufáng/lěngbudīng	副
17441	冷嘲热讽	lěngcháo-rèfěng	~

17442	冷峻	lěngjùn	形
17443	冷色	lěngsè	名
17444	冷飕飕	lěngsōusōu	形
17445	冷眼	lěngyǎn	名
17446	冷眼旁观	lěngyǎn-pángguān	~
17447	冷遇	lěngyù	名
17448	冷战₂	lěngzhàn	名
17449	离愁	líchóu	名
17450	离情别绪 / 离愁别绪	líqíng-biéxù / líchóu-biéxù	~
17451	离群索居	líqún-suǒjū	~
17452	离散	lísàn	动
17453	离世	líshì	动
17454	离休	líxiū	动
17455	离异	líyì	动
17456	犁	lí	动、名
17457	礼教	lǐjiào	名
17458	礼尚往来	lǐshàngwǎnglái	~
17459	礼贤下士	lǐxián-xiàshì	~
17460	礼遇	lǐyù	名
17461	里程	lǐchéng	名
17462	里程碑	lǐchéngbēi	名
17463	理₃	lǐ	名
17464	理财	lǐcái	动
17465	理工	lǐgōng	名
17466	理科	lǐkē	名
17467	理念	lǐniàn	名
17468	理性	lǐxìng	形、名
17469	理应	lǐyīng	动
17470	理智	lǐzhì	名、形
17471	力不从心	lìbùcóngxīn	~
17472	力求	lìqiú	动
17473	力挽狂澜	lìwǎn-kuánglán	~
17474	历来	lìlái	副
17475	历练	lìliàn	动
17476	历时	lìshí	动
17477	厉声	lìshēng	副
17478	立场	lìchǎng	名
17479	立竿见影	lìgān-jiànyǐng	~
17480	立意	lìyì	动
17481	立足	lìzú	动
17482	励精图治	lìjīng-túzhì	~
17483	励志	lìzhì	动
17484	利₂	lì	名
17485	利害₂	lìhài	名
17486	利率	lìlǜ	名
17487	利刃	lìrèn	名
17488	利润	lìrùn	名
17489	利息	lìxī	名
17490	利欲熏心	lìyù-xūnxīn	~
17491	沥青	lìqīng	名
17492	例行	lìxíng	动
17493	例行公事	lìxíng-gōngshì	~
17494	例证	lìzhèng	名
17495	隶属	lìshǔ	动
17496	连任	liánrèn	动
17497	怜悯	liánmǐn	动
17498	怜惜	liánxī	动
17499	怜香惜玉	liánxiāng-xīyù	~
17500	联邦	liánbāng	名
17501	联手	liánshǒu	动
17502	联网	liánwǎng	动
17503	联谊	liányì	动
17504	联姻	liányīn	动
17505	廉价	liánjià	形
17506	廉洁	liánjié	形
17507	廉洁奉公	liánjié-fènggōng	~
17508	廉正	liánzhèng	形
17509	廉政	liánzhèng	动
17510	敛	liǎn	动
17511	脸颊	liǎnjiá	名
17512	脸面	liǎnmiàn	名
17513	炼狱	liànyù	名
17514	恋爱	liàn'ài	动、名

17515	恋情	liànqíng	名	17552	了如指掌	liǎorúzhǐzhǎng	~
17516	恋人	liànrén	名	17553	了事	liǎoshì	动
17517	链接	liànjiē	动、名	17554	了无	liǎowú	动
17518	链条	liàntiáo	名	17555	料想	liàoxiǎng	动
17519	良策	liángcè	名	17556	劣	liè	语素
17520	良辰美景	liángchén-měijǐng	~	17557	劣势	lièshì	名
17521	良机	liángjī	名	17558	劣质	lièzhì	形
17522	良宵	liángxiāo	名	17559	烈焰	lièyàn	名
17523	良性	liángxìng	形	17560	邻里	línlǐ	名
17524	良莠不齐	liángyǒu-bùqí	~	17561	林林总总	línlínzǒngzǒng	形
17525	良知	liángzhī	名	17562	临别	línbié	动
17526	凉飕飕	liángsōusōu	形	17563	临床	línchuáng	动
17527	两口子	liǎngkǒuzi	名	17564	临危	línwēi	动
17528	两肋插刀	liǎnglèi-chādāo	~	17565	临阵	línzhèn	动
17529	两全	liǎngquán	动	17566	临终	línzhōng	动
17530	两袖清风	liǎngxiù-qīngfēng	~	17567	嶙峋	línxún	形
17531	亮₃	liàng	动	17568	鳞次栉比	líncì-zhìbǐ	~
17532	亮点	liàngdiǎn	名	17569	凛冽	lǐnliè	形
17533	谅解	liàngjiě	动	17570	凛然	lǐnrán	形
17534	靓	liàng	形	17571	吝惜	lìnxī	动
17535	靓丽	liànglì	形	17572	灵柩	língjiù	名
17536	量变	liàngbiàn	名	17573	灵堂	língtáng	名
17537	量力而行	liànglì'érxíng	~	17574	灵通	língtōng	形
17538	踉跄	liàngqiàng	动	17575	灵验	língyàn	形
17539	撩₁	liāo	动	17576	灵芝	língzhī	名
17540	疗效	liáoxiào	名	17577	凌驾	língjià	动
17541	疗养院	liáoyǎngyuàn	名	17578	凌空	língkōng	动
17542	寥寥	liáoliáo	形	17579	凌厉	línglì	形
17543	寥寥无几	liáoliáo-wújǐ	~	17580	凌乱	língluàn	形
17544	寥若晨星	liáoruòchénxīng	~	17581	凌辱	língrǔ	动
17545	撩₂	liáo	动	17582	陵	líng	语素
17546	撩动	liáodòng	动	17583	零点	língdiǎn	名
17547	缭绕	liáorào	动	17584	零落	língluò	动、形
17548	燎原	liáoyuán	动	17585	零售	língshòu	动
17549	了结	liǎojié	动	17586	领队	lǐngduì	动、名
17550	了却	liǎoquè	动	17587	领军	lǐngjūn	动
17551	了然	liǎorán	形	17588	领事	lǐngshì	名

17589	领事馆	lǐngshìguǎn	名	17625	陋习	lòuxí	名
17590	另类	lìnglèi	名、形	17626	露脸	lòuliǎn	动
17591	另辟蹊径	lìngpì-xījìng	~	17627	露马脚	lòumǎjiǎo	~
17592	令人发指	lìngrén-fàzhǐ	~	17628	露一手	lòuyīshǒu	~
17593	溜须拍马	liūxū-pāimǎ	~	17629	撸	lū	动
17594	留守	liúshǒu	动	17630	庐山真面目	Lúshān zhēn miànmù	~
17595	流程	liúchéng	名	17631	炉火纯青	lúhuǒ-chúnqīng	~
17596	流窜	liúcuàn	动	17632	卤	lǔ	名、动
17597	流芳	liúfāng	动	17633	鲁莽	lǔmǎng	形
17598	流放	liúfàng	动	17634	陆路	lùlù	名
17599	流浪汉	liúlànghàn	名	17635	鹿死谁手	lùsǐ-shéishǒu	~
17600	流离失所	liúlí-shīsuǒ	~	17636	碌碌	lùlù	形
17601	流落	liúluò	动	17637	路标	lùbiāo	名
17602	流年	liúnián	名	17638	路径	lùjìng	名
17603	流派	liúpài	名	17639	路况	lùkuàng	名
17604	流水线	liúshuǐxiàn	名	17640	路子	lùzi	名
17605	流水账	liúshuǐzhàng	名	17641	露宿	lùsù	动
17606	流苏	liúsū	名	17642	露营	lùyíng	动
17607	流通	liútōng	动	17643	旅游业	lǚyóuyè	名
17608	流亡	liúwáng	动	17644	屡	lǚ	副
17609	流言	liúyán	名	17645	屡试不爽	lǚshì-bùshuǎng	~
17610	流言蜚语	liúyán-fēiyǔ	~	17646	履历	lǚlì	名
17611	流转	liúzhuǎn	动	17647	履行	lǚxíng	动
17612	琉璃	liúli	名	17648	率₂	lǜ	语素
17613	硫酸	liúsuān	名	17649	绿卡	lǜkǎ	名
17614	瘤/瘤子	liú/liúzi	名	17650	绿色食品	lǜsè shípǐn	~
17615	六亲不认	liùqīn-bùrèn	~	17651	滤	lǜ	动
17616	龙飞凤舞	lóngfēi-fèngwǔ	~	17652	孪生	luánshēng	形
17617	龙凤胎	lóngfèntāi	名	17653	乱蓬蓬	luànpéngpéng	形
17618	龙潭虎穴/虎穴龙潭	lóngtán-hǔxué/hǔxué-lóngtán	~	17654	乱世	luànshì	名
				17655	乱子	luànzi	名
17619	龙腾虎跃	lóngténg-hǔyuè	~	17656	伦理	lúnlǐ	名
17620	龙头₂	lóngtóu	名	17657	沦落	lúnluò	动
17621	隆冬	lóngdōng	名	17658	沦陷	lúnxiàn	动
17622	垄断	lǒngduàn	动	17659	轮换	lúnhuàn	动
17623	笼络	lǒngluò	动	17660	轮回	lúnhuí	动
17624	笼统	lǒngtǒng	形	17661	论点	lùndiǎn	名

号码	词	拼音	词性
17662	论调	lùndiào	名
17663	论断	lùnduàn	动、名
17664	论据	lùnjù	名
17665	论述	lùnshù	动
17666	论坛	lùntán	名
17667	论证	lùnzhèng	动、名
17668	罗汉	luóhàn	名
17669	逻辑	luójí	名
17670	骡子	luózi	名
17671	裸	luǒ	动
17672	裸体	luǒtǐ	动、名
17673	落榜	luòbǎng	动
17674	落笔	luòbǐ	动
17675	落差	luòchā	名
17676	落成	luòchéng	动
17677	落地窗	luòdìchuāng	名
17678	落户	luòhù	动
17679	落脚	luòjiǎo	动
17680	落井下石	luòjǐng-xiàshí	~
17681	落马	luòmǎ	动
17682	落寞	luòmò	形
17683	落魄	luòpò	形
17684	落实	luòshí	动
17685	落网	luòwǎng	动
17686	落伍	luòwǔ	动
17687	摞	luò	动、量
17688	麻木不仁	mámù-bùrén	~
17689	马不停蹄	mǎbùtíngtí	~
17690	马后炮	mǎhòupào	名
17691	马赛克	mǎsàikè	名
17692	马失前蹄	mǎshīqiántí	~
17693	马首是瞻	mǎshǒushìzhān	~
17694	埋没	máimò	动
17695	买家	mǎijiā	名
17696	买主	mǎizhǔ	名
17697	卖点	màidiǎn	名
17698	卖关子	màiguānzi	~
17699	卖国求荣	màiguó-qiúróng	~
17700	卖家	màijiā	名
17701	卖命	màimìng	动、形
17702	卖艺	màiyì	动
17703	卖主	màizhǔ	名
17704	脉络	màiluò	名
17705	蛮横	mánhèng	形
17706	瞒天过海	mántiān-guòhǎi	~
17707	满腹	mǎnfù	动
17708	满腹经纶	mǎnfù-jīnglún	~
17709	满目疮痍/疮痍满目	mǎnmù-chuāngyí/chuāngyí-mǎnmù	~
17710	满堂	mǎntáng	名、动
17711	满员	mǎnyuán	动
17712	满载	mǎnzài	动
17713	曼妙	mànmiào	形
17714	谩骂	mànmà	动
17715	漫无边际	mànwúbiānjì	~
17716	忙里偷闲	mánglǐ-tōuxián	~
17717	盲从	mángcóng	动
17718	莽撞	mǎngzhuàng	形
17719	蟒蛇/蟒	mǎngshé/mǎng	名
17720	矛头	máotóu	名
17721	茅草	máocǎo	名
17722	茅塞顿开	máosè-dùnkāi	~
17723	牦牛	máoniú	名
17724	锚	máo	名
17725	冒昧	màomèi	形
17726	贸然	màorán	副
17727	贸易	màoyì	名
17728	貌似	màosì	动
17729	没日没夜	méirì-méiyè	~
17730	没辙	méizhé	动
17731	眉目₂	méimu	名
17732	眉宇	méiyǔ	名
17733	媒介	méijiè	名
17734	煤油	méiyóu	名

17735	美称	měichēng	名		17772	秘书长	mìshūzhǎng	名
17736	美轮美奂	měilún-měihuàn	~		17773	密闭	mìbì	动
17737	美其名曰	měiqímíngyuē	~		17774	密度	mìdù	名
17738	美色	měisè	名		17775	密室	mìshì	名
17739	美艳	měiyàn	形		17776	蜜月	mìyuè	名
17740	美誉	měiyù	名		17777	绵软	miánruǎn	形
17741	媚俗	mèisú	动		17778	绵延	miányán	动
17742	门当户对	méndāng-hùduì	~		17779	免除	miǎnchú	动
17743	门户	ménhù	名		17780	缅怀	miǎnhuái	动
17744	门槛	ménkǎn	名		17781	面额	miàn'é	名
17745	门可罗雀	ménkěluóquè	~		17782	面面相觑	miànmiàn-xiāngqù	~
17746	门路	ménlu	名		17783	面目全非	miànmù-quánfēi	~
17747	门面	ménmian	名		17784	面世	miànshì	动
17748	门庭冷落	méntíng-lěngluò	~		17785	面值	miànzhí	名
17749	门庭若市	méntíng-ruòshì	~		17786	苗头	miáotou	名
17750	门外汉	ménwàihàn	名		17787	描摹	miáomó	动
17751	萌动	méngdòng	动		17788	妙笔生花	miàobǐ-shēnghuā	~
17752	萌发	méngfā	动		17789	灭顶之灾	mièdǐngzhīzāi	~
17753	萌生	méngshēng	动		17790	蔑视	mièshì	动
17754	蒙₄	méng	动		17791	民不聊生	mínbùliáoshēng	~
17755	蒙蔽	méngbì	动		17792	民风	mínfēng	名
17756	蒙受	méngshòu	动		17793	民航	mínháng	名
17757	盟	méng	语素		17794	民情	mínqíng	名
17758	盟友	méngyǒu	名		17795	民生	mínshēng	名
17759	猛子	měngzi	名		17796	民心	mínxīn	名
17760	懵懂	měngdǒng	形		17797	民意	mínyì	名
17761	梦魇	mèngyǎn	动		17798	民营	mínyíng	形
17762	弥留	míliú	动		17799	民用	mínyòng	形
17763	弥散	mísàn	动		17800	民众	mínzhòng	名
17764	弥足珍贵	mízú-zhēnguì	~		17801	民主	mínzhǔ	名、形
17765	迷恋	míliàn	动		17802	抿	mǐn	动
17766	迷乱	míluàn	形		17803	泯灭	mǐnmiè	动
17767	迷蒙	míméng	形		17804	名不见经传	míng bùjiàn jīngzhuàn	~
17768	迷途	mítú	动、名		17805	名垂青史	míngchuí-qīngshǐ	~
17769	迷醉	mízuì	动		17806	名存实亡	míngcún-shíwáng	~
17770	糜烂	mílàn	动、形		17807	名分	míngfèn	名
17771	麋鹿	mílù	名		17808	名家	míngjiā	名

17809	名流	míngliú	名		17846	莫不	mòbù	副
17810	名落孙山	míngluò-sūnshān	~		17847	莫不是	mòbùshì	副
17811	名门	míngmén	名		17848	莫非	mòfēi	副
17812	名目	míngmù	名		17849	莫须有	mòxūyǒu	~
17813	名义	míngyì	名		17850	莫衷一是	mòzhōng-yīshì	~
17814	名噪一时	míngzào-yīshí	~		17851	蓦然	mòrán	副
17815	名正言顺	míngzhèng-yánshùn	~		17852	漠不关心	mòbùguānxīn	~
17816	明察秋毫	míngchá-qiūháo	~		17853	漠然	mòrán	形
17817	明君	míngjūn	名		17854	漠视	mòshì	动
17818	明艳	míngyàn	形		17855	墨守成规	mòshǒu-chéngguī	~
17819	明哲保身	míngzhé-bǎoshēn	~		17856	默哀	mò'āi	动
17820	明争暗斗	míngzhēng-àndòu	~		17857	默契	mòqì	形
17821	冥想	míngxiǎng	动		17858	默然	mòrán	形
17822	铭刻	míngkè	动		17859	牟利	móulì	动
17823	瞑目	míngmù	动		17860	牟取暴利	móuqǔ bàolì	~
17824	命脉	mìngmài	名		17861	眸子	móuzi	名
17825	命中	mìngzhòng	动		17862	谋	móu	动、语素
17826	谬论	miùlùn	名		17863	谋财害命	móucái-hàimìng	~
17827	谬误	miùwù	名		17864	谋反	móufǎn	动
17828	摸底	mōdǐ	动		17865	谋害	móuhài	动
17829	摸爬滚打	mō-pá-gǔn-dǎ	~		17866	谋划	móuhuà	动
17830	模块	mókuài	名		17867	谋略	móulüè	名
17831	模棱两可	móléng-liǎngkě	~		17868	谋求	móuqiú	动
17832	膜拜	móbài	动		17869	谋取	móuqǔ	动
17833	摩肩接踵	mójiān-jiēzhǒng	~		17870	谋杀	móushā	动
17834	磨合	móhé	动		17871	谋生	móushēng	动
17835	磨砺	mólì	动		17872	模板	múbǎn	名
17836	磨灭	mómiè	动		17873	母老虎	mǔlǎohǔ	名
17837	磨损	mósǔn	动		17874	母体	mǔtǐ	名
17838	魔爪	mózhǎo	名		17875	木讷	mùnè	形
17839	抹₃	mǒ	量		17876	木然	mùrán	形
17840	抹杀/抹煞	mǒshā	动		17877	目光短浅	mùguāng-duǎnqiǎn	~
17841	末了	mòliǎo	名		17878	目中无人	mùzhōng-wúrén	~
17842	末叶	mòyè	名		17879	牧歌	mùgē	名
17843	没落	mòluò	动		17880	募捐	mùjuān	动
17844	陌路	mòlù	名		17881	墓地	mùdì	名
17845	脉脉	mòmò	形		17882	幕后	mùhòu	名

17883	睦邻	mùlín	动
17884	慕名	mùmíng	动
17885	暮年	mùnián	名
17886	纳米	nàmǐ	量
17887	纳税	nàshuì	动
17888	乃	nǎi	副
17889	奈何	nàihé	动
17890	男儿	nán'ér	名
17891	男朋友/男友	nánpéngyou/nányǒu	名
17892	南国	nánguó	名
17893	南来北往	nánlái-běiwǎng	～
17894	南辕北辙	nányuán-běizhé	～
17895	南征北战	nánzhēng-běizhàn	～
17896	难产	nánchǎn	动
17897	难堪	nánkān	形、动
17898	难以置信	nányǐ-zhìxìn	～
17899	囊	náng	语素
17900	囊括	nángkuò	动
17901	囊中羞涩	nángzhōng-xiūsè	～
17902	恼人	nǎorén	形
17903	脑浆	nǎojiāng	名
17904	闹剧	nàojù	名
17905	内存	nèicún	名
17906	内地	nèidì	名
17907	内行	nèiháng	形、名
17908	内科	nèikē	名
17909	内幕	nèimù	名
17910	内忧外患	nèiyōu-wàihuàn	～
17911	内战	nèizhàn	名
17912	能₃	néng	名
17913	能耗	nénghào	名
17914	能见度	néngjiàndù	名
17915	能人	néngrén	名
17916	能言善辩	néngyán-shànbiàn	～
17917	尼龙	nílóng	名
17918	泥浆	níjiāng	名
17919	泥菩萨过江，自身难保	nípúsà guò jiāng, zìshēn nánbǎo	～
17920	泥塑	nísù	名
17921	泥潭	nítán	名
17922	拟	nǐ	动
17923	逆光	nìguāng	动
17924	逆境	nìjìng	名
17925	逆来顺受	nìlái-shùnshòu	～
17926	逆时针	nìshízhēn	形
17927	逆转	nìzhuǎn	动
17928	溺	nì	动
17929	年度	niándù	名
17930	年份	niánfèn	名
17931	年富力强	niánfù-lìqiáng	～
17932	年关	niánguān	名
17933	年轻力壮	niánqīng-lìzhuàng	～
17934	年轻气盛	niánqīng-qìshèng	～
17935	年岁	niánsuì	名
17936	年限	niánxiàn	名
17937	黏稠	niánchóu	形
17938	黏合	niánhé	动
17939	黏膜	niánmó	名
17940	黏液	niányè	名
17941	碾	niǎn	动
17942	娘娘腔	niángniangqiāng	名
17943	酿造	niàngzào	动
17944	鸟瞰	niǎokàn	动
17945	捏造	niēzào	动
17946	凝聚力	níngjùlì	名
17947	凝眸	níngmóu	动
17948	凝神	níngshén	动
17949	凝滞	níngzhì	动
17950	凝重	níngzhòng	形
17951	宁缺毋滥	nìngquē-wúlàn	～
17952	牛犊	niúdú	名
17953	牛角尖	niújiǎojiān	名

17954	扭转	niǔzhuǎn	动		17990	排解	páijiě	动
17955	忸怩	niǔní	形		17991	排遣	páiqiǎn	动
17956	拗	niù	形		17992	排山倒海	páishān-dǎohǎi	~
17957	拗不过	niùbuguò	动		17993	牌匾	páibiǎn	名
17958	农耕	nónggēng	动		17994	牌坊	páifāng	名
17959	农具	nóngjù	名		17995	派别	pàibié	名
17960	农忙	nóngmáng	名		17996	派对	pàiduì	名
17961	农闲	nóngxián	名		17997	派遣	pàiqiǎn	动
17962	浓烈	nóngliè	形		17998	攀比	pānbǐ	动
17963	浓墨重彩	nóngmò-zhòngcǎi	~		17999	攀爬	pānpá	动
17964	浓缩	nóngsuō	动		18000	攀升	pānshēng	动
17965	浓重	nóngzhòng	形		18001	攀谈	pāntán	动
17966	浓妆艳抹	nóngzhuāng-yànmǒ	~		18002	盘点	pándiǎn	动
17967	弄潮儿	nòngcháo'ér	名		18003	盘根错节	pángēn-cuòjié	~
17968	奴	nú	语素		18004	盘桓	pánhuán	动
17969	奴才	núcai	名		18005	盘踞	pánjù	动
17970	奴仆	núpú	名		18006	盘算	pánsuan	动
17971	奴颜婢膝	núyán-bìxī	~		18007	盘问	pánwèn	动
17972	奴役	núyì	动		18008	磐石	pánshí	名
17973	女郎	nǚláng	名		18009	判处	pànchǔ	动
17974	女朋友/女友	nǚpéngyou/nǚyǒu	名		18010	判决	pànjué	动
17975	女强人	nǚqiángrén	名		18011	判若两人	pànruòliǎngrén	~
17976	暖色	nuǎnsè	名		18012	叛变	pànbiàn	动
17977	虐待	nüèdài	动		18013	叛乱	pànluàn	动
17978	虐杀	nüèshā	动		18014	叛徒	pàntú	名
17979	讴歌	ōugē	动		18015	滂沱	pāngtuó	形
17980	偶₂	ǒu	语素		18016	旁若无人	pángruòwúrén	~
17981	藕断丝连	ǒuduàn-sīlián	~		18017	旁听	pángtīng	动
17982	怕是	pàshì	副		18018	旁征博引	pángzhēng-bóyǐn	~
17983	拍案而起	pāi'àn'érqǐ	~		18019	磅礴	pángbó	形
17984	拍案叫绝	pāi'àn-jiàojué	~		18020	抛头露面	pāotóu-lùmiàn	~
17985	拍板	pāibǎn	动		18021	炮制	páozhì	动
17986	排场	páichǎng	名、形		18022	袍子/袍	páozi/páo	名
17987	排行	páiháng	动		18023	跑龙套	pǎolóngtào	~
17988	排行榜	páihángbǎng	名		18024	胚胎	pēitāi	名
17989	排挤	páijǐ	动		18025	陪同	péitóng	动
					18026	培	péi	动

编号	词	拼音	词性
18027	培植	péizhí	动
18028	赔本/亏本	péiběn/kuīběn	动
18029	赔不是	péibùshi	~
18030	赔付	péifù	动
18031	佩	pèi	动
18032	佩戴	pèidài	动
18033	配备	pèibèi	动、名
18034	配件	pèijiàn	名
18035	配偶	pèi'ǒu	名
18036	配套	pèitào	动
18037	配制	pèizhì	动
18038	配置	pèizhì	动
18039	盆栽	pénzāi	动、名
18040	抨击	pēngjī	动
18041	烹制	pēngzhì	动
18042	棚户区	pénghùqū	名
18043	捧场	pěngchǎng	动
18044	捧腹	pěngfù	动
18045	批₄	pī	动
18046	批判	pīpàn	动
18047	批示	pīshì	动、名
18048	披荆斩棘	pījīng-zhǎnjí	~
18049	披露	pīlù	动
18050	披星戴月	pīxīng-dàiyuè	~
18051	劈头盖脸	pītóu-gàiliǎn	~
18052	皮肉之苦	píròuzhīkǔ	~
18053	毗邻	pílín	动
18054	疲于奔命	píyúbēnmìng	~
18055	脾	pí	名
18056	匹配	pǐpèi	动
18057	否极泰来	pǐjí-tàilái	~
18058	癖好	pǐhào	名
18059	媲美	pìměi	动
18060	譬如	pìrú	动
18061	偏差	piānchā	名
18062	偏方	piānfāng	名
18063	偏激	piānjī	形
18064	偏见	piānjiàn	名
18065	偏离	piānlí	动
18066	偏袒	piāntǎn	动
18067	偏向	piānxiàng	动
18068	偏执	piānzhí	形
18069	偏重	piānzhòng	动
18070	翩然	piānrán	形
18071	片面	piànmiàn	名、形
18072	骗取	piànqǔ	动
18073	剽窃	piāoqiè	动
18074	漂洋过海	piāoyáng-guòhǎi	~
18075	缥缈/飘渺	piāomiǎo	形
18076	飘零/漂零	piāolíng	动
18077	飘飘然	piāopiāorán	形
18078	飘飘欲仙	piāopiāo-yùxiān	~
18079	瓢	piáo	名
18080	瞟	piǎo	动
18081	票据	piàojù	名
18082	瞥见	piējiàn	动
18083	拼₃	pīn	动
18084	拼接	pīnjiē	动
18085	贫乏	pínfá	形
18086	贫寒	pínhán	形
18087	贫瘠	pínjí	形
18088	贫民	pínmín	名
18089	贫民窟	pínmínkū	名
18090	频率	pínlǜ	名
18091	品牌	pǐnpái	名
18092	品头论足	pǐntóu-lùnzú	~
18093	品位	pǐnwèi	名
18094	品性	pǐnxìng	名
18095	聘	pìn	动
18096	聘礼	pìnlǐ	名
18097	聘请	pìnqǐng	动
18098	聘任	pìnrèn	动
18099	聘用	pìnyòng	动
18100	平步青云	píngbù-qīngyún	~

编号	词语	拼音	词性
18101	平定	píngdìng	形、动
18102	平反	píngfǎn	动
18103	平复	píngfù	动
18104	平缓	pínghuǎn	形
18105	平价	píngjià	名
18106	平米	píngmǐ	量
18107	平铺直叙	píngpū-zhíxù	~
18108	平起平坐	píngqǐ-píngzuò	~
18109	平生	píngshēng	名
18110	平实	píngshí	形
18111	平素	píngsù	名
18112	平添	píngtiān	动
18113	平心而论	píngxīn'érlùn	~
18114	平心静气	píngxīn-jìngqì	~
18115	平庸	píngyōng	形
18116	平仄	píngzè	名
18117	评定	píngdìng	动
18118	评估	pínggū	动
18119	评判	píngpàn	动
18120	评审	píngshěn	动、名
18121	凭据	píngjù	名
18122	凭空	píngkōng	副
18123	凭证	píngzhèng	名
18124	屏蔽	píngbì	动
18125	屏风	píngfēng	名
18126	瓶颈	píngjǐng	名
18127	萍水相逢	píngshuǐ-xiāngféng	~
18128	泼冷水 / 浇冷水	pōlěngshuǐ/ jiāolěngshuǐ	~
18129	颇	pō	副
18130	婆娑	pósuō	形
18131	迫	pò	语素
18132	迫使	pòshǐ	动
18133	迫于	pòyú	动
18134	迫在眉睫	pòzàiméijié	~
18135	破败	pòbài	形
18136	破产	pòchǎn	动
18137	破除	pòchú	动
18138	破费	pòfèi	动
18139	破釜沉舟	pòfǔ-chénzhōu	~
18140	破格	pògé	动
18141	破镜重圆	pòjìng-chóngyuán	~
18142	破损	pòsǔn	动
18143	破天荒	pòtiānhuāng	~
18144	破晓	pòxiǎo	动
18145	破译	pòyì	动
18146	破绽	pòzhàn	名
18147	剖	pōu	动
18148	剖析	pōuxī	动
18149	扑朔迷离	pūshuò-mílí	~
18150	铺垫	pūdiàn	动
18151	铺盖	pūgai	名
18152	铺设	pūshè	动
18153	铺天盖地	pūtiān-gàidì	~
18154	铺张	pūzhāng	形
18155	匍匐	púfú	动
18156	菩萨	púsà	名
18157	普及	pǔjí	动
18158	七零八落	qīlíngbāluò	~
18159	七窍生烟	qīqiào-shēngyān	~
18160	七情六欲	qīqíng-liùyù	~
18161	沏	qī	动
18162	妻离子散	qīlí-zǐsàn	~
18163	凄楚	qīchǔ	形
18164	凄苦	qīkǔ	形
18165	凄冷	qīlěng	形
18166	凄厉	qīlì	形
18167	凄迷	qīmí	形
18168	凄然	qīrán	形
18169	凄婉	qīwǎn	形
18170	欺瞒	qīmán	动
18171	欺辱	qīrǔ	动
18172	欺世盗名	qīshì-dàomíng	~
18173	欺侮	qīwǔ	动

18174	欺诈	qīzhà	动		18211	气势汹汹	qìshì-xiōngxiōng	~
18175	蹊跷	qīqiao	形		18212	气吞山河	qìtūnshānhé	~
18176	奇葩	qípā	名		18213	气压	qìyā	名
18177	歧路	qílù	名		18214	气焰	qìyàn	名
18178	歧义	qíyì	名		18215	气宇不凡	qìyǔ-bùfán	~
18179	祈盼	qípàn	动		18216	气宇轩昂	qìyǔ-xuān'áng	~
18180	祈求	qíqiú	动		18217	气壮山河	qìzhuàngshānhé	~
18181	骑虎难下	qíhǔ-nánxià	~		18218	迄今	qìjīn	动
18182	棋逢对手	qíféngduìshǒu	~		18219	泣不成声	qìbùchéngshēng	~
18183	旗鼓相当	qígǔ-xiāngdāng	~		18220	契机	qìjī	名
18184	旗号	qíhào	名		18221	契约	qìyuē	名
18185	旗开得胜	qíkāi-déshèng	~		18222	器皿	qìmǐn	名
18186	旗袍	qípáo	名		18223	器物	qìwù	名
18187	麒麟	qílín	名		18224	器重	qìzhòng	动
18188	岂非	qǐfēi	副		18225	憩息	qìxī	动
18189	岂敢	qǐgǎn	动		18226	卡₃	qiǎ	名
18190	岂可	qǐkě	动		18227	恰到好处	qiàdào-hǎochù	~
18191	岂有此理	qǐyǒucǐlǐ	~		18228	恰如	qiàrú	动
18192	岂止	qǐzhǐ	副		18229	恰如其分	qiàrúqífèn	~
18193	企及	qǐjí	动		18230	千刀万剐	qiāndāo-wànguǎ	~
18194	企业家	qǐyèjiā	名		18231	千军万马	qiānjūn-wànmǎ	~
18195	杞人忧天	qǐrén-yōutiān	~		18232	千里马	qiānlǐmǎ	名
18196	启航	qǐháng	动		18233	千秋万代	qiānqiū-wàndài	~
18197	启明星	qǐmíngxīng	名		18234	千丝万缕	qiānsī-wànlǚ	~
18198	启用	qǐyòng	动		18235	千头万绪	qiāntóu-wànxù	~
18199	起草	qǐcǎo	动		18236	千载难逢	qiānzǎi-nánféng	~
18200	起居	qǐjū	名		18237	迁都	qiāndū	动
18201	起死回生	qǐsǐ-huíshēng	~		18238	迁居	qiānjū	动
18202	起诉	qǐsù	动		18239	迁移	qiānyí	动
18203	起先	qǐxiān	名		18240	牵肠挂肚	qiāncháng-guàdù	~
18204	起因	qǐyīn	名		18241	牵扯	qiānchě	动
18205	起用	qǐyòng	动		18242	牵连	qiānlián	动
18206	绮丽	qǐlì	形		18243	牵强	qiānqiǎng	形
18207	气度	qìdù	名		18244	牵涉	qiānshè	动
18208	气急败坏	qìjí-bàihuài	~		18245	牵头	qiāntóu	动
18209	气节	qìjié	名		18246	牵制	qiānzhì	动
18210	气色	qìsè	名		18247	谦卑	qiānbēi	形

18248	谦恭	qiāngōng	形		18283	浅薄	qiǎnbó	形
18249	谦和	qiānhé	形		18284	浅尝辄止	qiǎncháng-zhézhǐ	~
18250	谦谦君子	qiānqiān-jūnzǐ	~		18285	欠佳	qiànjiā	动
18251	签订	qiāndìng	动		18286	欠缺	qiànquē	动、名
18252	签收	qiānshōu	动		18287	欠条	qiàntiáo	名
18253	签署	qiānshǔ	动		18288	倩影	qiànyǐng	名
18254	签约	qiānyuē	动		18289	歉疚	qiànjiù	形
18255	签证	qiānzhèng	动		18290	枪杀	qiāngshā	动
18256	前辈	qiánbèi	名		18291	枪支	qiāngzhī	名
18257	前车之鉴	qiánchēzhījiàn	~		18292	腔调	qiāngdiào	名
18258	前程	qiánchéng	名		18293	强暴	qiángbào	动
18259	前赴后继	qiánfù-hòujì	~		18294	强悍	qiánghàn	形
18260	前呼后拥	qiánhū-hòuyōng	~		18295	强化	qiánghuà	动
18261	前景	qiánjǐng	名		18296	强加	qiángjiā	动
18262	前仆后继	qiánpū-hòujì	~		18297	强奸	qiángjiān	动
18263	前世 / 前生	qiánshì/qiánshēng	名		18298	强劲	qiángjìng	形
18264	前台	qiántái	名		18299	强势	qiángshì	名
18265	前提	qiántí	名		18300	强行	qiángxíng	副
18266	前途无量	qiántú wúliàng	~		18301	强硬	qiángyìng	形
18267	前卫	qiánwèi	名、形		18302	强有力	qiángyǒulì	~
18268	前言	qiányán	名		18303	强制	qiángzhì	动
18269	前沿	qiányán	名		18304	墙头草	qiángtóucǎo	名
18270	前仰后合 / 前俯后合 / 前俯后仰	qiányǎng-hòuhé/ qiánfǔ-hòuhé/ qiánfǔ-hòuyǎng	~		18305	抢险	qiǎngxiǎn	动
					18306	抢修	qiǎngxiū	动
					18307	抢占	qiǎngzhàn	动
18271	前因后果	qiányīn-hòuguǒ	~		18308	强求	qiǎngqiú	动
18272	前者	qiánzhě	名		18309	强人所难	qiǎngrén-suǒnán	~
18273	前奏	qiánzòu	名		18310	强颜欢笑	qiǎngyán-huānxiào	~
18274	虔诚	qiánchéng	形		18311	乔迁	qiáoqiān	动
18275	潜藏	qiáncáng	动		18312	乔装	qiáozhuāng	动
18276	潜伏	qiánfú	动		18313	侨胞	qiáobāo	名
18277	潜能	qiánnéng	名		18314	侨眷	qiáojuàn	名
18278	潜逃	qiántáo	动		18315	侨民	qiáomín	名
18279	潜心	qiánxīn	动		18316	巧夺天工	qiǎoduó-tiāngōng	~
18280	潜意识	qiányìshí	名		18317	巧妇难为无米之炊	qiǎofù nán wéi wú mǐ zhī chuī	~
18281	潜在	qiánzài	形					
18282	黔驴技穷	qiánlǘ-jìqióng	~		18318	巧合	qiǎohé	形、名

18319	巧立名目	qiǎolì-míngmù	~		18355	青涩	qīngsè	形
18320	巧言令色	qiǎoyán-lìngsè	~		18356	青史	qīngshǐ	名
18321	俏	qiào	形		18357	青丝	qīngsī	名
18322	鞘	qiào	名		18358	轻便	qīngbiàn	形
18323	切磋	qiēcuō	动		18359	轻薄	qīngbó	形
18324	切₂	qiè	动、副、语素		18360	轻车熟路	qīngchē-shúlù	~
					18361	轻浮	qīngfú	形
18325	切合	qièhé	动		18362	轻歌曼舞	qīnggē-mànwǔ	~
18326	切身	qièshēn	形		18363	轻轨	qīngguǐ	名
18327	切实	qièshí	形		18364	轻狂	qīngkuáng	形
18328	怯场	qièchǎng	动		18365	轻描淡写	qīngmiáo-dànxiě	~
18329	怯弱	qièruò	形		18366	轻生	qīngshēng	动
18330	怯生生	qièshēngshēng	形		18367	轻信	qīngxìn	动
18331	窃听	qiètīng	动		18368	轻舟	qīngzhōu	名
18332	窃喜	qièxǐ	动		18369	轻装上阵	qīngzhuāng-shàngzhèn	~
18333	窃笑	qièxiào	动		18370	倾城	qīngchéng	动
18334	侵害	qīnhài	动		18371	倾倒₂	qīngdǎo	动
18335	侵权	qīnquán	动		18372	倾国倾城	qīngguó-qīngchéng	~
18336	侵扰	qīnrǎo	动		18373	倾家荡产	qīngjiā-dàngchǎn	~
18337	侵袭	qīnxí	动		18374	倾慕	qīngmù	动
18338	侵占	qīnzhàn	动		18375	倾吐	qīngtǔ	动
18339	亲₄	qīn	语素		18376	倾向	qīngxiàng	动、名
18340	亲笔	qīnbǐ	副		18377	倾心	qīngxīn	动
18341	亲和力	qīnhélì	名		18378	倾注	qīngzhù	动
18342	亲历	qīnlì	动		18379	卿卿我我	qīngqīngwǒwǒ	~
18343	亲昵	qīnnì	形		18380	清纯	qīngchún	形
18344	亲事	qīnshì	名		18381	清单	qīngdān	名
18345	亲信	qīnxìn	动、名		18382	清点	qīngdiǎn	动
18346	勤工俭学	qíngōng-jiǎnxué	~		18383	清高	qīnggāo	形
18347	擒	qín	动		18384	清静	qīngjìng	形
18348	擒获	qínhuò	动		18385	清苦	qīngkǔ	形
18349	沁	qìn	动		18386	清廉	qīnglián	形
18350	沁人心脾	qìnrénxīnpí	~		18387	清贫	qīngpín	形
18351	青黄不接	qīnghuáng-bùjiē	~		18388	清热	qīngrè	动
18352	青筋	qīngjīn	名		18389	清瘦	qīngshòu	形
18353	青睐	qīnglài	动		18390	清幽	qīngyōu	形
18354	青梅竹马	qīngméi-zhúmǎ	~		18391	清真	qīngzhēn	形

18392	蜻蜓点水	qīngtíng-diǎnshuǐ	~	18429	穷途末路	qióngtú-mòlù	~
18393	情操	qíngcāo	名	18430	穷乡僻壤	qióngxiāng-pìrǎng	~
18394	情窦初开	qíngdòu-chūkāi	~	18431	穷凶极恶	qióngxiōng-jí'è	~
18395	情歌	qínggē	名	18432	穷追不舍	qióngzhuī-bùshě	~
18396	情话	qínghuà	名	18433	琼楼玉宇	qiónglóu-yùyǔ	~
18397	情怀	qínghuái	名	18434	丘陵	qiūlíng	名
18398	情结	qíngjié	名	18435	囚	qiú	动、语素
18399	情景交融	qíngjǐng-jiāoróng	~	18436	囚禁	qiújìn	动
18400	情境	qíngjìng	名	18437	求婚	qiúhūn	动
18401	情理	qínglǐ	名	18438	求索	qiúsuǒ	动
18402	情侣	qínglǚ	名	18439	求真	qiúzhēn	动
18403	情人	qíngrén	名	18440	求证	qiúzhèng	动
18404	情商	qíngshāng	名	18441	求知欲	qiúzhīyù	名
18405	情诗	qíngshī	名	18442	求职	qiúzhí	动
18406	情势	qíngshì	名	18443	遒劲	qiújìng	形
18407	情书	qíngshū	名	18444	区区	qūqū	形
18408	情丝	qíngsī	名	18445	曲解	qūjiě	动
18409	情思	qíngsī	名	18446	曲径通幽	qūjìng-tōngyōu	~
18410	情愫	qíngsù	名	18447	驱除	qūchú	动
18411	情同手足	qíngtóngshǒuzú	~	18448	驱动	qūdòng	动
18412	情投意合	qíngtóu-yìhé	~	18449	驱逐	qūzhú	动
18413	情义	qíngyì	名	18450	屈从	qūcóng	动
18414	情意	qíngyì	名	18451	屈指可数	qūzhǐ-kěshǔ	~
18415	情有独钟	qíngyǒudúzhōng	~	18452	祛除	qūchú	动
18416	情缘	qíngyuán	名	18453	趋	qū	语素
18417	情真意切	qíngzhēn-yìqiè	~	18454	趋利避害	qūlì-bìhài	~
18418	晴天霹雳	qíngtiān-pīlì	~	18455	趋势	qūshì	名
18419	擎	qíng	动	18456	趋向	qūxiàng	动、名
18420	顷刻	qǐngkè	名	18457	趋炎附势	qūyán-fùshì	~
18421	请示	qǐngshì	动	18458	趋于	qūyú	动
18422	请帖/请柬	qǐngtiě/qǐngjiǎn	名	18459	趋之若鹜	qūzhī-ruòwù	~
18423	庆典	qìngdiǎn	名	18460	曲高和寡	qǔgāo-hèguǎ	~
18424	亲家	qìngjia	名	18461	曲目	qǔmù	名
18425	罄竹难书	qìngzhú-nánshū	~	18462	曲艺	qǔyì	名
18426	穷兵黩武	qióngbīng-dúwǔ	~	18463	取材	qǔcái	动
18427	穷尽	qióngjìn	动、名	18464	取缔	qǔdì	动
18428	穷困潦倒	qióngkùn-liáodǎo	~	18465	取款	qǔkuǎn	动

18466	取舍	qǔshě	动		18502	让利	rànglì	动
18467	取向	qǔxiàng	名		18503	扰	rǎo	语素
18468	取悦	qǔyuè	动		18504	绕圈子 / 兜圈子	ràoquānzi/dōuquānzi	~
18469	去除	qùchú	动		18505	绕行	ràoxíng	动
18470	权贵	quánguì	名		18506	热忱	rèchén	名
18471	权衡	quánhéng	动		18507	热诚	rèchéng	形
18472	权势	quánshì	名		18508	热点	rèdiǎn	名
18473	权限	quánxiàn	名		18509	热度	rèdù	名
18474	权益	quányì	名		18510	热浪	rèlàng	名
18475	全方位	quánfāngwèi	名		18511	热恋	rèliàn	动
18476	全副武装	quánfù wǔzhuāng	~		18512	热切	rèqiè	形
18477	全景	quánjǐng	名		18513	热土	rètǔ	名
18478	全然	quánrán	副		18514	热心肠	rèxīncháng	名、形
18479	全天候	quántiānhòu	形		18515	热衷	rèzhōng	动
18480	全线	quánxiàn	名		18516	人才济济	réncái-jǐjǐ	~
18481	诠释	quánshì	动		18517	人次	réncì	量
18482	痊愈	quányù	动		18518	人道	réndào	名、形
18483	蜷缩	quánsuō	动		18519	人定胜天	réndìngshèngtiān	~
18484	劝解	quànjiě	动		18520	人浮于事	rénfúyúshì	~
18485	劝慰	quànwèi	动		18521	人各有志	réngèyǒuzhì	~
18486	缺憾	quēhàn	名		18522	人工智能	réngōng zhìnéng	~
18487	缺失	quēshī	名、动		18523	人和	rénhé	名
18488	缺席	quēxí	动		18524	人际	rénjì	形
18489	雀跃	quèyuè	动		18525	人迹罕至	rénjì-hǎnzhì	~
18490	确保	quèbǎo	动		18526	人杰地灵	rénjié-dìlíng	~
18491	确立	quèlì	动		18527	人力	rénlì	名
18492	确切	quèqiè	形		18528	人满为患	rénmǎn-wéihuàn	~
18493	确信	quèxìn	动		18529	人面兽心	rénmiàn-shòuxīn	~
18494	确凿	quèzáo	形		18530	人品	rénpǐn	名
18495	鹊桥	quèqiáo	名		18531	人气	rénqì	名
18496	群策群力	qúncè-qúnlì	~		18532	人情	rénqíng	名
18497	群龙无首	qúnlóng-wúshǒu	~		18533	人权	rénquán	名
18498	然	rán	后缀、代指示		18534	人身	rénshēn	名
18499	燃眉之急	ránméizhījí	~		18535	人事	rénshì	名
18500	燃油	rányóu	名		18536	人心不古	rénxīn-bùgǔ	~
18501	染缸	rǎngāng	名		18537	人心惶惶	rénxīn-huánghuáng	~

18538	人烟	rényān	名		18575	柔性	róuxìng	形、名
18539	人缘儿	rényuánr	名		18576	蹂躏	róulìn	动
18540	人云亦云	rényún-yìyún	~		18577	肉麻	ròumá	形
18541	仁厚	rénhòu	形		18578	如出一辙	rúchūyīzhé	~
18542	仁人志士	rénrén-zhìshì	~		18579	如法炮制	rúfǎ-páozhì	~
18543	仁义	rényì	名		18580	如虎添翼	rúhǔtiānyì	~
18544	仁至义尽	rénzhì-yìjìn	~		18581	如花似玉	rúhuā-sìyù	~
18545	忍俊不禁	rěnjùn-bùjīn	~		18582	如火如荼	rúhuǒ-rútú	~
18546	忍辱负重	rěnrǔ-fùzhòng	~		18583	如胶似漆	rújiāo-sìqī	~
18547	认命	rènmìng	动		18584	如狼似虎	rúláng-sìhǔ	~
18548	认同	rèntóng	动		18585	如履薄冰	rúlǚbóbīng	~
18549	认证	rènzhèng	动		18586	如履平地	rúlǚpíngdì	~
18550	认知	rènzhī	动		18587	如梦初醒	rúmèngchūxǐng	~
18551	任教	rènjiào	动		18588	如期	rúqī	副
18552	任命	rènmìng	动		18589	如泣如诉	rúqì-rúsù	~
18553	任期	rènqī	名		18590	如日中天	rúrìzhōngtiān	~
18554	任人宰割	rènrén-zǎigē	~		18591	如数家珍	rúshǔjiāzhēn	~
18555	任用	rènyòng	动		18592	如下	rúxià	动
18556	任职	rènzhí	动		18593	如约	rúyuē	副
18557	任重道远	rènzhòng-dàoyuǎn	~		18594	如醉如痴 / 如痴如醉	rúzuì-rúchī / rúchī-rúzuì	~
18558	日程	rìchéng	名		18595	如坐针毡	rúzuòzhēnzhān	~
18559	日前	rìqián	名		18596	儒雅	rúyǎ	形
18560	日趋	rìqū	副		18597	乳房	rǔfáng	名
18561	日食	rìshí	名		18598	辱骂	rǔmà	动
18562	日用	rìyòng	形		18599	入不敷出	rùbùfūchū	~
18563	日志	rìzhì	名		18600	入海口	rùhǎikǒu	名
18564	荣光	róngguāng	形		18601	入境	rùjìng	动
18565	荣辱	róngrǔ	名		18602	入门	rùmén	动、名
18566	荣辱与共	róngrǔ-yǔgòng	~		18603	入梦	rùmèng	动
18567	容光焕发	róngguāng-huànfā	~		18604	入眠	rùmián	动
18568	容积	róngjī	名		18605	入木三分	rùmù-sānfēn	~
18569	容许	róngxǔ	动		18606	入围	rùwéi	动
18570	熔	róng	动		18607	入伍	rùwǔ	动
18571	熔化	rónghuà	动		18608	入乡随俗	rùxiāng-suísú	~
18572	熔炉	rónglú	名		18609	入住	rùzhù	动
18573	融会贯通	rónghuì-guàntōng	~		18610	软禁	ruǎnjìn	动
18574	冗长	rǒngcháng	形					

18611	软磨硬泡	ruǎnmó-yìngpào	~	18648	丧心病狂	sàngxīn-bìngkuáng	~
18612	软硬兼施	ruǎnyìng-jiānshī	~	18649	搔	sāo	动
18613	锐不可当	ruìbùkědāng	~	18650	骚动	sāodòng	动
18614	锐减	ruìjiǎn	动	18651	骚乱	sāoluàn	动
18615	锐气	ruìqì	名	18652	扫盲	sǎománg	动
18616	睿智	ruìzhì	形	18653	扫射	sǎoshè	动
18617	若非	ruòfēi	连	18654	扫视	sǎoshì	动
18618	若即若离	ruòjí-ruòlí	~	18655	色调	sèdiào	名
18619	若明若暗	ruòmíng-ruò'àn	~	18656	色狼	sèláng	名
18620	若有所失	ruòyǒusuǒshī	~	18657	色情	sèqíng	名
18621	若有所思	ruòyǒusuǒsī	~	18658	色素	sèsù	名
18622	偌大	ruòdà	形	18659	色泽	sèzé	名
18623	弱肉强食	ruòròu-qiángshí	~	18660	僧侣	sēnglǚ	名
18624	弱势	ruòshì	名	18661	杀鸡取卵	shājī-qǔluǎn	~
18625	飒飒	sàsà	拟声	18662	杀戮	shālù	动
18626	塞翁失马	sàiwēng-shīmǎ	~	18663	杀气腾腾	shāqì-téngténg	~
18627	三顾茅庐	sāngù-máolú	~	18664	杀人不眨眼	shā rén bù zhǎ yǎn	~
18628	三七／田七	sānqī/tiánqī	名	18665	杀人如麻	shārén-rúmá	~
18629	三生有幸	sānshēng-yǒuxìng	~	18666	杀伤力	shāshānglì	名
18630	三思	sānsī	动	18667	杀身之祸	shāshēnzhīhuò	~
18631	三思而后行	sānsī ér hòu xíng	~	18668	杀手锏	shāshǒujiǎn	名
18632	三下五除二	sān xià wǔ chú èr	~	18669	沙场／疆场	shāchǎng/jiāngchǎng	名
18633	三足鼎立	sānzú-dǐnglì	~	18670	沙龙	shālóng	名
18634	散漫	sǎnmàn	形	18671	砂锅	shāguō	名
18635	散场	sànchǎng	动	18672	煞白	shàbái	形
18636	散伙	sànhuǒ	动	18673	煞费苦心	shàfèi-kǔxīn	~
18637	散失	sànshī	动	18674	煞有介事	shàyǒu-jièshì	~
18638	丧	sāng	语素	18675	筛	shāi	动
18639	丧礼	sānglǐ	名	18676	山坳	shān'ào	名
18640	丧事	sāngshì	名	18677	山巅	shāndiān	名
18641	丧葬	sāngzàng	名	18678	山寨	shānzhài	名、形
18642	丧钟	sāngzhōng	名	18679	煽	shān	动
18643	丧家之犬	sàngjiāzhīquǎn	~	18680	煽动	shāndòng	动
18644	丧尽天良	sàngjìn-tiānliáng	~	18681	煽风点火	shānfēng-diǎnhuǒ	~
18645	丧命	sàngmìng	动	18682	煽情	shānqíng	动
18646	丧权辱国	sàngquán-rǔguó	~	18683	潸然泪下	shānránlèixià	~
18647	丧生	sàngshēng	动	18684	善罢甘休	shànbà-gānxiū	~

编号	词条	拼音	词性
18685	善始善终	shànshǐ-shànzhōng	~
18686	善意	shànyì	名
18687	善终	shànzhōng	动
18688	赡养	shànyǎng	动
18689	伤寒	shānghán	名
18690	伤势	shāngshì	名
18691	商机	shāngjī	名
18692	商贸	shāngmào	名
18693	商品房	shāngpǐnfáng	名
18694	商讨	shāngtǎo	动
18695	商务	shāngwù	名
18696	商议	shāngyì	动
18697	赏赐	shǎngcì	动、名
18698	赏脸	shǎngliǎn	动
18699	赏识	shǎngshí	动
18700	上苍	shàngcāng	名
18701	上乘	shàngchéng	形
18702	上岗	shànggǎng	动
18703	上级	shàngjí	名
18704	上缴	shàngjiǎo	动
18705	上流	shàngliú	名
18706	上马	shàngmǎ	动
18707	上年纪	shàngniánji	~
18708	上述	shàngshù	形
18709	上诉	shàngsù	动
18710	上线₂	shàngxiàn	名
18711	上旬	shàngxún	名
18712	上阵	shàngzhèn	动
18713	尚	shàng	副
18714	尚方宝剑/上方宝剑	shàngfāng bǎojiàn	名
18715	尚且	shàngqiě	连
18716	稍后	shāohòu	副
18717	稍纵即逝	shāozòng-jíshì	~
18718	少许	shǎoxǔ	形
18719	少不更事	shàobùgēngshì	~
18720	少妇	shàofù	名
18721	哨卡	shàoqiǎ	名
18722	哨所	shàosuǒ	名
18723	奢侈	shēchǐ	形
18724	奢华	shēhuá	形
18725	奢求	shēqiú	动、名
18726	奢望	shēwàng	动、名
18727	舍本逐末	shěběn-zhúmò	~
18728	舍命	shěmìng	动
18729	舍身	shěshēn	动
18730	舍生取义	shěshēng-qǔyì	~
18731	舍生忘死	shěshēng-wàngsǐ	~
18732	设法	shèfǎ	动
18733	设防	shèfáng	动
18734	设身处地	shèshēn-chǔdì	~
18735	社稷	shèjì	名
18736	社交	shèjiāo	名
18737	社团	shètuán	名
18738	射线	shèxiàn	名
18739	涉	shè	语素
18740	涉及	shèjí	动
18741	涉猎	shèliè	动
18742	涉嫌	shèxián	动
18743	涉足	shèzú	动
18744	赦免	shèmiǎn	动
18745	摄取	shèqǔ	动
18746	摄入	shèrù	动
18747	申报	shēnbào	动
18748	申明	shēnmíng	动
18749	身败名裂	shēnbài-míngliè	~
18750	身不由己	shēnbùyóujǐ	~
18751	身段	shēnduàn	名
18752	身价	shēnjià	名
18753	身经百战	shēnjīngbǎizhàn	~
18754	身临其境	shēnlínqíjìng	~
18755	身世	shēnshì	名
18756	身体力行	shēntǐ-lìxíng	~
18757	身外之物	shēnwàizhīwù	~

18758	身无分文	shēnwú-fēnwén	~		18795	审讯	shěnxùn	动
18759	身先士卒	shēnxiānshìzú	~		18796	肾	shèn	名
18760	参	shēn	名		18797	肾脏	shènzàng	名
18761	莘莘学子	shēnshēn-xuézǐ	~		18798	甚	shèn	副、动、形
18762	深不可测	shēnbùkěcè	~		18799	甚为	shènwéi	副
18763	深化	shēnhuà	动		18800	甚嚣尘上	shènxiāo-chénshàng	~
18764	深究	shēnjiū	动		18801	渗透	shèntòu	动
18765	深居简出	shēnjū-jiǎnchū	~		18802	慎重	shènzhòng	形
18766	深明大义	shēnmíng-dàyì	~		18803	升官	shēngguān	动
18767	深谋远虑	shēnmóu-yuǎnlǜ	~		18804	升值	shēngzhí	动
18768	深入浅出	shēnrù-qiǎnchū	~		18805	生变	shēngbiàn	动
18769	深入人心	shēnrù-rénxīn	~		18806	生产力	shēngchǎnlì	名
18770	深思熟虑	shēnsī-shúlǜ	~		18807	生还	shēnghuán	动
18771	深邃	shēnsuì	形		18808	生活费	shēnghuófèi	名
18772	深恶痛绝	shēnwù-tòngjué	~		18809	生计	shēngjì	名
18773	深意	shēnyì	名		18810	生老病死	shēng-lǎo-bìng-sǐ	~
18774	深造	shēnzào	动		18811	生离死别	shēnglí-sǐbié	~
18775	深重	shēnzhòng	形		18812	生理	shēnglǐ	名
18776	神采	shéncǎi	名		18813	生力军	shēnglìjūn	名
18777	神父	shénfù	名		18814	生灵涂炭	shēnglíng-tútàn	~
18778	神乎其神	shénhūqíshén	~		18815	生路	shēnglù	名
18779	神魂颠倒	shénhún-diāndǎo	~		18816	生平	shēngpíng	名
18780	神机妙算	shénjī-miàosuàn	~		18817	生涩	shēngsè	形
18781	神经质	shénjīngzhì	名		18818	生生不息	shēngshēng-bùxī	~
18782	神来之笔	shénláizhībǐ	~		18819	生死存亡	shēngsǐ-cúnwáng	~
18783	神灵	shénlíng	名		18820	生死攸关	shēngsǐ-yōuguān	~
18784	神明	shénmíng	名		18821	生物钟	shēngwùzhōng	名
18785	神韵	shényùn	名		18822	生效	shēngxiào	动
18786	审	shěn	动		18823	生性	shēngxìng	名
18787	审查	shěnchá	动		18824	生涯	shēngyá	名
18788	审核	shěnhé	动		18825	生育	shēngyù	动
18789	审理	shěnlǐ	动		18826	生源	shēngyuán	名
18790	审美	shěnměi	动		18827	生殖	shēngzhí	动
18791	审判	shěnpàn	动		18828	声称	shēngchēng	动
18792	审批	shěnpī	动		18829	声东击西	shēngdōng-jīxī	~
18793	审时度势	shěnshí-duóshì	~		18830	声名	shēngmíng	名
18794	审视	shěnshì	动		18831	声明	shēngmíng	动、名

18832	声情并茂	shēngqíng-bìngmào	~		18869	失声	shīshēng	动
18833	声色俱厉	shēngsè-jùlì	~		18870	失事	shīshì	动
18834	声色犬马	shēngsè-quǎnmǎ	~		18871	失守	shīshǒu	动
18835	声势	shēngshì	名		18872	失态	shītài	动
18836	声嘶力竭	shēngsī-lìjié	~		18873	失调	shītiáo	动
18837	声讨	shēngtǎo	动		18874	失效	shīxiào	动
18838	声望	shēngwàng	名		18875	失信	shīxìn	动
18839	声息	shēngxī	名		18876	失血	shīxuè	动
18840	声誉	shēngyù	名		18877	失业	shīyè	动
18841	牲口	shēngkou	名		18878	失之交臂	shīzhī-jiāobì	~
18842	笙歌	shēnggē	动		18879	失职	shīzhí	动
18843	绳之以法	shéngzhīyǐfǎ	~		18880	师弟	shīdì	名
18844	省心	shěngxīn	动		18881	师范	shīfàn	名
18845	圣地	shèngdì	名		18882	师姐	shījiě	名
18846	圣洁	shèngjié	形		18883	师妹	shīmèi	名
18847	圣经	Shèngjīng	名		18884	师门	shīmén	名
18848	圣贤	shèngxián	名		18885	师母	shīmǔ	名
18849	胜任	shèngrèn	动		18886	师兄/师哥	shīxiōng/shīgē	名
18850	盛产	shèngchǎn	动		18887	师资	shīzī	名
18851	盛况	shèngkuàng	名		18888	诗坛	shītán	名
18852	盛名	shèngmíng	名		18889	施加	shījiā	动
18853	盛气凌人	shèngqì-língrén	~		18890	施行	shīxíng	动
18854	盛世	shèngshì	名		18891	施压	shīyā	动
18855	盛行	shèngxíng	动		18892	施展	shīzhǎn	动
18856	尸	shī	语素		18893	施主	shīzhǔ	名
18857	尸骨	shīgǔ	名		18894	十恶不赦	shí'è-bùshè	~
18858	尸首	shīshou	名		18895	十拿九稳	shíná-jiǔwěn	~
18859	失常	shīcháng	形		18896	十万八千里	shíwàn bāqiān lǐ	
18860	失宠	shīchǒng	动		18897	十万火急	shíwàn-huǒjí	~
18861	失聪	shīcōng	动		18898	石灰	shíhuī	名
18862	失衡	shīhéng	动		18899	石破天惊	shípò-tiānjīng	~
18863	失控	shīkòng	动		18900	时₂	shí	语素、量、副
18864	失礼	shīlǐ	动					
18865	失利	shīlì	动		18901	时差	shíchā	名
18866	失联	shīlián	动		18902	时段	shíduàn	名
18867	失恋	shīliàn	动		18903	时过境迁	shíguò-jìngqiān	~
18868	失散	shīsàn	动		18904	时局	shíjú	名

18905	时来运转	shílái-yùnzhuǎn	~	18942	世家	shìjiā	名
18906	时令	shílìng	名	18943	世面	shìmiàn	名
18907	时日	shírì	名	18944	世事	shìshì	名
18908	时势	shíshì	名	18945	世态炎凉	shìtài-yánliáng	~
18909	时事	shíshì	名	18946	世袭	shìxí	动
18910	时速	shísù	名	18947	仕途	shìtú	名
18911	时下	shíxià	名	18948	市井	shìjǐng	名
18912	时兴	shíxīng	动	18949	势必	shìbì	副
18913	时运	shíyùn	名	18950	势不两立	shìbùliǎnglì	~
18914	实干	shígàn	动	18951	势力	shìlì	名
18915	实况	shíkuàng	名	18952	势利	shìli	形
18916	实名	shímíng	名	18953	势如破竹	shìrúpòzhú	~
18917	实体	shítǐ	名	18954	势头	shìtou	名
18918	实则	shízé	副	18955	势在必行	shìzàibìxíng	~
18919	实战	shízhàn	名	18956	事变	shìbiàn	名
18920	实质	shízhì	名	18957	事不宜迟	shìbùyíchí	~
18921	食物链	shíwùliàn	名	18958	事出有因	shìchū-yǒuyīn	~
18922	蚀	shí	动	18959	事端	shìduān	名
18923	史册	shǐcè	名	18960	事过境迁	shìguò-jìngqiān	~
18924	史料	shǐliào	名	18961	事理	shìlǐ	名
18925	史诗	shǐshī	名	18962	事态	shìtài	名
18926	史实	shǐshí	名	18963	事与愿违	shìyǔyuànwéi	~
18927	史无前例	shǐwúqiánlì	~	18964	事在人为	shìzàirénwéi	~
18928	矢口否认	shǐkǒu-fǒurèn	~	18965	侍从	shìcóng	名
18929	矢志不渝	shǐzhì-bùyú	~	18966	侍奉	shìfèng	动
18930	使₂	shǐ	语素	18967	侍女	shìnǚ	名
18931	使馆	shǐguǎn	名	18968	侍卫	shìwèi	名
18932	使节	shǐjié	名	18969	试点	shìdiǎn	动、名
18933	始料不及	shǐliàobùjí	~	18970	试剂	shìjì	名
18934	始祖	shǐzǔ	名	18971	试金石	shìjīnshí	名
18935	始作俑者	shǐzuòyǒngzhě	~	18972	试问	shìwèn	动
18936	示威	shìwēi	动	18973	试想	shìxiǎng	动
18937	示意图	shìyìtú	名	18974	试用	shìyòng	动
18938	示众	shìzhòng	动	18975	视察	shìchá	动
18939	世代	shìdài	名	18976	视点	shìdiǎn	名
18940	世道	shìdào	名	18977	视角	shìjiǎo	名
18941	世故	shìgù/shìgu	名/形	18978	视若无睹	shìruòwúdǔ	~

18979	拭目以待	shìmùyǐdài	~	19015	守恒	shǒuhéng	动
18980	是非曲直	shìfēi-qūzhí	~	19016	守旧	shǒujiù	形
18981	适得其反	shìdé-qífǎn	~	19017	守口如瓶	shǒukǒu-rúpíng	~
18982	适度	shìdù	形	19018	守岁	shǒusuì	动
18983	适可而止	shìkě'érzhǐ	~	19019	守望	shǒuwàng	动
18984	适量	shìliàng	形	19020	首₂	shǒu	语素
18985	适时	shìshí	形	19021	首创	shǒuchuàng	动
18986	适用	shìyòng	形	19022	首府	shǒufǔ	名
18987	适中	shìzhōng	形	19023	首脑	shǒunǎo	名
18988	释怀	shìhuái	动	19024	首屈一指	shǒuqū-yīzhǐ	~
18989	释然	shìrán	形	19025	首席	shǒuxí	名、形
18990	嗜好	shìhào	名	19026	首选	shǒuxuǎn	动
18991	誓	shì	动、名	19027	首长	shǒuzhǎng	名
18992	誓言	shìyán	名	19028	受宠若惊	shòuchǒng-ruòjīng	~
18993	收兵	shōubīng	动	19029	受贿	shòuhuì	动
18994	收场	shōuchǎng	动、名	19030	受理	shòulǐ	动
18995	收复	shōufù	动	19031	受损	shòusǔn	动
18996	收工	shōugōng	动	19032	受用	shòuyòng	动
18997	收购	shōugòu	动	19033	受阻	shòuzǔ	动
18998	收据	shōujù	名	19034	狩猎	shòuliè	动
18999	收敛	shōuliǎn	动	19035	授	shòu	语素
19000	收录	shōulù	动	19036	授权	shòuquán	动
19001	收买	shōumǎi	动	19037	授予	shòuyǔ	动
19002	收取	shōuqǔ	动	19038	瘦骨嶙峋	shòugǔ-línxún	~
19003	收尾	shōuwěi	动	19039	瘦削	shòuxuē	形
19004	收益	shōuyì	名	19040	书稿	shūgǎo	名
19005	手笔	shǒubǐ	名	19041	书记	shūjì	名
19006	手稿	shǒugǎo	名	19042	书卷	shūjuàn	名
19007	手工业	shǒugōngyè	名	19043	书目	shūmù	名
19008	手软	shǒuruǎn	形	19044	书香门第	shūxiāng-méndì	~
19009	手术室	shǒushùshì	名	19045	书斋	shūzhāi	名
19010	手无寸铁	shǒuwúcùntiě	~	19046	枢纽	shūniǔ	名
19011	手无缚鸡之力	shǒu wú fù jī zhī lì	~	19047	殊不知	shūbùzhī	动
				19048	殊途同归	shūtú-tóngguī	~
19012	手足	shǒuzú	名	19049	梳妆	shūzhuāng	动
19013	手足无措	shǒuzú-wúcuò	~	19050	淑女	shūnǚ	名
19014	守财奴	shǒucáinú	名	19051	舒心	shūxīn	形

19052	疏导	shūdǎo	动	19089	率直	shuàizhí	形
19053	疏散	shūsàn	形、动	19090	栓	shuān	语素
19054	疏松	shūsōng	形、动	19091	双管齐下	shuāngguǎn-qíxià	~
19055	疏通	shūtōng	动	19092	双亲	shuāngqīn	名
19056	输送	shūsòng	动	19093	双刃剑	shuāngrènjiàn	名
19057	赎	shú	动	19094	双喜临门	shuāngxǐ-línmén	~
19058	赎罪	shúzuì	动	19095	双赢	shuāngyíng	动
19059	熟识	shúshi	动	19096	水产	shuǐchǎn	名
19060	熟视无睹	shúshì-wúdǔ	~	19097	水货	shuǐhuò	名
19061	熟知	shúzhī	动	19098	水路	shuǐlù	名
19062	暑气	shǔqì	名	19099	水墨画	shuǐmòhuà	名
19063	属实	shǔshí	动	19100	水平线	shuǐpíngxiàn	名
19064	属下	shǔxià	名	19101	水渠	shuǐqú	名
19065	属性	shǔxìng	名	19102	水乳交融	shuǐrǔ-jiāoróng	~
19066	署₁	shǔ	动	19103	水泄不通	shuǐxièbùtōng	~
19067	署₂	shǔ	名	19104	水域	shuǐyù	名
19068	署名	shǔmíng	动	19105	水涨船高	shuǐzhǎng-chuángāo	~
19069	术语	shùyǔ	名	19106	水质	shuǐzhì	名
19070	束手就擒	shùshǒu-jiùqín	~	19107	水准	shuǐzhǔn	名
19071	束手束脚	shùshǒu-shùjiǎo	~	19108	税收	shuìshōu	名
19072	束手无策	shùshǒu-wúcè	~	19109	税务	shuìwù	名
19073	束之高阁	shùzhīgāogé	~	19110	睡眼惺忪	shuìyǎn-xīngsōng	~
19074	树大招风	shùdà-zhāofēng	~	19111	顺境	shùnjìng	名
19075	恕	shù	动、语素	19112	顺理成章	shùnlǐ-chéngzhāng	~
19076	恕罪	shùzuì	动	19113	顺其自然	shùnqízìrán	~
19077	数额	shù'é	名	19114	顺时针	shùnshízhēn	形
19078	数据	shùjù	名	19115	顺势	shùnshì	副
19079	数据库	shùjùkù	名	19116	顺水人情	shùnshuǐ-rénqíng	~
19080	刷新	shuāxīn	动	19117	顺水推舟	shùnshuǐ-tuīzhōu	~
19081	衰败	shuāibài	动	19118	顺心	shùnxīn	形
19082	衰竭	shuāijié	动	19119	顺应	shùnyìng	动
19083	衰老	shuāilǎo	形	19120	瞬时	shùnshí	名
19084	衰落	shuāiluò	动	19121	说教	shuōjiào	动
19085	衰退	shuāituì	动	19122	硕大	shuòdà	形
19086	率先	shuàixiān	副	19123	硕果	shuòguǒ	名
19087	率性	shuàixìng	形	19124	硕士	shuòshì	名
19088	率真	shuàizhēn	形	19125	司法	sīfǎ	动

19126	司空见惯	sīkōng-jiànguàn	~		19163	四大皆空	sìdàjiēkōng	~
19127	丝丝入扣	sīsī-rùkòu	~		19164	四面楚歌	sìmiàn-chǔgē	~
19128	私房钱	sīfángqián	名		19165	四起	sìqǐ	动
19129	私家	sījiā	形		19166	似是而非	sìshì-érfēi	~
19130	私家车	sījiāchē	名		19167	伺机	sìjī	动
19131	私生活	sīshēnghuó	名		19168	肆虐	sìnüè	动
19132	私下	sīxià	名		19169	肆意	sìyì	副
19133	私心	sīxīn	名		19170	怂恿	sǒngyǒng	动
19134	私心杂念	sīxīn-zániàn	~		19171	耸人听闻	sǒngréntīngwén	~
19135	私营	sīyíng	形		19172	送行	sòngxíng	动
19136	私有	sīyǒu	动		19173	颂扬	sòngyáng	动
19137	私欲	sīyù	名		19174	搜肠刮肚	sōucháng-guādù	~
19138	私自	sīzì	副		19175	搜救	sōujiù	动
19139	思辨	sībiàn	动		19176	馊	sōu	形
19140	思潮	sīcháo	名		19177	俗不可耐	súbùkěnài	~
19141	思量	sīliang	动		19178	俗话	súhuà	名
19142	思虑	sīlǜ	动		19179	俗人	súrén	名
19143	思前想后	sīqián-xiǎnghòu	~		19180	夙愿/宿愿	sùyuàn	名
19144	斯文	sīwen	形		19181	诉讼	sùsòng	动
19145	厮打	sīdǎ	动		19182	肃静	sùjìng	形
19146	厮混	sīhùn	动		19183	肃立	sùlì	动
19147	厮杀	sīshā	动		19184	肃清	sùqīng	动
19148	厮守	sīshǒu	动		19185	肃杀	sùshā	形
19149	撕扯	sīchě	动		19186	素不相识	sùbùxiāngshí	~
19150	死不瞑目	sǐbùmíngmù	~		19187	素昧平生	sùmèi-píngshēng	~
19151	死党	sǐdǎng	名		19188	素养	sùyǎng	名
19152	死灰复燃	sǐhuī-fùrán	~		19189	素有	sùyǒu	动
19153	死寂	sǐjì	形		19190	宿命	sùmìng	名
19154	死里逃生	sǐlǐ-táoshēng	~		19191	宿营	sùyíng	动
19155	死难	sǐnàn	动		19192	塑	sù	动
19156	死去活来	sǐqù-huólái	~		19193	算计	suànjì	动
19157	死水	sǐshuǐ	名		19194	算命	suànmìng	动
19158	死心塌地	sǐxīn-tādì	~		19195	随笔	suíbǐ	名
19159	死有余辜	sǐyǒuyúgū	~		19196	随波逐流	suíbō-zhúliú	~
19160	死于非命	sǐyúfēimìng	~		19197	随从	suícóng	动、名
19161	死者	sǐzhě	名		19198	随机	suíjī	形
19162	四不像	sìbùxiàng	名		19199	随想	suíxiǎng	名

19200	随行	suíxíng	动
19201	随遇而安	suíyù'ér'ān	~
19202	遂	suì	副、语素
19203	缩减	suōjiǎn	动
19204	缩水	suōshuǐ	动
19205	缩影	suōyǐng	名
19206	所得税	suǒdéshuì	名
19207	所剩无几	suǒshèng-wújǐ	~
19208	所向披靡	suǒxiàng-pīmǐ	~
19209	所以然	suǒyǐrán	名
19210	所在地	suǒzàidì	名
19211	索	suǒ	语素
19212	索赔	suǒpéi	动
19213	索然无味	suǒrán-wúwèi	~
19214	索要	suǒyào	动
19215	琐事	suǒshì	名
19216	锁定	suǒdìng	动
19217	他日	tārì	名
19218	塌方	tāfāng	动
19219	太阳穴	tàiyángxué	名
19220	态势	tàishì	名
19221	泰斗	tàidǒu	名
19222	泰然处之 / 处之泰然	tàirán-chǔzhī / chǔzhī-tàirán	~
19223	泰然自若	tàirán-zìruò	~
19224	坍塌	tāntā	动
19225	贪官污吏	tānguān wūlì	~
19226	贪恋	tānliàn	动
19227	贪污	tānwū	动
19228	贪赃枉法	tānzāng-wǎngfǎ	~
19229	摊点	tāndiǎn	名
19230	摊位	tānwèi	名
19231	摊主	tānzhǔ	名
19232	谈何容易	tánhéróngyì	~
19233	谈虎色变	tánhǔ-sèbiàn	~
19234	谈判	tánpàn	动
19235	谈笑风生	tánxiào-fēngshēng	~
19236	谈笑自若 / 谈笑自如	tánxiào-zìruò / tánxiào-zìrú	~
19237	弹劾	tánhé	动
19238	弹指之间 / 弹指一挥间	tánzhǐzhījiān / tánzhǐ yī huī jiān	~
19239	忐忑	tǎntè	形
19240	坦白	tǎnbái	形、动
19241	坦荡	tǎndàng	形
19242	坦露	tǎnlù	动
19243	坦率	tǎnshuài	形
19244	坦言	tǎnyán	动
19245	袒露	tǎnlù	动
19246	叹服	tànfú	动
19247	叹为观止	tànwéiguānzhǐ	~
19248	叹惜	tànxī	动
19249	探访	tànfǎng	动
19250	探秘	tànmì	动
19251	探求	tànqiú	动
19252	探视	tànshì	动
19253	探听	tàntīng	动
19254	探寻	tànxún	动
19255	碳酸	tànsuān	名
19256	唐突	tángtū	动、形
19257	堂而皇之	táng'érhuángzhī	~
19258	搪塞	tángsè	动
19259	螳臂当车 / 螳臂挡车	tángbì-dāngchē / tángbì-dǎngchē	~
19260	螳螂捕蝉，黄雀在后	tángláng-bǔchán, huángquè-zàihòu	~
19261	倘若	tǎngruò	连
19262	掏心	tāoxīn	动
19263	滔天	tāotiān	动
19264	韬光养晦	tāoguāng-yǎnghuì	~
19265	逃犯	táofàn	名
19266	逃亡	táowáng	动
19267	逃逸	táoyì	动
19268	桃花运	táohuāyùn	名
19269	桃李	táolǐ	名

19270	淘金	táojīn	动	19307	天高地厚	tiāngāo-dìhòu	~
19271	讨伐	tǎofá	动	19308	天各一方	tiāngèyīfāng	~
19272	讨教	tǎojiào	动	19309	天花乱坠	tiānhuā-luànzhuì	~
19273	套路	tàolù	名	19310	天荒地老/地老天荒	tiānhuāng-dìlǎo/dìlǎo-tiānhuāng	~
19274	特技	tèjì	名	19311	天际	tiānjì	名
19275	特立独行	tèlì-dúxíng	~	19312	天价	tiānjià	名
19276	特权	tèquán	名	19313	天经地义	tiānjīng-dìyì	~
19277	特写	tèxiě	名	19314	天井	tiānjǐng	名
19278	特质	tèzhì	名	19315	天籁	tiānlài	名
19279	誊	téng	动	19316	天理	tiānlǐ	名
19280	誊写	téngxiě	动	19317	天伦之乐	tiānlúnzhīlè	~
19281	剔除	tīchú	动	19318	天马行空	tiānmǎ-xíngkōng	~
19282	提拔	tíbá	动	19319	天命	tiānmìng	名
19283	提成	tíchéng	动、名	19320	天穹	tiānqióng	名
19284	提纲挈领	tígāng-qièlǐng		19321	天时	tiānshí	名
19285	提及	tíjí	动	19322	天书	tiānshū	名
19286	提炼	tíliàn	动	19323	天文台	tiānwéntái	名
19287	提名	tímíng	动	19324	天仙	tiānxiān	名
19288	提速	tísù	动	19325	天险	tiānxiǎn	名
19289	提携	tíxié	动	19326	天象	tiānxiàng	名
19290	提要	tíyào	名、动	19327	天意	tiānyì	名
19291	提振	tízhèn	动	19328	天灾	tiānzāi	名
19292	啼笑皆非	tíxiào-jiēfēi	~	19329	天灾人祸	tiānzāi-rénhuò	~
19293	题材	tícái	名	19330	天造地设	tiānzào-dìshè	~
19294	题词	tící	动、名	19331	天职	tiānzhí	名
19295	题名	tímíng	动、名	19332	天资	tiānzī	名
19296	体裁	tǐcái	名	19333	添置	tiānzhì	动
19297	体察	tǐchá	动	19334	添砖加瓦	tiānzhuān-jiāwǎ	~
19298	体罚	tǐfá	动	19335	田地₂	tiándì	名
19299	体面	tǐmiàn	名、形	19336	田鸡	tiánjī	名
19300	体能	tǐnéng	名	19337	恬不知耻	tiánbùzhīchǐ	~
19301	体魄	tǐpò	名	19338	恬淡	tiándàn	形
19302	体无完肤	tǐwúwánfū	~	19339	恬静	tiánjìng	形
19303	体悟	tǐwù	动	19340	填补	tiánbǔ	动
19304	体制	tǐzhì	名	19341	挑肥拣瘦	tiāoféi-jiǎnshòu	~
19305	替身	tìshēn	名	19342	条幅	tiáofú	名
19306	替罪羊	tìzuìyáng	名				

19343	条款	tiáokuǎn	名	19379	通病	tōngbìng	名
19344	条理	tiáolǐ	名	19380	通告	tōnggào	动、名
19345	条例	tiáolì	名	19381	通航	tōngháng	动
19346	条条框框	tiáotiáo kuàngkuàng	~	19382	通缉	tōngjī	动
19347	条文	tiáowén	名	19383	通融	tōngróng	动
19348	条约	tiáoyuē	名	19384	通体	tōngtǐ	名
19349	迢迢	tiáotiáo	形	19385	通天	tōngtiān	动
19350	调和	tiáohé	动、形	19386	通透	tōngtòu	动、形
19351	调剂	tiáojì	动	19387	通晓	tōngxiǎo	动
19352	调教	tiáojiào	动	19388	通行证	tōngxíngzhèng	名
19353	调解	tiáojiě	动	19389	同仇敌忾	tóngchóu-díkài	~
19354	调侃	tiáokǎn	动	19390	同感	tónggǎn	名
19355	调控	tiáokòng	动	19391	同归于尽	tóngguīyújìn	~
19356	调试	tiáoshì	动	19392	同行₂	tóngháng	名
19357	调戏	tiáoxì	动	19393	同化	tónghuà	动
19358	调养	tiáoyǎng	动	19394	同龄人	tónglíngrén	名
19359	挑逗	tiǎodòu	动	19395	同流合污	tóngliú-héwū	~
19360	挑衅	tiǎoxìn	动	19396	同盟	tóngméng	名
19361	跳板	tiàobǎn	名	19397	同人/同仁	tóngrén	名
19362	跳槽	tiàocáo	动	19398	同心同德	tóngxīn-tóngdé	~
19363	贴切	tiēqiè	形	19399	同舟共济	tóngzhōu-gòngjì	~
19364	贴心	tiēxīn	形	19400	童趣	tóngqù	名
19365	铁青	tiěqīng	形	19401	童真	tóngzhēn	名
19366	铁人	tiěrén	名	19402	统	tǒng	副、语素
19367	铁石心肠	tiěshí-xīncháng	~	19403	统称	tǒngchēng	动、名
19368	铁蹄	tiětí	名	19404	统帅	tǒngshuài	名
19369	厅长	tīngzhǎng	名	19405	统率	tǒngshuài	动
19370	听取	tīngqǔ	动	19406	痛不欲生	tòngbùyùshēng	~
19371	听任	tīngrèn	动	19407	痛楚	tòngchǔ	形
19372	听天由命	tīngtiān-yóumìng	~	19408	痛定思痛	tòngdìng-sītòng	~
19373	停歇	tíngxiē	动	19409	痛哭流涕	tòngkū-liútì	~
19374	停业	tíngyè	动	19410	痛心疾首	tòngxīn-jíshǒu	~
19375	停滞	tíngzhì	动	19411	偷鸡摸狗	tōujī-mōgǒu	~
19376	挺进	tǐngjìn	动	19412	偷窥	tōukuī	动
19377	铤而走险/挺而走险	tǐng'érzǒuxiǎn	~	19413	头等	tóuděng	形
				19414	头衔	tóuxián	名
19378	通报	tōngbào	动、名	19415	头重脚轻	tóuzhòng-jiǎoqīng	~

19416	投奔	tóubèn	动		19452	推断	tuīduàn	动
19417	投放	tóufàng	动		19453	推广	tuīguǎng	动
19418	投机	tóujī	形、动		19454	推理	tuīlǐ	动
19419	投机倒把	tóujī-dǎobǎ	~		19455	推论	tuīlùn	动、名
19420	投机取巧	tóujī-qǔqiǎo	~		19456	推拿	tuīná	动
19421	投射	tóushè	动		19457	推敲	tuīqiāo	动
19422	投身	tóushēn	动		19458	推算	tuīsuàn	动
19423	投生/投胎	tóushēng/tóutāi	动		19459	推心置腹	tuīxīn-zhìfù	~
19424	投鼠忌器	tóushǔ-jìqì	~		19460	推行	tuīxíng	动
19425	投注	tóuzhù	动		19461	颓败	tuíbài	形
19426	投资	tóuzī	动、名		19462	颓废	tuífèi	形
19427	透支	tòuzhī	动		19463	颓然	tuírán	形
19428	凸显	tūxiǎn	动		19464	退路	tuìlù	名
19429	凸现	tūxiàn	动		19465	退却	tuìquè	动
19430	突变	tūbiàn	动		19466	退堂鼓	tuìtánggǔ	名
19431	突发	tūfā	动		19467	退伍	tuìwǔ	动
19432	突围	tūwéi	动		19468	退休金	tuìxiūjīn	名
19433	突兀	tūwù	形		19469	退役	tuìyì	动
19434	图景	tújǐng	名		19470	蜕变	tuìbiàn	动
19435	图腾	túténg	名		19471	吞并	tūnbìng	动
19436	图文并茂	túwén-bìngmào	~		19472	吞吐	tūntǔ	动
19437	徒₁	tú	语素		19473	屯	tún	语素
19438	徒₂	tú	副		19474	屯集	túnjí	动
19439	徒步	túbù	副		19475	屯聚	túnjù	动
19440	徒劳	túláo	动		19476	屯子	túnzi	名
19441	徒劳无功/徒劳无益	túláo-wúgōng/túláo-wúyì	~		19477	囤	tún	动
					19478	囤积	túnjī	动
19442	徒然	túrán	副		19479	托词/托辞	tuōcí	名、动
19443	徒手	túshǒu	副		19480	托付	tuōfù	动
19444	土崩瓦解	tǔbēng-wǎjiě	~		19481	拖后腿	tuōhòutuǐ	~
19445	土著	tǔzhù	名		19482	拖累	tuōlěi	动
19446	湍急	tuānjí	形		19483	拖欠	tuōqiàn	动
19447	推波助澜	tuībō-zhùlán	~		19484	拖延	tuōyán	动
19448	推测	tuīcè	动		19485	脱节	tuōjié	动
19449	推陈出新	tuīchén-chūxīn	~		19486	脱贫	tuōpín	动
19450	推崇	tuīchóng	动		19487	脱水	tuōshuǐ	动
19451	推辞	tuīcí	动		19488	脱俗	tuōsú	动

- 283 -

19489	脱胎换骨	tuōtāi-huàngǔ	~	19526	万般	wànbān	副、数量
19490	妥	tuǒ	形	19527	万古	wàngǔ	名
19491	妥善	tuǒshàn	形	19528	万古长青	wàngǔ-chángqīng	~
19492	拓宽	tuòkuān	动	19529	万家灯火	wànjiā-dēnghuǒ	~
19493	拓展	tuòzhǎn	动	19530	万劫不复	wànjié-bùfù	~
19494	唾弃	tuòqì	动	19531	万籁俱寂	wànlài-jùjì	~
19495	唾手可得	tuòshǒu-kědé	~	19532	万念俱灰	wànniàn-jùhuī	~
19496	洼地	wādì	名	19533	万顷	wànqǐng	数量
19497	娃娃鱼	wáwayú	名	19534	万全之策	wànquánzhīcè	~
19498	瓦解	wǎjiě	动	19535	万人空巷	wànrén-kōngxiàng	~
19499	瓦斯	wǎsī	名	19536	万事通	wànshìtōng	名、动
19500	歪打正着	wāidǎ-zhèngzháo	~	19537	万象更新	wànxiàng-gēngxīn	~
19501	歪风邪气	wāifēng-xiéqì	~	19538	万有引力	wànyǒu yǐnlì	~
19502	歪门邪道	wāimén-xiédào	~	19539	亡国	wángguó	动
19503	歪曲	wāiqū	动	19540	亡国奴	wángguónú	名
19504	外行	wàiháng	形、名	19541	亡灵	wánglíng	名
19505	外籍	wàijí	名	19542	王公	wánggōng	名
19506	外交	wàijiāo	名	19543	王牌	wángpái	名
19507	外交官	wàijiāoguān	名	19544	王室	wángshì	名
19508	外科	wàikē	名	19545	网店	wǎngdiàn	名
19509	外贸	wàimào	名	19546	网购	wǎnggòu	动
19510	外强中干	wàiqiáng-zhōnggān	~	19547	网民	wǎngmín	名
19511	外柔内刚	wàiróu-nèigāng	~	19548	枉费	wǎngfèi	动
19512	外商	wàishāng	名	19549	枉然	wǎngrán	形
19513	外围	wàiwéi	名、形	19550	往返	wǎngfǎn	动
19514	外援	wàiyuán	名	19551	往昔	wǎngxī	名
19515	剜	wān	动	19552	惘然	wǎngrán	形
19516	完备	wánbèi	形	19553	妄	wàng	副
19517	完结	wánjié	动	19554	妄图	wàngtú	动
19518	完满	wánmǎn	形	19555	妄想	wàngxiǎng	动、名
19519	完人	wánrén	名	19556	妄自菲薄	wàngzì-fěibó	~
19520	玩世不恭	wánshì-bùgōng	~	19557	妄自尊大	wàngzì-zūndà	~
19521	玩味	wánwèi	动	19558	忘乎所以	wànghūsuǒyǐ	~
19522	玩物丧志	wánwù-sàngzhì	~	19559	忘怀	wànghuái	动
19523	宛若	wǎnruò	动	19560	忘情	wàngqíng	动
19524	莞尔	wǎn'ěr	形	19561	旺季	wàngjì	名
19525	婉拒	wǎnjù	动	19562	望₂	wàng	动、语素

19563	望尘莫及	wàngchén-mòjí	~
19564	望穿秋水	wàngchuān-qiūshuǐ	~
19565	望梅止渴	wàngméi-zhǐkě	~
19566	望其项背	wàngqíxiàngbèi	~
19567	望眼欲穿	wàngyǎnyùchuān	~
19568	望洋兴叹	wàngyáng-xīngtàn	~
19569	望子成龙	wàngzǐ-chénglóng	~
19570	危	wēi	语素
19571	危及	wēijí	动
19572	危亡	wēiwáng	动
19573	危言耸听	wēiyán-sǒngtīng	~
19574	危在旦夕	wēizàidànxī	~
19575	威逼利诱	wēibī-lìyòu	~
19576	威慑	wēishè	动
19577	威士忌	wēishìjì	名
19578	威望	wēiwàng	名
19579	微观	wēiguān	形
19580	微乎其微	wēihūqíwēi	~
19581	微米	wēimǐ	量
19582	煨	wēi	动
19583	巍峨	wēi'é	形
19584	巍然	wēirán	形
19585	巍巍	wēiwēi	形
19586	为非作歹	wéifēi-zuòdǎi	~
19587	为时	wéishí	动
19588	为数	wéishù	动
19589	为所欲为	wéisuǒyùwéi	~
19590	违	wéi	语素
19591	违法乱纪	wéifǎ-luànjì	~
19592	违规	wéiguī	动
19593	违纪	wéijì	动
19594	违心	wéixīn	动
19595	违约	wéiyuē	动
19596	围城	wéichéng	名
19597	围攻	wéigōng	动
19598	围剿	wéijiǎo	动
19599	围困	wéikùn	动
19600	唯恐/惟恐	wéikǒng	动
19601	唯利是图/惟利是图	wéilìshìtú	~
19602	唯美	wéiměi	形
19603	唯命是听/惟命是听/唯命是从/惟命是从	wéimìngshìtīng/wéimìngshìtīng/wéimìngshìcóng/wéimìngshìcóng	~
19604	唯唯诺诺	wéiwéinuònuò	形
19605	唯物主义	wéiwù zhǔyì	~
19606	唯心主义	wéixīn zhǔyì	~
19607	唯有/惟有	wéiyǒu	连、副
19608	惟妙惟肖	wéimiào-wéixiào	~
19609	维	wéi	语素
19610	维系	wéixì	动
19611	伟岸	wěi'àn	形
19612	伟绩	wěijì	名
19613	伟业	wěiyè	名
19614	伪君子	wěijūnzǐ	名
19615	伪劣	wěiliè	形
19616	伪善	wěishàn	形
19617	尾声	wěishēng	名
19618	尾随	wěisuí	动
19619	纬度	wěidù	名
19620	委派	wěipài	动
19621	委曲求全	wěiqū-qiúquán	~
19622	委任	wěirèn	动
19623	委托	wěituō	动
19624	委员会	wěiyuánhuì	名
19625	娓娓	wěiwěi	形
19626	萎靡	wěimǐ	形
19627	萎缩	wěisuō	动
19628	猥琐	wěisuǒ	形
19629	为虎作伥	wèihǔ-zuòchāng	~
19630	未曾	wèicéng	副
19631	未尝	wèicháng	副
19632	未婚夫	wèihūnfū	名
19633	未婚妻	wèihūnqī	名

19634	未经	wèijīng	动	19671	稳步	wěnbù	副
19635	未免	wèimiǎn	副	19672	稳操胜券/稳操胜算	wěncāo-shèngquàn/wěncāo-shèngsuàn	~
19636	未然	wèirán	动	19673	稳健	wěnjiàn	形
19637	未雨绸缪	wèiyǔ-chóumóu	~	19674	稳如泰山	wěnrútàishān	~
19638	未知数	wèizhīshù	名	19675	稳妥	wěntuǒ	形
19639	位居	wèijū	动	19676	稳扎稳打	wěnzhā-wěndǎ	~
19640	味蕾	wèilěi	名	19677	问津	wènjīn	动
19641	味同嚼蜡	wèitóngjiáolà	~	19678	问心无愧	wènxīn-wúkuì	~
19642	畏	wèi	语素	19679	瓮中之鳖	wèngzhōngzhībiē	~
19643	畏缩	wèisuō	动	19680	瓮中捉鳖	wèngzhōng-zhuōbiē	~
19644	谓	wèi	语素	19681	蜗居	wōjū	名、动
19645	蔚然成风	wèirán-chéngfēng	~	19682	我行我素	wǒxíng-wǒsù	~
19646	慰藉	wèijiè	动	19683	沃土	wòtǔ	名
19647	慰劳	wèiláo	动	19684	沃野	wòyě	名
19648	慰问	wèiwèn	动	19685	握手言和	wòshǒu-yánhé	~
19649	温饱	wēnbǎo	名	19686	龌龊	wòchuò	形
19650	温床	wēnchuáng	名	19687	乌合之众	wūhézhīzhòng	~
19651	温存	wēncún	形	19688	乌纱帽	wūshāmào	名
19652	温润	wēnrùn	形	19689	乌托邦	wūtuōbāng	名
19653	温室效应	wēnshì xiàoyìng	~	19690	污秽	wūhuì	形、名
19654	温文尔雅	wēnwén-ěryǎ	~	19691	诬告	wūgào	动
19655	文₂	wén	名、语素	19692	无病呻吟	wúbìng-shēnyín	~
19656	文笔	wénbǐ	名	19693	无常	wúcháng	动
19657	文房四宝	wénfáng sìbǎo	~	19694	无偿	wúcháng	形
19658	文风	wénfēng	名	19695	无从	wúcóng	副
19659	文豪	wénháo	名	19696	无的放矢	wúdì-fàngshǐ	~
19660	文集	wénjí	名	19697	无独有偶	wúdú-yǒu'ǒu	~
19661	文科	wénkē	名				
19662	文盲	wénmáng	名	19698	无端	wúduān	副
19663	文凭	wénpíng	名	19699	无妨	wúfáng	动、副
19664	文坛	wéntán	名	19700	无关紧要	wúguān-jǐnyào	~
19665	文体	wéntǐ	名	19701	无关痛痒	wúguān-tòngyǎng	~
19666	文献	wénxiàn	名	19702	无悔	wúhuǐ	动
19667	文质彬彬	wénzhì-bīnbīn	~	19703	无稽之谈	wújīzhītán	~
19668	闻名遐迩	wénmíng-xiá'ěr	~	19704	无计可施	wújì-kěshī	~
19669	吻合	wěnhé	形	19705	无济于事	wújìyúshì	~
19670	紊乱	wěnluàn	形	19706	无价	wújià	动

19707	无坚不摧	wújiān-bùcuī	~	19744	物件	wùjiàn	名
19708	无可奉告	wúkěfènggào	~	19745	物力	wùlì	名
19709	无可厚非	wúkěhòufēi	~	19746	物流	wùliú	名
19710	无名火	wúmínghuǒ	名	19747	物美价廉	wùměi-jiàlián	~
19711	无奇不有	wúqí-bùyǒu	~	19748	物色	wùsè	动
19712	无牵无挂	wúqiān-wúguà	~	19749	物是人非	wùshì-rénfēi	~
19713	无人问津	wúrén-wènjīn	~	19750	物业	wùyè	名
19714	无事生非	wúshì-shēngfēi	~	19751	物以类聚，人以群分	wùyǐlèijù, rényǐqúnfēn	~
19715	无视	wúshì	动	19752	误差	wùchā	名
19716	无双	wúshuāng	动	19753	误导	wùdǎo	动
19717	无损	wúsǔn	动	19754	误区	wùqū	名
19718	无所适从	wúsuǒshìcóng	~	19755	误入歧途	wùrù-qítú	~
19719	无望	wúwàng	动	19756	悟性	wùxìng	名
19720	无谓	wúwèi	形	19757	雾霭	wù'ǎi	名
19721	无线电	wúxiàndiàn	名	19758	雾里看花	wùlǐ-kànhuā	~
19722	无懈可击	wúxiè-kějī	~	19759	雾霾	wùmái	名
19723	无须/无需	wúxū	副	19760	西装革履	xīzhuāng-gélǚ	~
19724	无言以对	wúyányǐduì	~	19761	吸毒	xīdú	动
19725	无遗	wúyí	动	19762	吸附	xīfù	动
19726	无缘	wúyuán	动	19763	吸纳	xīnà	动
19727	无怨无悔	wúyuàn-wúhuǐ	~	19764	吸食	xīshí	动
19728	无足轻重	wúzú-qīngzhòng	~	19765	希冀	xījì	动
19729	毋庸置疑	wúyōng-zhìyí	~	19766	牺牲品	xīshēngpǐn	名
19730	五花肉	wǔhuāròu	名	19767	息	xī	语素
19731	五马分尸	wǔmǎ-fēnshī	~	19768	息事宁人	xīshì-níngrén	~
19732	五脏六腑	wǔzàng-liùfǔ	~	19769	惜别	xībié	动
19733	午夜	wǔyè	名	19770	稀薄	xībó	形
19734	武断	wǔduàn	形	19771	稀缺	xīquē	形
19735	武警	wǔjǐng	名	19772	稀释	xīshì	动
19736	武力	wǔlì	名	19773	犀利	xīlì	形
19737	武林	wǔlín	名	19774	熙来攘往	xīlái-rǎngwǎng	~
19738	舞弊	wǔbì	动	19775	熙熙攘攘	xīxīrǎngrǎng	形
19739	舞文弄墨	wǔwén-nòngmò	~	19776	膝下	xīxià	名
19740	务必	wùbì	副	19777	习以为常	xíyǐwéicháng	~
19741	务农	wùnóng	动	19778	席位	xíwèi	名
19742	务实	wùshí	动、形	19779	洗耳恭听	xǐ'ěr-gōngtīng	~
19743	物极必反	wùjí-bìfǎn	~				

19780	洗劫	xǐjié	动	19817	先来后到	xiānlái-hòudào	~
19781	洗礼	xǐlǐ	名	19818	先礼后兵	xiānlǐ-hòubīng	~
19782	喜上眉梢	xǐshàngméishāo	~	19819	先驱	xiānqū	名
19783	喜闻乐见	xǐwén-lèjiàn	~	19820	先入为主	xiānrù-wéizhǔ	~
19784	戏弄	xìnòng	动	19821	先声夺人	xiānshēng-duórén	~
19785	戏水	xìshuǐ	动	19822	先天	xiāntiān	名
19786	戏说	xìshuō	动	19823	先斩后奏	xiānzhǎn-hòuzòu	~
19787	细化	xìhuà	动	19824	闲情逸致	xiánqíng-yìzhì	~
19788	细水长流	xìshuǐ-chángliú	~	19825	闲散	xiánsǎn	形
19789	细则	xìzé	名	19826	闲云野鹤	xiányún-yěhè	~
19790	细枝末节	xìzhī-mòjié	~	19827	闲置	xiánzhì	动
19791	虾兵蟹将	xiābīng-xièjiàng	~	19828	贤惠	xiánhuì	形
19792	侠	xiá	语素	19829	贤明	xiánmíng	形
19793	侠客	xiákè	名	19830	贤内助	xiánnèizhù	名
19794	侠义	xiáyì	形	19831	贤妻良母	xiánqī-liángmǔ	~
19795	狭隘	xiá'ài	形	19832	弦外之音	xiánwàizhīyīn	~
19796	狭路相逢	xiálù-xiāngféng	~	19833	娴静	xiánjìng	形
19797	狭义	xiáyì	名	19834	衔₂	xián	名
19798	遐思	xiásī	动	19835	衔接	xiánjiē	动
19799	瑕不掩瑜	xiábùyǎnyú	~	19836	嫌疑	xiányí	名
19800	瑕疵	xiácī	名	19837	嫌疑犯/嫌犯	xiányífàn/xiánfàn	名
19801	辖	xiá	动	19838	嫌疑人	xiányírén	名
19802	辖区	xiáqū	名	19839	显而易见	xiǎn'éryìjiàn	~
19803	下笔	xiàbǐ	动	19840	显贵	xiǎnguì	形、名
19804	下岗	xiàgǎng	动	19841	显赫	xiǎnhè	形
19805	下海₂	xiàhǎi	动	19842	显现	xiǎnxiàn	动
19806	下级	xiàjí	名	19843	显性	xiǎnxìng	形
19807	下流	xiàliú	名、形	19844	险境	xiǎnjìng	名
19808	下马威	xiàmǎwēi	名	19845	险情	xiǎnqíng	名
19809	下属	xiàshǔ	名	19846	险些	xiǎnxiē	副
19810	下线₂	xiàxiàn	名	19847	险阻	xiǎnzǔ	形
19811	下旬	xiàxún	名	19848	鲜为人知	xiǎnwéirénzhī	~
19812	下意识	xiàyìshí	名、副	19849	现实主义	xiànshí zhǔyì	~
19813	先辈	xiānbèi	名	19850	限期	xiànqī	动、名
19814	先发制人	xiānfā-zhìrén	~	19851	限于	xiànyú	动
19815	先河	xiānhé	名	19852	宪法	xiànfǎ	名
19816	先见之明	xiānjiànzhīmíng	~				

19853	陷落	xiànluò	动	19890	相机₂	xiàngjī	动
19854	献礼	xiànlǐ	动	19891	象牙塔	xiàngyátǎ	名
19855	献殷勤	xiànyīnqín	~	19892	象征性	xiàngzhēngxìng	名
19856	腺	xiàn	名	19893	枭雄	xiāoxióng	名
19857	乡愁	xiāngchóu	名	19894	逍遥法外	xiāoyáo-fǎwài	~
19858	乡土	xiāngtǔ	名	19895	逍遥自在	xiāoyáo-zìzài	~
19859	相安无事	xiāng'ān-wúshì	~	19896	消费	xiāofèi	动
19860	相称	xiāngchèn	形	19897	消费品	xiāofèipǐn	名
19861	相持	xiāngchí	动	19898	消费者	xiāofèizhě	名
19862	相得益彰	xiāngdé-yìzhāng	~	19899	消解	xiāojiě	动
19863	相仿	xiāngfǎng	形	19900	消遣	xiāoqiǎn	动
19864	相符	xiāngfú	形	19901	消融	xiāoróng	动
19865	相辅相成	xiāngfǔ-xiāngchéng	~	19902	消退	xiāotuì	动
19866	相继	xiāngjì	副	19903	消亡	xiāowáng	动
19867	相见恨晚	xiāngjiàn-hènwǎn	~	19904	消炎	xiāoyán	动
19868	相敬如宾	xiāngjìng-rúbīn	~	19905	萧瑟	xiāosè	拟声、形
19869	相亲	xiāngqīn	动	19906	萧索	xiāosuǒ	形
19870	相亲相爱	xiāngqīn-xiāng'ài	~	19907	萧条	xiāotiáo	形
19871	相容	xiāngróng	动	19908	销魂	xiāohún	动
19872	相濡以沫	xiāngrú-yǐmò	~	19909	销量	xiāoliàng	名
19873	相思	xiāngsī	动	19910	销声匿迹	xiāoshēng-nìjì	~
19874	相映成趣	xiāngyìng-chéngqù	~	19911	箫	xiāo	名
19875	相映生辉	xiāngyìng-shēnghuī	~	19912	嚣张	xiāozhāng	形
19876	香醇	xiāngchún	形	19913	小打小闹	xiǎodǎ-xiǎonào	~
19877	香火	xiānghuǒ	名	19914	小肚鸡肠	xiǎodù-jīcháng	~
19878	详	xiáng	语素	19915	小恩小惠	xiǎo'ēn-xiǎohuì	~
19879	详尽	xiángjìn	形	19916	小儿科	xiǎo'érkē	名、形
19880	详情	xiángqíng	名	19917	小家碧玉	xiǎojiā-bìyù	~
19881	祥云	xiángyún	名	19918	小家子气	xiǎojiāziqì	形
19882	翔实/详实	xiángshí	形	19919	小憩	xiǎoqì	动
19883	享誉	xiǎngyù	动	19920	小觑	xiǎoqù	动
19884	响彻云霄	xiǎngchè-yúnxiāo	~	19921	小题大做	xiǎotí-dàzuò	~
19885	想必	xiǎngbì	副	19922	小巫见大巫	xiǎowū jiàn dàwū	~
19886	想当然	xiǎngdāngrán	动	19923	小鞋	xiǎoxié	名
19887	想见	xiǎngjiàn	动	19924	晓得	xiǎode	动
19888	想开	xiǎngkāi	动	19925	晓之以理，动之以情	xiǎozhīyǐlǐ, dòngzhīyǐqíng	~
19889	想入非非	xiǎngrùfēifēi	~				

19926	孝道	xiàodào	名		19963	心安理得	xīn'ān-lǐdé	~
19927	肖像	xiàoxiàng	名		19964	心病	xīnbìng	名
19928	校友	xiàoyǒu	名		19965	心潮澎湃	xīncháo-péngpài	~
19929	哮喘	xiàochuǎn	动		19966	心驰神往	xīnchí-shénwǎng	~
19930	笑柄	xiàobǐng	名		19967	心慈手软	xīncí-shǒuruǎn	~
19931	笑谈	xiàotán	名		19968	心电图	xīndiàntú	名
19932	笑靥如花	xiàoyè-rúhuā	~		19969	心扉	xīnfēi	名
19933	效仿	xiàofǎng	动		19970	心腹	xīnfù	名
19934	效劳	xiàoláo	动		19971	心寒	xīnhán	形
19935	效力₂	xiàolì	动		19972	心机	xīnjī	名
19936	效益	xiàoyì	名		19973	心计	xīnjì	名
19937	效应	xiàoyìng	名		19974	心境	xīnjìng	名
19938	效用	xiàoyòng	名		19975	心坎	xīnkǎn	名
19939	效忠	xiàozhōng	动		19976	心力交瘁	xīnlì-jiāocuì	~
19940	些许	xiēxǔ	形		19977	心领神会	xīnlǐng-shénhuì	~
19941	歇斯底里	xiēsīdǐlǐ	形		19978	心路	xīnlù	名
19942	协定	xiédìng	名、动		19979	心乱如麻	xīnluàn-rúmá	~
19943	协会	xiéhuì	名		19980	心切	xīnqiè	形
19944	协商	xiéshāng	动		19981	心如刀割/心如刀绞	xīnrúdāogē/xīnrúdāojiǎo	~
19945	协同	xiétóng	动		19982	心上人	xīnshàngrén	名
19946	协作	xiézuò	动		19983	心神	xīnshén	名
19947	邪	xié	形		19984	心声	xīnshēng	名
19948	胁迫	xiépò	动		19985	心弦	xīnxián	名
19949	挟	xié	动		19986	心心念念	xīnxīnniànniàn	副
19950	挟持	xiéchí	动		19987	心心相印	xīnxīn-xiāngyìn	~
19951	斜阳	xiéyáng	名		19988	心性	xīnxìng	名
19952	携	xié	语素		19989	心绪	xīnxù	名
19953	携手	xiéshǒu	动		19990	心血来潮	xīnxuè-láicháo	~
19954	写实	xiěshí	动		19991	心仪	xīnyí	动
19955	写照	xiězhào	名		19992	心有灵犀	xīnyǒulíngxī	~
19956	写字楼	xiězìlóu	名		19993	心有余悸	xīnyǒuyújì	~
19957	泄密	xièmì	动		19994	心照不宣	xīnzhào-bùxuān	~
19958	亵渎	xièdú	动		19995	心志	xīnzhì	名
19959	谢绝	xièjué	动		19996	心智	xīnzhì	名
19960	谢罪	xièzuì	动		19997	新潮	xīncháo	形、名
19961	邂逅	xièhòu	动		19998	新陈代谢	xīnchén-dàixiè	~
19962	懈怠	xièdài	形					

19999	新婚	xīnhūn	动
20000	新生代	xīnshēngdài	名
20001	新生儿	xīnshēng'ér	名
20002	新兴	xīnxīng	形
20003	新秀	xīnxiù	名
20004	新意	xīnyì	名
20005	薪	xīn	名
20006	薪酬	xīnchóu	名
20007	薪水	xīnshui	名
20008	馨香	xīnxiāng	形
20009	信步	xìnbù	动
20010	信奉	xìnfèng	动
20011	信服	xìnfú	动
20012	信笺	xìnjiān	名
20013	信口雌黄	xìnkǒu-cíhuáng	~
20014	信马由缰	xìnmǎ-yóujiāng	~
20015	信使	xìnshǐ	名
20016	信誓旦旦	xìnshì-dàndàn	~
20017	信手拈来	xìnshǒu-niānlái	~
20018	信守	xìnshǒu	动
20019	信条	xìntiáo	名
20020	信徒	xìntú	名
20021	信仰	xìnyǎng	动、名
20022	信用卡	xìnyòngkǎ	名
20023	信誉	xìnyù	名
20024	兴办	xīngbàn	动
20025	兴奋剂	xīngfènjì	名
20026	兴利除弊	xīnglì-chúbì	~
20027	兴隆	xīnglóng	形
20028	兴盛	xīngshèng	形
20029	兴师动众	xīngshī-dòngzhòng	~
20030	兴师问罪	xīngshī-wènzuì	~
20031	兴衰	xīngshuāi	动
20032	兴亡	xīngwáng	动
20033	兴修	xīngxiū	动
20034	兴许	xīngxǔ	副
20035	星罗棋布	xīngluó-qíbù	~
20036	猩红	xīnghóng	形
20037	腥风血雨／血雨腥风	xīngfēng-xuèyǔ/xuèyǔ-xīngfēng	~
20038	刑	xíng	语素
20039	刑场	xíngchǎng	名
20040	刑罚	xíngfá	名
20041	刑法	xíngfǎ	名
20042	刑警	xíngjǐng	名
20043	行₄	xíng	语素
20044	行程	xíngchéng	名
20045	行刺	xíngcì	动
20046	行宫	xínggōng	名
20047	行贿	xínghuì	动
20048	行迹	xíngjì	名
20049	行径	xíngjìng	名
20050	行囊	xíngnáng	名
20051	行色匆匆	xíngsè-cōngcōng	~
20052	行善	xíngshàn	动
20053	行尸走肉	xíngshī-zǒuròu	~
20054	行事	xíngshì	动、名
20055	行凶	xíngxiōng	动
20056	行医	xíngyī	动
20057	行云流水	xíngyún-liúshuǐ	~
20058	行政	xíngzhèng	动、名
20059	行之有效	xíngzhī-yǒuxiào	~
20060	行踪	xíngzōng	名
20061	形单影只	xíngdān-yǐngzhī	~
20062	形式主义	xíngshì zhǔyì	~
20063	型号	xínghào	名
20064	幸而	xìng'ér	副
20065	幸会	xìnghuì	动
20066	幸免	xìngmiǎn	动
20067	性感	xìnggǎn	形、名
20068	性状	xìngzhuàng	名
20069	凶神恶煞	xiōngshén-èshà	~
20070	凶险	xiōngxiǎn	形
20071	胸襟	xiōngjīn	名

20072	雄辩	xióngbiàn	名、形	20109	畜牧业	xùmùyè	名
20073	雄才大略	xióngcái-dàlüè	~	20110	酗酒	xùjiǔ	动
20074	雄风	xióngfēng	名	20111	续	xù	动
20075	雄厚	xiónghòu	形	20112	絮	xù	动、语素
20076	雄浑	xiónghún	形	20113	蓄	xù	动
20077	熊掌	xióngzhǎng	名	20114	蓄积	xùjī	动
20078	休假	xiūjià	动	20115	蓄谋	xùmóu	动
20079	休克	xiūkè	名、动	20116	蓄势待发	xùshì-dàifā	~
20080	休眠	xiūmián	动	20117	蓄意	xùyì	动
20081	休养	xiūyǎng	动	20118	轩然大波	xuānrán-dàbō	~
20082	休养生息	xiūyǎng-shēngxī	~	20119	宣称	xuānchēng	动
20083	休整	xiūzhěng	动	20120	宣读	xuāndú	动
20084	修订	xiūdìng	动	20121	宣判	xuānpàn	动
20085	修身养性	xiūshēn-yǎngxìng	~	20122	宣誓	xuānshì	动
20086	修行	xiūxíng	动	20123	宣泄	xuānxiè	动
20087	修正	xiūzhèng	动	20124	宣言	xuānyán	名、动
20088	朽	xiǔ	动	20125	宣战	xuānzhàn	动
20089	宿₂	xiǔ	量	20126	喧宾夺主	xuānbīn-duózhǔ	~
20090	秀色可餐	xiùsè-kěcān	~	20127	玄	xuán	形
20091	袖珍	xiùzhēn	形	20128	玄机	xuánjī	名
20092	须知	xūzhī	名、动	20129	悬念	xuánniàn	名
20093	虚构	xūgòu	动	20130	悬赏	xuánshǎng	动
20094	虚怀若谷	xūhuái-ruògǔ	~	20131	悬殊	xuánshū	形
20095	虚幻	xūhuàn	形	20132	悬崖勒马	xuányá-lèmǎ	~
20096	虚拟	xūnǐ	动、形	20133	旋涡/漩涡	xuánwō	名
20097	虚情假意	xūqíng-jiǎyì	~	20134	选民	xuǎnmín	名
20098	虚实	xūshí	名	20135	选派	xuǎnpài	动
20099	虚无缥缈	xūwú-piāomiǎo	~	20136	选送	xuǎnsòng	动
20100	嘘寒问暖	xūhán-wènnuǎn	~	20137	选修	xuǎnxiū	动、形
20101	许可	xǔkě	动	20138	癣	xuǎn	名
20102	许可证	xǔkězhèng	名	20139	炫目	xuànmù	形
20103	旭日	xùrì	名	20140	削减	xuējiǎn	动
20104	序₂	xù	名	20141	削足适履	xuēzú-shìlǚ	~
20105	序列	xùliè	名	20142	穴₂	xué	名
20106	序言	xùyán	名	20143	穴位/穴道	xuéwèi/xuédào	名
20107	叙	xù	动	20144	学步	xuébù	动
20108	叙旧	xùjiù	动	20145	学分	xuéfēn	名

20146	学风	xuéfēng	名	20182	迅猛	xùnměng	形
20147	学府	xuéfǔ	名	20183	驯化	xùnhuà	动
20148	学富五车	xuéfùwǔchē	~	20184	逊色	xùnsè	名、形
20149	学会	xuéhuì	名	20185	殉国	xùnguó	动
20150	学历	xuélì	名	20186	殉难	xùnnàn	动
20151	学派	xuépài	名	20187	殉情	xùnqíng	动
20152	学生会	xuéshēnghuì	名	20188	殉葬	xùnzàng	动
20153	学识	xuéshí	名	20189	殉职	xùnzhí	动
20154	学士	xuéshì	名	20190	压迫	yāpò	动
20155	学术	xuéshù	名	20191	压榨	yāzhà	动
20156	学位	xuéwèi	名	20192	压制	yāzhì	动
20157	学以致用	xuéyǐzhìyòng	~	20193	押金	yājīn	名
20158	学子	xuézǐ	名	20194	押运	yāyùn	动
20159	血脉	xuèmài	名	20195	押韵	yāyùn	动
20160	血气方刚	xuèqì-fānggāng	~	20196	鸦片	yāpiàn	名
20161	血肉之躯	xuèròuzhīqū	~	20197	哑巴亏	yǎbakuī	名
20162	血色	xuèsè	名	20198	雅俗共赏	yǎsú-gòngshǎng	~
20163	血统	xuètǒng	名	20199	雅兴	yǎxìng	名
20164	血腥	xuèxīng	名、形	20200	雅致	yǎzhi	形
20165	血性	xuèxìng	名	20201	亚麻	yàmá	名
20166	血压	xuèyā	名	20202	烟云	yānyún	名
20167	勋章	xūnzhāng	名	20203	湮灭	yānmiè	动
20168	熏陶	xūntáo	动	20204	湮没	yānmò	动
20169	旬	xún	量、语素	20205	嫣然	yānrán	形
20170	寻访	xúnfǎng	动	20206	嫣然一笑	yānrán-yīxiào	~
20171	寻欢作乐	xúnhuān-zuòlè	~	20207	延	yán	动
20172	寻求	xúnqiú	动	20208	延迟	yánchí	动
20173	巡回	xúnhuí	动	20209	延缓	yánhuǎn	动
20174	巡演	xúnyǎn	动	20210	延期	yánqī	动
20175	循规蹈矩	xúnguī-dǎojǔ	~	20211	延误	yánwù	动
20176	循序渐进	xúnxù-jiànjìn	~	20212	严防	yánfáng	动
20177	循循善诱	xúnxún-shànyòu	~	20213	严峻	yánjùn	形
20178	训话	xùnhuà	动	20214	严酷	yánkù	形
20179	讯	xùn	名	20215	严密	yánmì	形
20180	讯息	xùnxī	名	20216	严明	yánmíng	形、动
20181	迅雷不及掩耳	xùnléi bù jí yǎn ěr	~	20217	严师出高徒	yánshī chū gāotú	~
				20218	严守	yánshǒu	动

20219	言不由衷	yánbùyóuzhōng	～		20255	宴席	yànxí	名
20220	言传身教	yánchuán-shēnjiào	～		20256	验收	yànshōu	动
20221	言辞	yáncí	名		20257	验证	yànzhèng	动
20222	言而无信	yán'érwúxìn	～		20258	燕窝	yànwō	名
20223	言归正传	yánguī-zhèngzhuàn	～		20259	泱泱大国	yāngyāng-dàguó	～
20224	言简意赅	yánjiǎn-yìgāi	～		20260	殃及	yāngjí	动
20225	言论	yánlùn	名		20261	秧歌	yāngge	名
20226	言情	yánqíng	形		20262	扬长而去	yángcháng'érqù	～
20227	言谈	yántán	动、名		20263	扬眉吐气	yángméi-tǔqì	～
20228	言听计从	yántīng-jìcóng	～		20264	扬言	yángyán	动
20229	言外之意	yánwàizhīyì	～		20265	洋洋洒洒	yángyángsǎsǎ	形
20230	言行	yánxíng	名		20266	仰慕	yǎngmù	动
20231	言之有理	yánzhī-yǒulǐ	～		20267	仰视	yǎngshì	动
20232	言中	yánzhòng	动		20268	养护	yǎnghù	动
20233	炎症	yánzhèng	名		20269	养家	yǎngjiā	动
20234	沿袭	yánxí	动		20270	养家糊口	yǎngjiā-húkǒu	～
20235	沿用	yányòng	动		20271	养精蓄锐	yǎngjīng-xùruì	～
20236	研读	yándú	动		20272	养老	yǎnglǎo	动
20237	研究生	yánjiūshēng	名		20273	养老院/敬老院	yǎnglǎoyuàn/jìnglǎoyuàn	名
20238	研讨	yántǎo	动		20274	养生	yǎngshēng	动
20239	盐酸	yánsuān	名		20275	养尊处优	yǎngzūn-chǔyōu	～
20240	俨然	yǎnrán	形、副		20276	氧化	yǎnghuà	动
20241	衍生	yǎnshēng	动		20277	怏怏不乐	yàngyàng-bùlè	～
20242	掩人耳目	yǎnrén'ěrmù	～		20278	样板	yàngbǎn	名
20243	掩映	yǎnyìng	动		20279	样本	yàngběn	名
20244	眼疾手快/手疾眼快	yǎnjí-shǒukuài/shǒují-yǎnkuài	～		20280	样品	yàngpǐn	名
20245	眼力	yǎnlì	名		20281	漾	yàng	动
20246	演化	yǎnhuà	动		20282	夭折	yāozhé	动
20247	演技	yǎnjì	名		20283	妖娆	yāoráo	形
20248	演练	yǎnliàn	动		20284	要挟	yāoxié	动
20249	演艺	yǎnyì	名		20285	腰缠万贯	yāochánwànguàn	～
20250	演艺圈	yǎnyìquān	名		20286	腰肢	yāozhī	名
20251	演绎	yǎnyì	动		20287	邀约	yāoyuē	动
20252	砚	yàn	名		20288	窑	yáo	名
20253	艳羡	yànxiàn	动		20289	窑洞	yáodòng	名
20254	宴请	yànqǐng	动		20290	摇滚	yáogǔn	名

20291	摇钱树	yáoqiánshù	名
20292	遥相呼应	yáoxiānghūyìng	~
20293	遥想	yáoxiǎng	动
20294	杳无音信/杳无音讯	yǎowúyīnxìn/yǎowúyīnxùn	~
20295	咬文嚼字	yǎowén-jiáozì	~
20296	要害	yàohài	名
20297	要人	yàorén	名
20298	要素	yàosù	名
20299	要闻	yàowén	名
20300	耀武扬威	yàowǔ-yángwēi	~
20301	掖	yē	动
20302	也罢	yěbà	助
20303	冶炼	yěliàn	动
20304	野心	yěxīn	名
20305	野营	yěyíng	动
20306	业绩	yèjì	名
20307	业务	yèwù	名
20308	业主	yèzhǔ	名
20309	夜不闭户	yèbùbìhù	~
20310	夜长梦多	yècháng-mèngduō	~
20311	夜郎自大	yèláng-zìdà	~
20312	夜明珠	yèmíngzhū	名
20313	夜校	yèxiào	名
20314	夜以继日	yèyǐjìrì	~
20315	夜总会	yèzǒnghuì	名
20316	液晶	yèjīng	名
20317	腋	yè	名
20318	一把手	yībǎshǒu	~
20319	一败涂地	yībài-túdì	~
20320	一笔勾销	yībǐ-gōuxiāo	~
20321	一边倒	yībiāndǎo	~
20322	一表人才	yībiǎo-réncái	~
20323	一步登天	yībù-dēngtiān	~
20324	一筹莫展	yīchóu-mòzhǎn	~
20325	一触即发	yīchù-jífā	~
20326	一锤定音	yīchuí-dìngyīn	~
20327	一蹴而就	yīcù'érjiù	~
20328	一刀两断	yīdāo-liǎngduàn	~
20329	一刀切	yīdāoqiē	动
20330	一反常态	yīfǎn-chángtài	~
20331	一概而论	yīgài'érlùn	~
20332	一鼓作气	yīgǔ-zuòqì	~
20333	一呼百应	yīhū-bǎiyìng	~
20334	一见如故	yījiàn-rúgù	~
20335	一见钟情	yījiàn-zhōngqíng	~
20336	一箭双雕	yījiàn-shuāngdiāo	~
20337	一蹶不振	yījué-bùzhèn	~
20338	一览	yīlǎn	动、名
20339	一览无余	yīlǎn-wúyú	~
20340	一揽子	yīlǎnzi	形
20341	一劳永逸	yīláo-yǒngyì	~
20342	一了百了	yīliǎo-bǎiliǎo	~
20343	一落千丈	yīluò-qiānzhàng	~
20344	一马当先	yīmǎ-dāngxiān	~
20345	一马平川	yīmǎ-píngchuān	~
20346	一脉相传/一脉相承	yīmài-xiāngchuán/yīmài-xiāngchéng	~
20347	一门心思	yīmén-xīnsi	~
20348	一鸣惊人	yīmíng-jīngrén	~
20349	一命呜呼	yīmìng-wūhū	~
20350	一拍即合	yīpāi-jíhé	~
20351	一盘散沙	yīpán-sǎnshā	~
20352	一贫如洗	yīpín-rúxǐ	~
20353	一气呵成	yīqì-hēchéng	~
20354	一穷二白	yīqióng-èrbái	~
20355	一日千里	yīrì-qiānlǐ	~
20356	一霎	yīshà	名
20357	一石二鸟	yīshí-èrniǎo	~
20358	一石激起千层浪	yī shí jī qǐ qiān céng làng	~
20359	一手	yīshǒu	名、形、副
20360	一手遮天	yīshǒu-zhētiān	~
20361	一瞬	yīshùn	名

20362	一丝不挂	yīsī-bùguà	~		20398	移交	yíjiāo	动
20363	一吐为快	yītǔwéikuài	~		20399	移植	yízhí	动
20364	一往情深	yīwǎng-qíngshēn	~		20400	遗臭万年	yíchòu-wànnián	~
20365	一往无前	yīwǎng-wúqián	~		20401	遗失	yíshī	动
20366	一无是处	yīwúshìchù	~		20402	遗书	yíshū	名
20367	一无所有	yīwúsuǒyǒu	~		20403	遗体	yítǐ	名
20368	一席之地	yīxízhīdì	~		20404	遗物	yíwù	名
20369	一厢情愿／一相情愿	yīxiāng-qíngyuàn	~		20405	遗言	yíyán	名
					20406	遗嘱	yízhǔ	名
20370	一泻千里	yīxiè-qiānlǐ	~		20407	颐养天年	yíyǎng-tiānnián	~
20371	一言九鼎	yīyán-jiǔdǐng	~		20408	疑点	yídiǎn	名
20372	一言难尽	yīyán-nánjìn	~		20409	疑虑	yílǜ	动、名
20373	一言以蔽之	yī yán yǐ bì zhī	~		20410	疑难	yínán	形
20374	一意孤行	yīyì-gūxíng	~		20411	疑难杂症	yínán zázhèng	~
20375	一应俱全	yīyīng-jùquán	~		20412	疑神疑鬼	yíshén-yíguǐ	~
20376	一语双关	yīyǔ-shuāngguān	~		20413	疑似	yísì	动
20377	一语中的	yīyǔ-zhòngdì	~		20414	已然	yǐrán	副、动
20378	一张一弛	yīzhāng-yīchí	~		20415	以假乱真	yǐjiǎ-luànzhēn	~
20379	一朝一夕	yīzhāo-yīxī	~		20416	以泪洗面	yǐlèi-xǐmiàn	~
20380	一知半解	yīzhī-bànjiě	~		20417	以卵击石	yǐluǎn-jīshí	~
20381	一掷千金	yīzhì-qiānjīn	~		20418	以貌取人	yǐmào-qǔrén	~
20382	一走了之	yīzǒu-liǎozhī	~		20419	以身试法	yǐshēn-shìfǎ	~
20383	衣冠楚楚	yīguān-chǔchǔ	~		20420	以退为进	yǐtuì-wéijìn	~
20384	衣襟	yījīn	名		20421	以逸待劳	yǐyì-dàiláo	~
20385	衣锦还乡	yījǐn-huánxiāng	~		20422	以至	yǐzhì	连
20386	依存	yīcún	动		20423	旖旎	yǐnǐ	形
20387	依附	yīfù	动		20424	义不容辞	yìbùróngcí	~
20388	依山傍水	yīshān-bàngshuǐ	~		20425	义愤填膺	yìfèn-tiányīng	~
20389	依托	yītuō	动		20426	义工	yìgōng	名
20390	咿呀	yīyā	拟声		20427	义举	yìjǔ	名
20391	仪表₁	yíbiǎo	名		20428	义无反顾	yìwúfǎngù	~
20392	仪表₂	yíbiǎo	名		20429	义务教育	yìwù jiàoyù	~
20393	仪表堂堂	yíbiǎo-tángtáng	~		20430	义诊	yìzhěn	动
20394	仪态	yítài	名		20431	议会	yìhuì	名
20395	夷为平地	yíwéipíngdì	~		20432	议员	yìyuán	名
20396	怡然自得	yírán-zìdé	~		20433	亦	yì	副
20397	宜居	yíjū	形		20434	亦步亦趋	yìbù-yìqū	~

20435	异地	yìdì	名
20436	异国	yìguó	名
20437	异国他乡	yìguó-tāxiāng	~
20438	异军突起	yìjūn-tūqǐ	~
20439	异曲同工	yìqǔ-tónggōng	~
20440	异乡	yìxiāng	名
20441	异样	yìyàng	形
20442	异议	yìyì	名
20443	抑郁	yìyù	形
20444	役	yì	语素
20445	易₂	yì	语素
20446	易如反掌	yìrúfǎnzhǎng	~
20447	意念	yìniàn	名
20448	意气	yìqì	名
20449	意气风发	yìqì-fēngfā	~
20450	意气用事	yìqì-yòngshì	~
20451	意趣	yìqù	名
20452	意味	yìwèi	名
20453	意味深长	yìwèi-shēncháng	~
20454	意味着	yìwèizhe	动
20455	意向	yìxiàng	名
20456	意象	yìxiàng	名
20457	意愿	yìyuàn	名
20458	意蕴	yìyùn	名
20459	溢于言表	yìyúyánbiǎo	~
20460	熠熠	yìyì	形
20461	臆想	yìxiǎng	动
20462	因材施教	yīncái-shījiào	~
20463	因地制宜	yīndì-zhìyí	~
20464	因果	yīnguǒ	名
20465	因人而异	yīnrén'éryì	~
20466	因循守旧	yīnxún-shǒujiù	~
20467	因噎废食	yīnyē-fèishí	~
20468	因子	yīnzǐ	名
20469	阴晦	yīnhuì	形
20470	阴险	yīnxiǎn	形
20471	阴阳怪气	yīnyáng-guàiqì	~
20472	阴郁	yīnyù	形
20473	音律	yīnlǜ	名
20474	音容笑貌	yīnróng-xiàomào	~
20475	音像	yīnxiàng	名
20476	音信/音讯	yīnxìn/yīnxùn	名
20477	姻缘	yīnyuán	名
20478	氤氲	yīnyūn	形
20479	殷切	yīnqiè	形
20480	殷勤	yīnqín	形
20481	殷实	yīnshí	形
20482	殷殷	yīnyīn	形
20483	吟唱	yínchàng	动
20484	吟诵	yínsòng	动
20485	吟咏	yínyǒng	动
20486	银装素裹	yínzhuāng-sùguǒ	~
20487	引爆	yǐnbào	动
20488	引吭高歌	yǐnháng-gāogē	~
20489	引火烧身/惹火烧身	yǐnhuǒ-shāoshēn/rěhuǒ-shāoshēn	~
20490	引经据典	yǐnjīng-jùdiǎn	~
20491	引狼入室	yǐnláng-rùshì	~
20492	引领	yǐnlǐng	动
20493	引人入胜	yǐnrén-rùshèng	~
20494	引蛇出洞	yǐnshé-chūdòng	~
20495	引申	yǐnshēn	动
20496	引以为荣	yǐnyǐwéiróng	~
20497	饮水思源	yǐnshuǐ-sīyuán	~
20498	饮鸩止渴	yǐnzhèn-zhǐkě	~
20499	隐患	yǐnhuàn	名
20500	隐居	yǐnjū	动
20501	隐没	yǐnmò	动
20502	隐匿	yǐnnì	动
20503	隐忍	yǐnrěn	动
20504	隐私	yǐnsī	名
20505	隐痛	yǐntòng	名
20506	隐性	yǐnxìng	形
20507	隐姓埋名	yǐnxìng-máimíng	~

20508	隐隐作痛	yǐnyǐn-zuòtòng	~	20545	拥护	yōnghù	动
20509	印证	yìnzhèng	动、名	20546	庸才	yōngcái	名
20510	英尺	yīngchǐ	量	20547	庸碌	yōnglù	形
20511	英寸	yīngcùn	量	20548	庸人	yōngrén	名
20512	英里	yīnglǐ	量	20549	庸俗	yōngsú	形
20513	英明	yīngmíng	形	20550	雍容华贵	yōngróng-huáguì	~
20514	英姿	yīngzī	名	20551	慵懒	yōnglǎn	形
20515	英姿飒爽	yīngzī-sàshuǎng	~	20552	臃肿	yōngzhǒng	形
20516	迎合	yínghé	动	20553	永别	yǒngbié	动
20517	荧光屏	yíngguāngpíng	名	20554	永垂不朽	yǒngchuí-bùxiǔ	~
20518	盈利	yínglì	名	20555	永世	yǒngshì	副
20519	营地	yíngdì	名	20556	永驻	yǒngzhù	动
20520	营救	yíngjiù	动	20557	蛹	yǒng	名
20521	营利	yínglì	动	20558	用餐	yòngcān	动
20522	营造	yíngzào	动	20559	用场	yòngchǎng	名
20523	萦绕	yíngrào	动	20560	用武之地	yòngwǔzhīdì	~
20524	赢家	yíngjiā	名	20561	用心良苦	yòngxīn-liángkǔ	~
20525	赢利	yínglì	动、名	20562	用意	yòngyì	名
20526	影视圈	yǐngshìquān	名	20563	优待	yōudài	动
20527	影像	yǐngxiàng	名	20564	优厚	yōuhòu	形
20528	应₂	yìng	动	20565	优化	yōuhuà	动
20529	应酬	yìngchou	动、名	20566	优柔寡断	yōuróu-guǎduàn	~
20530	应对	yìngduì	动	20567	优胜劣汰	yōushèng-liètài	~
20531	应急	yìngjí	动	20568	优裕	yōuyù	形
20532	应聘	yìngpìn	动	20569	优越感	yōuyuègǎn	名
20533	应试	yìngshì	动	20570	优质	yōuzhì	形
20534	应验	yìngyàn	动	20571	忧国忧民	yōuguó-yōumín	~
20535	应邀	yìngyāo	动	20572	忧心忡忡	yōuxīn-chōngchōng	~
20536	应战	yìngzhàn	动	20573	幽	yōu	语素
20537	映衬	yìngchèn	动	20574	幽暗	yōu'àn	形
20538	映射	yìngshè	动	20575	幽谷	yōugǔ	名
20539	硬度	yìngdù	名	20576	幽远	yōuyuǎn	形
20540	硬朗	yìnglang	形	20577	幽怨	yōuyuàn	名
20541	硬盘	yìngpán	名	20578	悠远	yōuyuǎn	形
20542	硬性	yìngxìng	形	20579	尤	yóu	副
20543	拥戴	yōngdài	动	20580	尤为	yóuwéi	副
20544	拥堵	yōngdǔ	动	20581	由此可见	yóucǐ-kějiàn	~

20582	由衷	yóuzhōng	动	20619	余音	yúyīn	名
20583	犹	yóu	副	20620	余音绕梁	yúyīn-ràoliáng	～
20584	油腔滑调	yóuqiāng-huádiào	～	20621	鱼米之乡	yúmǐzhīxiāng	～
20585	油脂	yóuzhī	名	20622	鱼目混珠	yúmù-hùnzhū	～
20586	游击	yóujī	动	20623	鱼死网破	yúsǐ-wǎngpò	～
20587	游离	yóulí	动	20624	逾越	yúyuè	动
20588	游历	yóulì	动	20625	愚钝	yúdùn	形
20589	游刃有余	yóurèn-yǒuyú	～	20626	舆论	yúlùn	名
20590	游手好闲	yóushǒu-hàoxián	～	20627	与人为善	yǔrén-wéishàn	～
20591	游说	yóushuì	动	20628	与日俱增	yǔrì-jùzēng	～
20592	有备无患	yǒubèi-wúhuàn	～	20629	与生俱来	yǔshēng-jùlái	～
20593	有偿	yǒucháng	形	20630	与时俱进	yǔshí-jùjìn	～
20594	有待	yǒudài	动	20631	与世长辞	yǔshì-chángcí	～
20595	有的放矢	yǒudì-fàngshǐ	～	20632	与世无争	yǔshì-wúzhēng	～
20596	有方	yǒufāng	动	20633	予	yǔ	语素
20597	有口皆碑	yǒukǒu-jiēbēi	～	20634	予以	yǔyǐ	动
20598	有目共睹	yǒumù-gòngdǔ	～	20635	羽翼	yǔyì	名
20599	有求必应	yǒuqiú-bìyìng	～	20636	语录	yǔlù	名
20600	有如	yǒurú	动	20637	语无伦次	yǔwúlúncì	～
20601	有生以来	yǒushēngyǐlái	～	20638	玉石俱焚	yùshí-jùfén	～
20602	有生之年	yǒushēngzhīnián	～	20639	郁郁寡欢	yùyù-guǎhuān	～
20603	有识之士	yǒushízhīshì	～	20640	育	yù	语素
20604	有恃无恐	yǒushì-wúkǒng	～	20641	预订	yùdìng	动
20605	有望	yǒuwàng	动	20642	预定	yùdìng	动
20606	有为	yǒuwéi	动	20643	预计	yùjì	动
20607	有喜	yǒuxǐ	动	20644	预见	yùjiàn	动、名
20608	有言在先	yǒuyánzàixiān	～	20645	预警	yùjǐng	动
20609	有余	yǒuyú	动	20646	预谋	yùmóu	动
20610	有缘	yǒuyuán	动	20647	预期	yùqī	动
20611	有助于	yǒuzhùyú	～	20648	预售	yùshòu	动
20612	黝黑	yǒuhēi	形	20649	预算	yùsuàn	名、动
20613	诱导	yòudǎo	动	20650	预想	yùxiǎng	动、名
20614	迂腐	yūfǔ	形	20651	预约	yùyuē	动
20615	迂回	yūhuí	形、动	20652	预兆	yùzhào	名、动
20616	淤积	yūjī	动	20653	预知	yùzhī	动
20617	于事无补	yúshì-wúbǔ	～	20654	欲罢不能	yùbà-bùnéng	～
20618	余晖/余辉	yúhuī	名	20655	欲盖弥彰	yùgài-mízhāng	～

20656	欲擒故纵	yùqín-gùzòng	~	20693	猿	yuán	名
20657	欲速则不达	yù sù zé bù dá	~	20694	源流	yuánliú	名
20658	欲言又止	yùyán-yòuzhǐ	~	20695	源远流长	yuányuǎn-liúcháng	~
20659	遇害	yùhài	动	20696	远程	yuǎnchéng	形
20660	遇难	yùnàn	动	20697	远见	yuǎnjiàn	名
20661	愈₂	yù	副	20698	远见卓识	yuǎnjiàn-zhuóshí	~
20662	愈合	yùhé	动	20699	远行	yuǎnxíng	动
20663	愈加	yùjiā	副	20700	怨气	yuànqì	名
20664	愈演愈烈	yùyǎn-yùliè	~	20701	怨声载道	yuànshēng-zàidào	~
20665	冤家	yuānjia	名	20702	怨天尤人	yuàntiān-yóurén	~
20666	冤家路窄	yuānjiā-lùzhǎi	~	20703	曰	yuē	动
20667	冤屈	yuānqū	形、名	20704	约定俗成	yuēdìng-súchéng	~
20668	冤狱	yuānyù	名	20705	约法三章	yuēfǎ-sānzhāng	~
20669	渊源	yuānyuán	名	20706	月食	yuèshí	名
20670	元老	yuánlǎo	名	20707	阅	yuè	动
20671	元年	yuánnián	名	20708	阅历	yuèlì	名、动
20672	元首	yuánshǒu	名	20709	跃居	yuèjū	动
20673	元凶	yuánxiōng	名	20710	跃然纸上	yuèrán-zhǐshàng	~
20674	园艺	yuányì	名	20711	越冬	yuèdōng	动
20675	原材料	yuáncáiliào	名	20712	云集	yúnjí	动
20676	原创	yuánchuàng	动	20713	云烟	yúnyān	名
20677	原告	yuángào	名	20714	芸芸众生	yúnyún-zhòngshēng	~
20678	原委	yuánwěi	名	20715	陨落	yǔnluò	动
20679	原形毕露	yuánxíng-bìlù	~	20716	运筹帷幄	yùnchóu-wéiwò	~
20680	原型	yuánxíng	名	20717	运营	yùnyíng	动
20681	原汁原味	yuánzhī-yuánwèi	~	20718	运载	yùnzài	动
20682	原子能	yuánzǐnéng	名	20719	运转	yùnzhuǎn	动
20683	圆滑	yuánhuá	形	20720	运作	yùnzuò	动
20684	圆梦	yuánmèng	动	20721	酝酿	yùnniàng	动
20685	圆润	yuánrùn	形	20722	韵	yùn	名、语素
20686	圆柱	yuánzhù	名	20723	韵律	yùnlǜ	名
20687	圆锥	yuánzhuī	名	20724	韵味	yùnwèi	名
20688	援军	yuánjūn	名	20725	蕴涵	yùnhán	动
20689	援手	yuánshǒu	名、动	20726	杂交	zájiāo	动
20690	缘何	yuánhé	副	20727	杂粮	záliáng	名
20691	缘起	yuánqǐ	名	20728	杂乱无章	záluàn-wúzhāng	~
20692	缘由	yuányóu	名	20729	杂念	zániàn	名

20730	杂七杂八	záqī-zábā	~	20767	增值	zēngzhí	动
20731	杂文	záwén	名	20768	赠予	zèngyǔ	动
20732	杂种	zázhǒng	名	20769	扎根	zhāgēn	动
20733	砸锅卖铁	záguō-màitiě	~	20770	札记	zhájì	名
20734	灾情	zāiqíng	名	20771	闸门	zhámén	名
20735	栽跟头	zāigēntou	~	20772	乍	zhà	副
20736	宰割	zǎigē	动	20773	诈骗	zhàpiàn	动
20737	再度	zàidù	副	20774	榨	zhà	动
20738	再现	zàixiàn	动	20775	榨取	zhàqǔ	动
20739	在即	zàijí	动	20776	斋₂	zhāi	语素
20740	在世	zàishì	动	20777	摘录	zhāilù	动
20741	在所不辞	zàisuǒbùcí	~	20778	摘要	zhāiyào	名、动
20742	在所不惜	zàisuǒbùxī	~	20779	债	zhài	名
20743	在所难免	zàisuǒnánmiǎn	~	20780	债务	zhàiwù	名
20744	在天之灵	zàitiānzhīlíng	~	20781	占卜	zhānbǔ	动
20745	在下	zàixià	名	20782	沾染	zhānrǎn	动
20746	载体	zàitǐ	名	20783	瞻前顾后	zhānqián-gùhòu	~
20747	暂	zàn	副	20784	瞻仰	zhānyǎng	动
20748	暂且	zànqiě	副	20785	斩草除根	zhǎncǎo-chúgēn	~
20749	赞助	zànzhù	动	20786	斩首	zhǎnshǒu	动
20750	葬礼	zànglǐ	名	20787	展露	zhǎnlù	动
20751	葬送	zàngsòng	动	20788	展望	zhǎnwàng	动
20752	糟粕	zāopò	名	20789	展销	zhǎnxiāo	动
20753	早恋	zǎoliàn	动	20790	崭露头角	zhǎnlù-tóujiǎo	~
20754	早熟	zǎoshú	形	20791	辗转	zhǎnzhuǎn	动
20755	灶	zào	名	20792	辗转反侧	zhǎnzhuǎn-fǎncè	~
20756	造反	zàofǎn	动	20793	战地	zhàndì	名
20757	造访	zàofǎng	动	20794	战斗力	zhàndòulì	名
20758	造化	zàohua	名	20795	战犯	zhànfàn	名
20759	造就	zàojiù	动、名	20796	战功	zhàngōng	名
20760	造势	zàoshì	动	20797	战机₂	zhànjī	名
20761	造物主	zàowùzhǔ	名	20798	战绩	zhànjì	名
20762	造诣	zàoyì	名	20799	战栗/颤栗	zhànlì	动
20763	躁动	zàodòng	动	20800	战乱	zhànluàn	名
20764	则₃	zé	助	20801	战略	zhànlüè	名
20765	责难	zénàn	动	20802	战区	zhànqū	名
20766	责无旁贷	zéwúpángdài	~	20803	战书	zhànshū	名

20804	战术	zhànshù	名		20841	照应	zhàoyìng	动
20805	战无不胜	zhànwúbùshèng	~		20842	肇事	zhàoshì	动
20806	战战兢兢	zhànzhànjīngjīng	形		20843	折合	zhéhé	动
20807	张皇失措	zhānghuáng-shīcuò	~		20844	折射	zhéshè	动
20808	张狂	zhāngkuáng	形		20845	折损	zhésǔn	动
20809	张力	zhānglì	名		20846	哲人	zhérén	名
20810	张罗	zhāngluo	动		20847	辙	zhé	名
20811	章程	zhāngchéng	名		20848	褶/褶子	zhě/zhězi	名
20812	章法	zhāngfǎ	名		20849	褶皱	zhězhòu	名
20813	长进	zhǎngjìn	动		20850	针灸	zhēnjiǔ	名
20814	长老	zhǎnglǎo	名		20851	珍重	zhēnzhòng	动
20815	掌门人	zhǎngménrén	名		20852	帧	zhēn	量
20816	丈量	zhàngliáng	动		20853	真空	zhēnkōng	名
20817	仗义	zhàngyì	形		20854	真凭实据	zhēnpíng-shíjù	~
20818	账目	zhàngmù	名		20855	真知灼见	zhēnzhī-zhuójiàn	~
20819	招₃	zhāo	动		20856	斟	zhēn	动
20820	招兵买马	zhāobīng-mǎimǎ	~		20857	斟酌	zhēnzhuó	动
20821	招集	zhāojí	动		20858	箴言	zhēnyán	名
20822	招揽	zhāolǎn	动		20859	诊	zhěn	语素
20823	招募	zhāomù	动		20860	诊治	zhěnzhì	动
20824	招聘	zhāopìn	动		20861	缜密	zhěnmì	形
20825	招摇	zhāoyáo	动		20862	阵容	zhènróng	名
20826	招摇过市	zhāoyáo-guòshì	~		20863	阵势	zhènshì	名
20827	招摇撞骗	zhāoyáo-zhuàngpiàn	~		20864	阵痛	zhèntòng	名
20828	昭示	zhāoshì	动		20865	阵亡	zhènwáng	动
20829	朝三暮四	zhāosān-mùsì	~		20866	阵线	zhènxiàn	名
20830	朝思暮想	zhāosī-mùxiǎng	~		20867	阵营	zhènyíng	名
20831	朝夕相处	zhāoxī-xiāngchǔ	~		20868	振聋发聩	zhènlóng-fākuì	~
20832	爪牙	zhǎoyá	名		20869	震慑	zhènshè	动
20833	召	zhào	动		20870	镇₂	zhèn	动
20834	召见	zhàojiàn	动		20871	镇定自若	zhèndìng-zìruò	~
20835	兆₁	zhào	语素		20872	镇静	zhènjìng	形
20836	兆₂	zhào	数		20873	镇守	zhènshǒu	动
20837	兆头	zhàotou	名		20874	镇压	zhènyā	动
20838	照₃	zhào	名		20875	争端	zhēngduān	名
20839	照搬	zhàobān	动		20876	争风吃醋	zhēngfēng-chīcù	~
20840	照猫画虎	zhàomāo-huàhǔ			20877	争名夺利	zhēngmíng-duólì	~

20878	争权夺利	zhēngquán-duólì	动	20914	政权	zhèngquán	名
20879	争议	zhēngyì	动	20915	政坛	zhèngtán	名
20880	征程	zhēngchéng	名	20916	症状	zhèngzhuàng	名
20881	征伐	zhēngfá	动	20917	之₂	zhī	代人称
20882	征集	zhēngjí	动	20918	支₃	zhī	动
20883	征求	zhēngqiú	动	20919	支₄	zhī	语素
20884	征收	zhēngshōu	动	20920	支出	zhīchū	动、名
20885	征讨	zhēngtǎo	动	20921	支点	zhīdiǎn	名
20886	征询	zhēngxún	动	20922	支付	zhīfù	动
20887	征战	zhēngzhàn	动	20923	支教	zhījiào	动
20888	征兆	zhēngzhào	名	20924	支流	zhīliú	名
20889	峥嵘	zhēngróng	形	20925	支票	zhīpiào	名
20890	峥嵘岁月	zhēngróng-suìyuè	～	20926	支使	zhīshi	动
20891	狰狞	zhēngníng	形	20927	支柱	zhīzhù	名
20892	症结	zhēngjié	名	20928	只身	zhīshēn	副
20893	睁眼瞎	zhēngyǎnxiā	名	20929	只言片语	zhīyán-piànyǔ	～
20894	铮铮铁骨/铁骨铮铮	zhēngzhēng-tiěgǔ/tiěgǔ-zhēngzhēng	～	20930	知己知彼	zhījǐ-zhībǐ	～
20895	蒸腾	zhēngténg	动	20931	知己知彼，百战不殆	zhījǐ-zhībǐ, bǎizhàn-bùdài	～
20896	蒸蒸日上	zhēngzhēng-rìshàng	～	20932	知名度	zhīmíngdù	名
20897	整顿	zhěngdùn	动	20933	知趣	zhīqù	形
20898	整合	zhěnghé	动	20934	知识分子	zhīshi fènzǐ	～
20899	整治	zhěngzhì	动	20935	知书达礼	zhīshū-dálǐ	～
20900	整装待发	zhěngzhuāng-dàifā	～	20936	知书达理	zhīshū-dálǐ	～
20901	正版	zhèngbǎn	名	20937	知晓	zhīxiǎo	动
20902	正道	zhèngdào	名	20938	知音	zhīyīn	名
20903	正轨	zhèngguǐ	名	20939	脂粉	zhīfěn	名
20904	正襟危坐	zhèngjīn-wēizuò	～	20940	执	zhí	动、语素
20905	正能量	zhèngnéngliàng	名	20941	执笔	zhíbǐ	动
20906	正派	zhèngpài	形	20942	执法	zhífǎ	动
20907	正视	zhèngshì	动	20943	执教	zhíjiào	动
20908	正统	zhèngtǒng	名、形	20944	执迷不悟	zhímí-bùwù	～
20909	正义感	zhèngyìgǎn	名	20945	执拗	zhíniù	形
20910	证件	zhèngjiàn	名	20946	执勤	zhíqín	动
20911	政	zhèng	语素	20947	执意	zhíyì	副
20912	政策	zhèngcè	名	20948	执掌	zhízhǎng	动
20913	政党	zhèngdǎng	名	20949	执照	zhízhào	名

20950	执政	zhízhèng	动	20987	至上	zhìshàng	形
20951	直白	zhíbái	形	20988	志趣	zhìqù	名
20952	直观	zhíguān	形	20989	志士	zhìshì	名
20953	直觉	zhíjué	名	20990	志同道合	zhìtóng-dàohé	～
20954	直面	zhímiàn	动	20991	志向	zhìxiàng	名
20955	直抒己见	zhíshū jǐjiàn	～	20992	制裁	zhìcái	动
20956	直抒胸臆	zhíshū xiōngyì	～	20993	制约	zhìyuē	动
20957	直辖市	zhíxiáshì	名	20994	质变	zhìbiàn	名
20958	直言	zhíyán	动	20995	质地	zhìdì	名
20959	值勤	zhíqín	动	20996	质问	zhìwèn	动
20960	职	zhí	语素	20997	质疑	zhìyí	动
20961	职能	zhínéng	名	20998	炙热	zhìrè	形
20962	职权	zhíquán	名	20999	炙手可热	zhìshǒu-kěrè	～
20963	职守	zhíshǒu	名	21000	治₂	zhì	动
20964	职务	zhíwù	名	21001	栉风沐雨	zhìfēng-mùyǔ	～
20965	植被	zhíbèi	名	21002	挚爱	zhì'ài	动
20966	植物人	zhíwùrén	名	21003	挚友	zhìyǒu	名
20967	殖民	zhímín	动	21004	桎梏	zhìgù	名
20968	殖民地	zhímíndì	名	21005	致辞/致词	zhìcí	动
20969	止步	zhǐbù	动	21006	致富	zhìfù	动
20970	只管	zhǐguǎn	副	21007	致力	zhìlì	动
20971	旨	zhǐ	语素	21008	致使	zhìshǐ	动、连
20972	纸醉金迷	zhǐzuì-jīnmí	～	21009	致以	zhìyǐ	动
20973	指标	zhǐbiāo	名	21010	致意	zhìyì	动
20974	指点迷津	zhǐdiǎn-míjīn	～	21011	掷地有声	zhìdì-yǒushēng	～
20975	指控	zhǐkòng	动	21012	智商	zhìshāng	名
20976	指日可待	zhǐrì-kědài	～	21013	智障	zhìzhàng	名
20977	指桑骂槐	zhǐsāng-màhuái	～	21014	滞后	zhìhòu	动
20978	指数	zhǐshù	名	21015	滞留	zhìliú	动
20979	咫尺	zhǐchǐ	名	21016	置若罔闻	zhìruòwǎngwén	～
20980	咫尺天涯	zhǐchǐ-tiānyá	～	21017	置身	zhìshēn	动
20981	至爱	zhì'ài	形、名	21018	置身事外	zhìshēn-shìwài	～
20982	至此	zhìcǐ	动	21019	置之不理	zhìzhī-bùlǐ	～
20983	至高无上	zhìgāo-wúshàng	～	21020	置之度外	zhìzhī-dùwài	～
20984	至关重要	zhìguānzhòngyào	～	21021	中坚	zhōngjiān	名
20985	至交	zhìjiāo	名	21022	中介	zhōngjiè	名
20986	至亲	zhìqīn	名	21023	中立	zhōnglì	动

21024	中流砥柱	zhōngliú-dǐzhù	～	21061	周转	zhōuzhuǎn	动
21025	中枢	zhōngshū	名	21062	轴心	zhóuxīn	名
21026	中旬	zhōngxún	名	21063	肘	zhǒu	名
21027	中叶	zhōngyè	名	21064	昼	zhòu	语素
21028	中专	zhōngzhuān	名	21065	骤然	zhòurán	副
21029	中转	zhōngzhuǎn	动	21066	朱砂	zhūshā	名
21030	忠心耿耿	zhōngxīn-gěnggěng	～	21067	珠光宝气	zhūguāng-bǎoqì	～
21031	忠贞	zhōngzhēn	形	21068	珠联璧合	zhūlián-bìhé	～
21032	终归	zhōngguī	副	21069	诸₂	zhū	语素
21033	终结	zhōngjié	动	21070	诸侯	zhūhóu	名
21034	终年	zhōngnián	副、名	21071	诸如	zhūrú	动
21035	终身大事	zhōngshēn dàshì	～	21072	诸如此类	zhūrú-cǐlèi	～
21036	终止	zhōngzhǐ	动	21073	诸位	zhūwèi	代人称
21037	钟爱	zhōng'ài	动	21074	逐	zhú	介、语素
21038	钟楼	zhōnglóu	名	21075	逐一	zhúyī	副
21039	钟情	zhōngqíng	动	21076	主编	zhǔbiān	动、名
21040	衷肠	zhōngcháng	名	21077	主场	zhǔchǎng	名
21041	衷心	zhōngxīn	形	21078	主导	zhǔdǎo	动、名
21042	肿瘤	zhǒngliú	名	21079	主妇	zhǔfù	名
21043	种族	zhǒngzú	名	21080	主观	zhǔguān	形
21044	中风	zhòngfēng	动、名	21081	主机	zhǔjī	名
21045	中规中矩	zhòngguī-zhòngjǔ	～	21082	主见	zhǔjiàn	名
21046	中肯	zhòngkěn	形	21083	主教	zhǔjiào	名
21047	中伤	zhòngshāng	动	21084	主力	zhǔlì	名
21048	众叛亲离	zhòngpàn-qīnlí	～	21085	主流	zhǔliú	名
21049	众生	zhòngshēng	名	21086	主权	zhǔquán	名
21050	众望所归	zhòngwàng-suǒguī	～	21087	主人翁	zhǔrénwēng	名
21051	众志成城	zhòngzhì-chéngchéng	～	21088	主旋律	zhǔxuánlǜ	名
21052	重创	zhòngchuāng	动	21089	主页	zhǔyè	名
21053	重地	zhòngdì	名	21090	主旨	zhǔzhǐ	名
21054	重负	zhòngfù	名	21091	主子	zhǔzi	名
21055	重心	zhòngxīn	名	21092	嘱托	zhǔtuō	动
21056	周密	zhōumì	形	21093	伫立	zhùlì	动
21057	周期	zhōuqī	名	21094	助教	zhùjiào	名
21058	周全	zhōuquán	形	21095	助理	zhùlǐ	形、名
21059	周旋	zhōuxuán	动	21096	助兴	zhùxìng	动
21060	周遭	zhōuzāo	名	21097	助学	zhùxué	动

21098	助学金	zhùxuéjīn	名	21135	庄园	zhuāngyuán	名
21099	助纣为虐	zhùzhòu-wéinüè	~	21136	庄重	zhuāngzhòng	形
21100	住户	zhùhù	名	21137	装潢	zhuānghuáng	动、名
21101	贮藏	zhùcáng	动	21138	装配	zhuāngpèi	动
21102	贮存	zhùcún	动	21139	装腔作势	zhuāngqiāng-zuòshì	~
21103	注₁	zhù	动、名	21140	装神弄鬼	zhuāngshén-nòngguǐ	~
21104	注₂	zhù	名、量	21141	装束	zhuāngshù	名
21105	注释	zhùshì	动、名	21142	装卸	zhuāngxiè	动
21106	注销	zhùxiāo	动	21143	壮胆	zhuàngdǎn	动
21107	驻	zhù	动	21144	壮年	zhuàngnián	名
21108	驻守	zhùshǒu	动	21145	壮志	zhuàngzhì	名
21109	驻扎	zhùzhā	动	21146	壮志凌云	zhuàngzhì-língyún	~
21110	驻足	zhùzú	动	21147	壮志未酬	zhuàngzhì-wèichóu	~
21111	著称	zhùchēng	动	21148	追查	zhuīchá	动
21112	铸就	zhùjiù	动	21149	追悼	zhuīdào	动
21113	抓狂	zhuākuáng	动	21150	追悔莫及	zhuīhuǐ-mòjí	~
21114	专长	zhuāncháng	名	21151	追加	zhuījiā	动
21115	专程	zhuānchéng	副	21152	追究	zhuījiū	动
21116	专柜	zhuānguì	名	21153	追捧	zhuīpěng	动
21117	专横	zhuānhèng	形	21154	追溯	zhuīsù	动
21118	专科	zhuānkē	名	21155	追尾	zhuīwěi	动
21119	专利	zhuānlì	名	21156	追忆	zhuīyì	动
21120	专一	zhuānyī	形	21157	坠毁	zhuìhuǐ	动
21121	专制	zhuānzhì	动、形	21158	准绳	zhǔnshéng	名
21122	专著	zhuānzhù	名	21159	拙	zhuō	形、语素
21123	转机₁	zhuǎnjī	名	21160	拙劣	zhuōliè	形
21124	转机₂	zhuǎnjī	动	21161	捉襟见肘	zhuōjīn-jiànzhǒu	~
21125	转嫁	zhuǎnjià	动	21162	捉摸	zhuōmō	动
21126	转让	zhuǎnràng	动	21163	灼热	zhuórè	形
21127	转瞬	zhuǎnshùn	动	21164	卓越	zhuóyuè	形
21128	转瞬即逝	zhuǎnshùn-jíshì	~	21165	卓著	zhuózhù	形
21129	转危为安	zhuǎnwēi-wéi'ān	~	21166	酌情	zhuóqíng	动
21130	转型	zhuǎnxíng	动	21167	着力	zhuólì	动
21131	转折点	zhuǎnzhédiǎn	名	21168	着陆	zhuólù	动
21132	传记	zhuànjì	名	21169	着落	zhuóluò	名
21133	赚取	zhuànqǔ	动	21170	着色	zhuósè	动
21134	撰写	zhuànxiě	动	21171	着实	zhuóshí	副

21172	着重	zhuózhòng	动	21209	自食其果	zìshí-qíguǒ	～
21173	着装	zhuózhuāng	名、动	21210	自食其力	zìshí-qílì	～
21174	孜孜以求	zīzīyǐqiú	～	21211	自始至终	zìshǐ-zhìzhōng	～
21175	咨询	zīxún	动	21212	自首	zìshǒu	动
21176	姿色	zīsè	名	21213	自述	zìshù	动、名
21177	资	zī	语素	21214	自卫	zìwèi	动
21178	资本	zīběn	名	21215	自刎	zìwěn	动
21179	资本家	zīběnjiā	名	21216	自相残杀	zìxiāng-cánshā	～
21180	资产	zīchǎn	名	21217	自行其是	zìxíng-qíshì	～
21181	资历	zīlì	名	21218	自省	zìxǐng	动
21182	资深	zīshēn	形	21219	自诩	zìxǔ	动
21183	资讯	zīxùn	名	21220	自娱自乐	zìyú-zìlè	～
21184	资质	zīzhì	名	21221	自圆其说	zìyuán-qíshuō	～
21185	资助	zīzhù	动	21222	自责	zìzé	动
21186	滋补	zībǔ	动	21223	自重	zìzhòng	动
21187	滋生	zīshēng	动	21224	自传	zìzhuàn	名
21188	滋长	zīzhǎng	动	21225	自转	zìzhuàn	动
21189	子弟	zǐdì	名	21226	自作多情	zìzuò-duōqíng	～
21190	子虚乌有	zǐxū-wūyǒu	～	21227	自作主张	zìzuò-zhǔzhāng	～
21191	子夜	zǐyè	名	21228	字符	zìfú	名
21192	姊妹	zǐmèi	名	21229	字眼	zìyǎn	名
21193	自拔	zìbá	动	21230	字样	zìyàng	名
21194	自嘲	zìcháo	动	21231	字斟句酌	zìzhēn-jùzhuó	～
21195	自得其乐	zìdé-qílè	～	21232	字正腔圆	zìzhèng-qiāngyuán	～
21196	自发	zìfā	形	21233	恣意	zìyì	副
21197	自费	zìfèi	动	21234	宗师	zōngshī	名
21198	自负	zìfù	形	21235	宗旨	zōngzhǐ	名
21199	自给自足	zìjǐ-zìzú	～	21236	综上所述	zōngshàngsuǒshù	～
21200	自尽	zìjìn	动	21237	综述	zōngshù	动、名
21201	自愧不如	zìkuì-bùrú	～	21238	总务	zǒngwù	名
21202	自理	zìlǐ	动	21239	纵₂	zòng	动
21203	自立门户	zìlì-ménhù	～	21240	纵₃	zòng	连
21204	自律	zìlǜ	动	21241	纵观	zòngguān	动
21205	自鸣得意	zìmíng-déyì	～	21242	纵横交错	zònghéng-jiāocuò	～
21206	自命不凡	zìmìng-bùfán	～	21243	纵火	zònghuǒ	动
21207	自欺欺人	zìqī-qīrén	～	21244	纵情	zòngqíng	副
21208	自生自灭	zìshēng-zìmiè	～	21245	纵然	zòngrán	连

编号	词	拼音	词性
21246	纵容	zòngróng	动
21247	纵身	zòngshēn	动
21248	纵使	zòngshǐ	连
21249	走狗	zǒugǒu	名
21250	走红	zǒuhóng	动
21251	走后门	zǒuhòumén	~
21252	走火	zǒuhuǒ	动
21253	走火入魔	zǒuhuǒ-rùmó	~
21254	走马灯	zǒumǎdēng	名
21255	走马观花	zǒumǎ-guānhuā	~
21256	走马上任	zǒumǎ-shàngrèn	~
21257	走私	zǒusī	动
21258	走向	zǒuxiàng	名
21259	租赁	zūlìn	动
21260	足不出户	zúbùchūhù	~
21261	足智多谋	zúzhì-duōmóu	~
21262	卒₂	zú	语素
21263	族人	zúrén	名
21264	阻挠	zǔnáo	动
21265	组建	zǔjiàn	动
21266	祖辈	zǔbèi	名
21267	祖师	zǔshī	名
21268	祖宗	zǔzong	名
21269	祖祖辈辈	zǔzǔbèibèi	名
21270	钻戒	zuànjiè	名
21271	嘴脸	zuǐliǎn	名
21272	罪该万死	zuìgāiwànsǐ	~
21273	罪魁祸首	zuìkuí-huòshǒu	~
21274	罪名	zuìmíng	名
21275	罪孽	zuìniè	名
21276	罪人	zuìrén	名
21277	罪行	zuìxíng	名
21278	罪有应得	zuìyǒuyīngdé	~
21279	罪证	zuìzhèng	名
21280	罪状	zuìzhuàng	名
21281	醉生梦死	zuìshēng-mèngsǐ	~
21282	醉翁之意不在酒	zuìwēng zhī yì bù zài jiǔ	~
21283	醉意	zuìyì	名
21284	尊师重教	zūnshī-zhòngjiào	~
21285	遵从	zūncóng	动
21286	遵循	zūnxún	动
21287	作坊	zuōfang	名
21288	左膀右臂	zuǒbǎng-yòubì	~
21289	左右逢源	zuǒyòu-féngyuán	~
21290	作案	zuò'àn	动
21291	作罢	zuòbà	动
21292	作风	zuòfēng	名
21293	作茧自缚	zuòjiǎn-zìfù	~
21294	作料/佐料	zuòliao/zuǒliào	名
21295	作呕	zuò'ǒu	动
21296	作声/做声	zuòshēng	动
21297	作祟	zuòsuì	动
21298	作威作福	zuòwēi-zuòfú	~
21299	作息	zuòxī	动
21300	作业₂	zuòyè	动
21301	坐标	zuòbiāo	名
21302	坐吃山空	zuòchī-shānkōng	~
21303	坐失良机	zuòshī-liángjī	~
21304	坐享其成	zuòxiǎng-qíchéng	~
21305	坐以待毙	zuòyǐdàibì	~
21306	座谈	zuòtán	动
21307	座谈会	zuòtánhuì	名
21308	座右铭	zuòyòumíng	名
21309	做作	zuòzuo	形

附录一：拆分词语列表

条目	拼音	词类	等级	示例
啊₁	ā/á/ǎ/à	叹	1	啊！太美了。
啊₂	a	助	1	（"啊"常受前一字尾音影响而发生变音，书面上常按变音写成"呀、哇、哪"。） 好香啊！ 好大呀！ 真苦哇！ 真甜哪！
挨₁	ái	动	3	挨饿 / 挨打 / 挨骂
挨₂	āi	动、介	4	商场挨着电影院。 挨个检查
挨₃	ái	动	5	终于挨过来了。/ 他挨了几天才去医院。
安₁	ān	动	3	安电话 / 安空调
安₂	ān	形	4	心里不安 / 安于现状
安₃	ān	动	5	不安好心 / 你安的什么心？
按₁	àn	动	1	按一下门铃。
按₂	àn	介	4	按分数排名
按₃	àn	动	5	按兵不动 / 按下心头的怒火
案子₁	ànzi	名	4	查案子
案子₂	ànzi	名	5	把东西放在案子上。
熬₁	āo	动	4	熬白菜
熬₂	áo	动	4	熬粥 / 熬药 / 熬日子
把₁	bǎ	介	1	把电视关了。
把₂	bǎ	量	3	一把刀 / 一把椅子 / 一把花生
把₃	bà	名	4	锅把儿 / 梨把儿
把₄	bǎ	量	5	一把年纪 / 加把劲儿 / 帮他一把
把₅	bǎ	动	5	把门 / 把着枪 / 把尿
把₆	bǎ	助	6	个把月 / 千把人
白₁	bái	形	1	墙很白。
白₂	bái	副	4	白来了 / 白吃白喝
败₁	bài	动	2	打败
败₂	bài	动	3	花都败了。
败₃	bài	动	5	家败了。 败毒 / 败一下火
班₁	bān	名	1	一班 / 大班 / 美术班 上了一天班。

条目	拼音	词类	等级	示例
班₂	bān	量	4	上一班飞机
板₁	bǎn	名	2	木板
板₂	bǎn	动	5	板着脸
帮₁	bāng	动	1	帮我拿一下。
帮₂	bāng	量、语素	5	一帮人 匪帮
棒₁	bàng	形	1	很棒！
棒₂/棒子	bàng/bàngzi	名	2	～
包₁	bāo	动、名、量	1	包着/包饺子 包儿/被蚊子咬了个包。 一包大米
包₂	bāo	动	5	包治百病/包你满意 包车/包场
保₁	bǎo	动	4	保温/保你学会游泳。
保₂	bǎo	名	5	保单/保费/投保
报₁	bào	名	2	看报/黑板报
报₂	bào	动	4	报恩/报仇
报₃	bào	动	5	有的费用可以报销，有的不能报。
暴₁	bào	形	4	暴怒/脾气很暴。
暴₂	bào	动	5	青筋都暴出来了。/自暴家丑
背₁	bēi	动	1	背着书包
背₂	bèi	名	1	后背/手背
背₃	bèi	动	1	背诗
背₄	bèi	动、形	5	背着他说他坏话。 手气背/耳背
被₁/被子	bèi/bèizi	名	1	～
被₂	bèi	介	2	书被借走了。
奔₁	bēn	动	3	狂奔
奔₂	bèn	动	3	直奔火车站
本₁	běn	名、量	1	作业本 一本书
本₂	běn	名	5	赔本儿
本₃	běn	副	5	我本打算下周去旅行，有事去不了了。
本₄	běn	代指示	5	本校/本周
本₅	běn	介	6	本着助人为乐的精神
绷₁	bēng	动	4	绷直/绷紧
绷₂	běng	动	4	绷着脸

条目	拼音	词类	等级	示例
笔₁	bǐ	名、量	1	一支笔 "人"字有两笔。
笔₂	bǐ	量	5	一笔钱／一笔生意
编制₁	biānzhì	动	6	编制竹筐
编制₂	biānzhì	名	6	事业编制
鞭₁／鞭子	biān/biānzi	名	3	～
鞭炮／鞭₂／爆竹／炮仗／爆仗	biānpào/biān/bàozhú/pàozhang/bàozhang	名	3	～
便₁	biàn	副	3	不努力，便没有成功。
便₂	biàn	连	5	便有再多的钱，也不能乱花。
便₃	biàn	语素	5	搭个便车 便民
遍₁	biàn	量	1	读一遍
遍₂	biàn	动	3	吃遍／走遍
表₁	biǎo	名	2	一块表
表₂	biǎo	名	3	一张表
表₃	biǎo	名	4	温度表
表₄	biǎo	动	5	表决心／深表不满
别₁	bié	副	1	别动／别去
别₂	bié	语素	4	男女有别／别家
别₃	bié	动	4	别了，朋友们，明年再聚！
别₄	bié	动	4	别着一枚胸针／把门别上
并₁	bìng	副	4	他其实并不笨。
并₂	bìng	动、副、连	5	肩并肩 并存 他喜欢并擅长做饭。
并₃	bìng	动	5	把两组并成一组吧。
拨₁	bō	动	3	拨开 拨电话
拨₂	bō	动、量	5	拨款 一拨人
播种₁	bōzhǒng	动	4	播种机
播种₂	bōzhòng	动	4	播种小麦
不服₁	bùfú	动	3	不服的话咱们来比一比。
不服₂	bùfú	动	5	水土不服
布₁	bù	名	1	一块布

条目	拼音	词类	等级	示例
布₂	bù	动	4	遍布全国 / 布下陷阱
部₁	bù	量	3	一部字典 / 一部电影 / 一部车
部₂	bù	语素	4	外部 / 肩部
部₃	bù	名	5	教育部 / 编辑部 / 司令部
才₁	cái	副	1	他8岁才上学。/ 他们班才5个人。
才₂	cái	副	3	只有认真听讲,才能学会。
才₃	cái	副	3	我才不吃呢。
才₄	cái	名、语素	5	他很有才。 奇才 / 全才
裁₁	cái	动	3	裁纸
裁₂	cái	动	6	公司裁人了。
采₁	cǎi	动	1	采花 / 采果子
采₂	cǎi	动	5	采矿 / 采煤
彩₁	cǎi	语素	1	彩笔 / 彩云
彩₂	cǎi	名	4	中彩 / 彩民
操₁	cāo	名	2	早操 / 做操
操₂	cāo	动	6	操刀 / 手操生杀大权。 操一口流利的汉语
草₁	cǎo	名	1	小草 / 拔草
草₂	cǎo	形	5	字写得太草了。
叉₁	chā	名、动	2	刀叉 错的打叉。 叉鱼
叉₂	chà	名	3	分叉
差₁	chā	名	2	和、差、积、商
差₂	chà	形、动	2	很差 差一个人
长₁	cháng	形、名	1	很长 长和宽
长₂	zhǎng	动	1	孩子长高了。
长₃	zhǎng	语素	3	校长 / 班长
长₄	zhǎng	动、形、语素	5	长知识 / 长见识 年长 / 他长我两岁。 长子
肠₁	cháng	名	2	火腿肠
肠₂/肠子	cháng/chángzi	名	3	~
场₁	chǎng	量、语素	2	一场比赛 上场

条目	拼音	词类	等级	示例
场₂	cháng	量	4	一场雨 / 空欢喜一场
场₃	chǎng	语素	6	在场 / 当场 官场 / 情场
抄₁	chāo	动	2	抄课文 / 抄别人的作业
抄₂	chāo	动	6	抄近路 抄着手
朝₁	cháo	动、介	2	房间朝南。 朝教室走去。
朝₂	zhāo	语素	4	今朝 / 朝夕
朝₃	cháo	名	5	汉朝 / 唐朝
朝阳₁	cháoyáng	动	3	这个房间朝阳。
朝阳₂	zhāoyáng	名	4	升起的朝阳
扯₁	chě	动	3	把墙上的海报扯下来。/ 扯着嗓子喊。
扯₂	chě	动	4	瞎扯 / 闲扯
沉₁	chén	形、动	1	箱子很沉。 石头沉下去了。
沉₂	chén	动、形	4	沉住气 / 脸一沉 睡得很沉 / 头沉
称₁	chēng	动	2	称一下水果
称₂	chēng	动	4	称为
称₃	chèn	动	6	这件衣服很称肤色。
成₁	chéng	动	1	看成 / 变成 / 你脸真脏，成小花猫了。
成₂	chéng	动	4	事情成了。 成，就照你说的办。
成₃	chéng	动	4	成箱 / 成批 / 成百人
成₄	chéng	量	5	一成 / 三成
成年₁	chéngnián	动	5	成年人
成年₂	chéngnián	副	5	他成年在外工作。
乘₁	chéng	动	3	乘车 / 乘飞机
乘₂	chéng	动	3	3乘5
盛₁	chéng	动	2	盛一碗饭
盛₂	shèng	形	5	花儿开得很盛。/ 士气很盛。
盛₃	shèng	语素	5	盛会 / 盛情 / 盛传 / 盛赞
尺₁/尺子	chǐ/chǐzi	名	2	～
尺₂	chǐ	量	3	长3尺。
赤₁	chì	动	3	赤着脚
赤₂	chì	语素	4	赤色

条目	拼音	词类	等级	示例
冲₁	chōng	动	1	冲出去
冲₂	chòng	动、介	2	窗户冲着马路。 他冲我点点头。
冲₃	chōng	动	3	冲茶 / 冲咖啡 / 用水冲一下就干净了。
冲₄	chòng	介	5	冲着你这几句话，我一定帮你。
抽₁	chōu	动	2	抽出来几张纸 / 把水抽干
抽₂	chōu	动	4	用鞭子抽
出₁	chū	动、动趋向	1	出了学校 走出教室 / 拿出本子 / 想出办法
出₂	chū	动	4	不出两个月 出题 / 出钱 / 出节目 我们班出了一个小英雄。 出问题 他出了很多书。 出芽儿
出₃	chū	量	5	一出戏
出口₁	chūkǒu	名	3	大厅出口
出口₂	chūkǒu	动	4	话一出口就收不回来了。
出口₃	chūkǒu	动	5	出口商品
除₁	chú	动	3	2除6
除了/除₂	chúle/chú	介	3	～
除₃	chú	动	4	除去灰尘
处₁	chù	名	3	深处 / 多处
处₂	chǔ	动	5	他和同事处得很好。 地处繁华路段 / 孩子正处在长身体阶段，营养一定得跟上。
处₃	chù	名	5	办事处 / 联络处
穿₁	chuān	动	1	穿衣服
穿₂	chuān	动	4	射穿 / 看穿 / 穿过森林 / 把珠子穿成项链。
传₁	chuán	动	3	从古代传下来。/ 消息传开了。/ 传热
传₂	zhuàn	名	4	自传 /《水浒传》
串₁	chuàn	名、量	2	羊肉串儿 一串葡萄
串₂	chuàn	动	4	看串行了 / 串味
床₁	chuáng	名	1	一张床
床₂	chuáng	量	3	一床被子
吹₁	chuī	动	1	吹气 / 吹口琴 / 吹风
吹₂	chuī	动	3	他很能吹，别信他。

条目	拼音	词类	等级	示例
吹₃	chuī	动	6	没钱了，旅行计划吹了。
辞₁	cí	动、语素	5	辞掉工作 / 老板把他辞了。 不辞而别 / 不辞辛苦
辞₂	cí	语素	6	文辞 / 辞赋
次₁	cì	量	1	一次
次₂	cì	语素	4	车次 / 座次
次₃	cì	形	5	次品 / 退而求其次
刺₁	cì	动、名	2	刺伤 鱼刺
刺₂	cī	拟声	3	刺刺响
刺₃	cì	动	4	刺鼻子
刺₄	cì	动	5	遇刺 / 被刺
从₁	cóng	介、副	1	从家到学校 / 从现在开始 我从没见过他。
从₂	cóng	语素	6	从商 / 从军 从宽 / 从简
撮₁	cuō	动、量	5	撮了一些土 一撮盐 一小撮敌人
撮₂	zuǒ	量	5	一撮头发
错₁	cuò	形、名	1	字写错了。 有一个错
错₂	cuò	动	4	错过机会 错开时间
搭₁	dā	动	3	小鸟搭了一个窝。 肩上搭了一条毛巾。
搭₂	dā	动、形	5	肉和菜搭着吃。 搭上一些钱。/ 把命搭上了。 搭车 / 搭下一个航班 这件衣服和这条裤子很搭。
打₁	dǎ	动	1	打鼓 打蚊子 / 打人 打电话 打球 / 打牌 / 打游戏 / 打拳 打车 打针 打伞 / 打旗
打₂	dǎ	动	3	打喷嚏 / 打嗝 打招呼 打枪 / 打雷 打钩 / 打对号 杯子打了。

- 315 -

条目	拼音	词类	等级	示例
打₃	dǎ	动	4	打水 / 打饭 / 打酒 打鱼 / 打兔子 打分 / 打草稿 / 打主意 打基础 / 打井 打领带 / 打毛衣
打₄	dá	量	5	一打报纸
打₅	dǎ	动	5	打官腔 / 打比喻 打钱 / 打款 打广告 / 打品牌
打₆	dǎ	介	5	打这儿往前走，右拐就到了。
大气₁	dàqì	名	4	大气层
大气₂	dàqì	名、形	5	展现出一股大气 很大气
大人₁	dàren	名	2	大人和小孩
大人₂	dàren	名	5	张大人 / 李大人（旧时称地位高的官长）
大意₁	dàyì	名	4	段落大意
大意₂	dàyi	形	4	看孩子不能大意。
大作₁	dàzuò	动	4	风雨大作
大作₂	dàzuò	名	5	我读过您的大作。
呆₁	dāi	形	3	呆笨 / 发呆
待₁/呆₂	dāi	动	3	待一会儿 / 呆两天
待₂	dài	动	4	待人和气 / 热情待客
待₃	dài	语素	6	待机 / 待业 / 有待改善
代₁	dài	名	4	古代 / 汉代 / 下一代
代₂	dài	动	5	代课 / 代班长 / 你临时有事儿，我代你参加吧。
带₁	dài	名	1	皮带 / 鞋带
带₂	dài	动	1	带上水和面包。
带₃	dài	名	4	这一带比较热闹。
带₄	dài	动	4	面带微笑 / 带点儿苦味儿 / 带皮一起吃 带队 / 带孩子
担₁	dān	动	5	担水 / 担责任
担₂	dàn	名、量	5	重担 一担水
单₁	dān	形	3	单人房 / 单号 单鞋
单₂	dān	名	3	床单 / 被单 广告单 / 购物单
单₃	dān	副	5	单靠你一个人，很难完成任务。

条目	拼音	词类	等级	示例
单位$_1$	dānwèi	名	4	长度单位／重量单位
单位$_2$	dānwèi	名	4	爸爸去单位加班了。
胆$_1$／胆子	dǎn/dǎnzi	名	3	～
胆$_2$	dǎn	名	5	肝和胆 内胆／壶胆
但$_1$	dàn	连	3	他很能吃，但不胖。
但$_2$	dàn	副	6	不求有功，但求无过。
当$_1$	dāng	动	1	当班长
当$_2$／铛	dāng	拟声	1	～
当$_3$	dāng	介	2	当爸爸下班时，我已经睡觉了。 当着全班同学，他说出了自己的想法。
当$_4$	dàng	动	4	一个人当两个人用。／把这儿当自己家。／我当你睡着了，原来你都听见了。
当$_5$	dāng	语素	6	当权／当政
当$_6$	dàng	语素	6	当晚／当月
当$_7$	dàng	动	6	他缺钱，把手表当了。
当年$_1$	dāngnián	名	5	当年这里是一片田地。
当年$_2$	dāngnián	动	6	30岁的年纪正当年。
当年$_3$	dàngnián	名	6	当年种，当年收。
当日$_1$	dāngrì	名	5	当日风采
当日$_2$	dàngrì	名	6	当日往返。
当时$_1$	dāngshí	名	3	当时他不在。
当时$_2$	dàngshí	副	5	他一看错了那么多题，当时就傻眼了。
当时$_3$	dāngshí	动	6	秋高气爽，出游正当时。
倒$_1$	dǎo	动	1	摔倒／倒下
倒$_2$	dào	动	2	顺序放倒了，上册应该放前边。 把车往后倒一下。 倒茶
倒$_3$	dǎo	动	3	先坐地铁，然后倒公交车。
倒$_4$	dào	副	4	我还没说累呢，你倒说累了。／你说得倒简单，你来做试试。
道$_1$	dào	名、量	2	大道 一条横道儿 一道亮光／一道题
道$_2$	dào	动	4	他点头道："好的。" 道喜／道贺 我道他怎么没来，原来生病了。

条目	拼音	词类	等级	示例
道₃	dào	语素	5	生财之道 医道 / 茶道 传道 道教 / 一僧一道
得了₁	déle	动、助	4	得了，就这么办吧。 送给你得了，我还有很多。
得了₂	déliǎo	形	4	不得了啦，起火了！
德行₁	déxíng	名	6	先生的德行令人敬佩。
德行₂/德性	déxing	名	6	~
地₁	de	助	1	高兴地说
地₂	dì	名	1	天和地
得₁	de	助	1	吃得完
得₂	dé	动	3	这道题只得了1分。/ 得了些好处 / 二三得六
得₃	děi	动助动	4	早点儿睡，明天得早起。
等₁	děng	动、介	1	等车 等我写完作业吧。
等₂	děng	助	3	我去过北京、上海、广州等城市。
等₃	děng	名、量	4	优等 / 上等 一等 / 二等
嘀嗒₁/滴答₁	dīdā	拟声	1	嘀嗒嘀嗒不停地响。
嘀嗒₂/滴答₂	dīda	动	1	水龙头一直在滴答水。
抵₁	dǐ	动	5	抵住门 / 一个抵俩 / 拿命来抵
抵₂	dǐ	动	6	昨日抵沪。
地道₁	dìdào	名	4	挖地道
地道₂	dìdao	形	5	很地道
地方₁	dìfang	名	1	你藏在什么地方？
地方₂	dìfāng	名	6	地方政府 / 中央和地方
点₁	diǎn	名、量	1	雨点儿 / 点和线 吃点儿东西
点₂	diǎn	量、名	2	10点 到点了。
点₃	diǎn	动	2	点名 / 点数 点菜 / 点歌 点一个点儿 点火 / 点灯

条目	拼音	词类	等级	示例
点滴₁	diǎndī	形、名	4	点滴小事 记录下生活的点滴。
点滴₂/吊瓶	diǎndī/diàopíng	名	4	~
点子₁	diǎnzi	名	2	泥点子
点子₂	diǎnzi	名	3	出点子 说到点子上了。
垫₁	diàn	动、名	3	垫高一点儿 床垫儿/鞋垫儿
垫₂	diàn	动	5	我先给你垫上，你有了钱再还我。
雕₁	diāo	动、语素	3	雕了一朵花儿 石雕/木雕/冰雕
雕₂	diāo	名	5	一只雕
调₁	diào	名	4	南腔北调/C调/跑调
调₂	diào	动	4	调工作/对调一下
调₃	tiáo	动	4	调一下味道。 调价/调课
掉₁	diào	动	1	掉到海里了。/手机掉了。/扔掉
掉₂	diào	动	4	掉过头来
钉₁/钉子	dīng/dīngzi	名	1	~
钉₂	dìng	动	3	钉钉子/钉扣子
顶₁	dǐng	名、动	2	屋顶/山顶 顶球
顶₂	dǐng	量	4	一顶帽子/一顶帐篷
顶₃	dǐng	动	5	顶了几句嘴。 任务很艰巨，大家要顶住。 一个顶两个/顶数
毒₁	dú	名、动、形	3	有毒 毒一下老鼠。 毒打/太阳很毒。
毒₂	dú	名	6	吸毒/贩毒/藏毒
杜鹃₁/映山红	dùjuān/yìngshānhóng	名	5	~
杜鹃₂	dùjuān	名	5	一只杜鹃
度₁	dù	量	3	今天27度。/360度/1度电/近视400度
度₂	dù	语素	4	湿度/浓度/难度
度₃	dù	量、动	5	再度强调/一年一度 欢度/虚度

条目	拼音	词类	等级	示例
端₁	duān	动	2	端盘子
端₂	duān	语素	4	笔端 / 两端
端详₁	duānxiáng	形	5	面容端详
端详₂	duānxiang	动	5	端详了一下
对₁	duì	形	1	猜对了。
对₂	duì	介、动	1	对妈妈说 对着镜子
对₃	duì	量	3	一对耳环
对₄	duì	动	4	对一下表 / 对名单
对象₁	duìxiàng	名	5	研究对象
对象₂	duìxiàng	名	6	找对象
顿₁	dùn	量	1	一顿饭 / 骂他一顿
顿₂	dùn	动、副	5	他顿了一下，又接着讲。 顿感不适
多少₁	duōshao	代疑问	1	你们班有多少人？
多少₂	duōshǎo	副	5	他多少有点儿不习惯。
额₁/额头	é/étóu	名	4	～
额₂	é	语素	5	总额 / 余额 / 全额
发₁	fā	动	3	发作业 / 发消息 / 发信 / 发电 / 发炮 发芽 发大水 发黄 / 发臭 / 发痒 发怒 / 发愁
发₂	fà	语素	3	白发 / 洗发
发₃	fā	动	4	发文章
发₄	fā	量	4	一发子弹
发₅	fā	动	5	他做生意发了。
法₁	fǎ	名	3	想个法儿 / 没法儿
法₂	fǎ	名	4	依法 / 守法
翻₁	fān	动	2	车翻了 / 翻开书 / 翻出来 / 翻墙
翻₂	fān	动	5	翻了几倍 翻成中文 他俩闹翻了。
翻腾₁	fānténg	动	5	海浪翻腾
翻腾₂	fānteng	动	5	他在箱子里翻腾了半天，也没找到。
凡₁	fán	语素	5	凡人 / 凡间
凡₂	fán	副	5	凡本校学生均可借阅。

条目	拼音	词类	等级	示例
反₁	fǎn	形	2	反方向 / 衣服穿反了。
反₂	fǎn	动、语素	5	反腐败 家长不在家，孩子反了。 反咬 / 反观
犯₁	fàn	动	3	犯了一个错误。/ 老毛病又犯了。
犯₂	fàn	动、语素	4	犯了法 / 犯规 大军来犯。 盗窃犯
方₁	fāng	形	2	这块是方的，那块是圆的。
方₂	fāng	名	3	上方 / 东方 / 双方
方₃	fāng	名	5	医生开了个方儿。
放₁	fàng	动	1	放在桌子上 / 放点儿盐
放₂	fàng	动	3	把蝴蝶放了吧。 放枪 / 放箭 / 放光 放音乐 / 放电影 放鞭炮 / 放火 放牛 / 放羊
放₃	fàng	动	4	放慢 这件事先放一放，不着急。
放₄	fàng	动	6	放款 / 放贷
非₁	fēi	副	3	他非去不可。
非₂	fēi	语素、前缀、动	5	非法 / 非礼 非金属 / 非卖品 非语言所能形容
肥₁	féi	形	3	肥肉 / 衣服太肥了。
肥₂	féi	名	5	多施点儿肥。
费₁	fèi	名	3	学费 / 收费
费₂	fèi	动	3	费时间 / 费电
分₁	fēn	动	1	分成三组
分₂	fēn	量	2	五角三分 / 六点十分 / 考了95分
分₃	fēn	语素	4	分校 / 分册
分₄	fèn	语素	5	水分 / 糖分
分₅	fèn	名	5	看在你的分上，我就答应了。
分别₁	fēnbié	动、名	3	分别对和错。 这两张图是有分别的。
分别₂	fēnbié	副	3	分别完成任务
分别₃	fēnbié	动	4	分别了几年，又见面了。
分数₁	fēnshù	名	2	他的分数最高。

条目	拼音	词类	等级	示例
分数₂	fēnshù	名	4	整数和分数
分子₁	fēnzǐ	名	4	分子和分母
分子₂	fēnzǐ	名	5	分子和原子
分子₃	fènzǐ	名	5	积极分子
粉₁	fěn	名、形	2	花粉 擦点儿粉 粉的好看。
粉₂	fěn	名	4	炒粉
粉丝₁	fěnsī	名	3	凉拌粉丝
粉丝₂	fěnsī	名	4	这个歌星粉丝很多。
风光₁	fēngguāng	名	3	这里的风光很美。
风光₂	fēngguāng	形	5	这几年他赚了很多钱，很风光。
封₁	fēng	量	2	一封信
封₂	fēng	动	4	把纸箱封好。
缝₁	féng	动	1	缝衣服
缝₂	fèng	名	1	一条缝
服₁	fú	语素	3	校服 / 演出服
服₂	fú	动	4	服药
服₃	fú	动	4	你说的对，我服了。
服₄	fú	动	5	服刑 / 服兵役
符₁	fú	语素	4	字符 / 音符
符₂	fú	语素	6	不符事实
符₃	fú	名	6	护身符 / 道士画了一张符。
负₁	fù	动	4	负起责任
负₂	fù	形、动	5	负数 / 负电 负于对手
复₁	fù	语素	4	复写 / 复姓
复₂	fù	语素	5	复课 / 复查
副₁	fù	形	3	副班长
副₂	fù	量	3	一副象棋 / 一副手套 / 一副笑脸
该₁	gāi	动、动助动	2	该你了。 该起床了。
该₂	gāi	代指示	5	该地 / 该校
干₁	gān	形	1	衣服干了。
干₂	gàn	动	1	你在干什么？
干₃	gān	名	3	豆腐干儿 / 萝卜干儿

条目	拼音	词类	等级	示例
干₄	gān	副、形	5	干着急 干儿子
甘₁	gān	语素	4	先苦后甘
甘₂	gān	动	5	不甘失败
杆₁/杆子₁	gān/gānzi	名	3	旗杆儿/电线杆子
杆₂	gǎn	名、量	3	笔杆儿 一杆枪
杆子₂	gǎnzi	名	3	枪杆子
刚₁	gāng	副	1	刚回来
刚₂	gāng	形	4	他俩的性格一个刚一个柔。
告₁	gào	动	3	你欺负我，我要告老师。
告₂	gào	动	6	告一段落/暂告结束
革₁	gé	名	6	皮和革
革₂	gé	动	6	革新/革去他的职务。
给₁	gěi	动、介	1	给我一本书。 他送给我一本书。 我给妈妈洗脚。 你给我出去！
给₂	gěi	介、助	3	树叶给虫子咬了一个洞。 小偷很快就给抓住了。 你看我给忘了。
跟₁	gēn	动、名	1	快跟上。 鞋跟儿
跟₂	gēn	介、连	2	有什么事情，他喜欢跟老师说。 门跟窗户都打开吧。
更₁	gèng	副	1	更好
更₂	gēng	语素	5	更名/更衣
公₁	gōng	形	4	公猫
公₂	gōng	语素	5	公车/公物
供₁	gōng	动	5	供水/供孩子上学/供参考
供₂	gòng	动	6	供着祭品
供₃	gòng	动	6	供出同伙
供养₁	gōngyǎng	动	6	供养老人
供养₂	gòngyǎng	动	6	供养神佛
拱₁	gǒng	动	4	拱了拱腰
拱₂	gǒng	动	4	蚯蚓拱出来了。

条目	拼音	词类	等级	示例
够₁	gòu	动	1	时间够了 / 玩儿不够 太高了，跳起来够。
够₂	gòu	副	4	广州够热的。
股₁	gǔ	量	4	一股香气 / 一股劲儿 / 一股泉水 / 一股敌人
股₂	gǔ	名	6	炒股 / 垃圾股
鼓₁	gǔ	名	2	打鼓
鼓₂	gǔ	动、形	3	鼓起勇气 / 头上鼓起一个大包。 口袋鼓鼓的。
故₁	gù	副、连、语素	6	故作镇静 因临时有事，故未能出席。 变故 / 无故 / 因故
故₂	gù	语素、动	6	故地重游 / 故址 已故 / 故去
顾₁	gù	动	3	顾不上了。
顾₂	gù	语素	5	相顾一笑 / 环顾
刮₁	guā	动	1	刮风
刮₂	guā	动	2	刮胡子
拐₁	guǎi	动、名	3	左拐 一瘸一拐 拄着拐
拐₂	guǎi	动	5	被拐
怪₁	guài	形、名	3	怪事 神仙鬼怪
怪₂	guài	动、副	4	任务没完成，都怪我。 怪累的 / 怪不好意思的
关₁	guān	动	1	关门 / 关电视 / 关在笼子里
关₂	guān	名	4	过了一关。
关₃	guān	动	4	不关你的事儿。
观₁	guān	语素	4	观战 / 观潮
观₂	guān	语素	5	人生观
观₃	guàn	名	5	道观
管₁/管子	guǎn/guǎnzi	名	1	～
管₂	guǎn	动	3	管孩子 / 这件事儿你别管。
冠₁	guàn	语素	3	夺冠
冠₂	guān	语素	4	王冠 / 鸡冠
惯₁	guàn	动	3	他走惯了，很少坐车。
惯₂	guàn	动	3	惯孩子

条目	拼音	词类	等级	示例
光$_1$	guāng	名	1	灯光
光$_2$	guāng	形、动	2	表面很光。 吃光了。 光着脚
光$_3$	guāng	副	4	光吃肉不行，水果、蔬菜都要吃。
贵$_1$	guì	形	2	太贵了。
贵$_2$	guì	动、语素	5	贵在坚持 贵妇 贵国 / 贵姓
滚开$_1$	gǔnkāi	动	1	你给我滚开！
滚开$_2$	gǔnkāi	形	4	滚开的水
过$_1$	guò	动、动趋向	1	过河 过家家 从门前走过。/ 回过头
过$_2$	guo	助	1	我去过北京。
过$_3$	guò	动、副	4	过期 用力过大。
过去$_1$	guòqù	动、动趋向	1	你过去看看。 走过去
过去$_2$	guòqù	名	3	过去交通不方便。
哈$_1$	hā	拟声、叹	1	哈哈大笑 哈！我赢了。
哈$_2$	hā	动	3	哈气
还$_1$	hái	副	1	10点了，他还在写作业。 做完饭，还要洗衣服。
还$_2$	huán	动	3	还书 / 还钱
还$_3$	hái	副	4	他学习还算努力。 大人还不会呢，别说小孩了。 这么难的题，你还做出来了。
还$_4$	huán	语素	5	还乡 还嘴 / 还手 / 还礼
汉$_1$	hàn	语素	2	汉语 / 汉人 / 汉族
汉$_2$	hàn	语素	4	大汉 / 老汉 / 好汉
行$_1$	háng	名、量	2	行和列 一行字
行$_2$	xíng	动、形	2	行，就这么办！ 他真行。
行$_3$	háng	名、语素	6	改行 / 你是干哪行的？ 车行 / 商行

条目	拼音	词类	等级	示例
行₄	xíng	语素	6	欧洲之行 试行 / 行骗 / 行乞 丑行
好₁	hǎo	形、副	1	好人 / 好朋友 / 很好 / 病好了 / 穿好衣服 / 好，听你的。 好多 / 好冷
好₂	hǎo	动	3	把衣架擦干净，好晾衣服。
好₃	hào	动	4	好学 / 好动脑筋
号₁	hào	量	1	201号房间
号₂	hào	语素、名	3	加号 / 对号 大号 / 中号 挂个号
号₃	hào	名	4	吹号
呵₁	hē	动	3	呵气
呵₂/嗬	hē	叹	3	～
喝₁	hē	动	1	喝水 / 喝酒
喝₂	hè	动	4	大喝一声。
合₁	hé	动	2	合上书 / 合到一起
合₂	hé	动	5	合情理 / 正合他的心意。
和₁	hé	介、连	1	他喜欢和小狗说话。 我和他是好朋友。
和₂	hé	名	2	和、差、积、商
和₃	huó	动	4	和面
和₄	huò	动	4	把切好的肉、菜和在一起。
和₅	hú	动	5	和了（麻将用语）
核₁	hé	名	2	果核 / 梨核
核₂	hé	名	5	内核 / 细胞核 / 双核
核₃	hé	名	6	核武器
黑₁	hēi	形	1	黑头发 / 天黑了。
黑₂	hēi	形、动	5	黑车 / 黑导游 心黑 网站被黑了。
横₁	héng	形、动	2	横线 横过来
横₂	hèng	形	6	很横
哼₁	hng	叹	1	哼，我不信。
哼₂	hēng	动	2	哼歌

条目	拼音	词类	等级	示例
哄₁	hōng	拟声	3	"哄"的一声
哄₂	hǒng	动	3	你别哄我了，我才不信呢。/ 哄孩子
红₁	hóng	形	1	红色
红₂	hóng	形	4	他现在很红。
呼₁	hū	拟声	1	大风呼呼地吹。
呼₂	hū	动	3	呼气 大呼 / 高呼
呼噜₁	hūlū	拟声	1	呼噜呼噜响
呼噜₂	hūlu	名	2	打呼噜
糊₁/煳	hú	动	3	~
糊₂	hú	动	4	糊信封
糊₃	hú	名	4	玉米糊
花₁	huā	名	1	一朵花
花₂	huā	动	2	花钱 / 花时间
花₃	huā	形	4	眼花 / 图案太花了。
划₁	huá	动	2	划船 / 划水
划₃	huá	动	4	划了一个口子
划₄	huà	动	4	划界
滑₁	huá	形、动	1	路很滑。 滑倒
滑₂	huá	形	4	他太滑了，别跟他交朋友。
化₁	huà	动	3	雪化了。
化₂	huà	后缀	4	绿化 / 自动化
画₁	huà	动、名	1	画一棵树。 一张画儿
画₂/划₂	huà	量	2	"人"字有两画。
怀₁	huái	名	2	躺在妈妈怀里。
怀₂	huái	动	4	心怀感激 她怀了双胞胎。
慌₁	huāng	形	3	心慌 / 不要慌。
慌₂	huang	形	4	累得慌 / 饿得慌 / 闷得慌
黄₁	huáng	形	1	黄裙子
黄₂	huáng	名	3	鸡蛋黄 / 双黄蛋
黄₃	huáng	动	6	生意黄了。
黄₄	huáng	形	6	黄书
晃₁	huàng	动	3	一直在晃

条目	拼音	词类	等级	示例
晃₂	huǎng	动	6	一晃而过
回₁	huí	动、动趋向	1	回家 / 回头 放回
回₂	huí	动	2	回信
回₃	huí	量	3	听过一回
汇₁	huì	动	5	汇成一条巨流
汇₂	huì	动	6	给他汇点儿钱。
会₁	huì	动、动助动	1	我会英语。 他不会游泳。 明天会下雨。
会₂	huì	名	2	开会
会₃	huì	语素	6	学生会 / 工会
豁₁	huō	动	5	豁出去
豁₂	huō	动	6	豁了个口子
活₁	huó	动	1	活鱼
活₂	huó	名	2	有很多活儿要干。
活₃	huó	形	4	活水 / 活页
火₁	huǒ	名	1	大火
火₂	huǒ	名、动	3	上火 / 去火 孩子不听话，妈妈火了。
火₃	huǒ	形	5	这款手机现在卖得很火。
机₁	jī	语素	3	游戏机 / 洗衣机
机₂	jī	语素	4	登机 / 客机
机₃	jī	语素	5	择机 / 机不可失
积₁	jī	动	4	积了很多水
积₂/乘积	jī/chéngjī	名	4	~
即₁	jí	副	5	闻之即晕。
即₂	jí	语素	5	荷花即莲花。
即₃	jí	语素	6	即日 / 在即 即位
疾₁	jí	语素	5	重疾 / 旧疾
疾₂	jí	语素	6	疾走 / 疾驰 / 疾呼
集₁	jí	量	2	一集电视剧
集₂	jí	名	4	赶集
集₃	jí	语素	5	集智慧、美貌于一身。
集₄	jí	语素	5	诗集 / 地图集

条目	拼音	词类	等级	示例
计₁	jì	语素	3	温度计
计₂	jì	名	4	巧计 / 妙计
计₃	jì	动	4	共计 / 总计
系₁	jì	动	2	系鞋带 / 系扣子
系₂	xì	名、语素	5	中文系 / 计算机系 直系 / 菜系
既₁	jì	副	2	既好看又便宜。
既₂	jì	副	6	既成事实 / 既得利益
寄₁	jì	动	3	寄信
寄₂	jì	动	5	寄希望于未来。
家₁	jiā	名、量	1	我家有三口人。/ 我家不远。 一家商店
家₂	jiā	语素	4	音乐家 / 科学家
家₃	jiā	语素	6	农家 / 渔家 / 船家 儒家 / 道家
假₁	jiǎ	形	1	这是假的。
假₂	jià	名	2	放3天假。
架₁	jià	名、动、量	2	书架 架起一座桥 一架飞机
架₂	jià	语素	2	他们打了一架。
架子₁	jiàzi	名	2	放东西的架子
架子₂	jiàzi	名	5	他架子很大。
间₁	jiān	语素、量	2	卫生间 / 洗手间 一间教室
间₂	jiān	名方位	4	两校间 / 早间
见长₁	jiàncháng	动	6	他从小练武，以刀法见长。
见长₂	jiànzhǎng	动	6	脾气见长。
将₁	jiāng	副	4	明天将是一个新的开始。
将₂	jiāng	介	5	将它拿走。
将₃	jiàng	语素	5	少将 / 将帅
降₁	jiàng	动	2	气温降了。
降₂	xiáng	动	5	降兵 把它降住。
交₁	jiāo	动	1	交作业 交朋友
交₂	jiāo	动	4	两线交于一点。

条目	拼音	词类	等级	示例
教$_1$	jiāo	动	1	教汉语
教$_2$	jiào	名	4	信教 / 天主教
教$_3$	jiào	动	4	真教我没办法。
教授$_1$	jiāoshòu	动	5	教授知识
教授$_2$	jiàoshòu	名	6	大学教授
角$_1$	jiǎo	量	2	五元三角
角$_2$	jiǎo	名	3	牛角 / 羊角 桌子角 / 尖角
叫$_1$	jiào	动	1	狗叫 有人叫你。 你叫什么名字?
叫$_2$	jiào	动	2	他叫我早点儿回家。
叫$_3$	jiào	介	3	他叫蚊子咬了。
叫$_4$	jiào	动	4	叫出租车 / 叫两个菜
觉$_1$	jiào	名	1	睡了一觉
觉$_2$	jué	动	3	觉着有点儿冷。
觉$_3$	jué	语素	5	视觉 / 听觉
结$_1$	jiē	动	2	结了很多果子。
结$_2$	jié	动、名	3	结冰 / 结网 蝴蝶结 / 中国结
结$_3$	jié	动	5	结仇 / 结账
节$_1$	jié	名	1	端午节 / 儿童节
节$_2$	jié	量	2	一节课 / 一节火车
节$_3$	jié	动	5	节水 / 节电
劫$_1$	jié	动	5	劫走
劫$_2$	jié	语素	6	遭劫 / 劫后余生
金$_1$	jīn	名、语素	3	金银铜 / 金项链 金发
金$_2$	jīn	语素	5	现金 / 美金
尽$_1$	jǐn	动、副	4	用尽 / 尽全力 尽是别人挑剩的。
尽$_2$	jǐn	动	5	尽早 / 尽可能
进$_1$	jìn	动、动趋向	1	进教室 放进书包里
进$_2$	jìn	动	4	更进一步
进$_3$	jìn	动	5	进人 / 进货 进食

条目	拼音	词类	等级	示例
禁₁	jìn	动	4	禁烟
禁₂	jīn	动	5	禁得住／禁不起
经₁	jīng	动	4	经得起／经不住／几经折腾
经₂	jīng	语素	5	念经／佛经
精₁	jīng	形、名	3	这孩子心眼儿多，精得很。 成精了
精₂	jīng	形、语素	4	做工很精。 糖精／酒精
精神₁	jīngshen	名、形	3	有精神 很精神
精神₂	jīngshén	名	4	精神压力
径₁	jìng	语素	5	小径／门径
径₂	jìng	副	6	他没跟同事商量，径做决定了。
净₁	jìng	形	3	洗净 喝净
净₂	jìng	副	5	他的房间里净是书。／他净爱开玩笑。
就₁	jiù	副	1	等一下，我就来。 想起来就举手。 他5：00就起床了。 他力气很大，一个人就能搬两个箱子。 我们家就爸爸会游泳。 那就是我哥哥。
就₂	jiù	副	3	只要努力，就能学好。
就₃	jiù	副	3	多点儿就多点儿吧，没关系。
就₄	jiù	动	3	馒头就咸菜。
就₅	jiù	介	5	就这个问题展开调查。
就₆	jiù	语素	6	就职／就位／就医
居₁	jū	语素	5	民居／迁居／故居
居₂	jū	语素	6	居左／居功／以人才自居
局₁	jú	名	3	公安局／邮政局
局₂	jú	语素、量	4	棋局／平局 下了一局棋
局₃	jú	语素	6	战局／饭局／赌局
具₁	jù	语素、量	4	雨具／餐具 一具尸体
具₂	jù	语素	5	初具／独具
剧₁	jù	名	3	这部剧很好看。
剧₂	jù	语素	5	剧痛／剧增

条目	拼音	词类	等级	示例
卷₁	juǎn	动、名、量	2	把袖子卷起来。 卷成卷儿 一卷纸
卷子/考卷/试卷/卷₂	juànzi/kǎojuàn/shìjuàn/juàn	名	2	~
卷₃	juàn	量	6	上卷/藏书万卷
决₁	jué	副	4	决不放弃。
决₂	jué	动	4	决出胜负。
决₃	jué	动	5	决堤/河堤决了一个口子。
卡₁	kǎ	名	2	圣诞卡
卡₂	qiǎ	动	3	卡住
卡₃	qiǎ	名	6	关卡/设卡
开₁	kāi	动、动趋向	1	开门/开箱子/开电视 打开 大家笑开了。 书太多，放不开了。
开₂	kāi	动	1	花儿开了。 扣子开了。 水开了。 开枪 开车/开飞机 开会
开₃	kāi	动	4	开工厂/开医院 新开了一个窗口。 开路
开₄	kāi	动	5	开药方 开工资
开放₁	kāifàng	动	3	公园里的花儿都开放了。 今天图书馆不开放。
开放₂	kāifàng	形	5	他思想比较开放。
开通₁	kāitōng	动	5	新线路开通了。
开通₂	kāitong	形、动	6	爷爷思想开通。 世界变化很快，你这老脑筋需要开通一下了。
看₁	kān	动	1	看门/在家看孩子。
看₂	kàn	动	1	看书/看电视/看一眼 看病 去看爷爷、奶奶。
看₃	kàn	动	4	我看他人不错。 明天能不能去，要看天气了。

条目	拼音	词类	等级	示例
看家₁	kānjiā	动	2	小狗能看家。
看家₂	kānjiā	形	5	看家本领
可₁	kě	副	1	他可聪明了。/这可怎么办呢?
可₂	kě	连	3	他很能吃，可长不胖。
可₃	kě	动助动	4	可大可小
刻₁	kè	量、语素	3	三点一刻 这一刻
刻₂	kè	动	4	刻了几个字
坑₁	kēng	名	2	土坑儿
坑₂	kēng	动	5	被人坑了。
空₁	kōng	形、语素	2	箱子是空的。 空中
空₂	kòng	动、形、名	3	空一行 空地 填空/有空儿
抠₁	kōu	动	3	抠出来
抠₂	kōu	形	5	他很抠，不舍得花钱。
扣₁/扣子	kòu/kòuzi	名	1	~
扣₂	kòu	动	3	扣上/扣住 扣分 扣球
扣₃	kòu	动	5	货物被扣了。
酷₁	kù	形	3	爸爸很酷。
酷₂	kù	语素	5	酷热/酷似 酷刑
块₁	kuài	名、量	1	切成块儿 一块糖
块₂	kuài	量	2	一块钱
款₁	kuǎn	名	4	交款/收款
款₂	kuǎn	名、量	5	这是今年的最新款。 一款新手机
亏₁	kuī	动	4	亏了一些钱。/理亏/放心吧，亏不了你。
亏₂	kuī	动	4	这件事多亏你了。 亏你学了这么久，连这个字都不认识。
困₁	kùn	形	2	我现在很困，想睡觉。
困₂	kùn	动	5	他们迷路了，被困在了山里。
困₃	kùn	语素	5	困局/困境

条目	拼音	词类	等级	示例
来₁	lái	动、动趋向	1	来中国 我们班来了一个新同学。 你来读一遍。 用什么来装水呢? 拿来 / 醒来
来₂	lái	动	3	我们来一次比赛吧。 问题来了。/ 麻烦来了。 他还书来了。
来₃	lái	助、名方位	4	十来天 一百年来
来₄	lái	助	6	一来他喜欢帮助别人,二来他学习很好,所以大家都选他当班长。
赖₁	lài	形、动	4	耍赖 赖着不走。 不要赖别人。
赖₂	lài	形	4	好赖不分 / 毛笔字写得真不赖。
牢₁	láo	名	3	牢里
牢₂	láo	形	3	一定要记牢。/ 安全带系牢了。
老₁	lǎo	形	1	爷爷很老了。
老₂	lǎo	前缀	2	老大 / 老二 老张
老₃	lǎo	形、副	3	老房子 / 老朋友 / 老地方 他老迟到。
了₁	le	助	1	写了一个字。/ 长大了。
了₂	liǎo	动	2	吃不了 / 来得了
累累₁	léiléi	形	5	果实累累
累累₂	lěilěi	形	6	罪行累累
雷₁	léi	名	2	打雷
雷₂	léi	名	4	水雷 / 扫雷
冷战₁ / 冷颤	lěngzhan	名	5	～
冷战₂	lěngzhàn	名	6	两国之间的冷战
礼₁	lǐ	名	4	敬个礼 送礼
礼₂	lǐ	语素	5	婚礼 / 成人礼
礼拜₁	lǐbài	名	2	上个礼拜
礼拜₂	lǐbài	动	5	做礼拜
里₁	lǐ/li	名方位	1	往里走 教室里 / 箱子里

条目	拼音	词类	等级	示例
里₂	lǐ	量	4	30里
理₁	lǐ	动	3	他不理我。
理₂	lǐ	名	4	合情合理／理该如此
理₃	lǐ	名	6	学文还是学理？
厉害／利害₁	lìhai	形	2	～
利害₂	lìhài	名	6	利害得失
立₁	lì	动	2	把尺子立起来。
立₂	lì	动	5	立了大功／立下规矩
利₁	lì	语素	5	有利有弊／利人利己 利器
利₂	lì	名	6	暴利／连本带利
连₁	lián	动	1	连起来
连₂	lián	副、介	3	连喝三杯 连皮一起吃掉。 他连一分钱都没有。
凉₁	liáng	形	1	水凉了。
凉₂	liàng	动	2	太热了，凉一下再喝。
量₁	liáng	动	2	量一下有多长。
量₂	liàng	名	4	降雨量／总量
两₁	liǎng	数	1	两个
两₂	liǎng	量	4	3两
亮₁	liàng	形、动	1	灯很亮。 天亮了。
亮₂	liàng	形	3	他的声音很亮。
亮₃	liàng	动	6	他亮出了底线。
撩₁	liāo	动	6	撩起门帘
撩₂	liáo	动	6	撩人
料₁	liào	名	3	布料／木料
料₂	liào	动	4	没料到
料理₁	liàolǐ	动	5	料理家务
料理₂	liàolǐ	名	5	日本料理
灵₁	líng	形	3	手脚很灵。／方法很灵。
灵₂	líng	名	5	守灵／灵前
领子／领₁	lǐngzi/lǐng	名	1	～
领₂	lǐng	动	2	把他领进教室。／去领水和食物。
领₃	lǐng	动	5	你的好意我心领了。

条目	拼音	词类	等级	示例
留₁	liú	动	1	留下
留₂	liú	动	5	留美 / 留英
流₁	liú	动	1	流汗 / 流眼泪
流₂	liú	语素	4	急流 / 细流 车流 二流
水龙头 / 龙头₁	shuǐlóngtóu/ lóngtóu	名	2	～
龙头₂	lóngtóu	名	6	龙头企业
录₁	lù	动	2	录音 / 录一首歌
录₂	lù	语素	4	同学录 / 回忆录
露₁	lù/lòu	动	2	露出笑容
露₂	lù	名	4	雨露 核桃露 / 杏仁露 沐浴露
落₁	luò	动	1	落下来
落₂	là	动	3	落了两个字 / 把钥匙落在教室了。 跑了3圈后，他落在最后面了。
抹₁	mā	动	2	抹桌子
抹₂	mǒ	动	2	抹粉 / 抹药 抹嘴
抹₃	mǒ	量	6	一抹朝霞
麻₁	má	名	4	棉麻
麻₂	má	形	4	腿麻了。/ 又麻又辣
码₁	mǎ	名	4	大码 编一下码 / 扫码
码₂	mǎ	量	5	两码事儿
毛₁	máo	名	1	鸡毛 / 羊毛 / 长毛
毛₂	máo	量	2	五毛三
眉目₁	méimù	名	5	眉目清秀。
眉目₂	méimu	名	6	事情有眉目了。
闷₁	mēn	形、动	3	打开车窗吧，太闷了。 他喜欢闷在家里不出门。
闷₂	mèn	形	3	心里很闷。
门₁	mén	名、量	1	大门 一门课
门₂	mén	量	5	一门大炮 / 一门亲戚 / 一门心思
蒙₁	méng	动	3	蒙上眼睛

条目	拼音	词类	等级	示例
蒙₂	mēng	动	4	蒙人 / 瞎蒙
蒙₃	mēng	动	4	他被打蒙了。
蒙₄	méng	动	6	蒙您指点，我有了很大进步。
米₁	mǐ	名	1	米和面
米₂	mǐ	量	2	1米
密₁	mì	形	3	头发很密。
密₂	mì	语素	4	密信 / 密谈
面₁	miàn	名	1	米和面 / 辣椒面儿 / 一碗鸡蛋面
面₂	miàn	名、后缀、量、语素	3	水面 / 路面 点线面 上面 / 外面 / 东面 一面镜子 见过一面 / 面带微笑
面₃	miàn	形	4	红薯吃起来很面。
名₁	míng	名、量	1	人名 / 书名 30名学生 / 第1名
名₂	míng	语素	4	名山 / 名画
命₁	mìng	名	2	救命 / 长命
命₂	mìng	动	4	班长命我上场。
磨₁	mó	动	3	磨脚 / 磨刀
磨₂	mò	名、动	4	推磨 磨豆腐
母₁	mǔ	语素	3	母女 / 母子
母₂	mǔ	形	4	母牛
木₁	mù	语素	1	木桌
木₂	mù	形	4	哥哥很聪明，弟弟有点儿木。 脚冻木了。
难₁	nán	形	1	这个字很难。 难吃 / 难闻
难₂	nàn	语素	5	大难 / 遭难
能₁	néng	动助动	1	你能吃辣吗？/ 他有事儿，不能去。
能₂	néng	形、语素	4	能人 / 你太能了。 技能 / 无能
能₃	néng	名	6	风能 / 电能
念₁	niàn	动	2	念课文 / 念小学
念₂	niàn	动	4	他心里念着你。
牛₁	niú	名	1	猪牛羊
牛₂	niú	形	4	太牛了！

- 337 -

条目	拼音	词类	等级	示例
噢/喔₁	ō	叹	1	~
喔₂	wō	拟声	1	公鸡喔喔叫。
偶₁	ǒu	副	5	偶遇 / 偶发
偶₂	ǒu	语素	6	佳偶 / 择偶
拍₁	pāi	动	1	拍手 / 拍照片
拍₂	pāi	名	3	球拍 3/4 拍
排₁	pái	动、名、量	2	排队 / 排节目 前排 一排椅子
排₂	pái	动	4	排气 / 排水 / 排汗 排忧
派₁	pài	动	3	派他去。
派₂	pài	名	3	苹果派 / 巧克力派
派₃	pài	量、名	5	一派新气象 两派代表 党派 / 乐天派
盘₁	pán	名	1	碗和盘
盘₂	pán	量	3	一盘棋
盘₃	pán	动	4	把头发盘起来。
泡₁	pào	名	2	肥皂泡 / 手上起了个泡。
泡₂	pào	动	2	泡在水里
泡₃	pāo	语素	4	豆腐泡儿
泡₄	pào	动	5	在图书馆泡了一天。
批₁	pī	动	2	批作业
批₂	pī	量	3	一批货 / 一批学生
批₃	pī	动	4	被老师批了一顿。
批₄	pī	动	6	这种款式很好卖，可以多批一点儿。
劈₁	pī	动	4	劈木头
劈₂	pǐ	动	4	她在学舞蹈，经常要练习劈腿。
匹₁	pǐ	量	2	一匹马
匹₂	pǐ	量	4	一匹布
片₁	piàn	量、名	1	一片树叶 面包片儿
片₂	piàn/piān	名	3	唱片 / 电视片 / 这个片儿很好看。
片₃	piàn	量、名	4	一片草地 / 一片欢腾 / 一片真心 他们那片儿很安静。

条目	拼音	词类	等级	示例
撇₁	piě	动、量	3	撇嘴 两撇胡子
撇₂	piē	动	5	撇到一边
拼₁	pīn	动	2	拼积木
拼₂	pīn	动	4	为了拿冠军，他真拼了。
拼₃	pīn	动	6	拼车
品₁	pǐn	语素	4	药品 / 营养品
品₂	pǐn	动	5	品一下味道。
平₁	píng	形	2	放平了。/ 平路
平₂	píng	形	4	比赛打平了。
屏₁	píng	语素	4	大屏 / 显示屏
屏₂	bǐng	动	6	屏住呼吸
破₁	pò	动、形	1	袜子破了。 破房子
破₂	pò	动	4	破例 / 破纪录 攻破 案子破了。
铺₁	pū	动	2	铺被子
铺₂	pù	语素	4	杂货铺儿
铺₃	pù	名	4	床铺 / 上铺
起₁	qǐ	动、动趋向	1	早起 抬起 / 说起 / 响起
起₂	qǐ	动	3	起疙瘩 起作用 / 起风了。 从明天起
起₃	qǐ	量	5	一起事故
气₁	qì	名	1	吹气 / 香气
气₂	qì	动	2	她气哭了。
气₃	qì	语素	5	娇气 / 孩子气 / 土气 / 喜气
签₁	qiān	动	3	签字
签₂	qiān	名	4	竹签 / 抽个签儿
呛₁	qiāng	动	3	呛了一口水。
呛₂	qiàng	动	3	烟味太呛人了。
切₁	qiē	动	2	切菜
切₂	qiè	动、副、语素	6	不切实际 切记 回国心切

条目	拼音	词类	等级	示例
亲₁	qīn	动	1	亲了一下
亲₂	qīn	形	2	亲儿子 / 孩子跟妈妈最亲。
亲₃	qīn	语素	4	亲眼 / 亲手
亲₄	qīn	语素	6	定亲 / 迎亲
勤₁	qín	形	3	勤洗澡
勤₂	qín	语素	5	出勤 / 缺勤
倾倒₁	qīngdào	动	5	倾倒垃圾
倾倒₂	qīngdǎo	动	6	为之倾倒
清₁	qīng	形	1	水很清。
清₂	qīng	形	3	问清 / 还清
穷₁	qióng	形	2	他很穷。
穷₂	qióng	副	5	穷开心 / 穷折腾
曲₁	qǔ	名	3	唱一曲
曲₂	qū	语素	4	曲线 / 曲腿
去₁	qù	动、动趋向	1	去北京 / 去游泳 / 上学去了 / 拿杯子去接水 送去
去₂	qù	动	3	去火 / 去皮
圈₁	quān	名、动	1	画一个圈儿 把错字圈出来。
圈₂	juàn	名	5	猪圈
让₁	ràng	动	2	老师让我回答问题。
让₂	ràng	介	3	我让蚊子咬了。
让₃	ràng	动	3	哥哥应该让着弟弟。 让路 / 让开
热₁	rè	形、动	1	天气很热。 菜凉了，热一下再吃。
热₂	rè	形、语素	5	现在汉语很热。 出国热
人家₁	rénjia	代人称	3	不要随便拿人家的东西。
人家₂	rénjiā	名	4	不远处有户人家。
仁₁	rén	名	4	果仁儿 / 虾仁儿
仁₂	rén	语素	5	仁心 / 仁爱
任₁	rèn	动	4	任你挑。
任₂	rèn	动、量	5	任班长 前一任
容₁	róng	语素	4	笑容 / 怒容 / 市容

条目	拼音	词类	等级	示例
容₂	róng	动	5	我们教室很大，能容 50 人。 你这么做，情理难容。 容我想一下。
如₁	rú	动	4	风景如画 北京有很多有名的景点，如颐和园、故宫、长城等。
如₂	rú	连	5	如遇紧急情况，可拨打这个电话。
入口₁	rùkǒu	名	3	大厅入口
入口₂	rùkǒu	动	4	糖一入口就化了。
撒₁	sǎ	动	2	撒盐 / 把水撒了。
撒₂	sā	动	3	撒网捕鱼 / 握紧了，别撒手。
散₁	sǎn	动	3	辫子没扎好，散开了。
散₂	sàn	动	3	开完会，大家都散了。
臊₁	sāo	形	4	又腥又臊
臊₂	sào	动	5	脸臊得通红。
扇₁	shān	动	2	扇扇子
扇₂	shàn	量、语素	2	一扇窗 电扇
商₁	shāng	名	4	和、差、积、商
商₂	shāng	语素	5	通商 茶商 / 电商
商₃	shāng	语素	5	共商 / 相商
赏₁	shǎng	动	3	赏花 / 赏鱼
赏₂	shǎng	动、名	4	赏罚 领赏
上₁	shàng	名方位	1	往上看 上次
上₂	shàng	动、动趋向	1	上车 / 上山 你上哪儿？ 爬上 / 关上 / 喜欢上
上₃	shang	名方位	1	桌子上 / 书上
上₄	shàng	动	3	上菜 / 上货 / 上锁 / 上颜色 / 上电视
上₅	shàng	动	4	上千人 / 上年纪
上₆	shang	名方位	5	事实上 / 思想上
上线₁	shàngxiàn	动	5	他的QQ好友上线了。 这次中考，他差了几分，没上线。
上线₂	shàngxiàn	名	6	联系他的上线。
少₁	shǎo	形、动	1	人很少。 少一个人。

条目	拼音	词类	等级	示例
少₂	shào	语素	4	年少 / 少男少女
哨₁/哨子	shào/shàozi	名	3	～
哨₂	shào	名	5	放哨 / 哨兵
身₁	shēn	名	2	全身 / 身上
身₂	shēn	量、语素	4	一身西装 车身 / 船身
深₁	shēn	形、名	1	水很深。 深 1 米
深₂	shēn	副	4	深信 / 深知
升₁	shēng	动	2	升旗 / 升班
升₂	shēng	量	5	1升
生₁	shēng	动	1	生孩子 / 生根
生₂	shēng	形	2	这个西瓜没熟，太生了。/ 生吃
生₃	shēng	语素	4	师生
生₄	shēng	语素	4	求生 / 一生
生₅	shēng	形、副	5	认生 刚开始学电脑，手很生。 生凑 / 生编
生气₁	shēngqì	动	1	他很生气。
生气₂	shēngqì	名	5	这幅画很有生气。
省₁	shěng	动	3	省钱 / 省电 / 省了几个步骤
省₂	shěng	名	3	广东省
时₁	shí	名	3	上课时不要睡觉。
时₂	shí	语素、量、副	6	农时 / 择时 上午九时 时有发生 / 时快时慢
使₁	shǐ	动	3	使点儿力气。 他的话使我很感动。
使₂	shǐ	语素	6	特使 / 出使
手₁	shǒu	名	1	洗手
手₂	shǒu	语素	4	选手 / 能手 / 新手
手₃	shǒu	量	5	一手本领
首₁	shǒu	量	2	一首歌
首₂	shǒu	语素	6	昂首 首位 / 首创 贼首
书₁	shū	名	1	一本书
书₂	shū	语素	4	说明书 / 证书

条目	拼音	词类	等级	示例
输₁	shū	动	1	比赛输了。
输₂	shū	动	4	输电 / 输氧气
属₁	shǔ	动	3	属猴 / 属狗
属₂	shǔ	动	4	非他莫属 / 实属无奈
署₁	shǔ	动	6	署上大名
署₂	shǔ	名	6	总署 / 公署
数₁	shǔ	动	1	数一下
数₂	shù	名	1	人数 / 两个数加起来。
数₃	shǔ	动	4	几个人中，数他最有钱。
数₄	shù	数	4	数百人 / 数小时
束₁	shù	量	3	一束花儿
束₂	shù	动、语素	5	束腰 光束
树₁	shù	名	1	一棵树
树₂	shù	动	4	爸爸给孩子树了一个好榜样。
刷₁	shuā	动、语素	1	刷牙 / 刷鞋 鞋刷
唰/刷₂	shuā	拟声	1	～
帅₁	shuài	形	2	他长得很帅。
帅₂	shuài	语素	4	将帅 / 帅旗
率₁	shuài	动	5	率队参加
率₂	lǜ	语素	6	合格率 / 出勤率
死₁	sǐ	动	1	鱼死了。
死₂	sǐ	形	2	笑死了 / 疼死了
死₃	sǐ	形、副	4	死脑筋 死不承认
四方₁	sìfāng	名	4	奔走四方
四方₂	sìfāng	形	4	四方的盒子
松₁	sōng	形、动	2	绑得很松 / 又松又脆 松了一口气 / 松开手
松树/松₂	sōngshù/sōng	名	2	～
宿₁	sù	语素	5	借宿 / 夜宿荒郊野外
宿₂	xiǔ	量	6	一宿没睡
所₁	suǒ	量、名	3	一所学校 派出所 / 招待所
所₂	suǒ	助	4	被人所骗 / 这是大家所关心的。

条目	拼音	词类	等级	示例
胎₁	tāi	语素、量	4	怀胎 生二胎
胎₂	tāi	名	4	车胎
摊₁	tān	名、量	3	小摊儿 / 水果摊儿 一摊稀泥
摊₂	tān	动	5	摊开 / 摊鸡蛋 分摊 / 摊上事儿
坛₁/坛子	tán/tánzi	名	4	～
坛₂	tán	语素	5	讲坛 / 论坛 体坛 / 影坛
弹₁	tán	动	2	弹钢琴 弹出去
弹₂	dàn	名	4	泥弹儿 枪弹 / 信号弹
堂₁	táng	量、语素	3	一堂课 大堂 / 礼堂 / 课堂
堂₂	táng	语素	3	堂兄妹
套装₁	tàozhuāng	名	5	职业套装
套装₂	tàozhuāng	名	5	洗护套装 / 组合套装
题₁	tí	名	1	第 2 题
题₂	tí	动	5	题名 / 题字
田地₁	tiándì	名	3	在田地里种菜。
田地₂	tiándì	名	6	没想到会到这个田地。
挑₁	tiāo	动	2	挑东西 / 挑毛病
挑₂	tiāo	动	3	上山挑水
挑₃	tiǎo	动	4	把帘子挑起来。
调配₁	tiáopèi	动	5	调配颜色
调配₂	diàopèi	动	6	调配资源
铁₁	tiě	名	1	铁床
铁₂	tiě	形	5	铁拳 / 铁饭碗 / 关系很铁。/ 铁定
厅₁	tīng	名	2	大厅 / 三室一厅
厅₂	tīng	名	5	办公厅 / 教育厅
挺₁	tǐng	副	1	挺好的
挺₂	tǐng	动	3	抬头挺胸
挺₃	tǐng	动	5	硬挺 / 挺住 力挺 / 我挺你！
通₁	tōng	动	3	这条路是通的。 通电话

条目	拼音	词类	等级	示例
通₂	tōng	动	5	粗通 / 略通 / 不通人情
通₃	tòng	量	5	骂了他一通儿。
同行₁	tóngxíng	动	5	一路同行。
同行₂	tóngháng	名	6	我们是同行。
头₁	tóu	名、量	1	头和脚 / 剪头 笔头儿 / 两头儿 一头牛
头₂	tou	后缀	3	木头 / 舌头 前头 / 下头 / 外头 看头儿 / 甜头儿
头₃	tóu	名	4	这些人中,他是头儿。
头₄	tóu	形	5	头一遍 / 头几天 头等 / 头号
图₁	tú	名	2	画图 / 看图说话
图₂	tú	动	5	图省事 / 你这么辛苦,图什么?
徒₁	tú	语素	6	党徒 / 酒徒 / 不法之徒
徒₂	tú	副	6	徒增悲伤
土₁	tǔ	名	1	挖土
土₂	tǔ	形	4	土话 / 他穿衣服很土。
吐₁	tù	动	1	吃的东西全吐了。
吐₂	tǔ	动	3	吐痰 / 吐丝 / 吐字不清
团₁	tuán	名、量	3	面团儿 一团毛线
团₂	tuán	名	4	代表团 / 旅游团
托₁	tuō	动	3	托着下巴 / 用手托着盘子。
托₂	tuō	动	5	托他一件事情。
脱₁	tuō	动	1	脱衣服
脱₂	tuō	动	4	脱皮 / 脱毛 / 脱发
瓦₁	wǎ	名	3	砖和瓦
瓦特/瓦₂	wǎtè/wǎ	量	5	～
汪₁	wāng	拟声	1	小狗汪汪叫。
汪₂	wāng	量	5	一汪水
望₁	wàng	动	1	望着窗外
望₂	wàng	动、语素	6	望早日康复。 有望 / 无望 / 寄予厚望
为₁	wèi	介	2	为爸爸唱首歌。
为₂	wéi	动	4	变被动为主动。/10 人为一组。

条目	拼音	词类	等级	示例
为$_3$	wéi	介	4	为钱所困
为$_4$	wéi	后缀	5	广为流传 / 极为重要
位$_1$	wèi	量	1	一位老师
位$_2$	wèi	语素、名、量	4	高位 / 水位 个位 三位数
文$_1$	wén	语素	3	英文 / 华文 散文 / 短文
文$_2$	wén	名、语素	6	他是学文的。 文官 / 一文一武
闻$_1$	wén	动	1	你闻一闻。
闻$_2$	wén	语素	5	两耳不闻窗外事。 趣闻 / 奇闻
舞$_1$	wǔ	名	1	跳一个舞
舞$_2$	wǔ	动	4	舞龙 / 舞狮 手舞大刀
席$_1$/席子	xí/xízi	名	3	~
席$_2$	xí	名、量	5	摆了10桌席。 一席话 / 一席酒
下$_1$	xià	名方位	1	往下看 下次 山下
下$_2$	xià	动、动趋向	1	下楼 / 下山 下雨 / 下雪 坐下 / 躺下 坐得下 / 吃不下
下$_3$	xià	量	1	一下 / 两下
下$_4$	xià	动	4	下面条 下命令 / 下通知 下结论 / 下定义 下力气
下$_5$	xià	名方位	5	在这种情况下
下$_6$	xià	动	5	不下500人
下海$_1$	xiàhǎi	动	3	下海捕鱼
下海$_2$	xiàhǎi	动	6	下海经商
下线$_1$	xiàxiàn	动	5	好友下线了。 新款汽车可以下线了。
下线$_2$	xiàxiàn	名	6	他有很多下线。
衔$_1$	xián	动	4	小鸟衔来一根树枝。

条目	拼音	词类	等级	示例
衔₂	xián	名	6	头衔 / 军衔
线₁	xiàn	名	1	一根线 / 一条线
线₂	xiàn	名、量	5	铁路线 / 沿线 / 海岸线 / 贫困线 / 分数线 一线希望 / 一线光明
相₁	xiāng	副	4	相距 / 相连
相₂	xiàng	名	4	可怜相 / 狼狈相
香₁	xiāng	形	1	花儿很香。
香₂	xiāng	名	4	烧香 / 点香
照相机 / 相机₁	zhàoxiàngjī / xiàngjī	名	2	~
相机₂	xiàngjī	动	6	相机行事
像₁	xiàng	动、副	1	长得像爸爸 小草像是长高了。
像₂	xiàng	名	3	画张像 / 人像
像₃	xiàng	动	3	像西瓜、葡萄什么的，我都爱吃。
效力₁	xiàolì	名	5	这种药效力不错。
效力₂	xiàolì	动	6	为国家效力。
谢₁	xiè	动	2	你谢他就行了，不用谢我。
谢₂	xiè	动	3	花儿都谢了。
新生₁	xīnshēng	名	3	一年级新生
新生₂	xīnshēng	形、名	5	新生事物 他战胜病魔，获得了新生。
信₁	xìn	动	1	我不信。
信₂	xìn	名	2	一封信
信₃	xìn	名	5	你帮我捎个信儿给他。
兴₁	xīng	动	4	今年不兴这种颜色了。
兴₂	xìng	语素	5	酒兴 / 游兴
凶₁	xiōng	形	3	样子很凶。/ 闹得很凶。
凶₂	xiōng	语素	5	行凶 帮凶 / 真凶 吉凶
修₁	xiū	动	2	修冰箱
修₂	xiū	动	4	修铁路 修指甲
修₃	xiū	动	5	修了两门课。
须₁	xū	语素	4	玉米须
须₂	xū	动助动	5	须提前做好准备。

条目	拼音	词类	等级	示例
序₁	xù	语素	4	有序 / 无序 序幕
序₂	xù	名	6	写了一篇序。
穴₁	xué	名	4	洞穴 / 蚁穴
穴₂	xué	名	6	点穴 / 太阳穴
学₁	xué	动	1	学汉语 / 学老奶奶走路。
学₂	xué	语素	5	化学 / 语言学
烟花/焰火/烟火₁	yānhuā/yànhuǒ/yānhuo	名	3	~
烟火₂	yānhuǒ	名	5	严禁烟火 / 人间烟火
咽₁	yàn	动	2	咽下去
咽₂	yān	名	4	咽炎
药₁	yào	名	1	吃药
药₂	yào	动	3	药老鼠
要₁	yào	动、动助动	1	这些玩具都不要了。 她要妈妈给她讲故事。 过马路要小心！ 火车要开了。
要₂	yào	连	3	你要喜欢，就买吧。
要₃	yào	语素	5	要事 / 要闻 摘要 / 提要
仪表₁	yíbiǎo	名	6	仪表不凡
仪表₂	yíbiǎo	名	6	仪表检修
以₁	yǐ	语素	4	以上 / 以北 / 以内
以₂	yǐ	介、连	5	以情动人 / 以能力取胜 安心养病，以求早日康复。
义₁	yì	语素	3	字义 / 词义
义₂	yì	语素	5	仁义道德 义演 义父 / 义子
易₁	yì	语素	4	简易 / 得来不易
易₂	yì	语素	6	易手 / 易主
应₁	yīng	动助动	4	学外语应多说多练。
应₂	yìng	动	6	有求必应 / 应中方邀请，前来访问。
哟₁	yō	叹	3	哟！原来是你。
哟₂	yo	助	3	快来哟！
用心₁	yòngxīn	形	4	做事很用心。

条目	拼音	词类	等级	示例
用心₂	yòngxīn	名	5	用心险恶。
游₁	yóu	动	1	在水里游
游₂	yóu	动	3	游北京/游长城
愈₁	yù	语素	5	病愈/治愈
愈₂	yù	副	6	愈战愈勇
约₁	yuē	副	3	约50人
约₂	yuē	动	3	我们约好九点见面。
月₁	yuè	名	1	3月/5个月
月亮/月₂	yuèliang/yuè	名	1	～
越₁	yuè	副	3	越变越大
越₂	yuè	动	4	越过
晕₁	yūn	形、动	3	头很晕。 晕倒
晕₂	yùn	动	3	晕车/晕船
晕₃	yùn	名	5	光晕/红晕
运₁	yùn	动	3	运货/运到北京
运₂	yùn	语素	4	好运
扎₁	zā	动	2	扎腰带
扎₂	zhā	动	2	扎人/被针扎了一下。
扎₃	zhā	动	4	扎到水里/扎进人群里
砸₁	zá	动	2	砸到脚/碗砸了。
砸₂	zá	动	5	办砸了/演砸了
载₁	zài	动	4	载客/超载
载₂	zǎi	动	5	刊载/转载
载₃	zǎi	语素	5	一年半载
则₁	zé	量、语素	5	一则寓言 细则/总则
则₂	zé	连	5	信则灵，不信则不灵。 这个房间光线不好，那个房间则又太吵。
则₃	zé	助	6	这个小区，一则交通便利，二则环境很好，三则配套完善，业主都很满意。
炸₁	zhá	动	2	炸鱼
炸₂	zhà	动	3	玻璃杯炸了。 他气炸了。
斋₁	zhāi	语素	5	吃斋
斋₂	zhāi	语素	6	书斋
粘₁	zhān	动	2	口香糖粘在身上了。

条目	拼音	词类	等级	示例
黏/粘$_2$	nián	形	4	~
战机$_1$	zhànjī	名	4	出动了3架战机。
战机$_2$	zhànjī	名	6	抓住战机
站$_1$	zhàn	动	1	站起来
站$_2$	zhàn	名	2	火车站/北京站
站$_3$	zhàn	名	4	发电站
张$_1$	zhāng	动	1	张嘴
张$_2$	zhāng	量	1	一张纸/一张桌子/一张嘴
章$_1$	zhāng	量	4	第一章
章$_2$	zhāng	名、语素	4	盖个章 臂章/袖章
涨$_1$	zhǎng	动	4	河水上涨/涨价
涨$_2$	zhàng	动	4	脸涨得通红。
掌$_1$	zhǎng	名	3	掌心/鸭掌
掌$_2$	zhǎng	动	5	掌权
仗$_1$	zhàng	名	3	打了一仗
仗$_2$	zhàng	动	4	她仗着家里有钱，花起钱来大手大脚的。
招$_1$	zhāo	动	3	招手 招学生 招苍蝇/招人喜欢
招$_3$	zhāo	动	6	招供/招认/你就招了吧。
找$_1$	zhǎo	动	1	找到了
找$_2$	zhǎo	动	2	找你3块钱。
兆$_1$	zhào	语素	6	吉兆
兆$_2$	zhào	数	6	500兆
照$_1$	zhào	动	1	太阳照进来了。/照镜子
照$_2$	zhào	介、语素	4	照这个菜谱做。 照搬/照抄
照$_3$	zhào	名	6	车照/无照
折$_1$	zhé	动	2	折纸/把信折好。
折$_2$	zhé	动	2	折断
折$_3$	shé	动	3	腿折了。
折$_4$	zhé	名	3	打9折
折$_5$	shé	动	5	做生意折本儿了。
着$_1$	zhe	助	1	桌子上放着一本书。
着$_2$	zháo	动	2	着火 睡着了

条目	拼音	词类	等级	示例
着₃/招₂	zhāo	名	5	高着儿 / 没招儿了。
着₄	zhuó	语素	5	不着边际 着手 / 着眼
阵₁	zhèn	量	2	一阵风
阵₂	zhèn	语素	5	方阵 / 摆阵
镇₁/镇子	zhèn/zhènzi	名	4	~
镇₂	zhèn	动	6	他亮出绝活儿，把大家镇住了。
整₁	zhěng	形	3	整套 / 整天 / 三点整
整₂	zhěng	形、动	5	衣冠不整 整一下领子 他被整惨了。
正₁	zhèng	副	2	他正写作业呢。/ 正要去吃饭。
正₂	zhèng	形、动	3	正前方 正反 / 正副 挂歪了，正一下。
正₃	zhèng	形	5	正数 / 正电 品行正 / 颜色正 / 味道正
正当₁	zhèngdāng	动	3	正当我走神时，老师叫我起来回答问题。
正当₂	zhèngdàng	形	5	正当的理由
挣₁	zhèng	动	3	挣开绳子逃跑了。
挣₂	zhèng	动	3	挣了很多钱。
之₁	zhī	助	5	爱美之心 竞争之激烈，难以想象。
之₂	zhī	代人称	6	取之不尽 / 随之而去 / 听之任之
支₁	zhī	量	1	一支笔 / 一支歌
支₂	zhī	动	4	支帐篷 / 支着耳朵听
支₃	zhī	动	6	体力有点儿不支。 把他支开，咱们说说悄悄话。 预支 / 支了一笔钱
支₄	zhī	语素	6	支线 / 支队 / 支行
只₁	zhī	量	1	一只手 / 一只猫
只₂	zhǐ	副	2	他只会说英语。
制服₁	zhìfú	名	4	穿制服
制服₂	zhìfú	动	4	我终于把他制服了。
治₁	zhì	动	2	病治好了。
治₂	zhì	动	6	治国 / 治标不治本
中₁	zhōng	名方位、语素	1	左中右 / 山中 / 心中 中班

条目	拼音	词类	等级	示例
中₂	zhōng	名方位	4	进行中 / 犹豫中
中₃	zhòng	动	4	猜中 / 中枪
中餐₁	zhōngcān	名	3	中餐和晚餐
中餐₂	zhōngcān	名	3	中餐和西餐
种₁	zhǒng	量	1	一种 / 两种
种₂	zhòng	动	2	种树 / 种花
种₃	zhǒng	语素	5	兵种 / 语种 / 人种
重₁	zhòng	形、名	1	箱子很重。 重五斤
重₂	chóng	动、副	2	买重了 重做一遍
重₃	zhòng	形	4	重伤 / 重病 / 任务很重。
重₄	chóng	量	5	多重原因
周₁	zhōu	名	2	上周
周₂	zhōu	量	4	绕场一周
诸₁	zhū	语素	5	诸位 / 诸多
诸₂	zhū	语素	6	付诸行动
注₁	zhù	动、名	6	需要注明出处。 批注 / 脚注
注₂	zhù	名、量	6	下注 / 投注 买了两注彩票。
转₁	zhuǎn	动	2	向左转 / 晴转阴
转₂	zhuàn	动	2	转圈 / 转得很快
转₃	zhuǎn	动	4	转交 / 转发
转机₁	zhuǎnjī	名	6	事情有了转机。
转机₂	zhuǎnjī	动	6	在北京转机。
转向₁	zhuǎnxiàng	动	4	东风变成了南风，转向了。
转向₂	zhuànxiàng	动	4	他有点儿转向，分不清东南西北了。
装₁	zhuāng	动	2	他装成了一个小兔子。 他在装睡。
装₂	zhuāng	动	2	装进箱子 装空调
装₃	zhuāng	语素	3	瓶装 / 袋装
装₄	zhuāng	语素	4	新装 / 军装 / 夏装
准₁	zhǔn	动	2	不准迟到。
准₂	zhǔn	形、副	3	投篮很准。 我准能考100分。

条目	拼音	词类	等级	示例
子₁	zi	后缀	1	桌子/胖子
子₂	zǐ	语素、名	3	父子 鱼子 棋子儿/石头子儿
自₁	zì	语素、副	4	自愿/自言自语 别急，我自有办法。
自₂	zì	介	4	自小/自广州出发/选自
纵₁	zòng	形	5	纵向
纵₂	zòng	动	6	纵情/有些家长喜欢纵着孩子。 向前一纵
纵₃	zòng	连	6	纵是刀山火海，他也要闯一闯。
足₁	zú	语素	3	足球/手足并用
足₂	zú	形、副	3	精神很足。 足有10斤重。
卒₁	zú	语素	5	兵卒
卒₂	zú	语素	6	卒业 生卒年月
钻₁	zuān	动	1	钻进洞里/墙上钻个洞。
钻₂	zuàn	名	5	电钻 上面镶了很多钻。
左右₁	zuǒyòu	名方位	3	三十人左右
左右₂	zuǒyòu	名、动	5	他吩咐左右都退下。 他总是想左右别人。
作为₁	zuòwéi	动、介	4	不要把学习作为负担。 作为班长，我要起到带头的作用。
作为₂	zuòwéi	动、名	5	有所作为 他很有作为。
作业₁	zuòyè	名	1	写作业
作业₂	zuòyè	动	6	高空作业
做工₁	zuògōng	动	4	他在工厂做工。
做工₂	zuògōng	名	5	这件衣服做工很好。

附录二：特殊词语类别及举例

类别	词语举例
人名	张小宇、陈涛、汤姆……
地名	亚洲、中国、东南亚、北京、纽约、广东、大西洋、黄河……
机构名	微软公司、暨南大学、中国新闻社……
商标品牌	肯德基、华为、宝马……
姓氏	张、李、欧阳……
民族	汉族、壮族、回族……
朝代	汉朝、唐朝、宋代……
节日	元旦、中秋、圣诞节……
节气	立春、谷雨、夏至……
行星	水星、金星、火星……
星座	白羊座、双子座、狮子座……
货币	人民币、美元、卢布……
化学元素	氢、氦、锂……
笔画	横、竖、撇……
标点	逗号、句号、问号……
字体	宋体、楷体、行书……
中文大写数字	壹、贰、叁……
天干	甲、乙、丙、丁……
地支	子、丑、寅、卯……
军衔	上将、中校、少尉……
军队编制单位	连、营、团……

图书在版编目(CIP)数据

华文水平测试词汇大纲/暨南大学华文学院,暨南大学华文考试院编. —北京:商务印书馆,2023
ISBN 978-7-100-21818-4

I.①华… Ⅱ.①暨…②暨… Ⅲ.①汉语—词汇—对外汉语教学—水平考试—自学参考资料 Ⅳ.①H195.4

中国版本图书馆 CIP 数据核字(2022)第 212457 号

权利保留,侵权必究。

华文水平测试词汇大纲
暨南大学华文学院 暨南大学华文考试院 编

商 务 印 书 馆 出 版
(北京王府井大街36号 邮政编码100710)
商 务 印 书 馆 发 行
北京捷迅佳彩印刷有限公司印刷
ISBN 978-7-100-21818-4

2023年4月第1版 开本 880×1230 1/16
2023年4月北京第1次印刷 印张 22¾
定价:118.00元